La gloria y el ensueño que forjó una

PATRIA

1

1854-1858

PACO IGNACIO TAIBO II

La gloria y el ensueño que forjó una

PATRIA

1

1854-1858

De la Revolución de Ayutla
a la Guerra de Reforma

Planeta

Diseño de portada: Jorge Garnica / La Geometría Secreta

© 2017, Paco Ignacio Taibo II

© 2017, Editorial Planeta Mexicana, S.A. de C.V.
Bajo el sello editorial PLANETA M.R.
Avenida Presidente Masarik núm. 111, Piso 2
Colonia Polanco V Sección
Deleg. Miguel Hidalgo
C.P. 11560, Ciudad de México
www.planetadelibros.com.mx

Primera edición: mayo de 2017
Primera reimpresión: julio de 2017
ISBN Obra completa: 978-607-07-4089-3
ISBN Volumen 1: 978-607-07-4091-6

Impreso en los talleres de Litográfica Ingramex, S.A. de C.V.
Centeno núm. 162-1, colonia Granjas Esmeralda, Ciudad de México
Impreso y hecho en México – *Printed and made in Mexico*

Vámonos patria a caminar, yo te acompaño.
OTTO RENÉ CASTILLO

Nosotros venimos del pueblo de Dolores,
descendemos de Hidalgo y nacimos
luchando como nuestro padre,
por los símbolos de la emancipación,
y como él, luchando por la santa causa
desapareceremos de sobre la tierra.
IGNACIO RAMÍREZ, "Discurso cívico",
Obras completas, tomo III

El historiador no se ocupa sólo de la verdad;
se ocupa también de lo falso cuando se ha
tomado como cierto; se ocupa también de lo
imaginario y lo soñado. Sin embargo,
se niega a confundirlos.
ALAIN DEMURGER

Para FRANCISCO PÉREZ ARCE,
mi compadre, camarada y amigo durante casi 50 años

A la memoria de mi amigo JOSÉ EMILIO PACHECO,
con el que muchas de estas historias fueron conversadas
a lo largo del tiempo mexicano

NOTA INICIAL

La especialidad de los liberales es el talento
de los prólogos; las obras quedan truncas
pero los prefacios son divinos.

GUILLERMO PRIETO

I

La maldición de la historia es que se construye con una acumulación de datos que difícilmente permiten atrapar a los personajes, explicarlos, construir las situaciones claves y diferenciarlas de lo banal, lo casual, lo accidental. Y sin embargo en los detalles están las claves muchas veces, las pequeñas historias, las minucias, las preguntas del sentido común.

En aras de la explicación de los movimientos del conjunto constantemente está en riesgo el paisaje y por tanto la posibilidad de devolverles vida a los actores, y esto es aún peor cuando uno desciende a las bases sociales del movimiento. No hace falta recordar a Brecht para preguntarse por los que marchaban a pie. Y, no obstante, por razones de la información realmente existente, sólo se puede acceder de forma cabal a lo que podría llamarse "los participantes distinguidos" de la historia, y a ellos, al menos a un centenar de ellos, pretende este trabajo llegar al ir bastante más allá de Santa Anna, Juárez, Maximiliano, Bazaine, y de vez en cuando vislumbrar los subterráneos del México profundo.

Y entonces no es accidente sino intención tocar a los hombres de la Reforma, a muchos de ellos, y si esto no se logra, todos los años de trabajo invertidos en este proyecto valen para un carajo.

Es tan fácil caer en el encanto que producen los liberales rojos, ciudadanos que vivieron bajo el peso de la derrota y vergüenza de la guerra de 1846-1847 contra los gringos (Rodríguez Galván: "Nada en el mundo, / Nada encontré que el tedio y el disgusto / De vivir arrancara de mi pecho"); una revolución, la de Ayutla, para librarse de la ignominia del santanismo; un enconado debate que dio nacimiento a la Constitución del 1857; una guerra

9

civil, la de Reforma, para liberarse de la trilogía maldita que había destruido el país: clero, agiotistas, militares profesionales; la invasión de españoles, ingleses y franceses para cobrar una deuda inexistente; la Intervención francesa (Prieto: "Odio eterno al francés altanero"); la imposición con las bayonetas de un imperio nacido de ultramar; multitud de asonadas, cuartelazos. Esos liberales rojos, hijos de un país que prácticamente en 15 años no les dio respiro.

Y sí, estas páginas están contadas teniéndolos a ellos como personajes centrales y abundan en parcialidades, reivindican la toma de partido.

Tienen en su columna vertebral a estos abogados que se interesaban por la astronomía, poetas que se transmutaban en generales, periodistas que se volvían ministros y que tenían que aprender a manejar la imposible deuda pública. Como registra Guillermo Prieto: "Zaragoza [...] sastre y dependiente de comercio, Comonfort empleado oscuro de aduanas, Degollado empleado y contador de la catedral de Morelia", y sigamos la lista sin don Guillermo: Aramberri, estudiante de ingeniería; el propio Prieto, panadero fracasado y poeta populachero; González Ortega, tinterillo; Ocampo, heredero agrario, provinciano erudito hasta la saciedad. Periodistas que para sobrevivir a la censura se volvían pajareros, como El Nigromante; orgullosos pero humildes, como Santos Degollado, que, siendo general, cosía los botones y remendaba la ropa de sus oficiales.

Federalistas hasta la obsesión, reaccionando ante los terribles males que el centralismo había producido en el país y premonitoriamente proponiendo el modelo federal y la limitación del presidencialismo, lacra de un México como el nuestro, enfermo de centralismo, que por fortuna no habrían de conocer. Pero su federalismo en tiempos de guerra estaba lastrado por la falta de coordinación y generó un presidencialismo no exento de autoritarismo. Con esa contradicción habrían de vivir estos casi 15 años.

Endiabladamente inteligentes, agudos, esforzados, laboriosos; personajes terriblemente celosos de su independencia y espíritu crítico, honestos hasta la absoluta pobreza. Incorruptibles, obsesionados por la educación popular, hijos de la iluminación, las luces, el progreso, el conocimiento, la ilustración, la ciencia. Atrapados sin quererlo en el amor a las bombas de agua, las fraguas, las máquinas de vapor, las imprentas, los elevadores, las carreteras; en el amor al ferrocarril, sin acabar de entender que en sus ruedas transportaría no sólo el progreso sino también una nueva forma de barbarie. De esta falsa idea de progreso los salvaba una mentalidad que no daba por bueno lo históricamente inevitable, que veneraba las costumbres, lo popular, al pueblo llano, a los trabajadores y los artesanos, los oficios mayores como el de impresor o los pequeños como el de aguador.

Casi ninguno, si excluimos a Ponciano Arriaga, a El Nigromante y a ratos a Altamirano, tenían sensibilidad ante el mundo indígena, porque percibían que en él se refugiaba el clero rural, el eterno enemigo del Estado y del progreso. No pasaban de ofrecer una sensibilidad amable, una mirada piadosa. Pagarían su error al no entender que había un camino en reconocer al México pluriétnico, levantado sobre la igualdad, pero también sobre las diferencias.

Eran defensores de la parte radical de la Independencia y su memoria, de la que se sentían herederos, en varios casos herederos directos, como Riva Palacio de Vicente Guerrero.

Dotados de una curiosidad infinita y de una vocación de poner en el papel las historias y las cosas para que no desaparecieran, escribían. Tenemos constancia de los diálogos epistolares (escribían como locos), de las intervenciones públicas, de los debates periodísticos, de las crónicas, memorias y apuntes de diario, que, aunque hayan perdido muchas conversaciones y diálogos, dejan constancia de una generación que estuvo envuelta en una conversación permanente. Eran grafómanos hasta el agotamiento de papel, pluma y tinteros, en una época que no proporcionaba ni modestas máquinas de escribir, lo que haría que la obra de una docena de ellos pudiera llenar una pequeña biblioteca. Los escritos de Zarco reúnen 20 tomos; los de Guillermo Prieto, 32; los de El Nigromante, ocho; los de Altamirano, 24; Riva Palacio, 11; Manuel Payno, 17; Melchor Ocampo, cinco.

Casi todos o eran poetas o eran lectores de poesía y poetas vergonzantes. Eran fervorosos periodistas en un país que no sabía escribir y confiaban en que el que leía le contara al que no lo hacía, cerrando el mágico círculo de la palabra. Ramírez colaboró en la etapa aquí narrada al menos en 21 periódicos; Prieto fundó media docena en la marcha hacia el norte huyendo de los franceses; Zarco escribía editoriales diariamente de 25 cuartillas para *El Siglo XIX* antes de que existiera la taquigrafía.

Vivían en la retórica, apelaban a las grandes palabras, les gustaban los brindis, los discursos, las "coronas", los homenajes, las arengas, las galas sin boato monárquico, pero con abundantes clarines y tambores. A cambio eliminaban los títulos para reducirlos al "don" y al "señor" y al mucho más novedoso y honroso cargo de "ciudadano". Cuidado. El discurso liberal es a veces pesado, cargado de elocuencia, denso de fórmulas verbales, corto de espontaneidad. Hay que recordar el banquete que el gobierno juarista le dio al presidente de Bolivia y que fue precedido por 11 brindis (o 12). El narrador no puede dejar de preguntarse cómo estaba el verbo en el progreso alcohólico de los comensales después del decimoprimer brindis.

Los salvaba el sentido del humor, punzante, maligno, como el del general González Ortega, poeta comecuras en la adolescencia, la broma amarga de Ramírez (El Nigromante), la permanente y desvergonzada sátira de Guillermo Prieto. Los mejoraba su ingenio, su capacidad de resistir las críticas, que se expresaba en una defensa a ultranza de la libertad de expresión. Poseedores de un sentido del humor y de la independencia de criterio que a veces los hacía perder hasta las mejores amistades y las más sólidas alianzas.

La historia de bronce los ha despojado de aristas, los ha simplificado, ha eliminado las contradicciones que existieron entre ellos; poco se dice de las manías y tentaciones conspiratorias de los hermanos Lerdo de Tejada; las abundantes desconfianzas de Juárez respecto a sus compañeros más cercanos; la traición final de González de Mendoza; las eternas suspicacias paranoicas de Santacilia. Los choques se desvanecen (cuando abundaron) y así suele correrse un potente velo sobre la pasividad de Altamirano en los primeros años de la Intervención francesa; poco se explorará realmente en el conflicto entre Juárez y González Ortega y menos en la dureza del presidente contra su rival; muy poco se hablará de las erráticas acciones de Zarco y El Nigromante a partir del 65 o del furor antijuarista de este último en los años finales; Escobedo no fracasará en Acultzingo; las dudas de Zaragoza tras el 5 de mayo no serán motivo de estudio; casi nadie dirá que, aunque Arteaga y Salazar morirán hermanados, realmente no podían soportarse. Se ocultará en las biografías oficiales la neutralidad ante el imperio durante un par de años de Miguel Auza, uno de los héroes de Puebla. De Santos Degollado se omitirán penosamente sus dudas y desatinos en los debates del Constituyente o el error de la conciliación con el embajador inglés Mathew en el 60. Adentrarse en esta y otras muchas historias no resta un ápice al enorme cariño que el narrador les tiene; no impide reconocer que durante cerca de 15 años esta generación sostuvo una guerra casi continua contra Santa Anna, conservadores, franceses e imperiales, sobreponiéndose a derrotas, miedos, orgullos personales, enfrentándose a la muerte una y otra vez o siendo doblegados por ella.

Curiosamente eran provincianos, no puede ser casual que de la lista del narrador de los liberales rojos, los puros (y que me perdonen por las exclusiones), sólo fueran de origen chilango cuatro (Vicente Riva Palacio, Guillermo Prieto, Leandro Valle, Arteaga) y 33 hayan nacido en diversos estados del país. Eran michoacanos: Pueblita, Epitacio Huerta, Ocampo; oaxaqueños: Juárez, Porfirio Díaz; guanajuatenses: Ignacio Ramírez, Sóstenes Rocha, Florencio Antillón, Santos Degollado, Doblado; veracruzanos: Aureliano Rivera, Gutiérrez Zamora, De la Llave, Miguel y Sebastián Lerdo de Tejada; zacatecanos: Berriozábal, Auza, González Ortega; guerrerenses: Juan Álvarez, Altamirano, Jiménez; coahuilenses (incluyendo Texas): Viesca, Zaragoza; regiomontanos: Escobedo, Pedro J. Méndez, Zuazua, Jerónimo Treviño, Aramberri; jalisciense: Ramón Corona; tamaulipeco: Carlos Salazar; duranguense: Zarco; hidrocálido: José María Chávez; poblano: Miguel Negrete. Sin duda, esta inusitada variedad de orígenes, casi impensable en el siglo XXI, muestra la fragua del liberalismo rojo en las ciudades del interior, lejos del poder central, cerca de la ilustración autodidacta.

Su Némesis serán los portavoces de la triple alianza: un clero fiel heredero del oscurantismo de la Nueva España; los banqueros, sobre todo agiotistas
y hacendados, y la casta militar de las plumas y los entorchados. Y tras ellos
los invasores y el imperio con carroza de Cenicienta de Maximiliano. No
habría historia sin Santa Anna, el obispo Pelagio de Labastida, el malvado
cura Munguía, el pertinaz propagandista conservador Aguilar y Marocho, el
maligno asesino y mentiroso Leonardo Márquez, los sanguinarios hermanos
Cobos, el *gangster* banquero Jecker, el brillante Luis Osollo, el tenaz y mocho Miguel Miramón, el mariscal Bazaine, el emperador Maximiliano y su
inseparable Carlota.

Pero, aunque estén allí, esta será la historia de la república armada, con
fusiles Sharp, espingardas, mosquetones, muchas lanzas, machetes, reatas
y algunos cañones viejos... Y también con periódicos y discursos. La república armada que derrota a la dictadura de Santa Anna, a los cangrejos
conservadores animados por el clero y los agiotistas, a la intervención militar francesa y al imperio de Maximiliano. Es, pues, en buena medida una
historia militar.

Aun cuando su corazón no esté en las grandes hazañas militares, si
las hay, sino en los gestos, no será el acierto de Zaragoza en el 5 de mayo
interpretar correctamente la prepotencia de Lorencez, sino abandonar el
Ministerio de Guerra para ser general de la División de Oriente. No en
las hazañas militares sino en la tenacidad, válida para militares o propagandistas, los dos oficios involuntarios de los cuadros liberales de la Reforma. ¿Quién de ellos no fundó tres veces el periódico desaparecido o
censurado? ¿Quién no reorganizó diez veces la brigada masacrada por el
enemigo?

II

Este trabajo se encuentra en el estado de la divulgación. Necesitaría otro
par de millares de páginas y otros dos años de investigación (sumados a los
cuatro que me consumió y a la docena de años previos de acumulación de
material) para trascenderla. Imposible contar todas las batallas, todos los encuentros, todos los debates, todos los personajes, todos los contextos, toda
la gloria, la miseria y el ensueño.

Un proyecto como este se hace no sólo con el material que explora,
también con el material que desecha. Abandonos voluntarios en abundancia
recorren estas páginas. Por ejemplo, de los interminables archivos diplomáticos y parlamentarios de los imperios (español, inglés, norteamericano, francés) que conducen a veces a interpretaciones que sobrevaloran una carta de
Seward por encima de un combate del salvaje Antonio Rojas. Por ejemplo,

las influencias ideológicas o filosóficas que formaron a los actores principales, siempre pensando que el verbo unido a la acción resulta más significativo y es idea. Por ejemplo, el uso directo de archivos a los que apelé sólo para enfrentar dudas.

La gran batalla fue contra las fuentes. El narrador revisó un poco más de 900 memorias, artículos de la época, recuentos históricos, nuevas interpretaciones, textos de cronistas provincianos, ecos del pasado a 150 años de lo sucedido, debates, documentos y millares de fotos, mapas, cuadros, grabados. Y tuvo que moverse en varios pantanos de versiones contradictorias, errores de números y fechas, interpretaciones dolosas o extremadamente parciales, graves omisiones, falsificaciones, pero sobre todo ausencias que revelaran el mar de fondo, los haceres y dudas de las multitudes, las cotidianidades de la guerra, los miedos y las fogosidades, todo pará concluir con la poco sabia reflexión de que los libros se hacen con lo que se tiene y no necesariamente con lo que se quiere.

Y, por más que se entienda a muchos, no se elude la polémica, en especial con los viejos y nuevos cangrejos que, so pretexto de combatir la historia de bronce, producen las biografías reivindicativas de Pepe Hidalgo, el obispo Labastida, Miramón, Almonte, Tomás Mejía, Porfirio Díaz.

Abunda la canibalización de textos previos de mi autoría: de la novela *La lejanía del tesoro*, el ensayo histórico *Los libres no reconocen rivales*, la biografía *El general orejón ese* y algunos artículos publicados en *La Jornada* sobre Vidaurri y Juárez.

El narrador se ha tomado varias libertades que en un trabajo tradicional de historia no deberían emplearse: uso de segunda voz narrativa, visiones subjetivas, reconstrucción de diálogos inexistentes… Han sido las muy menos y siempre doy razón al lector de la carencia de sustento formal de esos capítulos.

No quisiera dejar de lado que las traducciones del francés las hizo José Ramón Calvo, que son mi responsabilidad las del inglés y el italiano, incluso las del rumano, lengua que desconozco, pero que con ayuda de un diccionario…

III

Apelo a Carlos Monsiváis y extiendo su visión a la de todo el liberalismo rojo: "Juárez no es un prisionero de su tiempo […]. Si Juárez no es nuestro contemporáneo, ¿quién lo será entonces?".

Alguna vez dije, y la frase resultó en esos días medianamente afortunada, que de aquellos polvos salieron tolvaneras, que ahora, en nuestros días, se volverán tormentas.

NOTAS

1) Sobre la historia oficial. José C. Valadés (citado por Vicente Quirarte): "Fue du-
    rante el régimen porfirista cuando la historia oficial tomó sólido asiento. Hija de
    una innatural paz, esa historia fraguada por los adalides literarios del porfirismo,
    cubrió con el espeso manto de la autoridad ideas, hombres y hechos que parecían
    contrarios al ensalmo pacifista; y si conservó algunas figuras y pensamientos fue
    a guisa de adorno para sus páginas. Condenó al mismo tiempo todas las inquie-
    tudes [...] para sembrar el escepticismo cívico, la desconfianza en la comunidad,
    el orden de las jerarquías, el desdén a las libertades, el desprecio a lo popular. Le-
    yendo esta historia oficial, crecimos odiando todo lo acaecido en nuestra patria".
    Todos o casi todos los gobiernos post revolucionarios reclaman la herencia del
    liberalismo juarista. La única explicación posible es que para el gran caníbal his-
    tórico que ha sido el priismo en México, Juárez era el patriarca de la licenciado-
    cracia (podías ser indígena zapoteca, pero si eras licenciado ya chingaste); en esa
    extraña democracia que hacía del título de abogado junto a consejas como "el que
    no transa no avanza", las llaves mágicas en el ascenso al poder. Hasta Elba Esther
    Gordillo se había atrevido a firmar el prólogo de los ensayos de Carlos Monsiváis
    Las herencias ocultas: de la Reforma Liberal del siglo XIX. A lo largo del año 1972, el
    gobierno federal publicó al menos 12 volúmenes de algo llamado *Cuadernos Jua-
    ristas* como parte de los trabajos de la Comisión Nacional para la Conmemoración
    del Centenario del Fallecimiento de don Benito Juárez. Además de los obligados
    malos poemas (que parecen adquirir categoría de maldición nacional) y las inter-
    venciones de los intelectuales orgánicos de aquel priismo como Salvador Novo o
    Martín Luis Guzmán, los cuadernos estaban repletos de discursos de Luis Echeva-
    rría, Mario Moya Palencia, Jesús Reyes Heroles, Carlos Armando Biebrich, Benito
    Gómez Farías, Víctor Bravo Ahuja, Enrique González Pedrero y documentos de la
    época. Leídos al paso del tiempo parecen demostrar el manoseo que el PRI realizó
    durante tantísimos años de la figura de Juárez y el liberalismo. Y los peligros de
    esa visión demagógica.

2) Si el priismo en poder trató de secuestrarlo, el panismo de Fox trató de librarse de
    él retirando de las oficinas de los miembros del gabinete los retratos de Benito que
    estaban a sus espaldas. El 19 de diciembre de 1948 el sinarquismo convocó un mi-
    tin político en el Hemiciclo a Juárez, y en el acto se lanzó la acusación contra don
    Benito de, en su día, haber "robado iglesias". Calientes por la prosa de los oradores
    y bastante organizados, algunos de los participantes en el mitin se treparon por el
    mármol y le colocaron una capucha negra a la estatua. Medio siglo más tarde, cuan-
    do pudiera parecer que Benito Juárez descansaba en paz, con su juicio histórico
    ajustado por el tiempo, Carlos María Abascal, ministro del Trabajo de la administra-
    ción foxista, siguiendo la tradición de los encapuchadores sinarquistas, lo declaraba
    difunto. Abascal, la bestia negra del gabinete, desplegó sus cañones verbales contra

Benito Juárez en una conferencia en la Universidad Iberoamericana, señalando que el benemérito era un ex, se había vuelto obsoleto, había sido un individualista y que lo de "el respeto al derecho ajeno" estaba superado; en suma, que el estado mexicano debería avanzar dejando el cadáver de don Benito sembrado a su paso.

3) Según Richard N. Sinkin, sólo cinco de 36 dirigentes de la Reforma que caracteriza habían nacido en la Ciudad de México. Once eran criollos, dos eran indios y los restantes mestizos (*The Mexican Reform, 1855-1876: A Study In Liberal Nation-Building*).

1

OCAMPO

Mientras viajabas por Europa, antes de que, Melchor Ocampo, te volvieras una de las figuras claves de la transformación más profunda que habría de vivir México en la segunda mitad del siglo XIX, en el interior de una catedral, un cardenal te enseñó, entre otras reliquias, una botellita con leche de la virgen María. Joven Melchor, la estuviste observando y al devolverla le preguntaste:

—Y dígame usted, ¿quién tuvo el atrevimiento de ordeñar a la madre del Señor?

La osadía provocó que enviaran un informe a las autoridades religiosas mexicanas.

Jesús Romero te describe: "No era Ocampo un tipo ideal y atrayente por su talante y hermosura, no; antes bien, su aspecto de hombre meditabundo y serio, con la mano derecha metida en la solapa de la levita y el aire de indiferencia para todo lo que se encontraba a su paso, lo hacía a él también pasar desapercibido. Ocampo no llamaba la atención sino cuando despegaba los labios y hacía sentir sus agudezas en la conversación familiar, sus teorías políticas en el periódico o sus arranques patrióticos en la tribuna".

José C. Valadés recoge varias versiones sobre tu origen. Un verdadero berenjenal de historias y contrahistorias, hechos y chismes, versiones y más versiones que cubren cinco apretadas páginas. El historiador, uno de los más inteligentes que ha tenido México, remata: "Cúlpese de la novela no sólo a la imaginación [...] sino al mucho polvo que los años dejaron caer".

Pues bien, entresacando del polvo se sabe que has nacido el 6 de enero de 1814 (parece que la cifra es buena, aunque otros te hagan nacer entre el 17 y el 29, fechas que no cuadran con acontecimientos posteriores) de Francisca Xaviera Tapia y Balbuena, una hacendada criolla proindependentista y viuda. No hay duda de que eras hijo natural de doña Francisca y probablemente del cura de Maravatío (un tal Imitola, que además era catedrático de moral en el seminario de esa ciudad, al que se recuerda como "de ingenio agudo y de carácter sumamente original"). Aunque en otras versiones serías hijo de otro sacerdote, el cura José María Alas, cuyo retrato refleja un enorme parecido, y que por cierto te enseñaría a leer. El misterio es de dónde sale el apellido Ocampo (se solía decir que eras expósito, no hay tal).

Total que doña Francisca Xaviera Tapia, ama y señora de la hacienda de Pateo y muy rica, se apareció una vez regresando de un viaje a la Ciudad de México con un pequeño llamado Melchor Ocampo que supuestamente había nacido allí, aunque años más tarde, cuando asumas el cargo de diputado, te declararás nacido en Michoacán.

Estudias en el Seminario de Morelia, bachiller en derecho; entre tus compañeros de colegio se encuentra el portavoz de la reacción mexicana, el futuro cardenal Pelagio Antonio de Labastida. Descubres rápidamente que no quieres ser abogado y que el derecho es un universo de negociaciones turbias. Te revelas, sin embargo, como un estudiante obsesivo. Intereses múltiples: herbolaria, cultivos, hablas náhuatl y francés, latín; la química y la botánica te enloquecen. Lo tuyo es estudiar. ¿Qué? Todo. A los 17 años (en 1830) heredas la hacienda de Pateo, una tierra rica que produce ganancias de 11 mil pesos anuales y vale cerca de 200 mil pesos.

Te preparas para ir a la universidad de México. En el 36 entablas relaciones amorosas con tu nana, Ana María Escobar, de la que nacería en clandestinidad en Morelia una hija, Josefa. Mira que serás enrevesado en materia amorosa. A los 22 años clasificas los 12 500 volúmenes de la Biblioteca Palafoxiana de Puebla, "que abarcan 25 materias y están escritos en 19 idiomas". En el 38 vas a Veracruz a presentarte como voluntario durante la Guerra de los Pasteles, pero te alcanzan los tratados de paz sin que hayas visto guerra.

En 1840 viajas a Europa tras una crisis poco clara, sin duda producto de tu irresponsabilidad amorosa y animada por la culpa. Ángel Pola califica tu salida como "misteriosa". Escribes: "Ya me voy a una tierra distante, / a un lugar donde nadie me espera, / donde no sentirán que me muera / ni tampoco por mí llorarán". Viajas con poco dinero y para acabarla de fregar pierdes 17 pesos jugando a las cartas. "Yo me voy, pues me lleva el destino / como la hoja que el viento arrebata / de una patria que aunque a varios ingrata / bien querida de mi corazón". Te vas sin ropa y sin dinero, en una carta a tu tutor le explicas que te sientes un parásito viviendo de la hacienda heredada, que vas a sobrevivir de tu trabajo. Un hombre que no tiene el hábito del trabajo físico es inferior a otros seres. En Burdeos: "La vida está como encantada". Estamos en el año 1840. En París laboras en una imprenta. Recorres los teatros y los jardines botánicos; consigues trabajo de empleado agregado a la embajada mexicana. Mantienes correspondencia con la madre de tu hija.

Te fascina el sistema de transporte. Los viajes te dejan sin dinero, días sin comer, casi un vagabundo. Trayectos por el sur de Francia, Suiza, Italia. Estudias las zonas vinícolas para ver si se puede producir la uva necesaria en México. Durante estos años has vivido "más que a dieta". "A veces mi estómago ha pagado el gasto". Vives dominado por "la tentación de ver". Te sorprende que el Vaticano esté repleto de mendigos. Asistes en París a las sesiones de la Academia de Ciencias. Mediocres trabajos de corrector o traductor, te ofreces sin éxito, haces pruebas, no consigues dinero. Te descubres como *gourmet* y escribes muchos artículos sobre cocina, conservación de alimentos; la mayonesa, el cómo evitar que la mantequilla se arrancie o cómo hacer perdurar el aroma del café. Te hipnotizas con la sopa juliana y los chícharos con azúcar, pero en alarde nacionalista desprecias las jaleas francesas ante los dulces mexicanos de pepitas, almendras, coco y camote.

Como buen liberal en ciernes, rindes culto a la modernidad. Visitas asilos de ancianos modelo, te interesa el uso de la electricidad en el tratamiento de la parálisis, la construcción de puentes (hasta escribes un tratado sobre eso) y su resistencia a los golpes de agua, te inquieta la agrimensura, la zoología.

Estás repleto de Europa, pero tiene razón Valadés: "el viaje te ha mexicanizado más" y el tema de fondo es la libertad, la inexistente libertad en que se vive en México en 1840. En tu cuaderno del viaje por Europa tienes un autógrafo de Garibaldi.

En el viaje de regreso estás trabajando en una ampliación del diccionario de la Real Academia que incluya el español hablado en México. Cargado de libros y objetos, regresas a Michoacán, escribes sobre los cometas, sobre las crecidas del río Lerma. Hacendado patriarcal, que regalas trigo a tus medieros, que tienes a tres subnormales viviendo a tus costillas en la hacienda y que de repente reúnes amigos, te vistes de romano y recitas traducciones de Alfieri. ("Las economías de la hacienda sean capaces de balancear mis despilfarros"). Vendes Pateo y te quedas con una fracción de la gran hacienda que llamas Pomoca (anagrama de Ocampo).

Te has vuelto muy anticlerical, de un cristianismo tolerante con las otras religiones y confrontado con la estructura de poder de la Iglesia católica. Tendrás otras dos hijas: Petra y Julia, que no aparecerán con el nombre de su madre, probablemente la propia Ana María. Extrañas tormentas se mueven en tu cabeza. ¿Tú que nunca conociste a tu padre las condenas a ser hijas de madre desconocida?

Santa Anna entra a su tercera presidencia en octubre del 41. Te convencen para que te presentes a diputado federal, eres electo por unanimidad por la junta electoral de Maravatío. "El ejército es una amenaza para las libertades", dirás en 1842, quejándote de la institución. En uno de tus primeros discursos te defines como federalista. El ejército disuelve el Congreso por órdenes de Santa Anna.

Vuelves a Pateo. Vuelves a las curiosidades múltiples. Estudias el movimiento de un cometa. En el 45 serás diputado por segunda vez. En 1846, durante la invasión gringa, eres el gobernador de Michoacán. Has logrado la abolición de los castigos físicos en las escuelas, una ley de amnistía. Al negarte a aceptar los tratados de paz, renuncias. Ministro de Hacienda con Herrera durante dos meses y medio, intentas suspender los pagos extranjeros; Herrera se achica, de nuevo renuncias.

En el 47 nace Lucila, tu última hija, de nuevo de madre no conocida públicamente. Contamos con la descripción de una cena de Navidad en Pateo: la casa llena, rancheros ricos, pobres, niños de toda clase social mezclados. Te sumerges en tu formidable biblioteca; lees a Balzac, Proudhon, Hugo, Dumas. Ya has acumulado suficiente fama entre el progresismo liberal para ser candidato presidencial en el 51; pierdes con dos votos ante Arista. Te proponen de nuevo como gobernador de Michoacán, pero exiges que sea a través del voto directo. El 8 de marzo del 51 se inicia la que será una de tus más famosas polémicas públicas, esta vez con el cura de Maravatío, y será en varias entregas, sobre el tema de las obvenciones (los pagos por servicios religiosos). "Pues si no tienes con qué enterrarlo, sálalo y cómetelo, porque yo no les he de dar de comer caridades a los vicarios, al sacristán ni al campanero".

Al iniciarse la última presidencia de Santa Anna, que pronto se convertiría en dictadura, llamas al dictador "héroe de sainete" y eres confinado a Tulancingo, luego encerrado en San Juan de Ulúa (en noviembre del 53) y deportado a Estados Unidos, donde te estableces en Nueva Orleans. "He perdido la habilidad de escribir cartas lacónicas". Te mudas a Brownsville, donde conspiras. La falta de dinero te obliga a trabajar como alfarero. Ocampo de ollero, tus amigos Benito Juárez medio trabajaba en una imprenta y Mata de mesero en una fonda.

Hay una extraña magia en una foto tomada con tu hija en el destierro norteamericano: apoyas la cabeza levemente en la de ella y pasas el brazo por encima de sus hombros; Josefina, su hija mayor, tiene cierto aspecto angelical.

NOTAS

1) *Obras completas* de Melchor Ocampo con prólogo y estudio biográfico de Ángel Pola en tres volúmenes. Hay una edición del gobierno de Michoacán a partir del 85 en cinco volúmenes. Narciso Bassols: *Así se quebró Ocampo*, es quizá la más rica biografía, repleta de anécdotas y reflexiones. Jesús Romero Flores: *Don Melchor Ocampo, el Filósofo de la Reforma*. Patricia Galeana: *Melchor Ocampo, el ideólogo del liberalismo*. José C. Valadés: *Don Melchor Ocampo, reformador de México*. Melchor Ocampo: *La religión, la iglesia y el clero*. Pablo Muñoz Bravo: *Largo y sinuoso camino: La incorporación a la Revolución de Ayutla de los liberales exiliados en Estados Unidos*. Esperanza Toral: *Entre Santa Anna y Juárez: Ignacio Comonfort*. Jorge Belarmino Fernández: *La Revolución de los pintos*. Alejandro Rosas: *Amor en silencio: Melchor Ocampo y Ana María Escobar*.

2) Resulta fascinante la revisión de José Herrera Peña: *La biblioteca de un reformador*, quien registra los libros de la biblioteca de Ocampo, tanto los que se encuentran en la sala Ocampo del colegio de San Nicolás, en la Biblioteca Pública de la Universidad Michoacana, como los que fueron robados o se perdieron. Un paseo por este fascinante libro, brillantemente diseñado, da una muy precisa idea de los intereses, obsesiones y lecturas del personaje.

2

QUINCE UÑAS

Lo llamaban Quince Uñas porque, habiendo perdido una pierna en combate, sólo le quedaba eso para robar. Había sido conservador, muy conservador, bastante autoritario, algo liberal, federalista, profundamente centralista. Su incultura política lo volvía apto para cualquier combinación. Mariano Riva Palacio cuenta que Santa Anna, al referirse a la república, "no sabía más que de lo que ella le hablaba un licenciado que residía en Jalapa". El poder le interesaba sobremanera, pero después de un tiempo las obligaciones del cargo lo aburrían y se iba a su hacienda en Manga de Clavo a jugar a los gallos. Lo cual no quita que lo que aquí hemos de narrar sea su decimoprimera presidencia (contando interinatos), porque le gustaba proclamarse "salvador de la patria", aunque casi todas las veces en que había intervenido para salvarla el resultado había sido un desastre.

En octubre de 1852 una representación de los tres poderes fácticos de la nación, el alto clero, el gran dinero y los mandos militares, firman en Guadalajara un plan que propone el regreso de Santa Anna de su exilio. El ideólogo de la operación es Lucas Alamán, la cabeza rectora del conservadurismo, que le propone al general de todas las derrotas (no hay que olvidar la responsabilidad de Santa Anna en la pérdida de Texas y la derrota ante la invasión norteamericana del 46-47) la disolución del Congreso.

Muy poco después una comisión viaja para buscar a Santa Anna en Turbaco, un pueblito a una hora de Cartagena en Colombia, para ofrecerle la Presidencia (curiosamente entre ellos viaja el muy liberal Miguel Lerdo de Tejada).

Se llamaba Antonio López Pérez, aunque le gustaba que oficialmente se le conociera como Antonio de Padua María Severino López de Santa Anna y Pérez de Lebrón. Por falta de nombres no habría de quedar. Descendiente quizá de gitanos portugueses (aunque otros dirán que de gallegos de Orense), tenía además entre sus ilustres apellidos un "Lebrón" que debería ser una corrupción del francés Lebrún. Mucho nombre se había puesto, aunque la verdad debió haber sido bastante más simple: Antonio López Pérez, por parte de madre y padre. Nacido en Jalapa en 1794, novohispano, veracruzano y mexicano, en ese orden.

El telégrafo entre Veracruz y México está en funciones y a las tres de la tarde del 1º de abril de 1853 circula en la capital la noticia en una hoja volante periodística: "En este momento el general Santa Anna está entrando al puerto y desembarcará en dos horas. Todo el mundo sale a recibirlo". El hecho es que la noticia precede a la realidad porque, como dice Jorge Belarmino, "sus autores deben contar con una bola mágica para el reporte de lo aún no sucedido".

"Tronaron salvas de artillería, repiques (de las campanas), cohetes y dianas (de las bandas), como dignos representantes del ejército, del clero, del entusiasmo popular (que lo mismo lo vitoreaba que lo abucheaba)".

La capital de la República no quiere quedarse atrás, desde luego, y el día siguiente, en ausencia, se canta un tedeum en la catedral, mientras le dan una manita de gato a las fachadas de los teatros y se organizan las fiestas en su honor con toros y peleas de gallos. Entretanto, los generales afectos reúnen dinero para levantar un arco de triunfo.

El 20 de abril Santa Anna es presidente y forma un gabinete muy conservador. Pero "nadie le va a enseñar a Santa Anna a ser dictador. Para mediados de la primavera establece la censura y da un primer y enorme paso para acabar con el federalismo y la autonomía de los gobernadores: ya no tendrán funciones ejecutivas y servirán tan sólo como instrumentos de la voluntad del presidente. El segundo golpe consiste en centralizar las rentas que pasaban por los estados".

En junio muere Lucas Alamán y el dictador se queda sin ideólogo, pero no sin capacidad represiva: comienza la persecución en regla contra opositores activos o en potencia. A unos se los confina dentro del país y otros conocen el exilio o la cárcel, entre ellos el poeta Guillermo Prieto y Melchor Ocampo. Previendo el fin del plazo tras el que debe citarse a la formación del Congreso, los amigos de Santa Anna proponen que extienda indefinidamente su presidencia. El Consejo de Estado le da el pomposo título de Su Alteza Serenísima.

La escalada autoritaria no corre, sino vuela. El 15 de diciembre de 1853 se prorroga a sí mismo el mandato por tiempo indefinido y el 1º de enero de 1854 se inicia el año con la conversión de Santa Anna en dictador.

Guillermo Prieto dirá: "Santa Anna, a la vez sucio y abyecto como es, representaba la crápula del cuartel, era la expresión de la soldadesca de la república, su nombre, su ignorancia, su licencia, su veleidad misma, se identificaban con todo lo que en una sociedad agitada va depositándose sobre la espuma de las revoluciones: era el bello ideal de los holgazanes, de los libertinos, de los tránsfugas que buscaban en un despacho militar una especie de patente de corso para lanzarse sobre el trabajo, sobre la vida regular del pueblo".

NOTAS

1) Enrique Olavarría y Ferrari: *México independiente, 1821-1855*, tomo IV de *México a través de los siglos*. Jorge Belarmino Fernández: *La Revolución de los pintos*. Guillermo Prieto: *Memorias de mis tiempos*. He canibalizado varios párrafos de mi libro *El Álamo: una historia no apta para Hollywood*.

2) Nada más lejos de nuestras intenciones que profundizar en la figura de Santa Anna. Para los interesados, una breve bibliografía: José Fuentes Mares: *Santa Anna, el hombre*, que corrige y aumenta a *Santa Anna, aurora y ocaso de un comediante*. Enrique González Pedrero: *País de un solo hombre: el México de Santa Anna*; vol. 1 "La Ronda de los contrarios" y vol. 2 "La sociedad del fuego cruzado, 1829-1837". Frank Cleary Hanighen: *Santa Anna, the Napoleon of the West*. Rafael F. Muñoz: *Antonio López de Santa Anna*. Ireneo Paz: *Su alteza serenísima*. Leopoldo Zamora Plowes: *Quince uñas y Casanova aventureros* (una fascinante novela histórica).

3) Leopoldo Zamora Plowes: "Se le llama *quince uñas* a Santa Anna, por las diez de las manos y las cinco de su único pie y por su fama de ladrón; en realidad debería ser *catorce uñas*, pues le faltaba un dedo de la mano derecha, el cual perdió con la pierna".

3

EL OTRO EXILADO

Te llamas Benito Juárez Maza y has sido el muy liberal gobernador de Oaxaca. El 27 de mayo del 53, estando en Etla y actuando como abogado que defendía a la comunidad de Teococuilco, la larga mano de la dictadura de Santa Anna cayó sobre ti. Acusado de conspiración, un piquete de soldados te detuvo. No te dieron tiempo de despedirte de tu familia. Acompañado de Manuel Ruiz, una escolta de caballería te llevó hasta Tehuacán, luego a Puebla, luego a Jalapa. Un mes por caminos polvorientos. ¿De qué vivías? Porque el gobierno te deportaba, no te mantenía. Setenta y cinco días pasaste en Jalapa. "El gobierno del general Santa Anna no me perdió de vista ni me dejó vivir en paz, pues a los pocos días de mi llegada ahí recibí una orden para ir deportado a Jonacatepec". Cuando estabas a punto de partir recibiste la orden de presentarte en el Castillo de Perote y luego una contraorden para ir a Huamantla. Al pasar por Puebla trataste de conseguir recursos para sobrevivir, pero a las diez de la noche del 18 de septiembre el coronel José Santa Anna en persona, hijo del dictador, te detuvo, te trepó en una carretela y te enviaron al castillo de San Juan de Ulúa en Veracruz, a donde llegaste el día 29. En Ulúa, por la insalubridad del lugar, te enfermaste y sin dejarte reponer el 5 de octubre a las 11 de la mañana te pusieron un pasaporte en las manos y te entregaron una orden de destierro, teniendo que embarcarte en el paquete inglés *Avon*, que debía salir del puerto a las dos de la tarde hacia La Habana. No tenías dinero para viajar, porque ni eso te pagaban los que deportaban, y tuviste que limosnear a amigos y correligionarios. Habías estado cuatro meses vagando por la República detenido, sin dinero, incomunicado. ¿Por qué tanto odio? Algunos historiadores lo atribuyen a que en el 48 le habías negado a Santa Anna refugio en Oaxaca. Sería, pero en el contexto estaba claro que aquel que se hacía llamar Su Alteza Serenísima estaba tratando de sacar de la circulación a lo mejor del liberalismo. Santa Anna solía contar que "Juárez no había podido superar el haberle servido en Oaxaca, en calzón de manta, cuando era joven en la casa de Manuel Embides".

El día 9 de octubre llegaste a La Habana y, con permiso del capitán general Cañedo, aguantaste hasta el día 18 de diciembre. Pero La Habana era para los exilados políticos mexicanos un lugar poco apetecible, centro de la reacción española en América, por lo que trataste de salir hacia Estados Unidos para reunirte con otros rostros del exilio de izquierda. El 29 de diciembre de 1853 llegaste a Nueva Orleans. Cuando arribas al exilio, tienes 47 años.

Vivirás con otros compañeros en el hotel Cincinnati, pero la falta de dinero te obligará a mudarte a una casa en la calle de San Pedro. Comías con José María Mata en el comedor del hotel San Carlos por diez centavos de dólar diarios; luego llegaron a un acuerdo con una cocinera negra que les cobraba ocho dólares al mes. Ocampo, con su hija Josefa, vivían menos apretados de dinero, aunque sus bienes, al igual que los de Ponciano Arriaga, habían sido confiscados en México por el gobierno. Al principio sobreviviste del dinero que te mandaba Margarita, que haciendo magia había puesto una tiendita en Etla y además de mantener a los hijos pudo mandarte un giro de 600 pesos; con eso y los mil pesos que te envió tu compadre Ignacio Mejía (que no le devolviste sino hasta el 1º de enero del 59) lograste supervivir.

Conocerás en Nueva Orleans al exilado independentista cubano Pedro Santacilia, "frente espaciosa, pelo todavía negro, cortado al rape, barba cerrada, nariz aguileña y ojos oscuros que relampagueaban sin tregua, detrás de los gruesos cristales de unos lentes de carey".

El dinero no alcanzaba y, expuesto a calores y humedades sofocantes, enfermaste de vómito negro y sobreviviste de milagro. Tuviste que mudarte a otra pensión, todavía más modesta; aprendiste a torcer puros (una de tus pasiones sería fumarlos) y a pescar en el río Mississippi; trabajaste en una imprenta. Quizá la ventaja ante tanta desventura es que ese exilio y ese grupo comenzaron a pensar en colectivo que otro México no sólo era necesario, sino además de materia urgente el lograrlo. Y ese otro país imaginado implicaba un cambio profundo, radical, no sólo librarse de una dictadura.

NOTA

1) Benito Juárez: "Apuntes para mis hijos" y "Efemérides" en *Documentos, discursos y correspondencia*, tomo I. Charles Allen Smart: *Viva Juárez!* Juan de Dios Peza: *Epo-*

peyas de mi patria: Benito Juárez. Ralph Roeder: *Juárez y su México.* Pablo Muñoz
Bravo: *Largo y sinuoso camino: La incorporación a la Revolución de Ayutla de los liberales
exiliados en Estados Unidos.*

4

LA REBELIÓN

Las revoluciones, esas tormentas que rompen las apariencias del orden,
suelen tener, narradas al paso de los tiempos, muy claramente definidos
a sus padres, todo sea en beneficio de la futura historia oficial, pero lo que
se ha de conocer como Revolución de Ayutla abunda en confusas presencias
y contradictorias cronologías, y en muchos padres. Intentemos darle orden
a la historia.

Desde fines del 53 el viejo Juan Álvarez, patriarca y caudillo guerrerense,
ha estado mostrando su descontento contra la manera en que evoluciona la
política nacional; incluso invitó fallidamente al disuelto Congreso a reunirse
en su hacienda de la Providencia, y el 27 de febrero del 54 lanzó una proclama a los que lo quisieran oír: "Santa Anna a su arbitrio dispone de los bienes
de la república", y lo califica de sirviente del partido conservador, que pone
en peligro nuestra independencia.

Ignacio Altamirano, un joven estudiante y poeta guerrerense, valora el
hecho: "Pequeños eran a la verdad los medios que estaban en su poder. Ni
contaba siquiera con todos los pueblos del Estado de Guerrero, pues vivía
aún el anciano general Bravo, que tenía influencia decisiva en la mayor parte
de ellos y que no quiso tomar parte [...]. Álvarez quedó reducido a las co-
marcas de la costa y a algunos pueblos centrales del Estado, que le dieron un
contingente escaso, aunque escogido, de hombres. Sus recursos pecuniarios
eran nulos y consistían principalmente en los exiguos rendimientos de la
aduana marítima de Acapulco".

Jorge Belarmino aporta al señalar el poco impacto que la agitación en el
sur tiene a nivel nacional: "El interior de Guerrero tiende a acusar su aislamiento histórico. Así calificó al estado años atrás un ministro de Relaciones
Exteriores: Separado por su posición topográfica de los puntos más civilizados de la república, casi sin relaciones con ellos, solamente allí han podido
conservar algunos genios inquietos substraídos de la obediencia del gobierno a merced de las escabrosidades locales".

Juan Álvarez es todo un personaje, de esos que el medio siglo XIX tiende
a producir en México en abundancia. Hijo de español, nacido en el pueblo de
Atoyac en enero de 1790, un retrato de la época lo describe así: "Su aspecto

es serio, su marcha pausada, su discurso frío y desaliñado. Pero se descubre siempre bajo aquel exterior lánguido un alma de hierro y una penetración poco común […] Lo veremos siempre aparecer con denuedo, y siguiendo su sistema de ataque". ¿Y cuál es su sistema de ataque? Una combinación de una infinita paciencia y la táctica guerrillera que aprendió durante la guerra de Independencia combatiendo con las fuerzas de Morelos desde 1810 y soste-niéndose en las etapas de derrota en las montañas hasta 1819 como teniente coronel. Cuando Iturbide declara el imperio se levanta con Guerrero y Bravo. Permanecerá encerrado en la zona construyendo un patriarcal cacicazgo has-ta que la invasión norteamericana lo obligue a volver a la guerra en 1847. Las versiones más conservadoras de la historia de esos años, como la de Carlos Sánchez Navarro, pasan de la leyenda negra a los insultos y descalificaciones y fobias racistas, lo llaman "hijo de negra", "inculto"; su participación en la guerra de Independencia no pasa de haber sido "mozo de espuelas de Gue-rrero". Santa Anna, en sus memorias, dirá que Álvarez pertenecía a "la raza africana por parte de madre y a la clase ínfima del pueblo".

Un segundo personaje, no menos interesante que don Juan, aparece en escena, se trata de Ignacio Comonfort, coronel retirado de milicias, residente en Acapulco, de cuya aduana había sido administrador, a la que lo hicieron renunciar, según parece, con falsas acusaciones de malversación de fondos.

Poseemos decenas de retratos, entre ellos tres que quizá serán significa-tivos en la historia a narrarse: Guillermo Prieto, poeta contemporáneo que muchas veces tomará aquí el papel de cronista, dirá que Comonfort era "bien educado, dedicado a su madre y cariñoso con los niños, y bien conocido como buen jinete", pero "sus conceptos políticos son indefinidos y sus prin-cipios inestables".

José C. Valadés, uno de sus biógrafos, aportará: "Tenía don Ignacio Co-monfort una hermosa figura varonil. Un retrato de la época le pinta de ele-vada estatura y corpulento. Poseía una hermosa cabeza, de la cual era espejo una frente ancha, despejada y venturosa; y como tenía la cara picada por la viruela, discretamente cubría aquel defecto, que parecía afearle y mortificar-le, con la espesura de una barba negra y esmeradamente cuidada".

Y el novelista Victoriano Salado añadirá: "Era don Ignacio alto, grueso, de frente despejada y ancha […] con una pronunciada inclinación hacia el hom-bro derecho, llevaba toda la barba y el cabello lo tenía dócil y naturalmente quebrado. Su expresión a primera vista era de audacia, de fuerza, de brío y de poder; cuando se le examinaba más despacio, descubriánsele rasgos de blandura, de bondad, de melancolía".

Comonfort tenía 41 años a fines del 53, había nacido en Amozoc (aun-que registrado en Puebla) y se decía que era hijo del subteniente Mariano, al que quién sabe por qué se le califica de irlandés. La muerte de su padre, cuando tenía cinco años, lo obligará a una vida de supervivencia, pero la personalidad que lo marcará a lo largo de toda su vida será la de su madre, Guadalupe Ríos.

Su vida de escolar en el Colegio Carolino en Puebla es bastante ingrata, porque para poder pagar la colegiatura tiene que servir como "berrendo", como criado de otros alumnos. Trabajará de adolescente en la hacienda de Tetela, cuidando el negocio familiar, y terminará dejando la escuela a pesar de que quería ser abogado y escritor. En la penuria se ve obligado a entrar en la milicia. A los 20 años, Ignacio Comonfort llega a ser capitán y combate con Santa Anna en las revueltas intestinas, pero abandona el ejército dos años más tarde. En 1839 recibió el nombramiento de prefecto y comandante militar de Tlapa, en el estado de Guerrero donde conoce a Juan Álvarez.

En 1841 fue elegido diputado al Congreso y al inicio de 1846 estaba viviendo en Tlalnepantla, siendo luego prefecto provisional de Cuautitlán. Si bien es cierto que ante la invasión norteamericana volvió al ejército y que algunas fuentes dicen que peleó en Churubusco, lo cierto es que no participó en ninguna batalla, haciendo labores de retaguardia. Se alejará de la milicia para meterse en el mundo de los negocios y entra en la masonería, obteniendo el grado 33 de la logia escocesa. Toma las armas de nuevo combatiendo revueltas indígenas de las que poco se conoce. Tres veces diputado, una vez senador, para terminar en el oscuro cargo de administrador de la aduana de Acapulco.

León Guzmán registra de aquellos años respecto a Ignacio: "Recordamos unas anécdotas un poco picantes", pero no pasa de allí y nos quedaremos sin conocerlas. Pero no es lo único que está fuera de nuestro conocimiento. En su paso por el Congreso estuvo alineado con los liberales. Su experiencia militar es una incógnita aunque tenga el grado de teniente coronel de milicias. En resumen, el personaje, cuando se acerca a Juan Álvarez, es un enigma.

El papel de los liberales exiliados ha sido sobrevalorado en esta primera etapa de la revuelta. Los conspiradores de Guerrero no tienen relación con Melchor Ocampo, José María Mata, Ponciano Arriaga, Benito Juárez y los grupos de Brownsville y Nueva Orleans. Tan sólo un singular personaje los conecta, Eligio Romero (alias Tus-tus). Por su cuenta o apoyado económicamente por los exilados, este liberal de la línea dura, coronel en la guerra contra los gringos, ex secretario general del estado de Guerrero que renuncia cuando Santa Anna se proclama dictador, llega a fines de enero a Acapulco viajando a La Habana, Nueva Orleans, Panamá a fines de enero del 54; se oculta bajo un nuevo nombre y una nueva nacionalidad y se dirige a buscar a Juan Álvarez.

Casi de inmediato una acción militar del santanismo va a desencadenar los hechos. El 24 de febrero los soldados de la dictadura entran en Chilpancingo. Tomás Moreno, el gobernador interino, se declara en rebeldía, renuncia al cargo y con una parte de sus tropas abandona la capital del estado.

No es fácil precisar a quién corresponde la iniciativa y las diferentes crónicas no son capaces de aclarar con precisión la secuencia de los actos. El mismo 24, Juan Álvarez convoca a una reunión a varios dirigentes, casi todos militares, que habían sido agraviados por Santa Anna.

El 27 de febrero, en la finca de Álvarez en La Providencia, cerca de Ayutla y a 130 kilómetros por caminos de montaña se produce la reunión de los comprometidos. Están Álvarez y Comonfort (con el que don Juan se reunió antes en Texca, a 35 kilómetros de Acapulco); el misterioso *Tus-tus* Romero; el mencionado general Tomás Moreno (revolucionario independentista en el estado de Guanajuato y al que las vueltas de la vida lo acercaron a los reaccionarios amigos de Alamán); el cacique de la Costa Chica guerrerense, coronel Florencio Villarreal (un realista en la guerra de Independencia que termina al lado de Iturbide), viejo enemigo Álvarez, al que Santa Anna lleva cuatro meses tratando de obligarlo a que se presente en la Ciudad de México "aunque sea en camilla", y Faustino Villalba, con el que Álvarez ha estado preparando desde hace tiempo el levantamiento. Una extraña mezcla de liberales y conservadores.

Existe un manifiesto de Juan Álvarez fechado ese mismo día. El narrador no es muy dado a la reproducción de documentos y prefiere mil veces la frase o el fragmento unida a los hechos, que revelan con mayor precisión la tesitura de la trama, pero el material resulta enormemente atractivo y revela no sólo las manos de Tus-tus y de Comonfort en la redacción, sino también su carácter de discurso a hombres armados: "Habéis abandonado vuestros hogares e intereses para escuchar de mis labios la causa que motiva vuestra reunión en este sitio, y voy a decírosla. Por medio de intrigas y tortuosos manejos asaltó el general Santa Anna el poder supremo pocos meses ha [...]. Preciso es destruir su error, para que redunde en bien del país lección tan provechosa. [...] Antonio López de Santa Anna, que a su arbitrio dispone de los destinos de nuestra patria, sirve de ciego instrumento a un partido detestable que no contento con nuestra independencia, y enemigo jurado de la libertad, trabaja sin descanso por arrebatarnos esos preciosos bienes, cuya conquista nos costara cruentos sacrificios. [...] Esos miserables, solicitando únicamente satisfacer su vil deseo de mando y de riquezas, han impetrado el auxilio de nuestros antiguos dominadores, ofreciendo a España que reconquistaría su perdido imperio; cuando a la vez contrata con la república del Norte la venta de nuestros terrenos más feraces [se refiere al Tratado de La Mesilla], que entregan por bajo precio al astuto comprador.

"Peligra nuestra cara independencia, quiere privársenos de la libertad y se pretende despojarnos hasta de la tierra que pisamos, donde nacieron nuestros hijos y reposan las cenizas de nuestros padres... ¿Y lo podremos tolerar?... ¡no!... ¡mil veces no!... Juremos antes morir siguiendo el heroico ejemplo del inmortal Guerrero, y tantos otros que sucumbieron por darnos patria".

Una definición armada contra Santa Anna, una definición radical contra los conservadores, una definición antiimperialista. Que no se diga que la revolución no tiene contenidos.

Ese mismo 27 de febrero Álvarez, su hijo Diego, Comonfort, *Tus-tus* Romero, Trinidad Gómez y Rafael Benavides reúnen sus plumas para redactar un plan muy simple que le dé forma pública al movimiento. Y ese mismo día se toman las dos primeras medidas militares: Diego es enviado a ocupar, apoyado por la guarnición, el puerto de Acapulco y detener al comandante local, aunque la costa esté bloqueada por dos buques de la marina de guerra; y se ordena a Villalba situarse frente al río Mezcala, como es conocido el Balsas al abandonar Puebla hacia occidente, para bloquear a quien venga del altiplano. Comonfort vuelve a Acapulco.

Curiosamente el plan que han redactado no se hará público ese día y no llevará el nombre de La Providencia, sino que se proclamará el 1º de marzo de 1854 en Ayutla. Y no será Álvarez el protagonista sino Florencio Villarreal a la cabeza de 400 pintos, así llamados por la manchas en la piel de los locales producto del "mal del pinto". Al pie del documento están las firmas de un comandante de batallón, seis capitanes de fuerzas especiales o regulares, un teniente, siete subtenientes, dos representantes de sargentos y cabos y uno de los soldados rasos. Esta maniobra permitirá que en el plan se llame a "los Excmos. Sres. generales don Nicolás Bravo, don Juan Álvarez y don Tomás Moreno", como si los dos últimos fueran ajenos a la conspiración.

El plan incluye la destitución de Santa Anna "y los demás funcionarios que como él hayan desmerecido la confianza de los pueblos o se opusieren al presente plan"; la creación de un consejo provisional para que "elija al presidente interino de la República" durante un "corto periodo" de su encargo; y un plazo de "15 días" en el que el presidente interino deberá convocar a un congreso extraordinario, el cual se ocupe exclusivamente de constituir la nación bajo la forma de "República Representativa Popular".

En aquel mundo de enormes distancias y malos caminos a Santa Anna le tomará cuatro días enterarse del pronunciamiento. Y cinco días más para que Nicolás Bravo repruebe el Plan de Ayutla desde su hacienda de Chichihualco en un manifiesto.

El 11 de marzo, en Acapulco, Ignacio Comonfort, "que por una feliz casualidad se hallaba en este puerto", recibe de manos de Villarreal el plan y lo reforma levemente, fijando el plazo de realización del congreso en no más de cuatro meses de haber sido expedida la convocatoria. Comonfort se nombra jefe de las fuerzas liberales y de inmediato, tras hacerse cargo de la dirección de los insurrectos en Acapulco, invita a Nicolás Bravo, Juan Álvarez y Tomás Moreno para que ocupen la dirección del movimiento.

Dos días más tarde Juan Álvarez le dirige un oficio a Comonfort en el que le dice: "Mi edad bastante avanzada y mis notorias enfermedades me exigían retirarme al descanso de la vida privada; mas al llamado de mis conciudadanos he alejado de mí el bienestar particular y vengo a sacrificarlo todo", y

acepta el mando de las fuerzas. De esta enrevesada manera la revolución, que
habrá de llamarse "de Ayutla", tiene a sus jefes.

El 13 de marzo la autoridad militar de Cuernavaca informa que Faustino
Villalba, con 150 hombres, amenaza Cacahuamilpa, en el extremo sur del Estado de México, y el 16 de marzo el dictador sale del Distrito Federal a las 4:45
de la tarde con un ejército de más de 5 mil hombres y su ministro de la Guerra
Santiago Blanco. Pareciera que está tomando en serio la insurrección del sur;
un día más tarde llega a Cuernavaca y tres días después, el 19, estará en Iguala;
le tomará, sin embargo, 11 días más llegar a Chilpancingo a causa del mal estado de los caminos. Para los que crean que la naturaleza existe para producir
premoniciones, en los próximos meses tres terremotos sacudirán la zona.

Tiene razón Pablo González Casanova cuando afirma: "No era una revolución como cualquier otra, sino el principio de una lucha en la que inter-
vendrían todos los pueblos".

NOTAS

1) El capítulo se mueve apoyándose en Jorge Belarmino Fernández: *La Revolución de
    los pintos* y en la *Historia de la revolución en México contra la dictadura de Antonio Ló-
    pez de Santa Anna, 1853-1855* de Anselmo de la Portilla. José Ramón Malo: *Diario de
    sucesos notables, 1854-1864.* Mauricio Leyva: *Juan Álvarez, entre el zorro y la pantera*
    (una novela muy bien documentada). Francisco Bulnes: *Juárez y las revoluciones de
    Ayutla y de Reforma.* Emma Paula Ruiz Ham: *De alférez a general: Ignacio Comonfort.*
    José C. Valadés: *El presidente Ignacio Comonfort: estudio biográfico.* Guillermo Prieto:
    "El partido intervencionista juzgado por Bazaine" y *Lecciones de historia Patria.* Da-
    niel Moreno: *Los hombres de la Reforma.* León Guzmán: *Administración de Comonfort.*
    Agustín Rivera: *Anales mexicanos. La Reforma y el Segundo Imperio.* Ralph Roeder:
    Juárez y su México. Leonardo Viramontes: *Benito Juárez.* Carlos Sánchez-Navarro:
    Miramón, el caudillo conservador. Pablo González Casanova: *Un utopista mexicano.*
    Manuel Ramírez Arriaga: *La contribución potosina al Plan de Ayala.* Pablo Muñoz
    Bravo: *Largo y sinuoso camino: La incorporación a la Revolución de Ayutla de los libe-
    rales exiliados en Estados Unidos.* Antonio López de Santa Anna: *Mi historia militar
    y política, 1810-1874: memorias.* Ignacio Manuel Altamirano: *Historia y política de
    México, 1821-1882.* Esperanza Toral: *Entre Santa Anna y Juárez: Ignacio Comonfort.*
    Victoriano Salado Álvarez: *El golpe de estado.*

2) El 22 de abril de 1854 mueren de manera inesperada Nicolás Bravo y su esposa An-
    tonina Guevara en Chilpancingo. "Cuando Santa Anna estuvo en Chilpancingo de
    paso para Acapulco llevaba consigo a un médico apellidado Avilés. Visitó a Bravo,
    el cual estaba achacoso, pero no tenía una enfermedad de gravedad, lo trató con la
    amabilidad de un amigo, le recomendó que para que se restableciera completamen-
    te, se sujetara al tratamiento de Avilés, a quien le dejó en su casa, y el bueno de Bra-
    vo consintió. A pocos días Avilés ministró una bebida a Bravo, quien experimentó

cosas extraordinarias y a pocas horas murió. Su esposa, que disfrutaba de completa salud, admirada de los efectos que aquel medicamento estaba produciendo a su esposo, lo probó a ver a qué sabía, tomó un pocillo (lo que no previó Avilés) y a pocas horas después murió en el mismo día. Avilés fue desterrado a la Isla de los Caballos y allí fue procesado, sentenciado a muerte por el crimen de envenenamiento a Bravo y su esposa. ¿Hubo crimen de envenenamiento? [...] Ningún interés tenía Santa Anna en matar a Bravo, pues este pertenecía a su partido, en razón de que había reprobado públicamente el Plan de Ayutla. (Silvestre Villegas Revueltas).

5

ZARCO, LAS PASIONES DE LA PALABRA

Como casi siempre, Guillermo Prieto te ofrece la mejor entrada en escena para ser un personaje clave en esta historia: "¿Y quién es ese encorvado / que audaz la tribuna asalta, / frente exigua, ojo pequeño, débil cuello, nariz larga. / Y voz que corriendo fácil / cobraba el tono de charla / de do brillante elocuencia de pronto se levantaba? / Al proclamar los principios / con que los pueblos se salvan / familia, fortuna, afectos / a su deber inmolaba. / Ese enclenque es Pancho Zarco, ese mozuelo sin barba / pero atleta poderoso / con su verba y con su sátira, / es el decir volteriano".

Si hay una pasión perdurable, en un territorio pantanoso y habitualmente repleto de canallas, es la del periodismo. Tú la harás obsesión. Narrar la realidad, fijarla en el papel, hacerla palabras, palabras que hacen ideas, ideas que provocan acciones.

Naces en 1829 en Durango, "hijo Zarco, de un insurgente turbulento, así como de un liberal exaltadísimo [...] respiró de niño el aire de la conspiración [de nuevo Prieto]". Adolescente durante la guerra contra los gringos, que te marcará políticamente como a toda tu generación de liberales radicales ("La Unión americana estará siempre dispuesta a exigir más de lo que se haya pactado y nunca cumplirá lo que se haya comprometido a hacer", dirás). A los 17 o 18 serás oficial mayor de la Secretaría de Relaciones Exteriores.

Periodista a los 20 años (1849), fundarás El Demócrata a los 21 y te convertirás en su redactor jefe. Escribes: "Cada día que pasa nos lleva más cerca de un abismo". Guillermo Prieto te registra de nuevo: "Zarco, encorvado sobre su mesa en su humilde asiento de periodista, era admirable [...] combatía incansable por la santa causa de los pueblos".

Flaco, anguloso, con un bigote florido, ojos juntos, mirada triste, nariz prominente, bastón, siempre muy joven. En las fotos apareces con la cabeza medio ladeada, como si quisieras alejarte de toda formalidad, huir de todas las convenciones, porque sólo hay una ley, la de la palabra escrita. Haces estudios fragmentarios en el Colegio de Minas, pero básicamente eres un autodidacta que habla inglés, francés e italiano. ¿A qué hora los aprendiste?

Durante los siguientes cuatro años pasarás la vida en la redacción del diario, ganando un sueldo miserable que alternas con la cárcel y las represivas audiencias judiciales, que de tan frecuentes se vuelven rutinarias. Miguel Ángel Granados Chapa recoge muchos años más tarde un texto tuyo: "Nosotros conocemos y deploramos todos los males de nuestra patria, pero jamás culparemos por ellos a las instituciones democráticas que unos han hollado y otros se esfuerzan en que no sean comprendidas. Creemos, por el contrario, que nuestras desgracias provienen de habernos detenido a la mitad del camino, que necesitamos seguir en todo el verdadero espíritu de la democracia; que debemos reformar todo aquello que le sea contrario, que debemos procurar adelantar y siempre adelantar, a fin de que la libertad y la igualdad no sean sólo meras palabras escritas en las constituciones".

Siendo presidente Mariano Arista, Zarco y Antonio Pérez Gallardo, los responsables de El Demócrata, serán encarcelados y el diario suspende temporalmente su publicación. Al salir de la cárcel te dedicas a los temas literarios, bajo el seudónimo de Fortún. Serás elegido diputado suplente por Yucatán.

El primero de enero de 1852 ingresas a la redacción de El Siglo XIX. De nuevo serás procesado por delitos de opinión, aunque la Cámara de Diputados, erigida en gran jurado, te absuelve el 8 de febrero.

Fundarás el 5 de mayo de 1852 Las Cosquillas, "periódico retozón, impolítico y de bajas costumbres. Redactado por los últimos literatos del mundo bajo la protección de nadie". Apenas dura un mes, pero nuevamente el presidente Arista, que te ha convertido en su enemigo personal, te denuncia y ordena tu detención. Te les escapas; pero serás perseguido por el jefe de policía Juan B. Lagarde, al que comienzas a conocer mejor que a tu madre. Sigues escribiendo, protestas por la disolución de la Cámara de Diputados; combates la ley de prensa que declara punibles "los escritos subversivos, sediciosos, inmorales, injuriosos y calumniosos".

· El 4 de abril El Siglo XIX publica un editorial debido a tu pluma y dedicado a la dictadura de Santa Anna: "Ese júbilo y ese regocijo son fingidos; son el extravío y el delirio del dolor o, cuando más, la expresión de una vaga e incierta esperanza".

Nuevas persecuciones, pero no puedes evadir la pasión por la palabra y por la denuncia en El Siglo XIX. Lagarde pasa a la redacción a recoger todos los ejemplares del diario y afortunadamente no te encuentra. El Siglo se retira del periodismo político, fatigado por las sanciones. A sus suscriptores dirige el siguiente aviso (escrito por tu mano): "Desde hoy abandonamos todas las cuestiones políticas y administrativas, y no las tocaremos ni en abstracto. No creemos necesario explicar esta conducta, pues nuestros lectores pueden muy bien comprender las razones que a seguirla nos obligan. Nuestro diario se limitará a dar artículos de literatura y variedades, a insertar con la mayor brevedad todos los documentos oficiales y a publicar noticias nacionales y extranjeras sin emitir opinión alguna, ni permitirnos ninguna clase de comentarios políticos".

Granados resume lo que sigue: "Dos años enteros duró la terrible experiencia. El terror social que lesionaba al diarismo se había impuesto sobre la nación entera hasta hacerse insoportable".

Francisco Zarco, tienes 24 años.

NOTA

1) Miguel Ángel Granados Chapa: "Francisco Zarco. La libertad de expresión". Guillermo Prieto: *El romancero nacional* y "En honor de Francisco Zarco". Francisco Zarco en *El Siglo XIX*, 5 de junio de 1852. José Santos Valdés: *Francisco Zarco Mateos, periodista, político y ciudadano ejemplar.*

6

EL ÁGUILA DESPISTADA

Marzo del 54 a enero del 55

Cuando el ejército santanista entró en Chilpancingo, y poco antes de la fastuosa recepción oficial, un águila real descendió en mitad de la calle y, por más que los soldados lo intentaron, no podían capturarla. Los diarios oficialistas comentaron que el único que pudo tomarla en las manos fue el propio Santa Anna. En versiones menos serviles se contaba que un soldado capturó al pájaro y se lo dio al Generalísimo. Abundaron las interpretaciones simbólicas respeto al águila despistada.

El hecho es que en su progresión hacia Acapulco el dictador no sabe que ha quedado cortado por los pintos de Villalba situados en el río Mezcala. Esto va a producir que el resto del gobierno tenga rotas sus comunicaciones con Santa Anna, al que habían pedido que no asumiera personalmente la campaña, y piensan que los puede dejar tirados pactando con Álvarez.

Santa Anna ordena una progresión hacia el mar bajando de la sierra y siguiendo el curso del río Papagayo, convencido de que los insurrectos no se atreverán a enfrentar una columna del tamaño de la suya, y sin embargo sabiendo que su avance está constantemente vigilado por guerrillas que no actúan. A lo más que llegan sus ineficaces servicios de información es al conocimiento de que Juan Álvarez se encuentra enfermo.

El 13 de abril el ejército choca contra guerrillas insurgentes que se repliegan hacia Acapulco en un punto conocido como El Coquillo. La compañía
de San Marcos y el batallón de Costa Chica hacen retirarse a los alzados
con una carga de bayoneta. No obstante, el ejército está sufriendo las largas jornadas, los tremendos calores. Al día siguiente de nuevo se producen
combates, los insurgentes no dan batalla frontal sino que pican y huyen. Jorge Belarmino cuenta: "Desde ese momento los meros fantasmas se vuelven
sombras capaces de materializarse a cada paso. Así lo hacen repetidamente,
vaciando además el camino de provisiones de toda clase: alimentos, bestias".

Será Comonfort en Acapulco el que tenga que resistir el choque principal
con sus mil hombres contra los 5 mil de Santa Anna. Confía en las débiles
defensas del fuerte de San Diego y en las guerrillas que se encuentran a la
retaguardia del dictador. Santa Anna apuesta a la superioridad numérica y a
que Comonfort no es más que un teniente coronel de milicias, sin grandes
hazañas militares en su pasado, y en la noche del 19 lanza su primer ataque
para encontrarse que las baterías del fuerte han cambiado y apuntan a tierra y que los defensores los aguardan en tres líneas concéntricas, en cuyo
exterior hay cuatro fortines improvisados. El primer intento de entrada se
produce a las tres de la mañana hacia Río Grande. Novecientos soldados
santanistas, en su mayoría de la brigada de la Costa Chica, progresan entre
las sombras y chocan contra el batallón Galeana, que tiene la instrucción de
replegarse en orden para atraerlos hacia las baterías del fuerte.

El plan de Ignacio Comonfort funciona en principio, pero la batalla que
se produce a lo extenso de la línea sigue al amanecer, cuando lanza a la carga
a 50 hombres del San Jerónimo, a la compañía de matriculados y, en seguida,
a la compañía de Galeana, cubiertos por los cañones del fuerte de San Diego,
que por cierto están escasos de artilleros. Bien entrado el día, la columna
santanista "estaba destrozada" y dispersa. En su repliegue, perseguidos por
los revolucionarios, saquean la ciudad.

Santa Anna, que ha permanecido al margen de la acción, en la tarde del
mismo día 20 envía parlamentarios para invitar a la rendición, acompañada
del ofrecimiento a Comonfort de continuar con la comandancia de la ciudad
y recibir 100 mil pesos en compensación, que se colocarían donde el interesado quisiera, "dentro o fuera del país". Como dice Jorge Belarmino, muy
en el estilo santanista, "la negociación permite a cada bando volver a casa
para pensarlo mejor". Los rebeldes elegantemente lo mandan al diablo. Tras
la finta de entrar en Acapulco por los Pocitos, al día siguiente Santa Anna
intenta una nueva negociación diciéndole a Comonfort que ha estado en
comunicación con Juan Álvarez y solicita un alto el fuego. "La noche del 25
traslada su campo de Las Huertas a las lomas del Herrador, y los defensores
no atinan a entender qué está pasando. Tal vez prepara un golpe maestro y
hacen los preparativos. Cuando despunta la aurora del día 26, no caben en

el asombro. Quince Uñas emprende la retirada". ¿Qué tipo de guerra es esta en que fuerzas superiores se repliegan ante fuerzas inferiores?

En su retroceso hacia Chilpancingo, los insurrectos, encabezados por Tomás Moreno (acompañado por *Tus-tus* Romero), lo enfrentan en las cercanías del cerro del Peregrino el 30 de abril. Ambos bandos se atribuyen la victoria; lo cierto es que los insurgentes retroceden ante el ejército regular, pero Santa Anna ha estado a punto de caer prisionero y pierde 300 animales de transporte, 24 caballos con silla y víveres en gran cantidad. Los insurrectos reparten el botín entre los pobladores para compensarlos por los saqueos que han sufrido.

La primera ofensiva gubernamental contra el levantamiento guerrerense ha terminado en un solemne fracaso, lo que no impide que el generalísimo haga una entrada fastuosa en la capital, con todo y el águila enjaulada.

Jorge Belarmino cuenta: "Allí lo aguarda el gabinete y una comisión del Consejo de Estado, quienes de gala todos, hacen tiempo para la llegada de doña Dolores, la esposa, con su séquito estilo Versalles. En el interior de la ciudad vela un espléndido arco del triunfo: Estaba decorado con pinturas alusivas a la solemnidad y coronado por la estatua de Su Alteza Serenísma, algunos haces de armas, y festones de hojas naturales. La batería frente al Palacio Nacional suelta la estruendosa carga y las campanas de la catedral repican contestando y dan así la señal para que las del resto de las iglesias de la capital se echen a vuelo. El Yo el Supremo mexicano pasa por el arco y escucha el Te-deum, cantado por el mismísimo arzobispo, y se deja abrazar y besar por hombres, mujeres, niños y ancianos, y es tal la emoción del gran circo, que las lágrimas ruedan aquí y allá. A los dos días, en representación de la realidad una tormenta da de bofetadas a la estupidez echando abajo el arco".

Como si fuera la respuesta dilatada del fracaso de la primera campaña sobre el sur, el Ministerio de la Guerra ordena el incendio de los pueblos guerrerenses que apoyan el Plan de Ayutla y que se ejecute a cualquiera que sea sorprendido con las armas en la mano.

Días más tarde se produce la primera suma al movimiento cuando se levantan en armas en Michoacán, en un lugar llamado Coeneo, dos coroneles de milicias, José Epitacio Deciderio (así se llamaba) Huerta, un campesino, y Manuel García, conocido como Pueblita, ambos veteranos de la guerra contra los gringos. El ejército moviliza al general Andrade hacia la zona.

Los hombres de Ayutla intentan conectar con los liberales exilados. Desde fines de marzo Comonfort les ha dirigido un mensaje en que les solicitaba "la presencia de todo buen liberal, pero especialmente de ustedes por este rumbo". El grupo del exilio ha formado la "Junta Revolucionaria de Brownsville", encabezada por Ponciano Arriaga y que incluye a Melchor Ocampo, José María Mata, Manuel Gómez, Juan José de la Garza, Guadalupe Montenegro, José Dolores Zetina, Manuel Cepeda Peraza, Esteban Calderón, y que está en contacto con Benito Juárez en Nueva Orleans. La junta declara "encargarse de los trabajos relativos a la parte política de la Revolución, de arbitrar recursos, organizar fuerzas, en fin, de todo aquello que fuese conducente al triunfo de la causa de la libertad", y se relacionan con una figura en el panorama liberal, el cacique de Nuevo León, Santiago Vidaurri.

En junio Álvarez, necesitado de ideólogos y propagandistas, le escribe al exilio rojo de Nueva Orleans para llamarlos a incorporarse a la Revolución de Ayutla: "Yo deseo saber de una manera clara y terminante si la revolución cuenta con las personas que se hayan allá, y en este caso, por qué no se deciden a venirse, al menos los que más eficaces servicios puedan prestar por sus relaciones y valimiento en el interior. Sírvase usted decirme algo sobre este punto consultando la voluntad de todos y cada uno de dichos señores a quienes cordialmente saludo".

Los liberales exilados ignorarán en esta primera etapa el movimiento. ¿Se trata de desconfianza en el liberalismo de Álvarez y Comonfort? ¿No les gustan los santanistas reciclados como Moreno, Villarreal? Pero no hay duda de que están trabajando en el proyecto revolucionario, aunque apoyando a otros grupos. Los agentes de Santa Anna en Estados Unidos reportan que "Los desterrados en Nueva Orleans trabajan tenazmente contra el mismo Supremo Gobierno: que han comprado 10 mil fusiles a la fábrica de Savo, no se sabe el destino que quiera dárseles, pero el buque *Grapeshot* los trasladó de Nueva York a Nueva Orleans". Si bien lo de los fusiles es falso, el santanista gobernador de Tamaulipas, Adrián Woll, informa de las relaciones de los grupos del exilio con José María Carvajal, un hombre tachado de aventurero, interesado en formar la República de la Sierra Madre, y que han "seducido a un número bastante considerable de habitantes de esta ciudad y de los demás puntos de la línea del río Bravo".

Para romper el aislamiento, en junio Ignacio Comonfort, tras haberlo pactado con Álvarez, sale de Acapulco con dirección a Estados Unidos. El 11 baja del vapor *Golden Gate* en San Francisco, a la busca de dinero, contactos y sobre todo armas. Consigue algo en la ciudad, prosigue a Nueva York, pero no enlaza ni con el grupo de Nueva Orleans ni con el de Brownsville, en cambio conecta casualmente en Los Ángeles con su amigo el español Gregorio Ajuria, que le ofrece 200 mil pesos, la mitad en dinero, la mitad en armas, poniendo como garantía la aduana de Acapulco.

Un par de nuevos y pequeños pronunciamientos se producen a favor de la revolución: en Ciudad Victoria se levanta un joven abogado, Juan José de la Garza, y en Michoacán se alza el guanajuatense Santos Degollado, ex empleado en la catedral de Morelia, y junto a él el coronel italiano Luigi Ghilardi.

Nacido en Lucca en 1805, Ghilardi es un revolucionario profesional que tras la represión a la revolución de 1820 ha recorrido medio planeta combatiendo por ideales liberales y republicanos. En la década revolucionaria de los años 30 combatió en España, Francia, Portugal y Bélgica. Fue garibaldino en el 48, coronel en la guerra en Sicilia contra los borbones y en el 49 defendió la efímera república romana. Harto de Europa, sus componendas, derrotas y negociaciones, llegó a México en 1853, colaboró en la construcción de los fortines de Acapulco, escribió un texto de arte y ciencia militar que le dedicó a Santa Anna y que sirvió de material para cursos de oficiales. Pero para este italiano de poderoso bigote y barba de chivo en punta alzada, lo suyo no es la cercanía del poder y pronto se ve involucrado en la revolución.

Mientras en la Ciudad de México se sufría con los últimos coletazos de una epidemia de cólera, Santa Anna culmina las negociaciones con Estados Unidos para vender en 7 millones de pesos el territorio de La Mesilla, 76 mil kilómetros cuadrados al sur de Arizona y al norte de Chihuahua y Sonora, que los norteamericanos pretendían para la expansión del ferrocarril continental. Como una muestra más de la corrupción existente, el cónsul mexicano, Francisco de Paula de Arrangoiz, a cargo de la negociación, descontó de los 7 millones que los norteamericanos pagaban un 1% argumentando que "eran sus honorarios por la comisión, y que esta la había desempeñado no como cónsul sino como particular". Al conocerse el asunto en la prensa, Santa Anna se vio obligado a destituirlo y Arrangoiz se fue tranquilamente a Europa, desde donde pronto los mexicanos tendríamos noticias de él.

Santa Anna necesitaba el dinero para mantener un ejército que nominalmente contaba con 90 mil hombres, aunque sólo fueran reales 46 mil (según Manuel Payno). A fines de julio ese ejército inició una nueva ofensiva sobre Guerrero, esta vez a cargo del general Félix Zuloaga, que enfrentó las fortificaciones de Faustino Villalba en el cerro de Limón; ahí se produjo, lo que fue en voz de los cronistas, uno de los "más sangrientos combates de la época". Villalba, herido por una esquirla de proyectil de cañón, moriría y su cabeza cortada sería paseada por los pueblos de la comarca y finalmente colgada de un poste. Los costeños condenaron a Zuloaga y en las comunidades se le declaró odio eterno.

Nuevamente hay un *impasse* que durará los meses más cálidos del verano y no podrá evitar que el 11 de septiembre, tras decenas de entradas en falso, músicas que no gustaban y concursos que se posponían, se estrene un himno nacional. La poesía era del poeta Francisco González Bocanegra, y la música, del español Jaime Nunó, y fue aprobado por decreto firmado por Santa Anna y por su ministro de Fomento Miguel Lerdo de Tejada.

El relativo estancamiento del movimiento no se rompería a pesar del retorno de la confianza en los sureños por la recuperación de Ayutla, la toma de Valle de Santiago por Epitacio Huerta (29 de octubre) y el ataque a Morelia (24 de noviembre) de varias guerrillas liberales que habían reunido 2 500 combatientes y que fueron enfrentadas y derrotadas por los generales Domingo Echeagaray (quien murió en la acción) y Ramón Tavera. Los liberales perdieron en el combate cerca de 500 hombres.

El 20 de noviembre, a la busca de aumentar su perdida legitimidad, Antonio López de Santa Anna anuncia a los gobernadores que se hará un plebiscito preguntando si debe seguir en la Presidencia, o en caso contrario, a quién cede el mando; los resultados deberían conocerse el 1º de febrero del 55. Consulta amañada, aun así le resulta desfavorable al dictador, aunque se anuncia que el pueblo ha votado a favor de la permanencia de Santa Anna en la Presidencia y el 1º de febrero de 1855 se emite un decreto confirmando el resultado.

Al margen de maniobras, el 7 de diciembre desembarca Comonfort en Zihuatanejo, con 300 hombres y las esperadas armas que había conseguido en Nueva York: 2 mil fusiles, 50 mil cartuchos y un cañón. Lo bastante como para fortalecer al movimiento, muy poco para que fueran significativas en la revolución en progreso.

Casi al mismo tiempo, Santa Anna, descrito por Manuel Payno como "perseguidor, violento, vanidoso, vengativo, hasta cruel", ordenó al inicio de diciembre del 54 al general Severo del Castillo avanzar hacia Chilpancingo después de haber recorrido el departamento de Guerrero, ofreciendo mil pesos al que entregara a Juan Álvarez y mil al que entregara a sus dos hijos, y devastando el territorio, quedando varios pueblos reducidos a cenizas.

La revolución no ha ganado ni una sola batalla importante, pero tampoco la ha perdido. No ha crecido, pero tampoco se desvanece. No ocupa más espacio territorial, pero mantiene sus bases guerrilleras en Guerrero y Michoacán. Y el águila despistada terminó viviendo en Palacio Nacional.

NOTAS

1) Enrique Olavarría y Ferrari: *México independiente, 1821-1855*, tomo IV de *México a través de los siglos*. Jorge Belarmino Fernández: *La Revolución de los pintos*. Silvestre Villegas Revueltas: *La Reforma y el Segundo Imperio, 1853-1867*. Antonio Peconi: *General Luis Ghilardi, republicano italiano, héroe mexicano*. Anselmo de la Portilla: *Historia de la revolución en México contra la dictadura de Antonio López de Santa Anna, 1853-1855*. Pablo Muñoz Bravo: *Largo y sinuoso camino: La incorporación a la Revolución de Ayutla de los liberales exiliados en Estados Unidos*. Agustín Rivera: *Anales mexicanos. La Reforma y el Segundo Imperio*. Manuel Payno: *Comonfort y Memorias sobre la revolución de diciembre de 1857 a enero de 1858*. María del Carmen Reyna y Jean-Paul Krammer: *La familia de Ajuria*. Manuel Cambre, artículo en *El Mercurio* del 15 de abril de 1894.

2) El himno nacional dejó de cantarse tras la Revolución de Ayutla y cuando se hacía se omitían las estrofas 4 y 7. La primera loaba a Iturbide: "de Iturbide la sacra bandera"; la segunda, a Santa Anna: "Él será el feliz mexicano en la paz y en la guerra el caudillo". El himno fue substituido en la práctica por los ejércitos liberales durante la Reforma por "Los Cangrejos" de Guillermo Prieto y durante la guerra contra los franceses por la marcha "Adelante Zaragoza". Porfirio lo rescató durante su dictadura.

7

LA CAÍDA

El 26 de febrero 1855 los insurrectos sureños toman Chilapa. Ese mismo día Santa Anna sale de nuevo de la Ciudad de México hacia el sur a la cabeza de un ejército; lo acompaña su ministro Santiago Blanco. Diez día más tarde Juan Álvarez avanza hacia Chilpancingo y, al día siguiente, dentro de esta guerra en la que no hay combates, Santa Anna ordena a las autoridades de Guerrero: "Los facciosos deben ser colgados en los árboles del camino, arrasados los pueblos y rancherías, quemadas todas sus semillas, consumido todo su ganado y destruidos cuantos medios tengan de subsistencia". Las órdenes incluyen un decreto en que se anuncia que se castigará con la pena de muerte a todo aquel que tuviera en su poder algún ejemplar del Plan de Ayutla y no lo entregara a las autoridades. Pero las amenazas no culminan con el enfrentamiento. Entre el 7 y el 10 de marzo Santa Anna, que no ha pasado de Iguala, titubea y ordena el regreso a la capital. Esta vez su entrada en la Ciudad de México no obtendrá festejo, el dictador ordena que no repiquen las campanas.

Mientras estos movimientos se producen, personajes que habrán de ser figuras claves en el futuro se van sumando al alzamiento, en pequeños grupos, en partidas de rebeldes, en aventuras solitarias, sin poder hacer más que una guerra de guerrillas de reducidas dimensiones. Así lo hará Mariano Escobedo, un ranchero de Galeana, Nuevo León, veterano del 46, que se alza en armas dándose el grado de capitán. Así lo hará un estudiante oaxaqueño llamado Porfirio Díaz, que se suma a una pequeña partida en Tlacomula dirigida por el indio Herrera; Leandro Valle, uno de los cadetes del Colegio Militar durante la invasión por parte de Estados Unidos, será teniente durante la Revolución de Ayutla; Ignacio Zaragoza se inaugura también en las armas durante el movimiento de 1854-1855 como sargento de milicias.

En marzo de 1855 las guerrillas michoacanas que sufren por su descoordinación, y por los excesos y violencia que se desatan respondiendo a las represiones del gobierno, le piden apoyo a Juan Álvarez, que envía a Comonfort para hacerse cargo de la dirección del movimiento. Con Ignacio marcha Félix María Zuloaga, el militar a quien Santa Anna ordenó ir al sur como castigo y que, tras la victoria de El Limón y el paseo por Guerrero con la cabeza de Villalba, fue apresado por el dictador y a quien Álvarez ha logrado captar para la Revolución de Ayutla. Su llegada a Michoacán ofrece una doble recepción: mientras Comonfort es calurosamente acogido, los rebeldes michoacanos se niegan a aceptar entre sus filas a un canalla como Zuloaga y piden que se retire, lo que logran.

El 20 de abril, ya con Comonfort en la región, y su cuartel general en Ario, Santos Degollado toma Puruándiro y luego La Piedad, y el 22 un joven católico nacido en Tepeaca (Puebla), veterano de la guerra contra los gringos, llamado Miguel Negrete, se levanta en Zamora por el Plan de Ayutla. Casi todo el estado de Michoacán, menos Morelia, la capital, y Pátzcuaro, está en manos de grupos rebeldes. De ellos, la voz más radical, dentro del liberalismo armado, es Santos Degollado, quien diría años más tarde a su ejército de harapientos: "Los pueblos en su mayor parte son favorables a las causas del orden liberal, porque no quieren volver al estanco del tabaco, a las levas, a los sorteos, a las contribuciones sobre la luz, a las extorsiones de los pasaportes, licencias de armas y otras, a la supresión de la imprenta, a la exorbitancia de los derechos parroquiales, a la tiranía de las alcabalas y las leyes fiscales. Ni al sistema de opresión y violencia universal".

No son las únicas acciones... Rangel, Huerta y Pueblita incursionan por el corazón del estado, tienen un choque de consideración en los alrededores de Uruapan y "se cubren de gloria" en el Llano del Cuatro y la entrada a la población de Aguililla. En respuesta, hacia el final del mes es designado para combatir la insurrección michoacana el coronel José López de Santa Anna, hijo del Presidente, a la cabeza de un batallón, "con instrucciones para fusilar a todos los que hubieran dado auxilio a los rebeldes, aunque los encontrara en sus casas; para que hiciera lo mismo con los que hubieran presenciado los excesos de los facciosos; para incendiar los pueblos que les dieran acogida, y para tomar de las haciendas los caballos que necesitara la tropa". Lleva nada menos que 9 mil soldados, va hacia Morelia; el 9 de mayo llega a Zamora, haciendo replegarse a los alzados.

Anselmo de la Portilla cuenta que "el coronel Santa Anna cumplió bien estas órdenes: el gobierno no se podía quejar de su enviado: su tránsito por Michoacán fue como el de un sangriento meteoro: viejos, mujeres y niños, que a su parecer eran rebeldes, fueron inhumanamente sacrificados por él y los sicarios que le acompañaban". Tras él llega Santa Anna a Morelia. El número se repite, ingreso solemne, misas y desfiles. El 15 de mayo se produce la entrada de Santa Anna en Zamora, sin resistencia, porque Negrete se ha retirado. El dictador avanza hacia Ario para atacar a Comonfort, pero este también se le escabulle. Incapaz de una campaña prolongada ante un enemigo que le rehúye el combate cuando está en inferioridad de fuerzas, Santa Anna retorna a la Ciudad de México. "Vengo vencedor de Michoacán", dice.

El 13 de mayo se produce el esperado levantamiento de Santiago Vidaurri en Lampazos, Nuevo León. Cuatro días más tarde convoca a las milicias estatales a levantarse y el 23 cae Monterrey. No es un golpe menor, un tercer frente importante se suma a los de Guerrero y Michoacán, y en ese mismo mayo el coronel Vicente Vega toma las armas contra la dictadura en San Luis Potosí.

El gobierno calumnia en la prensa a los revolucionarios de Ayutla. Francisco Zarco registra: "El general Álvarez era la pantera del sur, el señor Degollado había sido sacristán, Comonfort no era más que un escribano, el señor Vidaurri era filibustero, el licenciado De la Llave era jefe de bandidos, Plutarco González no pasaba de ebrio, los señores Ocampo, Arriaga, Haro y Tamariz, Juárez, De la Rosa, Olaguibel, Montenegro y todos los que comían el amargo pan del destierro eran traidores a la patria y anexionistas".

Comonfort pone orden en Michoacán ya sin la presión del ejército. Usando la velocidad de una guerrilla que cuenta con muchos jinetes organiza dos columnas, una que avanza hacia el centro de la República y que amenaza Guanajuato el 13 de mayo y derrota a la guarnición y una segunda, de 1 400 combatientes, dirigida por Santos Degollado, que amenaza Toluca e incluso se aproxima al Distrito Federal, para luego moverse hacia el este y llevar la guerra a las regiones poblanas. El 28 de mayo los hombres de Santos Degollado y Ghilardi asaltan Tizayuca y parte de lo más curtido de las tropas santanistas dirigidas por el general Tavera los obligan a desbandarse. Pero el ejército del pueblo tiene la habilidad de reconstruirse ante cada golpe y en partidas regresan a Michoacán para reorganizarse a una velocidad sorprendente.

Santa Anna declara que sus éxitos han sido significativos y ofrece una amnistía a los rebeldes. El movimiento siente la debilidad de la dictadura y progresa. Jorge Belarmino cuenta: "En respuesta, los rebeldes de todos los frentes aumentan su actividad. Los de Álvarez afirman su presencia en el altiplano guerrerense y más allá y golpean a las guarniciones de Zumpango, Taxco y Xochilapa. Los de Vidaurri [...] penetran en Coahuila hasta rendir Saltillo y obran en combinación con la [...] revuelta en Tamaulipas. Comonfort parece en condiciones de tomar Pátzcuaro y a la vista de la ciudad se detiene, temiendo los excesos de sus guerrilleros, quienes para explotar esperan la siguiente acción: Zapotitlán. La batalla tiene lugar el 22 del propio mayo, es quizás la más enconada e ilustrativa. Degollado, Pueblita y Ghilardi acompañan a Ignacio enfrentando una terca resistencia de los soldados nacionales. La doblan al costo de cien cadáveres que, a pesar de los llamados de su jefe a la mesura, los rebeldes están dispuestos a cobrarse tras el rendimiento de la guarnición".

Siguen produciéndose pequeños alzamientos en Zongolica, Orizaba y Córdoba (Veracruz); en la Sierra Gorda de Querétaro; en Tehuantepec, Oaxaca, y Villaseñor e Hinojosa se levantan en Autlán (Jalisco).

El 7 de junio Santa Anna vuelve a la Ciudad de México, "completamente convencido de que aquello no tenía remedio", dirá uno de los cronistas de la época. Pero ¿está convencido? Lo que sí es obvio es que la rebelión es elusiva, se le escapa como agua entre las manos, no logra enfrentarla militarmente y no puede impedir su crecimiento. ¿Ponerse a la defensiva y defender el altiplano? Ha fracasado al buscar la confrontación definitiva con la rebelión en Guerrero y Michoacán. Antonio López de Santa Anna es el hombre de la indecisión, como tantas otras veces en su vida. No le falta razón a Comonfort: el triunfo de la revuelta se debe sobre todo a "la opinión pública".

Mientras tanto, Benito Juárez, que ha recibido varias propuestas de Comonfort para que se una al alzamiento en el sur, bien sea que baje hasta Oaxaca (aprovechando su condición de ex gobernador) y fomente la insurrección, bien que acuda a Michoacán o Guerrero, les propone a los exilados que lo acompañen. El grupo de Brownsville es reacio, Melchor Ocampo se encuentra enfermo y además apuestan por el alzamiento en Tamaulipas y su vinculación con la rebelión de Vidaurri. Finalmente, en una reunión en febrero del 55, los convence. Ante una oferta de indulto de Santa Anna, José María Mata escribe: "Es allí donde está el teatro de todos los desterrados [...] nuestra marcha al seno de la revolución". Juárez consigue que lo apoyen económicamente para partir con 250 pesos. Cuando se despide, Santacilia le pregunta dónde se volverán a ver: "En México libre o en la eternidad". Juárez contará: "Viví en esta ciudad (Nueva Orleans) hasta el 20 de junio de 1855 en que salí para Acapulco [...]. Hice el viaje por La Habana y el istmo de Panamá y llegué al puerto de Acapulco a fines del mes de julio".

Juárez se presenta esa mismo día al jefe de la guarnición, el coronel Diego Álvarez, hijo de Juan, y humildemente se declara un simple voluntario en la lucha por la libertad. Está desastroso, tiene una apariencia paupérrima. Nadie lo reconoce. Le ofrecen ropa de la que usan los voluntarios, un calzón y un cotón de lana; le dan un cobertor de la cama de Álvarez y una caja de puros. Trabaja en la secretaría. Los Álvarez, cuando llega una carta dirigida al licenciado Benito Juárez, descubren que es el ex gobernador de Oaxaca. "¿Por qué no me lo había dicho?".

A lo largo de julio la rebelión ha seguido creciendo: el día 7 el abogado liberal de casi 37 años y veterano de la guerra contra los gringos, Ignacio de la Llave, se pronuncia en Orizaba por el Plan de Ayutla y, aunque se ve obligado a replegarse ante las fuerzas del gobierno, una nueva guerrilla se suma al movimiento. El 22 Comonfort, con Miguel Negrete, que adquiere el grado de coronel, toma Zapotlán y a fin de mes ocupa Colima sin disparar un tiro.

La interminable revuelta ha derrotado al dictador. Jorge Belarmino cuenta: "A los rumores sobre la inminente marcha del dictador, él y su pandilla responden en el más puro, personal estilo: negándolo a desaforados gritos y amenazas. De rumor *absurdo, infame y malicioso* lo califican". El 9 de agosto de 1855 al amanecer, escoltado por un escuadrón de lanceros, Antonio López de Santa Anna abandona la Ciudad de México rumbo a Veracruz (el 19 de julio lo había precedido su esposa). "Rechoncho, desgarbado, de cabello marchito y labio inferior incapaz de sostenerse en su sitio, vuelto una patética sombra de sí mismo, toma el camino entre columnas de soldados previamente apostadas a lo largo de la ruta. Una estúpida circular afirma aún que *atenderá personalmente el restablecimiento del orden en esa zona*".

Santa Anna, a lo largo de estos dos años, desplegó rayos, centellas y amenazas, se movilizó y luego abandonó las campañas a medio trance, desplegó fuerzas y las replegó. Durante meses, con una fuerza muy superior a la de los alzados, apenas si los confrontó en dos o tras batallas menores. Luego, cargó con sus bártulos y se retiró a Veracruz. Lo había hecho más veces, tomar estos confusos senderos, retirarse de la escena a la espera de que lo llamaran de nuevo, ser liberal un día, conservador los más, traidor a la patria varias veces. Antonio López de Santa Anna no era sólo el castigo y representante del peor de los Méxicos: era también la paradoja de las paradojas, vivía para el poder, pero el ejercicio y las rutinas del poder lo aburrían.

Ha dejado tras de sí un sobre lacrado en el que designa a su sucesor. El documento lleva un año en uno de los cajones del despacho presidencial "y para sus cercanos está rodeado de un cierto halo mitológico".

NOTAS

1) Jorge Belarmino Fernández: *La Revolución de los pintos*. José María Vigil: *La Reforma*. Juan R. Campuzano: *Juan Álvarez y el plan de Ayutla*. Juan Antonio Mateos: *El Cerro de las Campanas: memorias de un guerrillero, novela histórica*. José María Lafragua: *Miscelánea de Política*. Benito Juárez: "Apuntes para mis hijos" en *Documentos, discursos y correspondencia*, tomo I. Anselmo de la Portilla: *Historia de la revolución en México contra la dictadura de Antonio López de Santa Anna, 1853-1855*. Francisco Zarco: *Periodismo político y social* en *Obras completas*, tomo XV. Agustín Rivera: *Anales mexicanos. La Reforma y el Segundo Imperio*. Salvador Ponce de León: *Anecdotario de la Reforma*. Pablo Muñoz Bravo: *Largo y sinuoso camino: La incorporación a la Revolución de Ayutla de los liberales exiliados en Estados Unidos*. Ralph Roeder: *Juárez y su México*.

2) Sobre el papel real de los exilados en el movimiento se han escrito las variantes opuestas más brutales y desafortunadas, mientras que Ralph Roeder dice: "Los expatriados se encargaron de la dirección ideológica de la revuelta, formulando un plan político y remitiéndolo a Acapulco [...] pero tenían un apoderado en la persona de Ignacio Comonfort, voluntario liberal que militaba con Álvarez", hasta Pablo Muñoz Bravo: "Ocampo, Juárez, Arriaga, entre otros (quienes con un oportunismo sin empacho, que sonrojaría hasta a los más grandes admiradores de don Benito), se montaron sobre otra revolución y la transformaron en la que ellos querían; es decir, se impusieron a la revolución moderada proyectada por Comonfort en Acapulco y la convirtieron en una revolución que aspiraba a realizar una reforma social, anhelada por los puros exiliados"; coincidiendo con Francisco Bulnes: "Juárez permaneció tranquilo en Nueva Orleans [...] y llegó a la hora del triunfo para ser nombrado Ministro de Justicia por el General Juan Álvarez". Como se habrá visto, ni una ni la otra.

3) Francisco Zarco, 19 meses más tarde, en el Manifiesto que precede a la Constitución escribiría: "Una de las causas principales del Pronunciamiento de Ayutla fue la pobreza y opresión del pueblo bajo por la Dictadura de Santa Anna. Porque una de las causas

capitales de las revoluciones políticas en todas las naciones ha sido la dura suerte del
obrero, la esclavitud del jornalero, la pobreza y miseria del pueblo bajo, que ha estado por muchos años y algunas veces por siglos, con el cuerpo inclinado y el espíritu
enervado, hasta que iluminado y fortalecido su espíritu por los rayos de luz de la civilización y la voz de algún caudillo, ha tenido conciencia de sus derechos, ha reventado
como un volcán y se ha levantado en masa como un gigante contra sus opresores".

8

SIGUE LA PISTA DEL DINERO

Los restos que la voracidad militar norteamericana han dejado de nuestro
aún enorme territorio están habitados por una población estimada entre
7.5 y 8.3 millones; de ellos, 4 millones de indios monolingües y 3 millones
de mestizos.

Francisco López Cámara definirá la economía de la nación en términos
trágicos: muy poca industria, un comercio obstaculizado por una pésima red
de comunicaciones (sólo pueden llamarse carreteras a una docena de caminos, y todos ellos abandonados por la hacienda pública), una agricultura poco
variada (y buena parte de ella dedicada al autoconsumo) y un solo sector verdaderamente productivo: la minería, cuyas ganancias van a dar al extranjero.

Sherlock Holmes solía decirle al doctor Watson que, cuando una investigación se oscurecía, "siga el dinero". ¿Y dónde estaba el dinero? Dejando
por ahora al margen a media docena de casas comerciales, especuladoras y
agiotistas, el dinero estaba en manos del clero, riqueza concentrada a lo largo
de 400 años de vida colonial y 35 años de vida independiente.

Cuando Santa Anna toma el poder, hay en la República Mexicana, un
arzobispado, diez obispados, 1 229 templos, 3 223 eclesiásticos (sin contar a
las monjas, y no culpen al narrador, sino a las estadísticas de la época) y 205
edificios propiedad de las órdenes religiosas. Esta estructura, aparentemente
reducida, controlaba posesiones enormes.

En 1856 se estimaba en 720 millones de pesos el valor de las fincas
rurales. Según algunas fuentes, el clero era el propietario de cuatro quintas
partes de ellas. Lavallée (citado por López Cámara) será más preciso: "Tres
cuartas partes del territorio de la República Mexicana son propiedad de las
corporaciones religiosas". Quizá ambas fuentes exageran, pero es claro que
al menos poseían un tercio de las tierras cultivables del país. El embajador
francés Gabriac comentaba: "La agricultura primitiva de México no vive sino
para el clero, el cual arrienda a muy bajo precio; sus arrendamientos le son
pagados en especie o en objetos destinados al culto".

Si esto sucedía en el campo, en las ciudades, y en particular en la Ciudad de México, para la que tenemos información relativamente confiable, según Jean Bazant el clero poseía entre el 33% y el 50% de los inmuebles, con la ventaja de que además no pagaba impuestos. En 1856 la Iglesia poseía a través de los conventos, las congregaciones, los colegios y el clero secular 1 913 propiedades urbanas con un valor de 16.5 millones de pesos. Esa Iglesia casateniente rentaba al 5% anual del valor del predio.

Si esto fuera poco, la Iglesia operaba como agiotista y prestamista ante la ausencia de instituciones bancarias. En un país donde el préstamo comercial era del 1% al 1.5% mensual, el clero prestaba con tarifas más bajas, al 4% anual, lo que producía un doble fenómeno: mayor concentración de la riqueza por el cobro de los impagos y dependencia y control sobre los deudores.

El que narra no ha podido precisar si se trata de datos anteriores a la época, pero las rentas anuales de los obispos eran: el de México, 130 mil pesos; el de Puebla, 110 mil; el de Morelia, 100 mil, y 90 mil el de Guadalajara. Lejos de los 30 mil pesos que Juárez llegará a cobrar anualmente como presidente.

El mantenimiento del clero regular se obtenía básicamente de las obvenciones parroquiales, en la medida en la que cobraban bautizos, matrimonios, confesiones, funerales. En resumen, según cuenta Jorge Belarmino: "Contra los aproximados 6 millones de pesos que en promedio entran anualmente a las arcas del Estado (lo cual es un decir, porque la mayor parte de los ingresos estatales están previamente gravados por adeudos internacionales), la Iglesia dispone de entre 18 y 20". Un estado por encima del Estado.

NOTA

1) Jorge Belarmino Fernández: *La Revolución de los pintos*. Jesús Lazcano: *La Reforma, revolución burguesa*. Francisco López Cámara: *La estructura económica y social de México en la época de la Reforma*. Porfirio Parra: *Sociología de la Reforma*. Jan Bazant: *Los bienes de la iglesia en México, 1856-1875*. Robert J. Knowlton: *Los bienes del clero y la Reforma mexicana, 1856-1910*.

9

LA DANZA POR EL PODER

En toda revolución hay un instante en que el poder baila una danza absurda: los que lo tenían ya no lo tienen y sin embargo sus fuerzas no son despreciables, porque cuentan con recursos militares de sobra para continuar el combate a la revuelta; en cambio, los que han derribado al viejo régimen no consolidan y unifican su fuerza, y más aún multitud de comparsas se mueven en medio tratando de ser los necesarios "hombres del momento". Entre el 9 de agosto y el 4 de octubre de 1855 (¡un larguísimo periodo de casi tres meses!) se produce una interminable y compleja danza en cuyo centro está el poder y por lo tanto el destino de la Revolución de Ayutla.

El mismo 9 de agosto se hace público el documento de Santa Anna en *El Diario*, su testamento político. Los ministros al abrirlo encuentran que se designa un triunvirato y no saben qué hacer. El gobierno se esconde, queda desierto el Palacio. Los tres agraciados herederos son el presidente del Tribunal Supremo, Ignacio Pavón, y los generales Mariano Salas y Martín Carrera (poblano, militar de 49 años, realista, insurgente de Iturbide, conservador, gobernador del Distrito Federal bajo Santa Anna), y como suplentes los generales Rómulo Díaz de la Vega (ex gobernador de Yucatán y Tamaulipas y jefe de la guarnición de la Ciudad de México) e Ignacio Mora y Villamil; ellos serían los responsables de convocar a la nación para que se constituyese "según su voluntad".

En la Ciudad de México crece el ambiente de motín. Jorge Belarmino apunta: "El pueblo de la Ciudad de México es un emocionante, cauteloso avispero, preparado a estallar". El Distrito Federal en esos momentos cuenta con un poco más de 170 mil habitantes (compárense con los 15 mil de Monterrey y los 40 mil de Guanajuato).

Al día siguiente una "junta de notables", que incluye a varios jefes militares, nombra a un presidente interino, el general Martín Carrera, que tiene 26 votos contra 16 de Díaz de la Vega y dos para Comonfort. En la reunión participan un par de liberales moderados y Francisco Zarco, hombre de los liberales rojos, que se deslinda de la junta y su fallo: no son representativos y es un contrasentido nombrar a un militar santanista; "hasta jesuitas hay ahí". Al día siguiente Zarco escribe en *El Siglo XIX*: "No se dé lugar a un motín, se trata de reconstruir la sociedad y no hay tiempo que perder".

El 12 de agosto López de Santa Anna publica en Perote un manifiesto en el que renuncia a la Presidencia de la República; el 18 embarcará en Veracruz y llegará La Habana el 24, en camino a su exilio de nuevo en Turbaco, en la Nueva Granada. Simultáneamente Francisco Zarco escribe en *El Siglo XIX*: "Contemplamos la desolación y la ruina en que queda el país, y se nubla nuestro espíritu, tememos que se pierdan los preciosos instantes".

El 13 de agosto el Ayuntamiento y la guarnición de la capital proclaman como presidente interino al general Rómulo Díaz de la Vega, y este inicia el proceso de nombrar una junta de representantes de la nación (dos por cada departamento), para que luego esta nombre a un presidente interino y este a su vez convoque a un congreso. Ese mismo 13 de agosto se pronuncia en San Luis Potosí el general conservador Antonio Haro y Tamariz por "Religión y fueros". Y para hacer más complicado el proceso, el liberal moderado Manuel Doblado se levanta en armas en Guanajuato con el Plan de Piedra Gorda. Si sumamos a los militares de la capital que apoyan a Díaz de la Vega y a Vidaurri en Monterrey, que se apoya a sí mismo, cuatro propuestas diferentes se suman a la de Ayutla y disputan el poder.

Pero ninguna de estas fuerzas cuenta con el pueblo del Distrito Federal. José María Lafragua y el novelista Juan A. Mateos narran el espíritu existente en la Ciudad de México. Pocas horas antes, y en paralelo con la decisiones de la guarnición, en La Alameda desde las 11 de la mañana y sin previo acuerdo, comienza a reunirse la multitud. Diez mil personas, se dice. Artesanos, médicos, empleados, militares de baja graduación, pueblo llano. Muchos son de esta ciudad. Por ahí aparecen los tribunos de la plebe y pronuncian discursos Francisco Zarco e Ignacio Ramírez, quien acaba de abandonar la prisión, que está a punto de volvérsele hogar, de lo mucho que la frecuenta.

La asamblea popular se adhiere al Plan de Ayutla y firma un documento que escribe Zarco. Miguel Ángel Granados Chapa habla de un "gentío enardecido, ansioso de venganza contra la tiranía y sus símbolos". Mientras, algunos grupos recorrían las calles al grito de "¡Muera la dictadura!", según un cronista de la época, acompañando aquellos "¡Muera!" con las frases más selectas de su vocabulario.

Cae la estatua del dictador en la Plaza del Volador. Guillermo Prieto lo celebrará: "Esta contrahecha figura / cayó presa de arrojo. / ¿Pero quién le mete a un cojo / elevarse a tanta altura?".

La plebe saquea la casa de Dolores Tosta, la esposa de Santa Anna, "se abrieron los balcones y comenzaron a caer los espejos venecianos, los ajuares de brocatel, las mesas de mármol, los bronces y cuanto encontraba aquella gente, que no quería robar […]. Unos corren al panteón de San Fernando por los restos de la pierna del caudillo prófugo que había sido enterrada con honores militares, y la pasean en júbilo por toda la ciudad".

La multitud ataca la imprenta del santanista El Universal, rompiendo las prensas. Van a destruir las instalaciones del periódico El Ómnibus; Zarco y un joven liberal que acaba de salir de la cárcel lo impiden. Otros grupos quitan el nombre de Santa Anna del frontal del Teatro Nacional y queman cuadros del Serenísimo. Van arrasando los símbolos del poder y del dinero. En la casa de Manuel Díez de Bonilla, el ministro de Relaciones que había firmado el Tratado de La Mesilla, "sacaron a la calle los coches, arrojaron por los balcones grandes espejos, los pianos, sofás, jarrones y demás muebles de ebanistería y de porcelana, pinturas y una lluvia de libros, desde los del siglo XVI hasta los más modernos, y todo lo quemaron". Lo mismo hicieron en la de Manuel Lizardi (agiotista aliado a Santa Anna y muy odiado por el pueblo); en la de Teodosio Lares, ministro de la dictadura, como no encontraron más que algunas sillas, las arrojaron a la calle y las quemaron. Apedrearon la casa de Manuel Escandón, el hombre más rico de México, y la del jefe de policía Lagarde.

El móvil de aquellos crímenes no fue el robo, sino la indignación, el re-sentimiento profundo y la venganza. Vigil cuenta que "una tienda española, situada en los bajos de la casa de Bonilla, permaneció abierta sin que sufriera el menor daño; lo mismo sucedió con una sastrería que existía en la parte baja de la casa de la suegra del dictador; en dicha sastrería se tomó una pieza de paño, que iba a ser destruida, pero alguien gritó que era de un artesano honrado, e inmediatamente fue depositada en la oficina del telégrafo".

Finalmente una mano anónima estranguló al águila del "milagro" que es-taba en Palacio. El inocente animal pagaría el mito del dictador insustituible.

De las 11 de la mañana a las cinco de la tarde la multitud suscribió el acta de La Alameda y se dirigió a Palacio, donde el general Díaz de la Vega salió a enfrentarlos y declaró que estaba a las órdenes del general Álvarez y de los ciudadanos. Los liberales Zarco, Tovar, Escalante y algunos otros lograron calmar al pueblo y disolver los grupos; cada lépero se fue a su casa y los barrios siguieron tan tranquilos como antes. Hacia las nueve de la noche la ciudad estaba en paz. Hubo detenidos, pero las fuerzas del inestable gobier-no traían sus fusiles con pólvora pero sin bala y no hubo muertos ni heridos.

El 14 de agosto, cediendo a la presión de la multitud pero intentando salvar lo insalvable, la junta de representantes en la capital nombra presi-dente interino al general Martín Carrera. Juárez, desde Acapulco, le escribe a Melchor Ocampo: "Todo ha sido una farsa para seguir dominando al país y burlando a la revolución". Y cuenta: "De ninguna manera debía aprobarse el plan proclamado en México, ni reconocerse al presidente que se había nombrado, porque el Plan de Ayutla no autorizaba a la *Junta* que se formó en la capital para nombrar presidente de la República y porque siendo los auto-res del movimiento los mismos generales y personas que pocas horas antes servían a Santa Anna [...] era claro que, viéndose perdidos por la fuga de su jefe, se habían resuelto a entrar en la revolución para falsearla, salvar sus empleos y conseguir la impunidad de sus crímenes, aprovechándose así de los sacrificios de los patriotas que se habían lanzado a la lucha para librar a su Patria de la tiranía clerical-militar que encabezaba don Antonio López de Santa Anna". Diego Álvarez autoriza a Juárez la publicación de un manifiesto en ese tono que fije la posición de los sureños.

Ni Comonfort ni Juan Álvarez tienen prisa por llegar a la capital. Ambos avanzan lentamente consolidando el poder político y militar partidario de la Revolución, que en el mejor de los casos se encuentra disperso.

El 19 de agosto, hay un pronunciamiento en Guadalajara por el Plan de Ayutla. Tres días más tarde Comonfort hace una entrada triunfal en esa ciudad y expide una circular declarando que la presidencia interina de la República le corresponde a Juan Álvarez.

Pasan casi tres semanas, cartas van y vienen por toda la República. Carrera trata de afianzar su presidencia e invita a liberales moderados y radicales junto a conservadores a formar el Consejo de Estado. Juárez mismo recibe una carta en que le pide que sea gobernador de Oaxaca. "Carrera carecía de misión legítima para hacer este nombramiento, contesté que no podía aceptarlo".

Mientras, Álvarez, sumando los restos del ejército santanista que operaban en la región, inicia una lenta marcha hacia México saliendo de Texca hacia Iguala. Por el camino va recibiendo enviados de Carrera, que le proponen mil y un maneras de conciliar, las que va rechazando. El 11 de septiembre se rompe el *impasse* y la guarnición vuelve a pronunciarse en la capital ya no sólo por el Plan de Ayutla, sino definiendo que la presidencia interina le tocaba a Juan Álvarez, y que el encargado de la Presidencia, mientras Álvarez tomaba posesión, era de nuevo Díaz de la Vega, por no haber querido aceptarla Carrera, que ese mismo día se retira a la vida privada. Rómulo Díaz de la Vega aceptó el Plan de Ayutla, por tercera vez, "no pudiendo dominar el espíritu revolucionario que se había apoderado de las tropas".

Según Guillermo Prieto, Zarco había sido una pieza fundamental desde la prensa capitalina: "Zarco fue auxiliar poderosísimo. En el periódico *Revolución* que fue nuestro núcleo [...] nos ayudaba ardoroso (y con ese grupo) arrebataron la revolución a Carrera y la pusieron en manos del partido progresista".

El 12 de septiembre Zarco escribe en *El Siglo XIX*: "Se va prolongando la misma incertidumbre. Los riesgos irán siendo cada día mayores". Intuye el peligro del poder en manos del santanismo sin Santa Anna, no sabe qué pasa con los hombres de Ayutla. "El principal error consiste [...] en seguir procediendo como conspiradores, cuando ya no hay contra quién conspirar".

Al día siguiente Comonfort sale de Guadalajara, dejando nombrado al liberal radical Santos Degollado como gobernador y comandante de Jalisco. Va hacia Lagos para entrevistarse con los otros dos caudillos que se han levantado con planes paralelos al de Ayutla. El 16 se reúnen en esa ciudad Manuel Doblado, que viene acompañado de una brigada con los generales Miguel María Echeagaray y Leonardo Márquez. A Comonfort se le une El Nigromante Ramírez, que le debe traer noticias frescas del ánimo en que se encuentra la capital y al que nombra su secretario, y Haro y Tamariz.

Comonfort opta por la diplomática negociación y se dice que le promete a Haro la futura Secretaría de Hacienda, se compromete al pago de los gastos de campaña de ambos, ofrece a Manuel Doblado la gubernatura de Guanajuato. Doblado se pliega no sin reticencias. Comonfort habría de comentar más tarde que en el trayecto por Guanajuato hacia la Ciudad de México temía que "tuviera que abrirse paso a cañonazos". No será necesario. El 21 se cierran los convenios de Lagos de Moreno y se abre la puerta para que sea Juan Álvarez el que tome la iniciativa. Zarco, desde *El Siglo XIX,* escribe: "La causa revolucionaria es la causa democrática".

Hacia el 15 de septiembre Melchor Ocampo y los liberales exiliados en Brownsville reciben una invitación más de los hombres de Ayutla y finalmente él, su hija Josefa y Mata viajan a Veracruz, donde el 17 de septiembre Ignacio de la Llave, con el control de los levantamientos en el estado, les garantiza el tránsito hacia el corazón del país. El 23 estarán en la Ciudad de México. Y un día más tarde, desde Iguala, Juan Álvarez emite un Manifiesto a la Nación y convoca a una reunión de representantes de la República en Cuernavaca.

La danza ha terminado, por ahora.

NOTAS

1) Jorge Belarmino Fernández: *La Revolución de los pintos*. Benito Juárez: "Apuntes para mis hijos" en *Documentos, discursos y correspondencia*, tomo I. Francisco Zarco en *El Siglo XIX*, 12 de agosto y 18 de septiembre de 1855. Ignacio Manuel Altamirano: *Historia y política de México, 1821-1882*. Agustín Rivera: *Anales mexicanos. La Reforma y el Segundo Imperio*. Jesús Romero Flores: *Don Melchor Ocampo, el Filósofo de la Reforma*. José Roberto Juárez: "La lucha por el poder a la caída de Santa Anna". José María Vigil: *La Reforma*. Miguel Ángel Granados Chapa: "Francisco Zarco. La libertad de expresión". Guillermo Prieto: "En honor de Francisco Zarco". Silvestre Villegas Revueltas: *El liberalismo moderado en México, 1852-1864*. Conrado Hernández López: *Las fuerzas armadas durante la Guerra de Reforma, 1856-1867*. "Los Convenios de Lagos" en *El Siglo XIX*, 16 de octubre de 1955. Excelente investigación de Regina Tapia Chávez: *Las jornadas de agosto de 1855 en la Ciudad de México: un estudio de caso de los mecanismos de lo político, y del discurso político de lo social*. Jacqueline Covo: *Los clubes políticos en la Revolución de Ayutla*.

2) Los chilangos tienen verdadera manía por arrastrar por las calles la pata de Santa Anna. La mutilada pierna de verdad primero fue enterrada con honores en el Panteón de Santa Paula (1842) y años después desenterrada en medio de la furia popular. En 1847, durante la guerra entre Estados Unidos y México, Santa Anna se vio sorprendido mientras comía o dormía en Cerro Gordo por la infantería de Illinois y escapó a caballo dejando su pierna artificial abandonada, que fue capturada y hoy se puede ver en el Museo Militar del Estado de Illinois. La otra pierna, supuestamente la prótesis arrastrada, está en el castillo de Chapultepec ¿o esa es una nueva última pierna?

Ante la situación general Santa Anna abandonó México el día 9 de agosto de 1855. Apenas abandonó la capital una multitud de personas se dirigieron a donde estaba enterrada la pierna amputada de Santa Anna, la desenterraron y la arrastraron por las calles de la ciudad.

Dos museos se pelean la prótesis: el de San Jacinto y el Museo de Illinois, que fue tajante al responder que, aunque sabe que "Santa Anna es muy importante en la historia de Texas", la prótesis no va a viajar a ningún lado, pues "aquí uno no comercia con los artefactos". La lucha por la pierna artificial de Santa Anna se avivó cuando el museo de Texas pidió a la Casa Blanca intervenir en el caso, pero el gobierno de Barack Obama no se pronunció al respecto.

10

EL TRIUNFO DE AYUTLA

Ortiz Vidales, siguiendo la narración de Guillermo Prieto, cuenta la llegada a Cuernavaca el 1° de octubre de los hombres de Ayutla: "Al frente de su tropa marcha como un patriarca el general don Juan Álvarez. Es de estatura regular, de anchas espaldas y tiene el busto fornido, casi como de atleta. Su faz es apacible y seria; sus ojos pequeños y vivos y en su piel negra y rugosa aparecen las huellas de la viruela. Lleva la cabeza tocada con una montera negra y su voz es dulce y meliflua. Le acompañan Villarreal, seco y enjuto, de grandes bigotes retorcidos, y el licenciado Juárez, que acentúa aún más su figura plebeya con un sombrero de anchas alas, una raída y grosera chaqueta y un pantalón azul claro, que sostiene por medio de una faja de lana. De esta columna se han desprendido Pancho Zarco y Cerecero, que adelantan, según dicen, para desbaratar las intrigas en que anda metido Comonfort con los conservadores".

Álvarez, siguiendo el Plan de Ayutla, convoca a los representantes de los estados; lo hará sin consultar a Comonfort, que se encuentra en la Ciudad de México. La reunión se celebrará en un recinto improvisado, la Plaza de Gallos. La puerta del palacio municipal estará permanentemente abierta.

La calumnia va por delante de Álvarez, "se dice que se desayuna con sangre, usa un cráneo como candelero. Asesina a troche y moche cuando se halla poseído por la murria; se espanta ante el espejo y pide socorro cuando se acuesta en un colchón de plumas".

Melchor Ocampo llegará con su hija a Cuernavaca el 4 octubre. Encontrará alrededor del presidente un clima "más de tertulia que de Consejo de Estado". Están algunos militares que no les causan gracia a los liberales: el general Miñón, hasta hace poco santanista, y el eterno cacique Florencio Villarreal, que está preparando su viaje de regreso a su natal Cuba. "Yo, que me hallaba ya violento (dice Ocampo) alcé la voz", y detuvo la compadrería.

Ese mismo día se reúne la Junta que designará presidente interino a Valentín Gómez Farías ("nervioso seco y encorvado, regañando a los chicos"), y es vicepresidente Melchor Ocampo (que representa a Michoacán); Benito Juárez representa a Oaxaca, Guillermo Prieto a Chiapas, Diego Álvarez a Guerrero, el general Zuloaga a Chihuahua, Juan José Baz va por Colima y José María Lafragua por Sinaloa, que trae las propuestas de Comonfort, quien se encuentra en Tlálpam.

Comonfort había mandado una lista que fue ignorada y excluía a Ocampo e incorporaba a El Nigromante, al general Tenorio y a Mariano Riva Palacio, una de las voces más respetadas de los liberales moderados. Además había declarado repetidamente a la prensa que no se consideraba candidato a la Presidencia (por más que el 2 de octubre Zarco en *El Siglo XIX* lo había apoyado) y que Juan Álvarez era el hombre. Por otro lado, la representatividad de la Junta era más que discutible y no había sido consensuada con las diversas fuerzas que impulsaron la revolución.

El hecho es que será electo Juan Álvarez por 13 votos contra tres para Comonfort y tres para Ocampo (entre ellos el de Prieto) y un voto para Vidaurri. "Y hay música y repiques, vítores y cañonazos". No ha sido muy regular, pero se trata de un gobierno revolucionario que debe urgentemente constituirse y organizar una transición democrática. Ocampo hablará de "dictadura obligada por la naturaleza de las circunstancias".

Guillermo Prieto será el encargado de llevarle la noticia a Juan Álvarez. Este le pregunta que por qué él, que votó en su contra, le trae ahora la voz del Congreso. Prieto no encuentra palabras, pero Álvarez le dice que se equivocó y en esta versión le dice: "Y a usted, que en tiempos de Arista cuidaba el pan del pobre para que limpie el tesoro de sombras y mamotretos, lo nombraré ministro de Hacienda".

En otras versiones Álvarez comisiona a Melchor Ocampo para que integre el gabinete. Ocampo quiere que se espere a Comonfort que se encuentra en camino antes de tomar una decisión. Jorge Belarmino apunta: "La historia no es como nos la cuentan, la bibliografía liberal no toca medianamente a fondo el tema de la selección del gabinete que hará don Juan Álvarez".

Álvarez no demora la decisión, quizá pensando adelantarse a Comonfort y los posibles acuerdos que ha tomado en los últimos meses. El gobierno quedaría formado por Melchor Ocampo (que era, según Altamirano, "sin disputa el hombre más notable y más respetado del partido liberal") como ministro de Relaciones Interiores, Exteriores y Gobernación; Ignacio Comonfort como ministro de Guerra y Marina; Guillermo Prieto para ministro de Hacienda, y Benito Juárez como ministro de Justicia, Instrucción Pública y Negocios Eclesiásticos.

Sorpresa: tres intelectuales de la izquierda liberal, los llamados puros y Comonfort. Lafragua comenta: "La exclusión del partido moderado quedó consumada". Comonfort está en Tlanepantla a la hora de producirse el nombramiento, llegará a Cuernavaca al día siguiente; no quiere a los exilados, piensa que no se sumaron a tiempo al Plan de Ayutla, que estuvieron alejados de los combates. Curiosamente sus propios candidatos están en la misma situación. Tiene al parecer dos propuestas para los cuatro cargos contemplados: Mariano Riva Palacio y el moderado Lafragua para la Secretaría de Gobernación. Tiene además que responder a los compromisos de los acuerdos de Lagos de Moreno. ¿Qué hacer con Haro y Tamariz, con Doblado, con Vidaurri?

En la primera reunión del Consejo de Ministros Ocampo descalifica a Lafragua, "no tanto por sus hábitos, que según he oído decir se diferencian mucho de los míos" (¿a qué se refiere?). No son diáfanos los primeros desacuerdos. Melchor no tiene clara la definición entre puros y moderados; por sus amistades estaba más cerca de los moderados, por sus ánimos lo estaba de los puros; la siente más bien un problema de afinidades del pasado, aunque ve en algunos de los cuadros del liberalismo "más activos y más impacientes, más cándidos y más atolondrados, mientras que los otros eran, sí, más cuerdos y más mañosos, más negligentes y tímidos".

El primer choque se va a producir muy pronto. Benito Juárez cuenta: "El general Comonfort [...] manifestó sumo disgusto porque en el Consejo formado en Iguala no se hubiera nombrado algún eclesiástico, aventurándose alguna vez a decir que sería conveniente que el Consejo se compusiese en su mitad de eclesiásticos, y de las demás clases la otra mitad". Finalmente, Comonfort propone la inclusión de dos religiosos en el Consejo. "¡Como garantía del clero!". Ocampo monta en cólera. ¿Darle lugar a la institución que prohijó la dictadura? Es el peor principio para una república sana.

El 8 de octubre regresa a la capital Comonfort. Álvarez y su gabinete gobiernan desde Cuernavaca. El viejo insurgente quiere escaparse de los meandros del berenjenal de la capital. Introduce una modalidad republicana, los acuerdos y edictos llevan como firma sólo su apellido, despojado de cargos y de inútiles títulos. Ocampo suprime inútiles embajadas. Prieto hace reformas en correos, declara el arancel libre, aniquila parásitos que viven del erario. Ya el gobernador Santos Degollado en Guadalajara había dado un decreto suprimiendo las levas y las alcabalas.

El 10 de octubre Comonfort está en la Ciudad de México, tiene una cola de peticionarios frente a Palacio; los diarios publican tardías postulaciones al gabinete a través de la prensa. Hay dos nombramientos para gobernador de la Ciudad de México, uno de Álvarez y otro de Comonfort, ambos candidatos renuncian ante la absurda situación. Entre el gabinete de Cuernavaca y Comonfort hay una disputa en torno a los nombramientos de gobernadores, Melchor le escribe a Ignacio: "Llegué hasta preguntarle en una carta si pensaba en organizar la República o en establecer dos gobiernos".

Comonfort retorna a Cuernavaca el 16 de octubre para participar en los debates dentro del Consejo de Ministros; argumenta que tiene que volver inmediatamente a la Ciudad de México porque existe una situación muy peligrosa. Ocampo no resiste comentarle: "¿Cómo, señor, se asusta cuando le dicen que hay un *toro de petate*, usted que ha combatido al lobo rabioso cuando tenía las garras afiladas?".

A la mañana siguiente Comonfort argumenta que debe renunciar como ministro y seguir tan sólo como general en jefe del ejército. Tras esto están las discrepancias en torno al destino del ejército. La primera es el indulto a los desertores; a lo largo de dos años de combate millares de soldados han cambiado de bando convirtiéndose en desertores, los rebeldes incorporaban a sus filas a los soldados capturados. Comonfort se maneja cuidadosamente para no crear tensiones en los oficiales superiores, generales y coroneles que se sumaron a la revolución en el último momento. Benito Juárez cuenta que "quería también que continuaran colocados en el ejército los generales, jefes y oficiales que hasta última hora habían servido a la tiranía que acababa de caer". Los liberales pretendían ir desactivando paulatinamente al ejército santanista e irlo sustituyendo por milicias estatales. Ahí surgen de nuevo las discrepancias. Comonfort propone que se establezcan dos categorías de milicianos, la activa compuesta de "los proletarios" y los que estarían en la reserva, formada por propietarios. El militar también propone que participar en la milicia sea un derecho y no una obligación como sugieren los otros tres miembros del gabinete, que objetan las medidas.

Sin que nadie lo diga, parece ser que es Juan Álvarez el mediador de estas continuas confrontaciones entre un Comonfort más blando, que dice que si se apresuran las medidas todo se pone en peligro y un beligerante y duro Ocampo al que siguen Juárez y Prieto. Melchor cuenta: "La discusión, variando de medios y a veces de objeto, se prolongó inútilmente todo el día [...]. En la noche repetí mi resolución de separarme del ministerio, mi califi- cación de intruso en una revolución en la que sólo de lejos y muy secundaria e imperfectamente había tomado yo parte. Mis compañeros todos me instaron amistosamente para que unidos soportásemos la situación y el Sr. Juárez me dijo cosas que me enternecieron y me cortaron la palabra". Sus compañeros logran posponer su decisión, "retirar su retirada".

Nuevamente Comonfort propone renunciar al Ministerio de Guerra. Ocampo contrapropone: "Bien, pero entonces usted obedece al ministro de la Guerra que nosotros nombremos. Y en ambas ocasiones me contestó, que suponía que nosotros nombraríamos un ministro de la Guerra con quien pudiese entenderse". A pesar de los encontronazos, Ocampo no duda de las virtudes de Ignacio ("me pareció el Sr. Comonfort como siempre lo había conocido, patriota sincero y ardiente, hombre generoso y probo").

El 19 de octubre de 1855 sale publicada la convocatoria para realizar un congreso constituyente que había sido firmada tres días antes por Juan Álvarez y su gobierno. Se fijó su apertura para el 14 de febrero de 1856 y se le otorgó el plazo de un año para terminar sus trabajos. Desde la Ciudad de México Zarco, en *El Siglo XIX*, aplaude la convocatoria. Quedaban excluidos como electores los miembros del clero secular, vagos y "mal entretenidos", los que hayan hecho quiebras fraudulentas, los que tengan causa criminal pendiente, los que hayan perdido la nacionalidad mexicana. Juárez comen- tará: "Se juzgó indispensable excluir al clero de la representación nacional, porque una dolorosa experiencia había demostrado que los clérigos, por ig- norancia o por malicia, se creían en los congresos representantes sólo de su clase y contrariaban toda medida que tendiese a corregir sus abusos y a favorecer los derechos del común de los mexicanos". Curiosamente Juárez no menciona la razón principal para privar al clero del voto: su condición de obediencia hacia el Vaticano, lo que creaba una contradicción.

De nuevo, al día siguiente se reúnen y Comonfort presenta una propuesta de programa, que sus compañeros califican de vaga. Se repiten las confrontaciones. Ocampo dirá: "Así como a usted le gustan las curvas, yo amo la línea recta y así como a usted le gusta el paso y el contrapaso yo me complazco siempre en la marcha franca y resuelta. Usted cree que la política consiste en el engaño y yo juzgo que al pueblo hay que decirle siempre la verdad. Yo quiero lo positivo y usted se conforma siempre con las apariencias, aunque la lujosa casaca esconda siempre a un bandido y la sotana a un artero y vil. Así pues o seguimos los dos de frente o yo tomo el camino de mi casa".

Ocampo presenta de nuevo su dimisión el 21 de octubre; lo siguen Juárez y Prieto. Ocampo trata de convencer a Prieto, porque los asuntos de Hacienda tenían una condición más bien técnica. Álvarez convence a Juárez (que está elaborando una ley para limitar los fueros) y a Prieto de que se queden, y reduce la renuncia de Ocampo a dos meses de permiso. Nunca regresará al gobierno de Álvarez y producirá un folleto que será famoso en aquel año: *Mis quince días de ministro*.

Juan Antonio de la Fuente ocupa el lugar de Ocampo tras habérsele ofrecido la cartera a varios liberales moderados que no la aceptan. La crisis se prolonga. El 14 de noviembre Prieto renuncia por enésima vez al ministerio porque se quejaba de que se privilegiaran ciertos pagos y que se compensaran servicios militares con empleos en Hacienda, pero sigue trabajando tres semanas después.

Finalmente, el presidente Álvarez se dirige a la capital a la cabeza de un ejército de pintos, estará unos días en el poblado de Tlálpam y el 15 de noviembre entra en la Ciudad de México. Juan A. Mateos dirá que "la ciudad petimetre" se sacude. Cronistas conservadores le atribuyen pésimas costumbres al ejército del pueblo que los ha librado de la dictadura: "Muchos de aquellos rancheros se emborrachaban, daban sendas bofetadas y cintarazos, robaban y se solazaban con mujeres mientras se cantaba el *Te Deum laudamus*". Los surianos acampan en los patios de palacio con sus mujeres y sus hijos.

No sólo los conservadores están sorprendidos y asustados; un liberal moderado como Manuel Silíceo le escribe a Manuel Doblado: "una chusma de pintos indecentes y degradados que son la mejor representación de este país. Yo no sé qué maldición nos persigue y que nos hace víctimas del robo, del pillaje, de la prostitución, de la inmoralidad, de la ignorancia y aun de la barbarie y la brutalidad". ¿Por qué tanto odio clasista?

A la entrada de Álvarez no se formaron vallas y se creó un gran desorden. Álvarez deja claro su origen, se quita la montera y se pone el pañuelo de Morelos en la cabeza. Lo recibe Juan José Baz, jefe del gobierno del Distrito Federal.

Benito Juárez cuenta: "El hecho que voy a referir dará a conocer la clase de intriga que se puso en juego en aquellos días para desprestigiar al Sr. Álvarez. Una compañía dramática le dedicó una función en el Teatro Nacional. Sus enemigos recurrieron al arbitrio pueril y peregrino de coaligarse para no concurrir a la función y aun comprometieron algunas familias de las llamadas *decentes* para que no asistieran".

El 20 de noviembre es detenido en Puebla el sacerdote Francisco Javier Miranda, cura del Sagrario de Puebla, y trasladado al cuartel de San Hipólito en la Ciudad de México, para luego ser desterrado en diciembre. Estaba conspirando un golpe de ultraderecha con el general López Uraga, que logró escaparse y permanecer oculto dentro del país.

Será el prólogo de la promulgación, el día 22, de la Ley de abolición de los fueros eclesiástico y militar, la famosa Ley Juárez, que se hará pública tres días más tarde. La llamaron Ley de Administración de Justicia. Restituía la Suprema Corte, reducía el número de empleados judiciales, el Ejecutivo nombraría a los magistrados, suprimía tribunales especiales. Dice Juárez: "Las leyes anteriores sobre administración de justicia [...] establecían tribunales especiales para las clases privilegiadas haciendo permanente en la sociedad la desigualdad que ofendía la justicia, manteniendo en constante agitación al cuerpo social. No sólo en este ramo, sino en todos los que formaban la administración pública debía ponerse la mano, porque la revolución era social [...]. Limitándome sólo a extinguir el fuero eclesiástico en el ramo civil y dejándolo subsistente en materia criminal, a reserva de dictar más adelante la medida conveniente sobre este particular. A los militares sólo se les dejó el fuero en los delitos y faltas puramente militares. Extinguí igualmente todos los demás tribunales especiales".

Limitada como era (Victoriano Salado: "No contiene nada que no esté en otras leyes"), resultó la chispa para que el conservadurismo católico enloqueciera. Juárez elegantemente le mandó dos ejemplares al arzobispo Lázaro de la Garza al día siguiente, quien entre otras muchas medidas declaró que la ley debería ser revisada por el Vaticano. Se produjeron protestas públicas de todos los demás obispos del país, amenazas de incumplimiento. La reacción más virulenta provino del obispo de Michoacán, Clemente de Jesús Murguía, el hombre de la ultraderecha. El 3 de diciembre aparece la Ciudad de México pintada con las consignas: "Viva la religión, mueran los puros".

Hay tensiones en Nuevo León con Vidaurri, que insiste en mantener anexionada Coahuila. Problemas y choques armados en Sinaloa y Chihuahua entre los revolucionarios de Ayutla y los santanistas sumados de última hora; Haro y Tamariz está en Puebla conspirando con el clero más retardatario. Y por fin el 6 de diciembre se pronuncia en Guanajuato Manuel Doblado y su segundo, el general Echeagaray, proclamando presidente a Comonfort, alegando que la Ley de Abolición de Fueros y otras leyes y órdenes radicales, emanadas del ministerio de Álvarez, eran muy perjudiciales a la nación por inoportunas.

Ponciano Arriaga tomó por unos días el Ministerio de Gobernación; Comonfort sostiene su renuncia al Ministerio de Guerra. Álvarez se reúne con un grupo de liberales moderados. Benito Juárez cuenta: "Los moderados, en vez de unirse al Gobierno para destruir al nuevo cabecilla de los retrógrados, le hicieron entender al Sr. Álvarez que él era la causa de aquel motín porque la opinión pública lo rechazaba como gobernante, y como el ministro de la Guerra que debiera haber sido su principal apoyo le hablaba también en ese sentido, tomó la patriótica resolución de entregar el mando".

El 8 de diciembre Juan Álvarez renuncia a la Presidencia. En un manifiesto a la nación declara: "Pobre entro a la Presidencia y pobre salgo de ella, pero con la satisfacción de que no pesa sobre mí la censura pública, porque dedicado desde mi tierna edad al trabajo personal, sé manejar el arado para mantener a mi familia, sin necesidad de los puestos públicos, donde otros se enriquecen con ultraje de la orfandad y de la miseria".

Entre las milicias del Distrito Federal hay reacciones de amotinamiento que Baz reprimiría. El 9 de diciembre de 1855 Comonfort es nombrado presidente sustituto de la República porque Álvarez la conserva en interinato. El 11 de diciembre toma posesión de la Presidencia. Juan Álvarez lo visita en su casa para despedirse. ¿De qué hablan esos dos hombres que han estado íntimamente unidos durante tres años? Lafragua anota: "Entre Álvarez y Comonfort nunca hubo más que una armonía aparente, cariño fingido por parte del primero, deferencia forzada por parte del segundo".

Ocho días más tarde Juan Álvarez y el ejército de los pintos vuelven al sur.

NOTAS

1) Jorge Belarmino Fernández: *La Revolución de los pintos*. Melchor Ocampo: "Mis quince días de ministro" y *Obras completas* con prólogo de Ángel Pola. "Los acontecimientos de octubre del 55" en *El Siglo XIX* y el *Monitor Republicano*; Francisco Zarco escribe entre agosto y diciembre del 55 decenas de colaboraciones para *El Siglo XIX*, que ocupan el tomo VI de sus *Obras completas*. Benito Juárez: "Apuntes para mis hijos" en *Documentos, discursos y correspondencia*, tomo I. Salvador Ortiz Vidales: *Don Guillermo Prieto y su época: estudio costumbrista e histórico del siglo XIX*. Guillermo Prieto en *El romancero nacional* narra la entrada de Juan Álvarez a Cuernavaca. Ralph Roeder: *Juárez y su México*. José María Lafragua: *Miscelánea de Política*. Benito Juárez: *Documentos, discursos y correspondencia*, tomo II. Francisco Sosa: *Biografías de mexicanos distinguidos*. Esperanza Toral: *Entre Santa Anna y Juárez: Ignacio Comonfort*. José C. Valadés: *Don Melchor Ocampo, reformador de México*. Jesús Romero Flores: *Don Melchor Ocampo, el Filósofo de la Reforma*. José María Vigil: *La Reforma*. Moisés González Navarro: *La Reforma y el Imperio*. Juan Antonio Mateos:

El Cerro de las Campanas: memorias de un guerrillero, novela histórica. Victoriano Salado Álvarez: *El golpe de estado*. María del Carmen Ruiz Castañeda: *La prensa periódica
en torno a la Constitución de 1857*. Leonardo Viramontes: *Benito Juárez*.

2) Algunas fuentes erróneamente incluyen entre los ministros del primer gabinete de
Álvarez a Miguel Lerdo de Tejada, a Miguel Arrioja y a Ponciano Arriaga, por ejem-
plo Ignacio Manuel Altamirano (*Historia y política de México, 1821-1882*). Curio-
samente Ignacio Ramírez, que es propuesto por Comonfort para formar parte del
Consejo, el 4 de octubre y por diversidad de ideas se separó de él y se unió con
Juárez, Guillermo Prieto y demás radicales. Está de moda en las viejas y nuevas aca-
demias aplaudir la Moderación de Lafragua (por ejemplo de la Ernesto de la Torre
Villar).

3) La visión conservadora de Francisco Bulnes sobre Ocampo: "Tenía su temperamento: impaciencias de huracán, cóleras de océano, imágenes de tumulto, ideas atrevi-
das e incendiarias, frases de apóstol, esperanzas de conspirador [...]. Desconfía a
veces de su fuerza, de su aliento, de la potencia de su espíritu, de la infalibilidad del
progreso y le dan ganas de arrojar el fardo de su misión y decir a sus compatriotas:
Nada valemos; salvaos sin nosotros; pero salvaos pronto y a todo trance". Bulnes
sobre Juárez en el gobierno de Álvarez, más conservador todavía: "El temperamento
de Juárez fue el propio del indio, caracterizado por su calma de obelisco, por esa
reserva que la esclavitud fomenta hasta el estado comatoso en las razas fríamente
resignadas, por ese silencio secular del vencido que sabe que toda palabra, que no
sea el miasma de una bajeza, se castiga, por esa indiferencia aparente que no seduce,
sino que desespera" (*El verdadero Juárez y la verdad sobre la intervención y el imperio*).
Evidentemente no los quiere.

4) El fracaso de la guerra de Texas y la guerra contra Estados Unidos llevó en 1848
a una depuración radical del ejército, pero la dictadura de Santa Anna reactivó los
privilegios y espacios de lo peor del 37 y el 46. Lo nuevo es que bajo el impulso
del federalismo surgieron las milicias estatales. Bajo la modalidad de la "ciudadanía
armada", esta fuerza comprendería a todos los mexicanos entre 18 y 50 años, sus
miembros no gozarían de fuero y su oficialidad, sargentos y cabos, serían elegidos
por la tropa en votación directa. Entre 1846 y 52 cobraron forma y reglamentación,
pero fueron suprimidas en la última dictadura de Santa Anna (1853-1855) aunque
resurgieron en las guerrillas de Ayutla. (Conrado Hernández López: *Las fuerzas armadas durante la Guerra de Reforma, 1856-1867*).

5) José Clemente Munguía o Murguía. Casi imposible saberlo. Adopto el nombre con
"n" aceptando la versión del *Diccionario de Historia Cultural de la Iglesia en América
Latina*, de *Memoria política de México*, de los trabajos de la Biblioteca Jurídica Virtual
de la UNAM, de la *Historia de la filosofía cristiana en México* y de la enorme mayoría de las entradas de Wikipedia; aunque la versión con "r" sea reivindicada por
el Colegio de Michoacán, la antología de poesía de Rosas Moreno, el Seminario de
Morelia y la Arquidiócesis de León e incluso el nombre de su calle en Los Reyes,
Michoacán. Como se ve nada fácil decisión.

11

EL NIGROMANTE

¿De dónde salen personajes como tú? ¿En qué cocina te guisas, creces, te sostienes? Guillermo Prieto, cuyo verbo a veces se excede, pierde el control cuando dice: "Pero yo, para hablar de Ramírez, necesito purificar mis labios, sacudir de mi sandalia el polvo de la musa callejera, y levantar mi espíritu a las alturas en que se conservan vivos los esplendores de Dios, los astros y los genios".

¿Tanto así? Genialidad, honestidad, humildad, solidez, consistencia, verbo que mata.

Naciste en San Miguel el Grande el 22 de junio de 1818. Tu padre, Lino, había sido parte de los huestes de Hidalgo y se cuenta que más de un insurgente recibió asilo y comida en tu casa; tu madre, para alimentar mitos, era una indígena descendiente de caciques aztecas y de los últimos señores tarascos de Michoacán. "En ser indio mi vanidad se funda", habrías de decir, en un país donde lo indígena era despreciado por la élite económica y gubernamental.

Tus biógrafos no serán muy consistentes para definir en qué momento aprendiste a hablar en castellano; unos dirán que era tu lengua paterna y por tanto… otros dirán que hasta los 12 años, pero eso resultará absurdo porque a los diez estabas leyendo en español gracias a los estudios básicos que hiciste en Querétaro.

El caso es que a los 16 en la Ciudad de México estabas estudiando en el muy progresista y más que riguroso Colegio de San Gregorio, bajo el mando de su director, el autodidacta de origen indígena Juan Rodríguez Puebla. Como si el haber aprendido a leer tardíamente te obligara a recuperar el tiempo perdido, visitabas todas las bibliotecas al alcance como un verdadero fanático de la palabra escrita. Tus maestros, que casualmente lo descubrieron, no acaban de creerlo y te hicieron un examen para descubrir que tenías serios conocimientos de jurisprudencia, latín, sánscrito, francés, náhuatl, botánica, astronomía, economía, filosofía, historia, álgebra, teología, literatura.

Tu discípulo, Ignacio Manuel Altamirano, diría: "Ramírez, después de haber entrado a esas bibliotecas […], erguido y esbelto salió de ellas literalmente encorvado y enfermo, pero erudito y sabio, eminentemente sabio". Y será cierto lo que dice Altamirano, porque para él eres gloria de la patria, pero debe haber sido en muchas más bibliotecas y durante muchos más años, porque desde que entraste a San Gregorio sólo han pasado dos.

El 18 de octubre de 1836, aún sin cumplir los 18, te presentaste ante la Academia de Letrán para pronunciar tu discurso de ingreso. Guillermo

Prieto lo cuenta: "Ramírez sacó del costado un puño de papeles de todos tamaños y colores; algunos impresos por un lado, otros como recortes del molde del vestido y avisos de toros o de teatro. Arregló aquella baraja y leyó con voz segura e indolente el título, que decía: [...] No hay Dios, los seres de la naturaleza se sostienen por sí mismos".

Prieto de nuevo: "El estallido inesperado de una bomba, la aparición de un monstruo, el derrumbe estrepitoso del techo no hubieran podido causar mayor conmoción. Se levantó un clamor rabioso que se disolvió en altercados y disputas. Ramírez veía todo aquello con despreciativa inmovilidad. El señor Iturralde, rector del colegio, dijo: "Yo no puedo permitir que aquí se lea esto; es un establecimiento de educación".

Altamirano ofrece una versión diferente: "Cuando Ramírez concluyó de hablar, los académicos se pusieron de pie y felicitaron a aquel colegial oscuro, que envuelto en una capa de sopista, se anunciaba como el apóstol de una revolución religiosa y filosófica que destruía toda la ciencia universitaria".

Sea lo que sea lo de "sopista", que según el Larousse se trataba de un estudiante que mendigaba su diaria comida, no hay duda de que eras un rinoceronte en una cristalería. Muchos años después, Carlos Monsiváis acotaría: "Lo que Ramírez introduce con el ejemplo no es la duda religiosa (que socialmente tardará en producirse), sino el respeto inicial a la diversidad".

En 1845 te gradúas como abogado con aprobación unánime del jurado de la Real y Pontificia Universidad; al año siguiente te inicias en el periodismo en *Don Simplicio*, un semanario satírico de debate contra los conservadores. En esas páginas adoptas el seudónimo de El Nigromante, en clara referencia al Quijote y al encuentro que tuvo con un nigromante. La palabra *nigromancia*, cuyas raíces no nos dejan de otra que ir al griego y al latín y se asocian con muerte y adivinación, define a una disciplina de la magia negra, que consiste en la adivinación mediante la consulta de las vísceras de los muertos y la invocación de sus espíritus. ¿Es cierto eso? ¿Hablas con los muertos? O más bien observas atentamente a los vivos.

Si la dominante es la versión de que el apodo que habría de acompañarte toda tu vida viene de *El Quijote*, Sierra Partida aporta una nueva explicación: siendo secretario de un juzgado, participando en el levantamiento de un cadáver, observaste atentamente a los mirones y descubriste a uno particularmente desazonado; ordenaste: "Deténgalo, es el asesino". Eras El Nigromante, el que recibía información de los muertos. Tu biógrafo no informa si el pobre pendejo que estaba inquieto además era asesino, pero así son los biógrafos.

Combatirás durante la invasión norteamericana con las milicias del Estado de México y Tlaxcala y combatirás en Padierna. Mejor que soldado, narrador. Colaboras en la escritura de los *Apuntes para la guerra entre México y Estados Unidos* (1847), el libro que registra los desastres y traiciones de los militares mexicanos.

Te casas en el 47 con Soledad Mateos, hermana de Juan Antonio. De la larguísima relación con tu compañera, con la que tendrás cinco hijos, quedará uno de los más bellos poemas de ese siglo XIX mexicano, abundante en poetas y en ciudadanos; mejor aún, en ciudadanos poetas:

Heme aquí, sordo, ciego, abandonado
en la fragorosa senda de la vida;
apagóse el acento regalado
que a los puros placeres me convida;
apagóse mi sol; tiembla mi mano
en la mano del aire sostenida.

Darás clase en Toluca en 1850, sin faltar jamás al encuentro con los alumnos, a pesar de la epidemia de cólera, y en el día de descanso darás clases gratis de literatura. Porque, como sabes bien, a veces sólo la literatura salva a un país. Y creaste el primer programa de becas en el Estado de México, al que asistían 259 indígenas quienes pagaban sólo una fracción de la colegiatura.

En ese mismo año publicas un artículo titulado a "A los indios", que remata señalando que si quieren salir de su postración no les queda otra alternativa que la insurrección. Estás cabrón, estás salvaje, llamando a la justa y necesaria guerra de castas. Vas a dar a la cárcel por "delitos contra la libertad de imprenta", aunque resultas absuelto en el juicio.

Altamirano prueba de nuevo a describirte en esos años: "Ramírez en 1850 era un joven de 32 años de edad, pero su cuerpo delgado y de talla más que mediana se encorvaba ya como el de un anciano. Su semblante moreno, pálido y de facciones regulares, tenía la gravedad melancólica que es como característica de la raza indígena; pero sus ojos que parecían de topacio, deslumbraban por el brillo de las pupilas; la nariz aguileña y ligeramente deprimida en el extremo, denunciaba una gran energía y los labios sombreados por un escaso bigote, se contraían en una leve sonrisa irónica".

Tenías la erudición de la rata de librerías, por haber pasado tu juventud refugiado y encerrado en las bibliotecas de San Gregorio y en la Nacional, leyendo todo lo que pasaba por tus manos: libelos y alegatos jurídicos, novelas y recetas de cocina, incluso libros de ciencias, ajenas a tu futuro desenvolvimiento, como las naturales. También pasaste muchos meses asilado en el convento de San Francisco donde, atestiguando miserias de los frailes, prostituciones y simonías, te hiciste el ferviente anticlerical de todos conocido.

La llegada de la dictadura de Santa Anna te saca de quicio. El país se hunde, retrocede. Huyendo del clima represivo vas a dar a Sinaloa, donde actuaste antes en el 52 como secretario de Gobierno. Todo parece interesarte y en eso te pareces a Ocampo, todo es sujeto de curiosidad. La ilustración es una obsesión y una manía. En esos lares por el Pacífico colaboras para crear las primeras granjas perlíferas y documentas numerosas especies animales y vegetales que no estaban estudiadas.

De regreso a la Ciudad de México Santa Anna, irritado por tus artículos periodísticos, te descubre en el 53 dando clases y un grupo de soldados llega a detenerte; en el forcejeo te rompen de un culatazo tres dedos de la mano y te llevan a la prisión de Santiago Tlatelolco. Dejarás constancia: "Me contemplo en el calvario a donde me ha conducido el alteza serenísima de las prostitutas, el presidente de los que juegan rentoy y el emperador de los dementes".

Hay una excelente foto tuya con Soledad, tu esposa, en la prisión de Santiago Tlatelolco: ella parece estar conteniendo la tristeza, tú simplemente agobiado, agotado. ¿Despistado?

La caída de la dictadura te pondrá en la calle, dispuesto a no permitir que la posible democracia sea secuestrada. Y estarás en plena forma, no sólo para el artículo virulento, también para el mitin callejero.

Victoriano Salado te cuenta: "Grave, austero, retraído, excéntrico y hasta tímido solía ocultar adrede su grandísimo mérito y su enorme talento".

Y lo lúcido no te quita lo fiero, lo elegante no te hace suave en la polémica: "Cuando un perro caminero / pasa por una ciudad, gozques en la vecindad / salen a olerle el trasero. / El mastín ceñudo y fiero / seguro de su destino / desdeñando el desatino / de la turba que babea / alza la pata, los mea / y prosigue su camino".

NOTAS

1) Emilio Arellano: *Ignacio Ramírez, El Nigromante: Memorias prohibidas* y *La nueva república: Ignacio Ramírez, El Nigromante*. Victoriano Salado Álvarez: *La Reforma*. Alfonso Sierra Partida: *Ignacio Ramírez, espada y pluma*. Ignacio Manuel Altamirano: *Ignacio Ramírez, El Nigromante*. Manuel González (compilador): *Ignacio Ramírez. Ensayos*. Alejandro Tamariz Campos: *Ignacio Ramírez, El Nigromante. Retrato a lápiz y biografía*. David R. Maciel: *Ignacio Ramírez, ideólogo del liberalismo social en México*. Ignacio Ramírez: *Obras completas*. Francisco Monterde: *Ignacio Ramírez, El Nigromante*. Carlos Monsiváis: *Las herencias ocultas: de la Reforma Liberal del siglo XIX*. Guillermo Prieto: *Memorias de mis tiempos*. Francisco Sosa: *Las estatuas de la Reforma*. El poema dedicado a la muerte de Soledad Mateos fue escrito en 1872.

2) La frase de Ignacio Ramírez en Letrán persiguió a las malas conciencias y la doble moral del Estado mexicano, cuando Diego Rivera pintó el mural *Tarde de domingo en la Alameda* en el Hotel del Prado e incluyó entre muchos otros elementos un Ignacio Ramírez que sostenía un cartel con la frase "Dios no existe". Intentaron que Rivera borrara la frase; este se negó y durante nueve años la obra estuvo cubierta. Finalmente Rivera accedió a eliminarla declarando: "Para decir que Dios no existe, no tengo que esconderme detrás de don Ignacio Ramírez; soy un ateo y considero la

religión una forma de neurosis colectiva. No soy enemigo de los católicos, así como no soy enemigo de los tuberculosos, los miopes o los paralíticos; uno no puede ser enemigo de alguien enfermo, sólo su buen amigo para ayudarlos a curarse".

3) Sus *Obras completas* no recogen su enorme producción periodística; un rastreo en una docena de hemerotecas podría descubrir artículos suyos en *Themis y Deucalión*, *El Clamor Progresista*, *La Sombra de Robespierre* de San Luis Potosí, *La Insurrección*, *El Siglo XIX*, *El Monitor Republicano*, *El Demócrata*, *El Movimiento*, *La Opinión de Sinaloa*, *La Estrella de Occidente*, *El Correo de México* y *El Renacimiento*, *El Semanario Ilustrado*, *El Federalista*, *El Mensajero*, *La Chinaca* y *El Precursor*. Sin precisión se le vincula también a *El Porvenir* de Toluca, *Las Cosquillas*, *El Pacífico* de Mazatlán o *La Sombra*. Y ya en lo trivial y absolutamente prescindible, mencionar que el vals *Sobre las olas* de Juventino Rosas está dedicado a una sobrina suya.

12

"LA TENTATIVA DEL IMPOSIBLE"

Guillermo Prieto pone en escena de nuevo al personaje: "Comonfort fue en el poder la personificación de la duda, amaba la libertad y temblaba ante la Reforma, demócrata por sagacidad repugnaba el personal de sus defensores, soñaba en instrumentos de zapa de filigrana y marfil, quería que no se rompieran sus guantes blancos al blandir la grosera barreta con la que se tenía que derribar los abusos, soñaba con hacer del león popular un dócil cordero. Su talento lo llamaba a la realización de las promesa de Ayutla, su educación sus afecciones y su tradición lo sujetaban entre los desconfiados del pueblo; creyendo ensalzar la prudencia, entronizó el subterfugio, haciendo de la evasiva un elemento político, [...] y dejó que socavara la mentira los hermosos fundamentos de su indisputable prestigio. Fue Comonfort en la Presidencia el hermafrodismo del antiguo régimen y la idea nueva. Es decir: la tentativa del imposible".

"Vestía, lo mismo en paseos que en funciones oficiales, con levita negra", cuenta Valadés. "Era extremadamente ceremonioso. Gustaba vivir solo; y cuando fue presidente, habitó una modesta pieza en el extremo oriental de las salas presidenciales del Palacio Nacional. Tenía don Ignacio una voz un poco tipluda, pero de tonos amables y afectivos. La simpatía y benevolencia brillaban en sus ojos. Más que un gobernante tenía el aspecto de un romántico".

Pues bien, "el romántico" Comonfort anuncia el 13 de diciembre del 55 su gobierno. Zarco, en *El Siglo XIX*, lo aplaude porque es "uniforme" (pronto añorará la diversidad de Ocampo). Benito Juárez comenta: "el nuevo Presidente organizó su gabinete nombrando tres personas [serían seis] del círculo moderado. En honor de la verdad y de la justicia debe decirse que en este círculo había no pocos hombres que sólo por sus simpatías al Gral. Comonfort o porque creían de buena fe que este jefe era capaz de hacer el bien a su país estaban unidos a él y eran calificados como moderados; pero en realidad eran partidarios decididos de la revolución progresista de ló que han dado pruebas". Juárez resultaba bastante generoso.

El gobierno queda formado por el zacatecano ex ministro y ex gobernador de Puebla, Luis de la Rosa en Justicia, el abogado Ezequiel Montes supliendo a Juárez en Negocios Eclesiásticos e Instrucción Pública; en Gobernación, José María Lafragua; en Hacienda, Manuel Payno; en Fomento, Manuel Silíceo, y en Guerra, José María Yánez, un militar profesional que había estado desde la independencia en todas las guerras, bastante voluble políticamente, que sumaba el mérito de haber derrotado a los piratas de Raousset de Boulbon. En resumen un grupo integrado por los liberales más blandos.

La izquierda no obstaculiza al nuevo gobierno en la medida en que sus cuadros se concentran en las elecciones de los diputados que integrarán el nuevo Congreso y una parte de los caudillos radicales se va a gobernar en provincia: Juárez a Oaxaca (desde el 28 de diciembre), Santos Degollado a Jalisco, Ocampo a Michoacán, De la Llave a Veracruz.

Sin embargo, la derecha clerical no le dará respiro a Comonfort. Al día siguiente de la formación de su gobierno, el 12 de diciembre, estalló una revuelta en Zacapoaxtla, en la sierra de Puebla, encabezada por Francisco Ortega, el cura del lugar, en protesta porque, en la convocatoria a elecciones para formar el Congreso Constituyente, los sacerdotes serían inhabilitados para ejercer el voto y para ser votados. El Plan de Zacapoaxtla desconocía al gobierno de Comonfort y todos sus actos. Vuelve a sonar el lema de "Religión y fueros".

Dos días más tarde el coronel Rafael Benavides es enviado a combatir a los rebeldes. Forma parte de su tropa un regimiento mandado por el muy católico capitán Miguel Miramón, que simpatiza con la causa de los alzados. El movimiento va creciendo; el 19 de diciembre se adhirieron al Plan algunos militares como Francisco Güitián y Juan Olloqui. Cuando la brigada de Miramón llegó al pueblo de Tlatlauquitepec, "un lugar cálido y húmedo, con barrancas cubiertas por una exuberante vegetación, Miguel sublevó a sus hombres e hicieron prisionero al coronel Benavides". Una semana más tarde, el 25 de diciembre, el gobierno envía desde Veracruz al general Ignacio de la Llave a extinguir el pronunciamiento de Zacapoaxtla. En las cercanías del poblado la mayor parte de su tropa, al grito de "¡Viva la religión!", se pasa al ejército del cura. Milagrosamente De la Llave logra escapar ileso.

El escritor Juan Antonio Mateos recuerda que "los púlpitos se habían convertido en tribunas políticas desde donde se lanzaban terribles invectivas contra el partido liberal". En respuesta la prensa liberal desencadena una contraofensiva. De la Portilla registra su versión: "Una parte de la prensa periódica [...] se había desencadenado contra el clero y el ejército, y vomitaba diariamente los vituperios más atroces". No será el mejor momento para que se haga pública (el 28 de diciembre) la Ley Lafragua de Libertad de Imprenta, que golpeaba a derecha e izquierda. Según ella, abusaban de la ley los "escritos en que se ataque de un modo directo a la religión católica que profesa la nación", los llamados a la rebelión y los ataques a la forma de gobierno republicano. Se castigan los escritos obscenos "o contrarios a las buenas costumbres", el ataque a funcionarios cuyos actos eran censurables "pero no sus personas", y obligaba a que todos los artículos fueran firmados.

Comonfort reacciona, organiza las milicias de la Guardia Nacional en la Ciudad de México, que le dan mucha más confianza que el ejército regular (en la práctica reconocerá que en el debate con Ocampo, el michoacano tenía razón) y promoverá una reforma dando de baja a jefes y oficiales que estaban retirados o con licencia al inicio del gobierno santanista. Las milicias, "ciudadanos armados", se formaban con voluntarios de entre 18 y 50 años, sus miembros no gozarían de fuero y su oficialidad, sargentos y cabos, serían elegidos por la tropa en votación directa.

El 1º de enero del 56 ordena detener en la Ciudad de México a los generales Haro y Tamariz, Pacheco y el santanista Agustín Zires por el delito de conspiración y los destierra. En un lugar llamado emblemáticamente Salsipuedes, cerca de Córdoba, camino a Veracruz, el día 4 Haro se fuga y marcha a ponerse al mando de los sublevados en Puebla. Pronto se le unirán los coroneles Luis G. Osollo, Leonardo Márquez y José María y Marcelino Cobos, españoles, primos hermanos y vecinos de Tuxtla (Veracruz).

Desesperado, Comonfort envía ahora al general Severo del Castillo, también egresado del Colegio Militar, odiado por los liberales porque en 1854 redujo a cenizas algunos pueblos del estado de Guerrero, que evidentemente el 12 de enero se pasa de bando.

Juan Bautista Morales expresa una opinión muy popular el 30 de enero de 1856: "Hemos visto en los últimos 30 años una contradanza militar si hay militares hay revoluciones [...]. Todos los pronunciamientos empiezan por repartir dinero en pagar oficiales sueltos, en seducir tropa y en ganar jefes".

Así, el 23 de enero, tras cinco días de sitio y sin combates, los conservadores al mando de Haro y Tamariz toman la ciudad de Puebla capitulando el general Traconis. El policía imperial Maury atribuirá años más tarde al obispo Labastida un papel protagónico: "La guarnición de la ciudad, seducida con el dinero del obispo, abrió las puertas e hizo causa común con aquellos que acababan de entrar [...] hizo grandes fiestas, un *Te Deum* fue cantado por monseñor Labastida, se dieron banquetes públicos que duraron hasta muy entrada la noche y degeneraron en orgías. Clérigos y frailes ocupaban las calles armados de pistolas, repartiendo dinero y bendiciones, gritando: *Mueran los puros* [...] su jefe más activo y perjudicial era el padre Miranda.

Una cantidad de 300 mil pesos, que el obispo había reunido, la puso a disposición de los jefes de la revolución para el sustento de sus tropas; y otros objetos preciosos de las iglesias de Puebla fueron fundidos, y su producto se agregó a los 300 mil pesos, para asegurar la cooperación de las tropas y en espera de otras. Los conventos de religiosas tenían preparadas hilas y vendajes para los futuros heridos, y los frailes, para no quedarse atrás, habían hecho formar gran cantidad de cruces de género, llevando una inscripción de "Viva la religión, muerte a los puros". Colocaban estas cruces en el pecho de cada individuo que encontraban, y desgraciado del que no la llevaba".

El país está en guerra. Ha habido alzamientos en Morelia, partidas insurrectas recorren los estados de Querétaro y San Luis Potosí, Ghilardi ha enfrentado a López Uraga. Hay un motín frustrado de los mochos en San Juan de Ulúa. Juan A. Mateos, llamando a defenderse de la reacción, recupera la vieja frase: "La voz del pueblo es la voz de Dios" (una sentencia atribuida a Alcuino de York consejero de Carlomagno, que tiene un origen remoto entre los griegos). Y, en esos días, un hombre de la reacción, el cronista José Ramón Malo, se queja: "Jamás habían circulado en México tantas noticias contradictorias".

Aunque los obispos lo negaban, todos los reportes hablaban de cómo estaban involucrados los curas de pueblos y ciudades con los pronunciamientos. El padre Panchito Miranda no es ajeno a estas acciones, al inicio del 56 regresa disfrazado a la República y desde la capital, donde cambia regularmente de domicilio, viaja a Puebla, a Guanajuato y San Luis Potosí para extender la rebelión.

Inexplicablemente Haro y Tamariz no avanza hacia la Ciudad de México donde Comonfort cuenta con menos de 4 mil hombres para defender la capital: cien de la brigada Zuloaga, 2 700 de las milicias sin entrenamiento y unos mil sureños.

Mientras esto sucedía en el bastión de la contra en Puebla, en la Ciudad de México el 27 de enero se bendicen en Chapultepec las banderas de las guardias nacionales; supuestamente eso es lo que Comonfort está esperando para entrar en acción, pero le tomará un mes salir de la ciudad (29 de febrero) y llegar a San Martín Texmelucan (1º de marzo). Y una semana más decidirse a avanzar. ¿Se explica la demora porque en ese mismo mes de febrero se iniciaron los debates del Congreso Constituyente?

El 7 de marzo Comonfort, que ha estado intentando negociar con los alzados, escribe: "Los rebeldes están obstinados; será necesario reducirlos al orden por fuerza. Nuestras tropas se conservan en buen sentido. He dispuesto moverme mañana con las tropas sobre Puebla". Un día después salen de Puebla a su encuentro 3 500, 4, 5 mil hombres (nunca podrán ponerse de acuerdo los cronistas) con una pléyade de generales y oficiales conservadores mandando y ordenando: Haro y Tamariz, Díaz de la Vega, Oronoz, Miramón, Osollo, Aljobín, Echeverría y el teniente coronel Agustín de Iturbide, hijo del ex emperador. Miñón y Galindo quedarán guardando la ciudad. El encuentro con las tropas de Comonfort se dará en los terrenos de la hacienda de San Isidro, a 20 kilómetros del centro de Puebla, en la falda del cerro de Ocotlán.

El ejército viene dirigido por los generales Villarreal, Parrodi, Zuloaga, Traconis, Manuel Doblado, Morett y el coronel Ghilardi (con una brigada de caballería), un joven apellidado Balbontín lo acompaña, será uno de los narradores de estos combates. Si las crónicas no se ponen de acuerdo en las cifras de los mochos, menos en la de los liberales a los que atribuyen exagerando entre 12 y 15 mil hombres.

Los conservadores atacan en tres columnas. Se produce un tremendo duelo artillero. La columna del centro bajo el fuego de cañón toma el cerro del santuario de Ocotlán. Se traba una reñidísima batalla. Los conservadores se desbandan en su ala derecha por más que dos jóvenes oficiales, Luis Gonzaga Osollo y Miguel Miramón, tratan de organizar un contraataque desde el cerro.

Después de dos horas de batalla encarnizada, Haro y Tamariz ordena replegarse. Se suceden los toques de alto el fuego. El presidente Comonfort que había dormido en Santa Inés y que ha estado intentando una maniobra de flanqueo con Moreno y Ghilardi para entrar directamente en Puebla (impedida por un puente minado) acaba de llegar al campo de batalla.

A mediodía, "bajo un árbol, en medio de un campo cubierto de cadáveres y de agonizantes". Comonfort y Haro y Tamariz se reúnen en soledad. El Presidente acepta conceder un armisticio de tres horas, pero Haro lo rompe y da orden de replegarse a Puebla; por más que las caballerías liberales los persiguen logran refugiarse en la ciudad.

Según los partes oficiales, el ejército conservador tiene 208 muertos, 98 heridos, 180 prisioneros y 400 dispersos; entre las bajas se cuenta la enorme cifra de 89 oficiales, que incluye la muerte de los coroneles José Díaz de la Vega y Manuel Aljovin. Las pérdidas liberales son menores pero entre ellas se cuenta la muerte del general Ávalos.

Los enfrentamientos seguirán en los accesos de Puebla. El día 10 se produce un fuerte combate en el cerro de San Juan, donde el edificio que lo corona está artillado y fortificado. Se toma con una carga de infantería, pero la operación principal en la que intereviene la mayor parte del ejército es el ataque y captura de los fortines de Loreto y Guadalupe, donde Ghilardi pasa a cuchillo a los defensores.

Un grabado maravilloso registra la acción: "El presidente Ignacio Comonfort voltea la posición del cerro de San Juan y ocupa el convento del Carmen el 10 de marzo de 1856", donde se detallan las tropas del gobierno y los sublevados con minucia. El 11 de marzo Ghilardi es herido de gravedad, poco después retornará a Europa para curarse.

En los siguientes días se combate en la penitenciaría y la iglesia de la Merced. Nuevamente el subjefe de la policía Maury cuenta: "Durante el sitio se vio a los clérigos y frailes armados en las torres de todas las iglesias, tirando contra los asaltantes, y otros recorriendo las calles animando a los revoltosos. El padre Miranda se lisonjeaba en tiempo de Zuloaga de haber matado más de *20 chinacos* con un rifle".

Los conservadores envían parlamentarios solicitando la rendición, pero Comonfort desconfía de Haro y se niega a entrevistarse. El 23 de marzo, mientras Haro se esconde en Puebla, el general Oronoz le entrega la ciudad al general Manuel Doblado.

Haro y Tamariz, Osollo, Del Castillo, Márquez y otros generales huyeron disfrazados a Veracruz, de donde se embarcaron para Estados Unidos en abril en la fragata francesa *Penélope*. El cura Miranda se escapa de manera milagrosa. Miramón permaneció escondido en Puebla hasta octubre de aquel año. Durante este tiempo se dedicó a conspirar junto con otros jefes conservadores que se hallaban ocultos en la ciudad.

Francisco Zarco critica a Comonfort por tener "una excesiva clemencia", casi sugiriendo que permitió fugarse a los conservadores. Aunque el 26 de marzo el presidente degrada a todos los oficiales que participaron en el levantamiento de Zacapoaxtla al rango de soldados rasos y los obliga a regresar a la Ciudad de México a pie. Yendo más allá, Comonfort, convertido en el ala izquierda de su gobierno, promulga un decreto de intervención de los bienes del clero poblano y amenaza con expulsar de la ciudad de Puebla al obispo, Pelagio Antonio de Labastida y Dávalos, a pesar de que al inicio del movimiento supuestamente había desautorizado al cura de Zacapoaxtla.

El primer enfrentamiento ha sido brutal comparado con lo sucedido en la Revolución de Ayutla. Valadés comentará sobre los sucesos de estos tres últimos meses que "los conservadores se valieron de lo acontecido para atizar la hoguera antiliberal".

Entre marzo y abril, el gobierno promoverá otra serie de medidas progresistas. Guillermo Prieto en correos impondrá la reducción de las legaciones, la supresión de oficinas inútiles, la rebaja del arancel, la desaparición del franqueo previo y la baja del precio del correo. El 11 abril se emite la Ley José María Iglesias, que establece que la administración de los sacramentos debería ser gratuita para los pobres. El obispo Murguía suelta rayos y centellas contra la ley, que interviene en las relaciones entre los sacerdotes y sus feligreses.

Tres días más tarde se celebra en la Alameda de la Ciudad de México la Fiesta de la Paz para celebrar la toma de Puebla con un "suntuoso banquete" con cerca de 500 comensales, que incluían a "las autoridades de la ciudad, muchos diputados, periodistas y algunos miembros prominentes del partido liberal".

El 23 de abril el presidente Comonfort reconstruye el Consejo de Gobierno sumando a los 123 que había nombrado Álvarez, 17 liberales moderados. Como si estuviera bailando un elaborado danzón, un movimiento a la derecha, uno a la izquierda, tres días despues, mientras el Constituyente laboraba, el gobierno de Comonfort promulga una ley en que se elimina la coacción directa o indirecta para el cumplimiento de votos religiosos.

NOTAS

1) Guillermo Prieto: "El 5 de mayo" y *Lecciones de historia patria*. José María Vigil: *La Reforma*. El mapa del Cerro de San Juan está reproducido en *Relatos e Historias de México*. Genaro García: *Los gobiernos de Álvarez y Comonfort, según el archivo del general Doblado*. José María Lafragua: *Miscelánea de Política*. José C. Valadés: *El presidente Ignacio Comonfort: estudio biográfico*. José Ramón Malo: *Diario de sucesos notables, 1854-1864*. Juan Antonio Mateos: *El Cerro de las Campanas: memorias de un guerrillero, novela histórica*. Conrado Hernández López: *Las fuerzas armadas durante la Guerra de Reforma, 1856-1867*. María del Carmen Ruiz Castañeda: *La prensa periódica en torno a la Constitución de 1857*. Agustín Rivera: *Anales mexicanos. La Reforma y el Segundo Imperio*. Silvestre Villegas Revueltas: "Santanismo, Reforma Liberal y las campañas de Puebla en 1856" y *La Reforma y el Segundo Imperio, 1853-1867*. Manuel Balbontín: *Memorias del coronel Manuel Balbontín*. Francisco Zarco: *Obras completas*, tomo VII. José Barragán: *Juan A. Mateos, periodista liberal*. Domingo Ibarra: *Episodios históricos militares que ocurrieron en la República Mexicana desde fines del año de 1838 hasta el de 1860, con excepción de los hechos de armas que hubo en tiempo de la invasión norteamericana*. Una narración muy conservadora de los sucesos de Puebla de Marcos Arróniz en Carlos Sánchez-Navarro: *Miramón, el caudillo conservador. Los traidores pintados por sí mismos. Libro secreto de Maximiliano en que aparece la idea que tenía de sus servidores*. Ángel Pola: *Efemérides*. Conrado Hernández López: *Las fuerzas armadas durante la Guerra de Reforma, 1856-1867*. Marta Eugenia García Ugarte: *Poder político y religioso: México siglo XIX*. Melchor Álvarez: *Historia documentada de la vida pública del gral. José Justo Álvarez*; incluye el mapa de la batalla de Ocotlán.

2) El cura Francisco (conocido como Panchito) Miranda era partidario de lo que llamaba una *guerra santa* contra la Revolución de Ayutla y las reformas liberales. Poblano nacido en 1816, ordenado sacerdote a los 24 años, periodista y amigo de Lucas Alamán, partidario del retorno de la monarquía a México, fundador del partido conservador, apoyó la dictadura santanista y fue miembro del consejo de Estado. "Al finalizar la dictadura se le desterró con lujo de violencia a Nueva Orleans. Regresó disfrazado a México y se mantuvo activo en las conspiraciones en contra del gobierno de Ignacio Comonfort". (Norberto Nava Bonilla: *Relatos de un monarquista mexicano desde el castillo de Maximiliano*).

3) Tras haberse repuesto de la herida del 56, en 1858 Ghilardi se trasladó con su familia a Perú. Durante la guerra civil peruana se le involucró en una conspiración que concluyó con la muerte del general Carlos Varea, prefecto de Cajamarca, al que hirió con un puñal en el corazón, lo que le valió caer prisionero por dos años. Se fugó de la cárcel

de Callao con ayuda de una mujer y vino a México a lavar su honra. (Benjamín Vicu-
ña Mackenna: *La defensa de Puebla*. Antonio Peconi: *General Luis Ghilardi, republicano
italiano, héroe mexicano*. "Datos biográficos de algunos personajes". Lawrence Douglas
Taylor Hanson: *Voluntarios extranjeros en los ejércitos liberales mexicanos, 1854-1867*).

13

LABASTIDA

El novelista Juan A. Mateos lo definía: "impetuoso y terrible, capaz de aco-
meter cualquier empresa arriesgada", sin embargo no lo parecía. Las fotos
y los grabados de la época lo muestran apacible, orondo, aunque con una
mirada inquietante.

El general francés Du Barail, que lo conoció tiempo después, lo describía
como: "Aún joven, grueso, la cara rosada y brillante, encuadrada en triple
mentón, con una pequeña barriga que no hacía sino crecer [...], era el tipo
de eclesiástico hipócrita, untuoso, dulzón y falso".

Aunque los sacerdotes católicos "seguían siendo extranjeros en una enorme mayoría [...] y casi la totalidad de los obispos", Pelagio Antonio de Labastida nació en 1816 en Michoacán, estudió en el Seminario de Morelia.
Vinculado desde sus inicios como sacerdote a los negocios de la Iglesia, acumuló una regular fortuna en curatos, fue promotor fiscal y juez de testamen-
tos controlando las donaciones de moribundos a la Iglesia.

Fiel amigo y compañero del obispo de Michoacán, el abogado y sacerdote Clemente de Jesús Munguía, que lo ayudó a través de Teodosio Lares,
ministro de Justicia de Santa Anna, a obtener en julio de 1855 el obispado
de Puebla, un nombramiento que dependía del papa. Según fuentes policia-
cas, Labastida buscó el apoyo del nuncio papal "que en recompensa de su
servicio recibió 400 onzas de oro y monseñor Munguía le regaló un anillo
pastoral, adornado de brillantes, que valía igual cantidad".

Después de tomar posesión monseñor Labastida, hizo vender o fundió
una gran cantidad de alhajas de las iglesias de su diócesis. "Aparentó enviar una parte del producto de las alhajas a Roma, bajo el título de dinero
de San Pedro, para demostrar al Papa el placer que había experimentado el
clero de la Diócesis de Puebla y el de México".

Invierte parte de su capital personal en las acciones de los aún inexistentes ferrocarriles; según sus apologistas lo hizo porque el tren serviría "de
comunicación rápida a la población" y daría "ocupación a la gente".

Durante la última dictadura de Santa Anna, Labastida no sólo apoyó ini-
cialmente al gobierno con dinero para enfrentar la Revolución de Ayutla; según

el policía Maury, "autorizó verbalmente a los eclesiásticos y a los frailes a denunciar de una manera subrepticia a diversos individuos que designaba como conspiradores y hostiles al gobierno"; incluso utilizando información obtenida bajo secreto de confesión. En los últimos minutos los monseñores Labastida y Munguía se negaron a seguir proporcionando fondos a la dictadura, lo que los enfrentó a Santa Anna, que ya tenía un pie en México y la pata en Veracruz.

Según estas mismas crónicas, durante el gobierno de Álvarez y los primeros meses del de Comonfort, Labastida utilizaba al padre Miranda con dinero de los "curatos, de los conventos y de los particulares para fomentar las disensiones, y estaba tan ciego por su empresa, que muchos jefes militares recibían el dinero de él, por la sola promesa que hacían de pronunciar tal o tal batallón".

Mientras en el Congreso se discutía la ley de tolerancia de cultos, Comonfort decidió el 12 de mayo del 56 expulsarlo a Europa. El detonador es una denuncia del general Traconis, gobernador de Puebla, respecto a una declaración de Labastida en el púlpito. A las 12 del día una patrulla se presentó con la orden de expulsión dándole dos horas al obispo para abandonar Puebla. En viaje lleno de percances, donde las ruedas de los coches se rompieron varias veces, Labastida fue conducido hacia Veracruz. Desde Jalapa, el 16 de mayo, el obispo le escribió a Comonfort: "Jamás había creído que el ministerio de la predicación, tal como lo he ejercido frecuentemente, no sólo en Puebla sino en Morelia, pudiera ocasionarme un trastorno como el que sufro de grandes trascendencias [...]. Con bastante dolor veo que el pueblo cristiano mira con desprecio que se atente contra los bienes eclesiásticos".

El 20 de mayo embarca en Veracruz en un viejo vapor, que habría de sufrir un accidente en el viaje, y se vio obligado a seguir en un barco de vela, haciendo 15 días a La Habana. El propio Labastida cuenta que un tal doctor Irigoyen, que lo acompañaba, a poco de estar embarcados lo visitó en su camarote para contarle:

—Me aflige una idea: dicen que yo debía envenenar a Usía Ilustrísima.

El caso es que el tal Irigoyen, que tenía un ataque de locura, fue desembarcado en Sisal. Labastida tan sólo permaneció unos cuantos días en La Habana para de allí continuar su viaje hacia Roma.

NOTA

1) Aunque fue la bestia negra del liberalismo, la más cruel nota biográfica de Pelagio Antonio de Labastida se debe al subjefe de la policía secreta Maury en la época de Maximiliano y está publicada en *Los traidores pintados por sí mismos. Libro secreto de Maximiliano en que aparece la idea que tenía de sus servidores.* Una versión bastante generosa del personaje se encuentra en *Memoria política de México* de Doralicia Carmona Dávila. María Eugenia García Ugarte: "Pelagio Antonio de Labastida y Dávalos

durante la guerra de Reforma". Jorge Minvielle Porte Petit: *Antecedentes de la intervención*. Juan Antonio Mateos: *El Cerro de las Campanas: memorias de un guerrillero, novela histórica*. François Charles du Barail: *Mes souvenirs*. Agustín Rivera: *Anales mexicanos. La Reforma y el Segundo Imperio*. En *Poder político y religioso: México siglo XIX* Marta Eugenia García Ugarte hace una magnífica y extraordinariamente minuciosa investigación basada en fuentes directas, sobre todo correspondencia, que tiende a mostrar a un Labastida menos involucrado en los complots y más atrapado en las circunstancias.

14

LA LEY LERDO

Entre el 5 y el 7 de junio de 1856, en medio de acalorados debates en los que interviene echando fuego el joven de 25 años Ignacio Luis Vallarta, el gobierno declara extinguida la Compañía de Jesús, siguiendo su ofensiva contra los sectores más virulentos del clero. Pero será la Ley Lerdo la que desencadene la tormenta.

Los hermanos veracruzanos Miguel y Sebastián Lerdo de Tejada gozan de buena reputación en el contradictorio mundo de los liberales. Miguel, nacido el 6 de julio de 1812, y Sebastián, mucho más joven, nacido el 24 de abril de 1823, han colaborado en cargos menores durante la dictadura de Santa Anna. Miguel tiene estudios administrativos; de origen fue comerciante en Veracruz y presidente de la Compañía Lancasteriana; participó en el Ayuntamiento de la Ciudad de México, más tarde como subsecretario de Fomento. Sebastián ha sido rector de San Ildefonso (un tanto autoritario, por más que benévolamente lo trate su biógrafo Frank A. Knapp), entra en la Suprema Corte con Juan Álvarez y es ministro de Justicia con Comonfort. El propio Knapp asegura que "es imposible de definir sus convicciones". ¿Liberal? Desde luego, pero ¿hasta dónde?

Miguel, al que se identifica con los puros, fue subsecretario de Hacienda con Juan Álvarez y en el 56 es promovido por Comonfort a la secretaría; emite una ley que llevará su nombre el de 25 de junio, que es una extensión de la Ley de Desamortización de los Bienes de la Iglesia en Puebla. Guillermo Prieto pensaba que en la ley había colaborado su hermano Sebastián.

Entre las justificaciones decía que "va a hacer desaparecer uno de los errores económicos que más han contribuido a mantener entre nosotros estacionaria la propiedad e impedir el desarrollo de las artes e industrias".

Se trataba de poner en el mercado las vastas propiedades de la Iglesia y las posesiones indígenas tradicionales. Transformar las extensas propiedades muy poco productivas u ociosas del clero y de las comunidades como una manera de promover el desarrollo económico. La ley establecía que el clero podía tener propiedades, pero el que adquiriese la finca tendría los títulos, sólo gozando el clero del usufructo de los bienes, y desde luego pagando impuestos; quedaban excluidos conventos, hospicios, hospitales, casas de beneficencia y los terrenos de los ayuntamientos.

La ley autorizaba que se adjudicaran "en propiedad a los que las tienen arrendadas por el valor correspondiente a la renta que en la actualidad pagan, calculada como rédito el 6% anual", todas las fincas rústicas y urbanas propiedad de las corporaciones civiles y eclesiásticas. Las que no estuvieren arrendadas se liquidarían en remate público. Se prohibía en lo futuro a las corporaciones civiles y eclesiásticas capacidad para adquirir propiedades o administrar bienes raíces, excepto aquellos destinados directa e inmediatamente al servicio u objeto de las corporaciones. Esta ley afectaría principalmente a la Iglesia, pero, según Moreno, la ley "no fue recibida cálidamente por las comunidades indígenas. Sin embargo, la implementación local podía mitigar sus efectos, como sucedió en Oaxaca, dejando las tierras comunitarias intactas". Tierras comunales que habían sido conservadas arduamente desde la época colonial y que podrían ser objeto de rapiña de nuevos latifundistas.

La izquierda liberal consideró la ley moderada y blandengue. El debate se dio en la prensa y el Congreso, los dos grandes foros nacionales. Prieto argumentaba que la ley "dejó al clero el poder y la clientela"; Altamirano creía que "habría sido mejor haber expedido de una vez la ley de nacionalización, que no habría tenido más consecuencias que las que tuvo aquella". El Nigromante se opuso por los efectos negativos que pudiera tener en las comunidades y las propiedades colectivas, y argumentó que no funcionaría porque los arrendatarios carecían de fondos para comprar las propiedades, de manera que comunidades y pequeños rancheros no pasarían a la categoría de propietarios.

Según Knowlton, "La ley no sólo era innecesaria e imperfecta sino peligrosa; dejar intacto el capital sólo beneficiaba al clero, dándole recursos para promover conspiraciones". La desamortización tuvo efectos económicos mucho más lentos de lo esperado. No obstante, por la Ley Lerdo, en 1856 y 1857 se realizaron en Puebla 705 operaciones por un valor de 2 602 259 pesos.

Al día siguiente se iniciaron las protestas del clero. Todos los obispos reclamaron, incluso Labastida, que hizo llegar su protesta desde el vapor *Isabel la Católica* frente al puerto de Vigo. Hasta el papa Pío IX en el Vaticano se definió ante las leyes en diciembre: "Levantamos nuestra voz Pontificia con libertad apostólica en esta vuestra plena Asamblea, para condenar, reprobar y declarar completamente írritos y nulos los referidos decretos. Y no podemos menos de [...] tributar muy grandes y merecidas alabanzas a los venerables hermanos obispos de aquella república que [...] han defendido impávidos, con singular firmeza y constancia la causa de la Iglesia".

Desde los púlpitos, según Prieto, "el clero rechazó la ley con toda su energía, llevó al corazón de las familias el terror y el espanto que estallaban en síntomas hostiles para el gobierno". Los que se presentaban como adjudicatarios fueron amenazados de excomunión.

El 28 de junio Comonfort ocupó los bienes del clero de Puebla y al día siguiente se inicia un gran debate en el Congreso sobre la libertad de cultos que se prolongará hasta la primera semana de agosto. La propuesta era moderada: "No se expedirá en la República ninguna ley ni orden de autoridad que prohíba o impida el ejercicio de ningún culto religioso; pero habiendo sido la religión exclusiva del pueblo mexicano la católica, apostólica, romana, el Congreso de la Unión cuidará, por medio de leyes justas y prudentes, protegerla".

No es un tema menor: se trata de romper el monopolio que ha hecho del catolicismo una religión de Estado y abrir la puerta hacia el pluralismo religioso. Con galerías repletas y vociferantes, los jacobinos encabezados por Juan de Dios Arias, Ponciano Arriaga, Miguel Auza, Miguel Blanco, Santos Degollado, Benito Gómez Farías, Ignacio Ramírez (El Nigromante) y Francisco Zarco abrieron el fuego y los ánimos se irritaron. El ministro de Gobernación, Lafragua, llevando la voz de Comonfort, "se opuso a la tolerancia de cultos y pronunció un largo discurso que era el panegírico más completo de la religión de Estado y la más osada paradoja contra la libertad individual. Ya antes de comenzar sus sesiones el Congreso Constituyente, este mismo ministro Lafragua había dado la medida de su religiosidad excitando a los diputados para que invocasen el favor divino yendo en cuerpo, como un cónclave, a oír a la catedral una misa de Espíritu Santo, invitación grotesca que no fue tomada en consideración". Lamentablemente, con la oposición furiosa de la derecha y el centro, la izquierda se dividió y varias de sus voces más notables votaron en contra, como Guillermo Prieto, que pensaba que el artículo era confuso y que en la situación actual iba a polarizar las enormes tensiones existentes. Junto a él votaron Ignacio L. Vallarta y Juan Antonio de la Fuente, paradójicamente el que años más tarde habría de promulgarla siendo ministro de Juárez. El proyecto fue desechado por 65 votos a 44.

Zarco pensaba que la pura discusión había sido ya un éxito, pero el artículo aprobado, el 123, resultó intrascendente: "Corresponde exclusivamente a los poderes federales ejercer, en materias de culto religioso y disciplina externa, la intervención que designen las leyes".

NOTA

1) Leonardo Pasquel: *La generación liberal veracruzana*. Daniel Moreno: *Los hombres de la Reforma*. Carmen Blázquez Domínguez: *Miguel Lerdo de Tejada, un liberal veracruzano en la política nacional*. Frank A. Knapp: *Sebastián Lerdo de Tejada*. Ignacio Manuel Altamirano: *Historia y política de México, 1821-1882*. Mark Moreno: *World*

at War: Mexican Identities, Insurgents, and The French Occupation, 1862-1867. Robert J. Knowlton: *Los bienes del clero y la Reforma mexicana, 1856-1910*. Guillermo Prieto: "Correspondencia con Melchor Ocampo". María del Carmen Ruiz Castañeda: *La prensa periódica en torno a la Constitución de 1857*. Agustín Rivera: *Anales mexicanos. La Reforma y el Segundo Imperio*. Antonia Pi-Suñer Llorens: prólogo al tomo IX de las *Obras completas* de Guillermo Prieto.

15

LAZOS ROJOS EN EL PELO, ZAPATOS VERDES E IGLESIAS DERRUIDAS

Nadie ha estudiado en serio los clubes liberales de la Ciudad de México o Veracruz, herederos de la Revolución francesa, menos guillotinistas que Robespierre, pero potentes en la agitación, quizá porque sus apariciones esporádicas en la prensa no les daban visibilidad. El partido liberal puro, los rojos, como dice Andrés Molina Enríquez, "era el congreso". La ausencia de un partido liberal significa que casi todas las inquietudes de aquellos que se autollamaban rojos se discutan en público o se ventilen en los diarios. Una prensa que sacude a un país que casi no sabe leer. Tan sólo en Zacatecas en ese año de 1856 se editaron cuatro periódicos liberales: *El Guardián Nacional, La Lámpara, La Opinión* y *La Organización*, y uno conservador: *La Verdad Católica*. No hay ciudad por pequeña que sea que no tenga uno o varios periódicos: Zapotlán el Grande, Tlaltenango, Hidalgo del Parral; la mayoría de ellos liberales.

Guillermo Prieto escribirá años más tarde: "La Reforma no era popular, la popularizó el instinto del pueblo [...]. La Reforma llamaba a juicio a todos los abusos, todas las grandes falsificaciones, todas las detestables mentiras; la Reforma despedazó todos los disfraces, el del fraile especulador con la conciencia, el del soldado [...] especulador con el patriotismo, el del feroz encomendero que se llamó propietario y el ladrón del fisco".

Y es en este clima cuando en el Teatro Iturbide de la Ciudad de México el enfrentamiento de la sociedad se expresaba en la vestimenta de las asistentes: las mujeres liberales con lazos rojos en el pelo y zapatos verdes (para pisar bien), las conservadoras al inverso; y que 81 mujeres liberales firmaron una iniciativa exigiendo el sufragio femenino, entre ellas Josefina Ocampo.

Porque, a pesar de sus vaivenes, Comonfort, este personaje que al decir de González Casanova "quería andar sin mover el pie derecho ni el pie izquierdo", sigue impulsando la Reforma. Promueve la construcción del ferrocarril México-Veracruz, cuyo primer tramo, México-Guadalupe, se inaugura; introduce el alumbrado de gas en la Ciudad de México; decreta la creación de la Biblioteca Nacional, apoya la Escuela Nacional de Agricultura, crea la Escuela de Comercio, la Escuela Industrial de Artes y Oficios y colegios para pobres. Y en un ataque de modernidad funda la Dirección General de Pesas y Medidas y hace que el país adopte el sistema decimal.

Ese mismo Comonfort que vive una tragedia personal porque, muy cercano a su muy conservadora madre, Guadalupe de los Ríos, vive bajo la eterna presión de una mujer e impulsado por un entorno de curas y frailes que le piden que dé marcha atrás en cualquier medida progresista. Tan fuerte es la relación madre-hijo que Rubén García cuenta: "Osollo estaba hondamente sentido contra el general Comonfort, porque, hijo de una madre joven y bella, supo que este sostenía relaciones amorosas con la autora de sus días". El enojo de Osollo no tiene razón de ser, pues Comonfort vivía en amasiato con Clara Lara, con la que tuvo tres hijas, y sin embargo no quería casarse con ella para no tener que abandonar a su madre.

El 16 de septiembre las fiestas conmemorativas de la Independencia se celebraron en la Ciudad de México cuando 3 mil artesanos pusieron una mesa monumental en la Calzada de la Piedad donde se comieron colectivamente un toro, cuatro cerdos, dos carneros y otros varios guisos. Comonfort se fue a beber cerveza con la plebe. Lamentablemente el toro estaba podrido. Diarrea para todos.

Y en la madrugada del 16 de septiembre se hizo público el descubrimiento de una conspiración conservadora en la que intervenían frailes, civiles y soldados dirigidos por el coronel Altúnez, que habían creado un depósito de armas en el convento de San Francisco. Reprimidos por la policía, los conspiradores fueron detenidos y requisados cien fusiles y munición abundante. El 17 de septiembre Comonfort publicó un decreto suprimiendo la comunidad del convento de San Francisco y nacionalizando sus bienes. El decreto añadía: "exceptuándose la iglesia principal y las capillas, que con los vasos sagrados, paramentos sacerdotales, reliquias e imágenes se pondrán a disposición del ilustrísimo señor arzobispo para que sigan destinados al culto divino". Para que no hubiera dudas de su catolicismo, Comonfort asistió el mismo día a la catedral, donde se cantó un tedeum.

Comonfort llamó al gobernador del Distrito Federal, Juan José Baz, y dio órdenes del derribo del convento para abrir en 15 días una calle que habría de llamarse Independencia. El gobernador personalmente y con 400 obreros con piquetas esa misma noche emprendió la obra. Más tarde untó de brea grandes vigas para atorarlas entre piso y techo y posteriormente prenderles fuego de tal manera que el edificio se derribara. Baz se convirtió en la bestia negra del clero mexicano, bárbaro destructor de iglesias. Curiosamente habría de ser José Martí el que escribiera años más tarde una muy generosa necrológica: "Cuando sus compañeros estaban sentados, él ya estaba de pie, mesándose la barba, echándoles palabras desmedidas, llamándoles cobardes.

Veía como ladrones a los que, encubriendo con la defensa de la religión su amor al poder, no pueden mantenerse en él sino sobre los despojos del honor humano". Finalmente, el 19 de febrero, tras la petición de algunos puros como Prieto y Zarco, Comonfort concedió a los franciscanos de la capital establecer su convento en la parte del edificio que quedaba.

Sin embargo, la persecución prosiguió en septiembre, cuando el obispo Murguía fue desterrado de Guanajuato por Doblado y confinado en Coyoacán por Comonfort. Y por si esto fuera poco, la tensión entre el Estado y la Iglesia creció en un incidente con el gobierno de la católica España. El 16 de septiembre de 1856, aprovechado la exaltación popular por los discursos patrióticos y vengando abusos, fueron asesinados por los habitantes del mineral de San Dimas, en Durango, Juan y Andrés del Castillo, dos ricos hermanos españoles. Tres meses más tarde, el 18 de diciembre en la hacienda de San Vicente, cerca de Cuernavaca, 30 bandidos asesinaron a los propietarios españoles Nicolás Bermejillo y su sobrino Juan. La embajada de España no sólo protestó por los hechos y no dio credibilidad a las medidas policiales del gobierno: no aceptó que las muertes hubieran sido producto de delitos comunes y dio un plazo para la detención de los culpables. Si el 18 de enero no había sucedido tal cosa, el gobierno español rompería relaciones con México. Por más que se intentó llegar a una negociación, el 19 de enero las relaciones quedaron rotas y así siguieron a pesar de que en 1857 los principales culpables del asesinato fueron detenidos, juzgados y fusilados.

El patriarca de Ayutla, Juan Álvarez, que era acusado de haber instigado los asesinatos de San Vicente, contestó con un manifiesto en el que señalaba que "los hacendados en su mayoría y sus dependientes comercian y enriquecen con el mísero sudor del infeliz labriego: los enganchan como esclavos, y deudas hay que pasan a la octava generación, creciendo siempre la suma y el trabajo personal del desgraciado [...]. La expropiación y el ultraje es el barómetro que aumenta y jamás disminuye la insaciable codicia de algunos hacendados; porque ellos lentamente se posesionan, ya de los terrenos particulares, ya de los ejidos (o de los de comunidad cuando existían estos), y luego con el descaro más inaudito alegan propiedad, sin presentar un título legal de adquisición, motivo bastante para que los pueblos en general clamen justicia, protección, amparo; pero sordos los tribunales a sus clamores y a sus pedidos, el desprecio, la persecución y el encarcelamiento es lo que se da en premio a los que reclaman lo suyo".

NOTA

1) Elías Amador: *Bosquejo histórico de Zacatecas*. María del Carmen Ruiz Castañeda: *La prensa periódica en torno a la Constitución de 1857*. Adelina Zendejas: *La mujer en la intervención francesa*. Guillermo Prieto: "Ante la tumba de los mártires de Tacubaya".

Andrés Molina Enríquez: *Juárez y la Reforma*. Pablo González Casanova: *Un utopista mexicano*. Guillermo Prieto: *Lecciones de historia patria*. Rubén García: *La romántica vida del general Luis G. Osollo*. Sara Sefchovich: *La suerte de la consorte: Las esposas de los gobernantes de México*. Agustín Rivera: *Anales mexicanos. La Reforma y el Segundo Imperio*. Anselmo de la Portilla: *México en 1856 y 1857: gobierno del general Comonfort*. José Martí: "Necrológica de Juan José Baz". Vicente Quirarte: *Elogio de la calle: biografía literaria de la Ciudad de México, 1850-1992*. Juan Antonio Mateos: *El Cerro de las Campanas: memorias de un guerrillero, novela histórica*. Francisco Zarco: "Relaciones con España".

16

LOS MACABEOS

¿De dónde salen Miguel Miramón, Luis Osollo, Tomás Mejía? ¿Quiénes son estos oficiales reaccionarios, paladines del catolicismo armado, que están dispuestos a acabar con la república? Tres de ellos destacan muy rápidamente y serán las grandes figuras del conservadurismo en los siguientes años; el cuarto, Leonardo Márquez, es más difícilmente catalogable, su harina se merece otros costales.

Los llamaron los Macabeos, aunque al final sólo Miramón se quedaría como propietario único del apodo, en honor a Judas Macabeo (*makabim*, el martillo), personaje de un siglo antes de Jesús de Nazareth, cabeza visible junto a sus hermanos del movimiento de liberación judío. La Iglesia católica pareció no darle demasiada importancia a su presencia en el Viejo Testamento y los refundió en su colección de mártires con festividad anual.

Peinaba a la izquierda, pero pensaba claramente a la derecha. Lo bautizaron como Miguel Gregorio de la Luz Atenógenes Miramón y Tarelo. Salado cuenta que "su padre quería hacerlo clérigo, pues creyó que no podía soportar las fatigas de la milicia por enclenque y enfermizo, pero como si el diablo lo hiciera, el muchacho en vez de latín y humanidades [...] entró al Colegio Militar (en 1846), ascendió en un año a cabo, después a sargento; y como oficial de artillería a los grados de subteniente y teniente. Allí le sorprendió la invasión de los norteamericanos. De 14 años apenas, se batió como un león y al caer herido estuvo a punto de matarlo un negro, cuando lo salvó un capitán irlandés". Lo del negro y el irlandés no se precisará en otras historias, pero nadie le podrá quitar a Miguel Miramón y a su hermano Joaquín el haber estado en Molino del Rey, y ser otros de los adolescentes héroes de Chapultepec (junto a su amigo y futuro rival Leandro Valle). De ese combate salió con una leve herida en la cara, causada probablemente por una posta. Figurará en las listas de los alumnos hechos prisioneros por los norteamericanos. Los Miramón, cuatro hermanos, los cuatro soldados. Miguel terminará siendo profesor de la Escuela de Guerra de Chapultepec.

Comenzó en esta época a entregarse a su pasión por el juego. Siendo capitán de cazadores de infantería en Toluca, perdió un día el dinero de su compañía, del que era depositario; y para librarse de un compromiso, cayó, sable en mano, sobre la persona con quien había jugado, y le hizo devolver el dinero. Su prologado noviazgo con Concha Lombardo, hija de un diputado santanista, le dará no sólo una fiel compañera, sino la mejor de las biógrafas. Miguel la persigue tenazmente hasta conseguir de ella algo parecido a un no condicional:

—¿Quiere usted casarse conmigo para llevarme a la guerra a caballo, cargando en brazos al niño y en el hombro al perico? Cuando sea usted general entonces nos casaremos.

Durante los últimos años Miramón combatió a la Revolución de Ayutla como teniente coronel del batallón de California. Cuando triunfó el Plan de Ayutla, Miramón, que mandaba un batallón de cazadores, se adhirió al nuevo orden de cosas y fue enviado por Álvarez como teniente coronel del 11° batallón de línea, recibiendo la orden de ir a someter la sierra de Zacapoaxtla, donde los conservadores organizaban su resistencia. Durante la marcha Miramón hizo aprehender a su jefe y a la cabeza de la fuerza se dirigió a Puebla para unirse al partido enemigo. Fiel a su catolicismo ultramontano, ha estado en todos los alzamientos y pronunciamientos reaccionarios contra el gobierno de Comonfort. La Constitución del 57 se le presenta como una ofensa personal.

Pelo muy corto, güerito, elegante, gran bigote, rostro fiero… Según F. Teixedo: "De mediana estatura, azules ojos, breve en palabra", Luis Gonzaga Osollo (que en su nombre lleva el de la figura mayor de los jesuitas) nació en 1828 en la Ciudad de México. Hijo de español, vizcaíno, casado con una mujer muy humilde, expulsado del país en 1828, lo que hace que Luis se eduque en Bilbao. Su padre regresará muy pronto a México y colocará a su hijo, antes de cumplir 11 años, en el Colegio Militar. Habla inglés y francés. Osollo crece como cuadro militar dentro del santanismo, primero contra el levantamiento yucateco, luego en la guerra del 46 contra los gringos. Combate en La Angostura como capitán y en el 49 pide licencia durante ocho meses. Al igual que Miramón, se enfrenta a la Revolución de Ayutla, primero como coronel en Huetamo (Michoacán) en enero del 55; en el 56, siendo comandante de Iguala, al desmoronarse el sur inutiliza más de mil fusiles y regresa a la Ciudad de México, desvinculándose del efímero gobierno de Carrera y negando legitimidad al de Álvarez. Es coronel cuando en noviembre del 55 participa en el levantamiento de Zacapoaxtla al grito de "Religión y fueros". En abril del 58, derrotado el alzamiento de Puebla, se escapa a Estados Unidos, donde trabaja en una fonda. Se niega a aceptar un apoyo económico que le ofrece Comonfort. Pasados algunos meses, el Presidente le dirigió una carta afectuosa a Nueva York, diciéndole que, sabiendo que sus circunstancias pecuniarias eran desfavorables, le adjuntaba una libranza por mil pesos, suplicándole que aceptase aquella pequeña donación, sin hablar de política. Osollo le contestó con toda la amabilidad posible que no podía aceptar aquella donación, que pensaba defender con las armas los principios conservadores cuando pudiese. Regresó disfrazado de marino inglés y se volvió a alzar en Tulancingo. Es, sin duda, por encima de Miramón, la espada de la contrarrevolución.

Sin el halo clasemediero (elegantes, con uniformes pulidos y bigotes cuidados) de los dos anteriores, un tercer personaje comenzará a brillar en el panorama conservador. Se trata de José Tomás de la Luz Mejía Camacho, hijo de un prefecto otomí en la sierra Gorda de Querétaro, nacido en 1820, a partir del 41 alférez, protegido por diversos caudillos militares, Bustamante se lo lleva al norte a combatir a los apaches del 42 al 45. Participa en la guerra contra los gringos. Combate contra las comunidades en Sierra Gorda, crece durante el santanismo. Ferviente católico, tras Ayutla alzado por "Religión y fueros". Cada vez que lo derrotan se refugia en la Sierra Gorda, donde era autoridad militar y tenía lazos con las comunidades y reconocimiento de las autoridades religiosas.

Ni Miramón ni Osollo ni Mejía son típicos militares santanistas; no han gozado de las prebendas del corrompido ejército, aunque sí se han formado militarmente en él. Y un factor no menor al considerarlos: además de que en general tienen fama de valientes, también la tienen de íntegros.

NOTA

1)   Es abundante el material que se dispone sobre Miguel Miramón, que además de ser figura central de estas historias ha sido escogido como héroe trágico desde una perspectiva conservadora: José Fuentes Mares: *Miramón, el hombre*. Concepción Lombardo de Miramón: *Memorias*. Alejandro Rosas: *Miramón, el desconocido*. Luis Islas García: *Miramón, caballero del infortunio*. Carlos Sánchez-Navarro: *Miramón, el caudillo conservador*. Victoriano Salado Álvarez: *El golpe de estado. Los traidores pintados por sí mismos. Libro secreto de Maximiliano en que aparece la idea que tenía de sus servidores*. Menos material sobre Osollo, de más breve trayectoria: Rosaura Hernández Rodríguez: *El general conservador, Luis G. Osollo*. Domingo Ibarra: *Episodios históricos militares que ocurrieron en la República Mexicana desde fines del año de 1838 hasta el de 1860, con excepción de los hechos de armas que hubo en tiempo de la invasión norte-americana*. Guillermo Prieto le dedica un poema a Osollo en *El romancero nacional*. Sobre Mejía: Gonzalo Pérez Rincón Gallardo: *El general Tomás Mejía*. Fernando Díaz R.: *La vida heroica del general Tomás Mejía*. Esperanza Toral: *General Tomás Mejía*. Conrado Hernández López: *Las fuerzas armadas durante la Guerra de Reforma, 1856-1867*.

17

LA PEQUEÑA GUERRA

El último trimestre del año 1856 estuvo marcado por decenas de enfrenta-mientos entre el gobierno y caudillos militares conservadores y católicos.

Los alzamientos estaban dirigidos por oficiales, capitanes, tenientes co-roneles, coroneles, que no eran particularmente jóvenes porque tenían 30, 35, 39, 40 años. Varios eran ex alumnos del Colegio Militar, como Miguel Miramón, Ramírez de Arellano, Vélez, Osollo. Algunos, como Mejía, eran in-dígenas, pero otros eran españoles, como los hermanos Cobos, o criollos de claros rasgos hispanos, como Juan N. Vicario, Joaquín Orihuela y Luis Gon-zaga Osollo, o descendientes de franceses, como Miguel Miramón. Varios formaban parte de la red de contactos y adhesiones que el padre Miranda había armado en los últimos años. Habían hecho sus primeras armas en el ejército santanista (varios desde la guerra contra los gringos), pero no le de-bían fidelidades al ex dictador, sino que estaban motivados por una postura mucho más fuerte: eran fervientes católicos, rabiosos católicos a la defensa de una fe supuestamente amenazada, por más que el gobierno de Comonfort insistiera una y otra vez en que las medidas, tímidas medidas de la Reforma, no atentaban contra el catolicismo, sino contra el brutal poder económico y político de la Iglesia. Lafragua, el ministro de Gobernación, había de declarar en esos días: "No, y mil veces no, el gobierno actual es tan católico o más que los farisaicos defensores de la religión".

Al inicio de octubre el comandante de batallón y jefe político del dis-trito de Jalpa, Tomás Mejía, incendió la Sierra Gorda de Querétaro al grito de "Religión y fueros". Un cura local, asociado al movimiento, calificaba al gobierno como "un puñado de hombres sin fe, sin religión, sin principios, poseídos de crueldades y venganza, respirando devastación y exterminio".

Mejía, para el día 13, ocupaba Querétaro con 500 hombres; y luego toma sin problemas San Juan del Río. Para el 21 de octubre Mejía, sabiendo que el gobierno se dirigía a atacarlo con fuerzas superiores, desocupó Querétaro y se replegó hacia la Sierra Gorda. Cerca de Tolimán (en uno de los accesos a la sierra llamado Puerto de Canoas) fue alcanzado por el ejército liberal y derrotado. El 23 de noviembre se rinde, aunque Comonfort no reconoce la capitulación exigiendo una rendición incondicional. Los liberales no lo que-rían demasiado; Guillermo Prieto habría de escribir: "Mejía no puede escribir de su puño una carta con ortografía, su celebridad son los gallos y los robos, pero conoce la tierra".

Mediado el mes de octubre, se pronuncia Juan N. Vicario en el distrito de Cuernavaca, proclamando "Religión y fueros".

En esos mismos días el coronel Luis Osollo sale de Nueva Orleans, desembarca en Tampico y, siguiendo caminos secundarios, se dirige a la Ciudad de México, donde permanece oculto. Se decía que Comonfort lo protegía, porque quería ganárselo con argumentos.

Mientras tanto, Miramón viaja a Puebla, donde está en marcha una nueva conspiración que articula el padre Miranda. A la una de la mañana del 20 de octubre, con la complicidad de un capitán de la guarnición, ingresaron al palacio de Puebla Miguel Miramón y Francisco Vélez, tomando a punta de pistola el control, y dieron el mando al coronel Joaquín Orihuela, que había estado involucrado en el primer alzamiento con el Plan de Zacapoaxtla y que luego, retirado a la Villa de Guadalupe en la Ciudad de México, se había entrevistado con Comonfort asegurándole "que él estaba resuelto a vivir tranquilo en su residencia de Guadalupe, sin meterse en ninguna cuestión política".

Los sublevados amotinaron el cuartel de artillería y sorprendieron al general José María García Conde, comandante de la plaza, y a los jefes y oficiales de la guarnición; los pusieron presos a todos y tomaron la ciudad. En tres días se dice que reúnen 2 mil hombres y, claro, producen un plan, llamado Plan de Puebla, que poco difiere de todos los demás. En la ciudad los conservadores cantaban: "Viva, viva, el valiente Orihuela y su segundo Miguel Miramón. Mueran, mueran los puros malditos. Y que viva nuestra religión".

El 25 de octubre las fuerzas federales del general Tomás Moreno (al que Comonfort, que originalmente había pensado dirigir, delega el mando, pensando que él no puede dejar la Ciudad de México, centro de todas las conspiraciones), uno de los veteranos de Ayutla, al frente de 4 mil hombres y con 30 piezas de artillería, rodearon la ciudad de Puebla.

El 15 de noviembre se hizo pública una pastoral del gobernador de la mitra Antonio Reyero y Lugo, en la que se decía que no sólo se debía negar la obediencia al gobierno existente, sino que se le debía hacer la guerra por todos los medios posibles, porque se componía "de enemigos de la religión que atacaban la independencia y soberanía de la Iglesia, queriendo subyugarla al poder temporal despojándola de sus bienes legítimamente adquiridos, y obligando con prisiones y destierro, so pretexto de rebelión, a los ministros del santuario a adorar otro ídolo que ha inventado la impiedad".

La lucha por Puebla fue terrible. De la Portilla cuenta que "los sitiadores tuvieron que ganar palmo a palmo la ciudad, avanzando trabajosamente de calle en calle y de casa en casa, porque los sitiados no retrocedían sino cuando se desplomaban sobre ellos los edificios destrozados. La toma de la Concordia, de la Merced y de otros puntos fortificados costó torrentes de sangre a unos y a otros: y tal fue a veces el encarnizamiento en el ataque y la defensa que lidiaban cuerpo a cuerpo en los corredores y azoteas de los edificios".

Los rebeldes resistieron 40 días, hasta los primeros días diciembre. Osollo, que había acudido a apoyar a los sublevados de Puebla, llegando a Santa

Ana Chiautempan, a pocos kilómetros de la ciudad, nunca pudo hacer contacto. En los primeros días de diciembre el coronel José Mariano Fernández rinde Puebla ante la ausencia de Joaquín Orihuela, Miramón y Vélez, que se habían escondido en la ciudad. En las trincheras aparecieron cadáveres de sacerdotes que habían participado en la batalla del lado de los alzados. Comonfort ofreció una amnistía a los oficiales derrotados y fue acusado en el Congreso de blandenguería ante los conservadores.

Los jefes de los alzados salieron clandestinamente de Puebla a la búsqueda de Luis Osollo y hacia los llanos de Apam (Tlaxcala), donde se decía que el caudillo se encontraba con mil hombres, probablemente muchos menos.

Otros dos frentes de combate se abrieron cuando el 10 de diciembre se pronunció en San Luis Potosí el general Manuel María Calvo y su segundo, el coronel Juan Othón, por "Religión y fueros". Un mes más tarde, para financiar su campaña y llamándolo un préstamo forzoso, el coronel José Domingo Herrán se apodera de 240 mil pesos depositados en el consulado inglés de San Luis Potosí, pertenecientes a fondos particulares.

Osollo, mientras tanto, se ha movido hacia Veracruz, acompañado de Mejía, que vuelve a levantarse, y de los hermanos Marcelino y José María Cobos, españoles de origen santanderino que se habían alzado en Tulancingo en octubre.

El día 11 de diciembre la suerte parece acoger a los liberales cuando en San Andrés Chalchicomula el general Manuel García, Pueblita, detiene y fusila a Joaquín Orihuela y pone en fuga a Miramón que, acompañado por menos de cien hombres, entre ellos Francisco Vélez y Manuel Ramírez de Arellano, huye en dirección a Toluca. Comonfort escribirá más tarde: "La sangre no manchó la victoria, porque las victorias del gobierno nunca se mancharon con sangre. La del desgraciado Orihuela no clamará nunca sino contra los que le comprometieron en una empresa insensata, y contra el horrible sistema adoptado contra mí de violar sin remordimiento los pactos más solemnes".

Y al día siguiente en Coscomatepec, a poco más de 20 kilómetros de Córdoba, Ignacio de la Llave derrota a Luis Osollo, que huye junto con Mejía y José María Cobos. Y el narrador no sabe bien por qué, pero consigna que el 20 de diciembre nevó en la Ciudad de México por primera vez en 50 años.

Miguel Miramón sigue siendo capaz de las más sorprendentes hazañas: el 18 de enero con Vélez y Arellano y sólo cien hombres toma Toluca por sorpresa para hacerse de alimentos y municiones y se retira. El grupo perseguido por Plutarco González, comandante de la plaza, es alcanzado en Sultepec el 21 de enero de 1857. Miguel resultó herido de gravedad en una pierna. Desangrándose, fue conducido a la hacienda de Atenco y de ahí clandestinamente a la Ciudad de México.

Pocos días más tarde, el núcleo de los rebeldes que encabezaba Osollo fue alcanzado en la hacienda de Tunasblancas, en la boca de la Sierra Gorda, cerca del mineral de la Luz. Ahí los derrotó Anastasio Parrodi con el coronel danés Langberg y tropas que dirigían el general Miguel Negrete y los coroneles Sóstenes Rocha y José María Arteaga. Osollo y los restantes caudillos se retiraron mientras Tomás Mejía huyó subiendo de nuevo con su caballería hacia la sierra.

Parrodi los siguió y volvió a chocar con ellos el 7 de febrero en las cercanías del cerro de la Magdalena, del que se estaban replegando rumbo a Querétaro. De La Portilla cuenta que, "advertido el movimiento por Parrodi, hizo que se movieran todos los cuerpos de su división sobre los fugitivos, y al rayar el alba del 7, se empeñó una batalla que duró casi todo el día, y en la cual los rebeldes fueron completamente derrotados en cuatro combates sucesivos. Los que no murieron en la batalla o cayeron prisioneros se dispersaron en distintas direcciones: toda su artillería, carro y trenes cayeron en poder del vencedor con ocho de sus jefes".

Osollo, que había sido herido de gravedad en el brazo derecho por una bala de cañón durante los enfrentamientos, cayó prisionero. El brazo fue amputado en la hacienda de la Esperanza. Parrodi se entrevistó con él y lo notó enfurecido con sus compañeros; le dijo: "Me queda otro brazo, general; pero nunca me servirá para desenvainar la espada por una causa tan puerca". El general liberal le escribió una carta a Comonfort pidiendo el indulto y el Presidente accedió de inmediato. Osollo, tan pronto se recuperó, regresó tranquilamente a la Ciudad de México a instalarse en la casa familiar. En la misma ciudad, y probablemente en contacto con su fiel amigo Miguel Miramón que, alojado en la casa de José Cervantes, se recuperaba de su herida. Delatado, fue detenido, cuando se encontraba jugando tresillo, personalmente por el gobernador Juan José Baz, acompañado de la policía, y fue a dar a un calabozo de la prisión de la Acordada.

Langberg perseguirá la partida de Cobos que amenazaba Toluca y seguirá muy activo esos meses combatiendo a las guerrillas conservadoras en el centro del país con su brigada de caballería.

Con Oronoz muerto, Osollo rendido, Miramón convaleciendo de la herida y en la cárcel, Mejía derrotado y oculto en las profundidades de la Sierra Gorda, los hermanos Cobos reducidos a una pequeña partida, los alzados potosinos derrotados por el gobernador de Nuevo León Vidaurri y Vicario aislado en Guerrero, Comonfort parecía haber logrado sortear la pequeña guerra de los "revoltosos oficiales cristianos", que había causado cientos de muertos, con una notable constancia en el uso del cañón y la espada y lo que llamó De la Portilla "pensamiento conciliador, no obstante los motivos que tuvo para abandonar su sistema de moderación y de templanza [donde] no sólo no se le vio un arrebato de ira ni se le oyó una palabra descompuesta", más allá de que los perdonados habían sido claramente reincidentes.

¿Sería esto suficiente?

NOTAS

1) Guillermo Prieto: "El partido intervencionista juzgado por Bazaine". Agustín Rivera: *Anales mexicanos. La Reforma y el Segundo Imperio.* Carlos Sánchez-Navarro: *Miramón, el caudillo conservador.* Francisco Sosa: *Biografías de mexicanos distinguidos.* Fernando Díaz R.: *La vida heroica del general Tomás Mejía.* Esperanza Toral: *General Tomás Mejía.* "Boletín oficial", Puebla 10 de noviembre de 1856. Anselmo de la Portilla: *México en 1856 y 1857: gobierno del general Comonfort.* Porfirio Parra: *Sociología de la Reforma.* Domingo Ibarra: *Episodios históricos militares que ocurrieron en la República Mexicana desde fines del año de 1838 hasta el de 1860, con excepción de los hechos de armas que hubo en tiempo de la invasión norte-americana.* José María Vigil: *La Reforma.*

2) Edvard Emil (Emilio) Langberg nacido en Copenhague, violinista y buen jinete, emigró a México a los 25 años (1835) participa en la campaña de Texas, en la guerra del 47 y se rebela con los de Ayutla (*The Handbook of Texas*). Llegó a ser gobernador provisional del Estado de México. Sobre sus actividades en la zona entre 1856 y el 57 da noticias el archivo de Mariano Riva Palacio en la *Nattie Benson Latin American Collection* de la Universidad de Texas; puede consultarse *Mariano Riva Palacio Archives* en 3 volúmenes.

18

LA ESPERADA CONSTITUCIÓN

Durante un año y tres días, del 14 de febrero de 1856 al 17 de febrero de 1857, mientras el país vivía asonadas, enfrentamientos, conspiraciones, el Congreso que originalmente habría de celebrarse en Dolores Hidalgo se reunió en la Ciudad de México para producir la tan deseada Constitución. El espíritu de los liberales puros estaba claro en las palabras de Ignacio Ramírez, El Nigromante: "Formemos una Constitución que se funde en el privilegio de los menesterosos, de los ignorantes, de los débiles, para que de este modo mejoremos nuestra raza y para que el poder público no sea otra cosa más que la beneficencia organizada".

Pero no iba a ser fácil. La elección de los constituyentes se había hecho con el método indirecto: por cada 40 mil habitantes o fracción que pasara de 20 mil se formaba un distrito y luego estos se dividían en secciones de 500 habitantes, donde se elegía un elector, los que reunidos en la cabecera del distrito elegían a los diputados. Con este barroco sistema se eligieron 155 diputados. La composición del Congreso dio la mayoría a los liberales moderados, con una fuerte fracción de los liberales puros y una pequeña minoría de conservadores. Sin embargo, no fueron comunes las votaciones en bloque; muchos diputados se separaron de su fracción en temas particulares y los resultados arrojaron mil y una variantes.

Guillermo Prieto cuenta: "Cada discusión era una erupción volcánica que estremecía hasta las entrañas de la sociedad. Y más que por las restricciones políticas y los correctivos contra la arbitrariedad, se concitaba odios a la Constitución porque hería de muerte abusos inveterados existentes hacía tres siglos, que constituían parte de la riqueza y el modo de vivir de la gente rica e influyente".

La ventaja de los rojos es que contaban con algunas de las voces con más prestigio en el país y con una mayor lucidez, capaces de sacudir al parlamento e impulsar su proyecto hasta el límite.

Francisco Zarco sería un personaje no sólo porque desde las páginas de *El Siglo XIX* era el cronista diario del Congreso, sino porque intervenía con gran frecuencia. Como dice Miguel Ángel Granados Chapa: "No fue un legislador silencioso". Zarco fue elegido diputado por su natal Durango a los 27 años de edad. Prieto lo recuerda en la tribuna: "Su contextura era raquítica, su voz, sin embargo, era clara y bien acentuada […] su palabra facilísima se desbordaba abundante en sus labios y caía a borbotones sobre su auditorio".

Melchor Ocampo, aunque estaría de marzo a octubre retirado en su hacienda de Pomoca, sería esencial en algunas de las definiciones, cuando regresó con una canasta de peras y bellotas para repartir entre los diputados (a los faltistas los llamaba "bellotas"). Y de pasada para volver a dar su dimensión real a los congresistas: "¿Qué son los escogidos sino hombres del pueblo? Nosotros no somos más que parte del pueblo, y por muy escogidos que hayamos sido, no dejamos de ser pueblo". El retrato de Ocaranza de Ocampo en la tribuna, fechado posteriormente (en 1874), da un poco de miedo, tanta seriedad impone.

Ignacio Ramírez, con su barba de chivo, resultaba demoledor: "El nombre de Dios ha producido en todas partes el derecho divino; y la historia del derecho divino está escrita por la mano de los opresores con el sudor y la sangre de los pueblos; y nosotros, que presumimos de libres e ilustrados, ¿no estamos luchando todavía contra el derecho divino? ¿No temblamos todavía como unos niños cuando se nos dice que una falange de mujerzuelas nos asaltará al discutirse la tolerancia de cultos, armadas todas con el derecho divino? Si una revolución nos lanza de la tribuna, será el derecho divino el que nos arrastrará a las prisiones, a los destierros y a los cadalsos".

Guillermo Prieto, en la tribuna parlamentaria del Congreso Constituyente de 1857, se levantaría en 74 ocasiones, una de las cifras más altas de esa reunión, haciendo observaciones ligadas con frecuencia a temas como la libertad de trabajo, la eliminación de trabas a la movilidad del capital y de las mercancías (como las alcabalas), así como la completa separación de los negocios de la Iglesia y el Estado.

El abogado potosino Ponciano Arriaga, nacido en noviembre de 1811, por tanto de 45 años, era otro de los ilustres exilados en Estados Unidos por la persecución política de Santa Anna. De su popularidad habla el que lo eligieran por Guerrero, Jalisco, San Luis Potosí, México, Michoacán, Puebla, Zacatecas y el Distrito Federal, aunque sólo tomaría la curul por uno de ellos.

Otra de las figuras del ala izquierda del Constituyente era Isidoro Olvera, un médico católico nacido en el Distrito Federal en 1815, que era la voz radical en temas sociales. Se había titulado a los 16 años pero no pudo ejercer sino hasta la mayoría de edad; hizo estudios sobre el cólera, ejercía en Toluca. Santa Anna lo deportó a Tulancingo y Córdoba.

Ni Benito Juárez ni los hermanos Miguel y Sebastián Lerdo fueron constituyentes, ocupando los dos primeros cargos en el gobierno y Sebastián manteniéndose alejado por ahora de la primera línea política. Sí en cambio lo fueron el queretano León Guzmán, el joven zacatecano Miguel Auza, el muy joven abogado Vicente Riva Palacio y una de las pocas figuras militares de la Revolución de Ayutla, Santos Degollado.

Emilio Rabasa nos ayuda a des-idealizar el Congreso: un 20% de los diputados nunca se presentaron. Hubo eternos problemas para lograr cuórum. En el nombramiento de la comisión redactora del primer proyecto se buscó la ecuanimidad dando representación a las tres facciones que casi en seguida empezaron a deslindarse. Faltistas abundantes forzaron la suspensión de sesiones. La comisión constitucional estaba paralizada: Cardoso nunca asistió, Romero Díaz votó por el restablecimiento de la Constitución de 1824, Yáñez era intrascendente. Ponciano Arriaga la tuvo que reforzar con Ocampo y Castillo Velasco.

El 18 de febrero de 1856 se instala el Congreso. Francisco Zarco, su narrador, caminaba todos los días de Palacio Nacional, donde se reunía, hasta la calle de Rebeldes, en que se hallaban la redacción y la imprenta de *El Siglo XIX*. El Congreso tenía un año para producir la Constitución y se nombró presidente a Ponciano Arriaga. Tras cuatro meses de trabajo de la comisión encargada de redactar el primer borrador, el 16 de junio se dio lectura al proyecto de Constitución. Lo que serían los artículos 39 y 40 no causaron mayor debate. Se establecía que "La soberanía nacional reside esencial y originariamente en el pueblo. Todo poder público dimana del pueblo y se instituye para su beneficio. El pueblo tiene en todo tiempo el inalienable derecho de alterar o modificar la forma de su gobierno". Y se estableció que la República sería "representativa, democrática, federal, compuesta de estados libres y soberanos en todo lo concerniente a su régimen interior, pero unidos en una federación". No fue tampoco conflictiva la aprobación del artículo 2º, que ratificaba la abolición de la esclavitud: "En la República todos nacen libres. Los esclavos que pisen el territorio nacional recobran, por ese solo hecho, su libertad".

Curiosamente sería el debate sobre la abolición de la servidumbre el que proporcionaría una de las definiciones más radicales del Congreso, cuando Ponciano Arriaga presentó un voto particular el 23 de junio sobre la "propiedad". Arriaga planteó: "Mientras que pocos individuos están en posesión de inmensos e incultos terrenos, que podrían dar subsistencia para muchos millones de hombres, un pueblo numeroso, crecida mayoría de ciudadanos, gime en la más horrenda pobreza, sin propiedad, sin hogar, sin industria ni trabajo. Ese pueblo no puede ser libre, ni republicano, y mucho menos venturoso, por más que cien constituciones y millares de leyes proclamen derechos abstractos, teorías bellísimas, pero impracticables, en consecuencia del absurdo sistema económico de la sociedad".

Definía un inmenso territorio ocioso, desierto y abandonado donde las mayorías "viven bajo el yugo del monopolista, que o los condena a la miseria, o les impone condiciones exorbitantes". Se preguntaba: "¿Hemos de practicar un gobierno popular, y hemos de tener un pueblo hambriento, desnudo y miserable? ¿Hemos de condenar y aborrecer con palabras la esclavitud, y entretanto la situación del mayor número de nuestros conciudadanos es mucho más infeliz que la de los negros en Cuba o en los Estados Unidos?".

Aclaraba: "No se trata de la destrucción de los signos representativos de la riqueza [...]. En el estado presente, nosotros reconocemos el derecho de propiedad y le reconocemos inviolable", pero "los miserables sirvientes del campo, especialmente los de la raza indígena, están vendidos y enajenados para toda su vida, porque el amo les regula el salario, les da el alimento y el vestido que quiere, y al precio que le acomoda, so pena de encarcelarlos, castigarlos, atormentarlos e infamarlos, siempre que no se sometan a los decretos y órdenes del dueño de la tierra [...]. Un rico hacendado de nuestro país [...] es comparable a los señores feudales de la edad media. En su tierra señorial, en cierta manera y con más o menos formalidades, sanciona las leyes y las ejecuta, administra la justicia y ejerce el poder civil, impone contribuciones y multas, tiene cárceles, cepos y tlapixqueras, aplica penas y tormentos, monopoliza el comercio y prohíbe que sin su consentimiento se ejerza, o se explote cualquiera otro género de industria que no sean las de la finca. Se les imponen faenas gratuitas aun en los días consagrados al descanso. Se les obliga a recibir semillas podridas o animales enfermos a cuenta de sus mezquinos jornales. Se les cargan enormes derechos y obvenciones parroquiales sin proporción a las iguales que el dueño o mayordomo tiene de antemano con el cura párroco. Se les obliga a comprarlo todo en la hacienda por medio de vales o papel moneda que no puede circular en ningún otro mercado. Se les avía en ciertas épocas del año con géneros o efectos de mala calidad, tasados por el administrador o propietario, formándoles así una deuda de que nunca se redimen. Se les impide el uso de los pastos y montes, de la leña y de las aguas, de todos los frutos naturales del campo, si no es que se verifique con expresa licencia del amo".

Ignacio Ramírez, El Nigromante, ya había intervenido el 7 de junio en términos parecidos: "El más grave de los cargos que hago a la comisión es de haber conservado la servidumbre de los jornaleros [...]. El grande, el verdadero problema social, es emancipar los jornaleros de los capitalistas: la resolución es muy sencilla, y se reduce a convertir en capital el trabajo. Esta operación, exigida imperiosamente por la justicia, asegurará al jornalero no solamente el salario que conviene a su subsistencia, sino un derecho a dividir proporcionalmente las ganancias con todo empresario".

Arriaga establecía que "la acumulación en poder de una o pocas personas, de grandes posesiones territoriales, sin trabajo, cultivo, ni producción, perjudica el bien común y es contraria a la índole del gobierno republicano y democrático", y proponía que las grandes fincas deslindaran sus tierras y las que estuvieran ociosas se declararan baldías y pasaran a propiedad de la nación, para que pudieran ser trabajadas por los peones o las comunidades. La pequeña propiedad agraria quedaría libre de cargos fiscales. La que excedieran las 60 kilómetros cuadrados pagarían un 25% sobre su valor. "Quedan prohibidas las adjudicaciones de terrenos a las corporaciones religiosas, cofradías, o manos muertas". Las rancherías sin tierra vecinas a las haciendas la recibirían por expropiación. Se abolirían los monopolios para el paso de los puentes, ríos y calzadas.

Evidentemente la propuesta que constituía las bases para una reforma agraria radical, inimaginada hasta esos momentos en la historia de México, no fue aceptada y lo más que logró la extrema izquierda del Congreso fue un artículo 5º que decía: "Nadie puede ser obligado a prestar trabajos personales, sin la justa retribución y sin su pleno consentimiento. La ley no puede autorizar ningún contrato que tenga por objeto la pérdida o el irrevocable sacrificio de la libertad del hombre, ya sea por causa de trabajo, de educación o de voto religioso".

El 28 de junio se puso a discusión la Ley Lerdo de desamortización. Con el ministro presente, Zarco comentó: "Los que aprueban la Ley tendrán que defenderla de los ataques del partido conservador, que la pintará como violenta y exagerada, y también de los ataques de algunos liberales que desearían una medida más avanzada [la nacionalización]". Entre los últimos estaba El Nigromante, que argumentó: "Se nos recomienda mucho la ley como un gran paso, y yo no creo sino que el Gobierno ha dado un tropezón. Considero la cuestión bajo dos puntos de vista: primero, el de la expropiación del clero; segundo, el de la inversión que debe darse a sus bienes". Zarco lo resume: "Cree [Ramírez] que aunque los bienes [las fincas] pasan a otras manos, de esto no va a resultar ningún gran beneficio. Creer que el temor de una revolución impide el cumplimiento de la ley no es argüir contra ella, sino contra toda reforma y contra todo progreso". Pero Ramírez lo tiene claro: "Yo hablo del miedo de los compradores, y creo que él bastará para hacer irrealizable la medida". El decreto sobre desamortización fue aprobado por 78 votos contra 15 y elevado a la categoría de ley. La Ley Juárez, sobre la abolición de los fueros eclesiásticos y militares, fue aprobada sin conflicto por 82 votos contra uno.

El 7 de julio el Congreso parece dar un giro hacia la derecha. Se discute si debe mantenerse vigente la Constitución del 24 o sólo reformarla. Ramírez interviene vigorosamente contra la propuesta conservadora. En el fondo está el debate entre centralismo o federalismo; Santos Degollado se pregunta si el modelo federal es el mejor. El 23 de julio 15 diputados piden que se restituya la Constitución del 24. La propuesta pierde 48 a 47. ¡Sólo un voto! Curiosamente Santos Degollado se reincorpora de inmediato al ala radical.

Los días 25 y 26 de julio se discute lo que serían los artículos 6 y 7 referidos a la libre manifestación de las ideas, la libertad de imprenta, que establecían que "la manifestación de las ideas no puede ser objeto de ninguna inquisición judicial o administrativa, sino en el caso de que ataque la moral, los derechos de tercero, provoque a algún crimen o delito, o perturbe el orden público" y "Es inviolable la libertad de escribir y publicar escritos sobre cualquiera materia. Ninguna ley ni autoridad puede establecer la previa censura, ni exigir fianza a los autores o impresores, ni coartar la libertad de imprenta, que no tiene más límites que el respeto a la vida privada, a la moral y a la paz pública". Zarco se opuso vigorosamente a las limitantes. Decía: "Cuando el escritor acusa a un ministro de haberse robado un millón de pesos al celebrar un contrato, cuando denuncia a un presidente de derrochar los fondos públicos, los fiscales y los jueces sostienen que cuando se trata de robo se ataca a la vida privada y el escritor sucumbe a la arbitrariedad [...] fiscales y jueces me han perseguido como difamador porque atacaba una candidatura presidencial [...] el orden público, es una frase que inspira horror; el orden público, señores, reinaba en este país cuando lo oprimían Santa Anna y los conservadores" [...]. ¿Y cómo se ataca el orden público por medio de la imprenta? Un gobierno que teme la discusión ve comprometida la paz y atacado el orden si se censuran los actos de los funcionarios, el examen de una ley compromete el orden público, el reclamo de reformas sociales amenaza al orden público... Ese orden público es deleznable y quebradizo y llega a destruir la libertad de la prensa y con ella todas las libertades".

Ignacio Ramírez argumentó también, al igual que Prieto, contra las limitaciones establecidas en el dictamen (los derechos de terceros, la moral y la paz o el orden públicos) proponiendo que sólo se acotara esa libertad en el caso de injurias. Ponciano Arriaga y Olvera, en cambio, estaban a favor. Con la izquierda dividida, las objeciones de Zarco y Ramírez fueron derrotadas.

El 11 de agosto se estableció que "la enseñanza es libre. La ley determinará qué profesiones necesitan título para su ejercicio" con un tímido intento fallido de García Granados de introducir la laicidad. Manuel Fernando Soto se preocupaba por los riesgos de no haber establecido la limitante: "Existe en México un partido artero y mañoso que trabaja por hacer retroceder el país [...]. Si concedemos la libertad de la enseñanza [...], ese partido se apoderará de ella, como de una espada, para esgrimirla contra la democracia, corromperá la inteligencia de los jóvenes, haciéndolos enemigos de las instituciones de su país, y será un verdadero germen de discordia que prolongará esta lucha fratricida".

El artículo que convocó a un amplio debate en la prensa y produjo una tempestad fue el 15, el cual, manteniendo la libertad de cultos, también dejaba en claro que el catolicismo, que había sido la "religión exclusiva" de México, sería "protegido" en la nación. Era una redacción moderada que, si bien establecía el carácter no monopólico del catolicismo, conciliaba con el clero mexicano. Zarco lo objetó: "Si el Congreso hubiera votado la libertad de cultos, hoy se diría que a medida tan avanzada se debían los motines y asonadas que han estallado por todas partes. ¿Qué se ganó con haber retrocedido ante el principio por tímidas consideraciones? Nada; el enemigo no agradeció esta concesión, y sólo creyó descubrir el flanco débil del partido liberal [...]. Esta sola consideración demuestra que el progreso excesivamente lento y gradual es un error de funestas consecuencias".

El debate calentó la galería. Victoriano Salado registraba el tremendo encono de los debates y las disputas entre los espectadores. Altamirano hablaría de debates "empeñadísimos e irritantes" y Guillermo Prieto resumiría: "El clero y las otras clases privilegiadas agotaron sus medios de hostilidad: el primero, excomulgando, negando la absolución, rompiendo los vínculos conyugales, a la vez que estaba la fuerza casi en son de guerra contra los que abrazaron la Constitución, y la prensa amenazando al gobierno".

En septiembre las tensiones entre una parte del Congreso y el presidente Comonfort, partidario de una Constitución más moderada, obligaron a Francisco Zarco, en *El Siglo XIX* el 4 de septiembre, a decirle al Presidente: "Si abre los ojos y examina el verdadero estado de los partidos políticos, se convencerá de que no puede encontrar fuerza ni apoyo sino en el partido progresista [...]. Aún es tiempo de que el señor Comonfort, recordando sus antecedentes revolucionarios, se ponga al frente de la unión liberal y salve a la República. A ello lo conjuramos [...] repitiendo siempre que las revoluciones que se detienen, retroceden, son estériles, engañan a los pueblos y se encaminan a la reacción y a la anarquía". Comonfort reaccionó el 12 de septiembre forzando el cierre temporal del diario, que duró más de dos semanas.

En octubre del 56 Ocampo regresa al Congreso tras su retiro en Pomoca. Se estaba discutiendo el artículo 76 sobre la elección presidencial, que se proponía "indirecta en primer grado" y "en escrutinio secreto", pero su presencia tenía que ver con la actitud de Comonfort y las presiones que se estaban recibiendo del gobierno, según registra León Guzmán.

Curiosamente el primer debate en que se enzarzó Ocampo, urgido de poner orden, tenía que ver con la puntualidad de los congresistas y las faltas. Propuso "que a la hora en que estuviera instalada la sesión se pasara lista, se levantara acta en que constara el nombre de los presentes y de los ausentes, se remitiera a los periódicos, y si no había número, se levantara la sesión, instruyéndose de todo al público". Vicente Riva Palacio argumentó que "rayaba en la exageración no esperar ni siquiera cinco minutos, retardo en que involuntariamente pueden incurrir los diputados más puntuales [...] ya por atraso de sus relojes". Guillermo Prieto objetó "tan tiránica rigidez" y Ponciano Arriaga informó a la asamblea que él no tenía reloj. Y ya entrados en conflicto, sobre todo contra los faltistas que impedían el cuórum en algunas sesiones, Zarco propuso "declarar a los faltistas indignos de la confianza pública" y Mata propuso que se llamase a los suplentes. Las iniciativas no se aprobaron. Aunque la denuncia quedó en pie cuando se informó que siete diputados durante una de las sesiones se encontraban holgando en el Teatro Iturbide.

El debate sobre la pena de muerte calentó de nuevo al Congreso. José Antonio Gamboa, diputado oaxaqueño, se quejaba de que los argumentos a favor de mantenerla eran los de siempre: "No es tiempo", y que faltaban penitenciarías en el país para detener a los reos de delitos graves. Argumentaba que "hay mil conventos casi abandonados por falta de religiosos, con todos los tamaños, con todas las condiciones necesarias para buenas penitenciarías".

Arriaga argumentó que, "mientras no hubiera penitenciarías, no habría con qué sustituir la pena de muerte". Vallarta propuso que se mantuviera "únicamente por cinco años". Prieto, que estaba por la abolición, dijo que "será inicuo que la pereza, la indolencia o la falta de recursos prolonguen indefinidamente los sacrificios humanos". Olvera pensaba que la falta de recursos económicos trababa el problema. Zarco arremetió: "¿Es decir que porque este país es pobre a consecuencia de la ineptitud y los despilfarros y los robos de sus gobiernos, para lavar estas manchas ha de ser asesino, puesto que la pena de muerte no es más que un frío asesinato? ¿Y en quiénes ha de recaer ese rigor? En infelices que delinquen por ignorancia o por miseria".

En medio del debate apareció el problema de si los presos comunes deberían ser conducidos con grilletes, encadenados. Ignacio Ramírez señaló:

"Ideas tan inhumanas parecen en verdad de chino, por la barbarie que representan". Zarco se alebrestó: "Leo enfrente de mí el nombre de uno de nuestros héroes más ilustres, el de Ignacio López Rayón, inscripto aquí como el de uno de los Beneméritos de la Patria, y recuerdo que ese Caudillo, la primera vez que fue aprehendido por los españoles, contrajo, gracias a los grillos, llagas incurables, que al fin lo llevaron al sepulcro. Esto me basta para estar en contra de los grillos". El asunto se disolvió y el artículo 23 dio finalmente la siguiente redacción: "Para la abolición de la pena de muerte queda a cargo del poder administrativo el establecer, a la mayor brevedad, el régimen penitenciario. Entre tanto, queda abolida para los delitos políticos, y no podrá extenderse a otros casos más que al traidor a la patria en guerra extranjera, al salteador de caminos, al incendiario, al parricida, al homicida con alevosía, premeditación o ventaja, a los delitos graves del orden militar y a los de piratería".

Pero el debate fue fructífero porque se había extendido a la "abolición de la prisión por deudas de un carácter puramente civil [...]. Esta será gratuita, quedando en consecuencia abolidas las costas judiciales" (artículo 17), que Ramírez comentaba: "Se ha reconocido que el crimen, y no la insolvencia, debe ser motivo para mandar a un hombre a la cárcel". Se limitaba la prisión preventiva hasta que se diera el auto de formal prisión a tres días (artículo 19); se prohibían las penas de mutilación e infamia, el tormento, los azotes, los palos, la confiscación de bienes (artículo 22) y se establecía que "nadie puede ser juzgado dos veces por el mismo delito".

Lamentablemente, como informó Zarco: "El Juicio por Jurados fue reprobado por 42 votos contra 40". Siempre bajo el argumento de que el país no estaba preparado. De manera sorprendente, uno de los que votaron en contra fue el propio Zarco: "Es una teoría que deslumbra en lo especulativo, pero inaplicable todavía a nuestra sociedad". Vallarta se unió a la argumentación: "Sin costumbres no hay leyes posibles [...]. Una gran parte de ese pueblo no sabe leer, y de los que saben poquísimos pasan sus ojos por un diario, para saber siquiera por curiosidad en qué se ocupa el Gobierno". Ocampo, que no estuvo presente en el debate, arremetería sobre el "todavía no es momento": "Una vez iniciadas las reformas, las explicarán la tribuna, la imprenta; la imprenta, sobre todo, las pondrá al alcance del espíritu de los lectores; se las presentará ya digeridas, por decirlo así [...] me escandalizo de oír decir a un demócrata que la libertad se ha de introducir a palos [...]. Además, el pueblo no es necio".

Y se avanzó aboliendo los "títulos de nobleza, prerrogativas, honores hereditarios" (artículo 12), prohibiendo la violación de la correspondencia (artículo 25), haciendo desaparecer los "monopolios ni estancos de ninguna clase, ni prohibiciones a título de protección a la industria. Exceptúense únicamente los relativos a la acuñación de moneda, a los correos, a los privilegios que, por tiempo limitado, conceda la ley a los inventores o perfeccionadores de alguna mejora" (artículo 28); estableciendo el fuero de los diputados en tanto a sus "opiniones manifestadas en el desempeño de su encargo" (artículo 59). El fuero no se extendía a los delitos de orden común. Se estableció la imposibilidad de que se pudieran tener dos cargos simultáneos de elección popular (artículo 118) y se precisó que "en tiempo de paz ninguna autoridad militar puede ejercer más funciones, que las que tengan exacta conexión con la disciplina militar" (artículo 122). Se estableció que el "presidente durará en su encargo cuatro años". Y aunque se rechazó la idea de nombrar un vicepresidente, en el artículo 79 se estableció que ante la ausencia del presidente se haría cargo de la conducción de la República el presidente de la Suprema Corte de Justicia.

Por último, en un artículo transitorio se decía que la Constitución no comenzaría a regir sino hasta el día 16 del siguiente septiembre.

El jueves 5 de febrero de 1857, a las diez de la mañana, se reunió el Congreso para la lectura y el juramento de la Constitución. Salado cuenta que "el gentío era inmenso; las galerías estaban apretadas de cabezas negras, de caras cobrizas, de chaquetones de telas claras y de colores vivos. A medida que los diputados iban entrando, eran saludados con aplausos o con siseos, según el grado de popularidad de que gozaban". Se pasó lista y se leyó el proyecto. Ramírez había objetado que se usara la fórmula "en el nombre de Dios" y Altamirano habría de comentar: "Como si fuera un código religioso o un tratado internacional, y esto fue causado por la insistencia de un miembro de la comisión redactora, que defendió con razones sentimentales tan extraño modo de comenzar una ley política".

Al pie del crucifijo, que presidía el salón, se puso un ejemplar de los Evangelios y junto a este dos gruesos cirios. Se levantó León Guzmán, vicepresidente de la asamblea, y juró con voz conmovida. La aparición de Valentín Gómez Farías, el patriarca del liberalismo, causó sensación. Mateos lo describe: "El señor Farías tocaba ya la nieve del sepulcro, su cabello enteramente blanco se ostentaba sobre su limpia frente. El semblante revelaba ya una ancianidad muy avanzada, era alto, muy alto, vestía de negro y su corbata blanca se confundía con la lividez de aquel rostro venerable". Acompañado de sus hijos Benito y Fermín y de Joaquín María Degollado y Guillermo Prieto, llegó hasta la plataforma. Estaba casi moribundo. Puso las manos sobre el Evangelio y con voz clara juró guardar y hacer guardar el nuevo Código Político. Cuando volvió a su asiento, los diputados se pusieron en pie, extendieron las manos y a una sola voz cumplieron el ritual: "Sí, juramos". Zarco leyó luego un manifiesto. En seguida una comisión del Congreso fue a avisar al presidente de la República que se le esperaba para jurar la Constitución.

La Revolución de Ayutla había cerrado su ciclo.

NOTAS

1) Usé la versión de la Constitución del Instituto de Investigaciones Jurídicas de la
UNAM y contrasté con: Manuel Dublán y José María Lozano: *Legislación mexicana o
colección completa de las disposiciones legislativas expedidas desde la independencia de la
República, edición oficial*. Hay en Internet una *Guía para consultar la historia del congreso constituyente de 1856-57* en la que se encuentra la Constitución y las votaciones registradas. Francisco Zarco escribió una "Crónica del Congreso extraordinario
constituyente de 1856 y 1857" y la reelaboró como "Historia del Congreso Constituyente de 1857"; las dos crónicas se encuentran en el tomo IX de sus *Obras completas*. Ignacio Ramírez: "Congreso Constituyente". Las intervenciones de Ignacio
Luis Vallarta en el Congreso Constituyente del 6 de junio, 8 de agosto, 19 de agosto,
se encuentran en la selección de Moisés González Navarro: *Vallarta en la Reforma*.
Miguel Ángel Granados Chapa: "Francisco Zarco. La libertad de expresión". Alfredo
de Micheli-Serra: *Médicos y cirujanos en el Congreso Constituyente, 1856-1857 y en
la Guerra de Reforma, 1858-1860*. Victoriano Salado Álvarez: *La Reforma y El golpe
de estado*. Silvestre Villegas Revueltas: *La Reforma y el Segundo Imperio, 1853-1867*.
Moisés González Navarro: *La Reforma y el Imperio*. Ignacio Manuel Altamirano: *Historia y política de México, 1821-1882*. Juan Antonio Mateos: *El Cerro de las Campanas:
memorias de un guerrillero, novela histórica*. Guillermo Prieto: *Lecciones de historia
patria* y "En honor de Francisco Zarco". Emilio Rabasa: *La constitución y la dictadura:
estudio sobre la organización política de México*. Ángel Pola en el prólogo a las obras
completas de Melchor Ocampo. Jesús Romero Flores: *Don Melchor Ocampo, el Filósofo de la Reforma*. José C. Valadés: *Don Melchor Ocampo, reformador de México*. Jesús
Reyes Heroles: *El liberalismo mexicano*, tomo III.

2) Cuando se revisa la lista de diputados firmantes, aparecen 75, pero las crónicas
hablan de "más de noventa" y Victoriano Salado Álvarez dice que fueron 95.

3) El Congreso no se limitó a redactar la constitución, hizo un ajuste de cuentas profundo con el santanismo, del que destapa negocios y favores, irregularidades y abusos. En *La Reforma y el Imperio*, Moisés González Navarro hace una revisión minuciosa de ello durante 40 páginas de su libro.

4) Durante el proceso constituyente en agosto de 1856 el embajador francés en México,
M. Gabriac, fue blanco de una "cencerrada", que Miguel Ángel Granados Chapa define como "una manifestación ruidosa de sus paisanos ofendidos por la reticencia con
que el representante de su gobierno acudió a una colecta realizada por los franceses
en México y luego por la sobriedad de su aportación, sólo 20 pesos". Francisco Zarco
la narró en el diario y Gabriac se quejó ante el ministerio de Relaciones Exteriores,
que a su vez la presentó al de Gobernación, quien la tradujo en una acusación. Zarco
apeló a su condición de diputado: "Si se tratara de un asunto que me fuera puramente
personal, yo no vendría a molestar vuestra atención [...]. Pero hay en este negocio algo
grave que afecta a la libertad de la prensa, a la independencia de nuestras autoridades, a

la misma soberanía de la República y se refiere al abusivo empeño de ciertos ministros extranjeros de suscitar cuestiones internacionales por intereses que están muy lejos de ser los de las potencias que representan [...]. Se trata de saber si nuestros gobiernos han de ser gobiernos o si nos han de mandar a su antojo las legaciones extranjeras o los contrabandistas y los agiotistas que suelen mandar en ciertas épocas algunas de esas legaciones". Zarco fue absuelto por el voto de los 85 diputados presentes.

19

JURAR O NO JURAR

Poco antes de jurarse la Constitución, a fines de enero de 1857, se produjeron dos leyes claves para continuar con la Reforma emitidas por José María Iglesias: la que establecía el Registro Civil y tres días más tarde la Ley de Secularización de los Cementerios.

Finalmente, el 8 de febrero, fue jurada la Constitución por Comonfort y muchos empleados públicos. El 12 el Presidente emitió un "Por tanto, mando se imprima, publique, circule y se le dé el debido cumplimiento" a la Constitución. Y el 17 de febrero se clausuró el Congreso Constituyente.

Francisco Zarco intentaba en *El Siglo XIX* un apretadísimo resumen: "La Constitución [...] se acomoda a las necesidades del pueblo mexicano y si acaso no las satisface todas, deja abierta la puerta a la reforma sin incurrir en el gravísimo error de oponer la tradición y la costumbre al verdadero progreso [...] la satisfacción de las necesidades sociales".

El obispo Murguía predica: "Los católicos no deben jurar la Constitución", y aconseja a la madre del Presidente, utilizando al padre Miranda, que desconozca a su hijo y le retire la palabra. Un grabado de la época muestra a Murguía: muy delgado, calvo, con pómulos salidos y rostro afilado, barbilla, lentes; una figura que parece salida de crónicas góticas y da miedo. Según Guillermo Prieto, "Comonfort veía los sufrimientos de su anciana madre, a quien mucho veneraba, y todo concurría a desmoralizarlo, alejándole del partido liberal". Juan Antonio Mateos reconstruye el tormentoso diálogo entre madre e hijo, antes de que deje de hablarle y su final advertencia: "Prosigue en esa carrera de sangre y obcecaciones, revuelca tu corazón en el cieno de la impiedad, transfórmate en monstruo".

Guillermo Prieto contará: "El clero y las otras clases privilegiadas agotaron sus medios de hostilidad: el primero, excomulgando, negando la absolución, rompiendo los vínculos conyugales, a la vez que estaba la fuerza casi en son de guerra contra los que abrazaron la Constitución, y la prensa amenazando al gobierno". La cosa subió de tono cuando el 17 de marzo se hizo

público un decreto de Comonfort en el que ordenaba a todos los empleados públicos que jurasen la Constitución, so pena de despido. El arzobispo
Lázaro de la Garza, el obispo de Oaxaca y otros expidieron circulares a los
curas en las que ordenaban que no se diera la absolución a los moribundos
que no se retractaran de haber firmado la Constitución. Muchísimos empleados no quisieron jurar y dejaron los empleos.

NOTAS

1) Agustín Rivera: *Anales mexicanos. La Reforma y el Segundo Imperio*. Silvestre Villegas
    Revueltas: *La Reforma y el Segundo Imperio, 1853-1867*. Guillermo Prieto: *Lecciones
    de historia patria*. Juan Antonio Mateos: *El Cerro de las Campanas: memorias de un
    guerrillero, novela histórica*. Raúl González Lezama: *Reforma Liberal. Cronología, 1854-
    1876*. José María Vigil: *La Reforma en México a través de los siglos*, tomo V. Francisco
    Zarco en *El Siglo XIX*, 30 de marzo de 1857,en *Obras completas*, tomo VIII.

2) Un día del mes de abril Comonfort recibió una nota firmada únicamente con inicia-
    les: "Si usted me da palabra de recibirme a solas y de que he de salir de Palacio salvo
    a ileso, iré a ver a Vd. esta noche a la hora que me señale, y le daré un aviso que im-
    porta mucho a su vida". Comonfort contestó de conformidad, señalando una pieza
    interior del Palacio Nacional y cierta hora de la noche. Se presentó un desconocido y
    tras estar buscando un lugar donde tener la conversación (rechazó varios salones) le
    dijo que era Francisco Ortega, cura de Zacapoaxtla, prófugo desde el levantamiento
    e impenitente conspirador. Luego dijo que quería advertirle al presidente "que un
    hombre, que está en Palacio todos los días, y que duerme en él las más de las noches,
    tiene el propósito y el compromiso de asesinar a usted en cuanto se le presente una
    ocasión oportuna". Se negó a dar su nombre, pero ofreció abundantes elementos
    para localizarlo. Concluida la visita, el presidente y el cura salieron juntos de Palacio
    paseando y se despidieron en la calle de Santa Clara "como buenos amigos". (Ansel-
    mo de la Portilla: *México en 1856 y 1857: gobierno del general Comonfort*).

20

CRABB

Henry Alexander Crabb nació en Nashville (Tennessee), en familia aco-
modada y en 1823; abogado, condiscípulo y amigo personal de William
Walker, fervoroso esclavista. Muy pronto, al calor de la fiebre del oro, viajó
a California y se instaló en Stockton, donde se casaría con Filomena, hija de
Manuel Aínza, un español que había vivido en Sonora y que tras fracasar en
la minería y el comercio emigró también a California.

En 1850 Crabb fue electo fiscal y posteriormente diputado del congreso local representando al condado de San Joaquín; luego fue senador estatal.

Las fotografías muestran a un hombre de más de 30 años, con barba de chivo y sin bigote, sin duda elegante y lo que en la época llamarían "distinguido".

En 1855 fue derrotado en unas elecciones para senador. Era el momento de volver a mudarse. Al inicio de 1856, junto con su esposa y otros miembros de su familia, fue a hacer turismo a Sonora recorriendo Guaymas, Ures, Hermosillo. Según Thomas Edwin Farish, historiador de Arizona, allí entró en contacto con Ignacio Pesqueira, que se había rebelado contra el gobernador Gándara, y le ofreció dirigir de 500 a mil norteamericanos bien armados a cambio de una importante franja de tierra en el noroeste de Sonora para la colonización. Y allí las versiones difieren nuevamente porque, según esto, Pesqueira lo que le ofreció fue colonizar el río Yaqui, territorio de una tribu con la que había tenido constantes choques y que había apoyado a Gándara.

¿Colonizar? O, siguiendo el modelo que había triunfado en Texas, independizar y anexionar Sonora, aquel estado del que los rumores decían que podía ser una nueva California abundante en minerales ricos. Dejó a su cuñado Agustín atrás y regresó a San Francisco en mayo del 56. Tan sólo un mes más tarde, Aínza fue encarcelado en Hermosillo bajo el cargo de alta traición, acusado de intentar independizar Sonora.

Crabb organizó al inicio del 57 un grupo de un centenar de hombres (104 sumaban) bien armados y dejó en proceso la organización de otros tantos. Formaban parte de la expedición ex políticos californianos, un teniente de West Point y un médico militar. Juan Antonio Ruibal Corella desmiente el carácter colonizador de la partida: "Que nosotros sepamos, estas partidas iban usualmente acompañadas de familias, no de elementos militares y organizadas a manera de compañía bélica".

Durante un par de meses descendieron por barco y tierra por el suroeste de Estados Unidos hasta llegar a fines de marzo a la frontera mexicana. Al llegar a Sonoita le dirigió una carta al prefecto de Altar (en el noroeste del estado), en la cual hablaba de sus pretensiones de asentarse con mil colonos que pronto lo seguirían en esa zona bajo invitación de "ciudadanos muy influyentes de este estado". Explicó que venían armadas porque deberían cruzar un territorio infestado de indios.

En la versión norteamericana Pesqueira había derrotado a Gándara y este había abandonado el país y se encontraba en Tucson. En esas condiciones ya no necesitaba a los norteamericanos y calificó la expedición de Crabb como una incursión ilegal. En la versión mexicana el gobernador vio claramente las intenciones de Crabb y ordenó al teniente coronel José María Girón que saliera al mando de una pequeña tropa para interceptarlo, y dio instrucciones a Hilario Gabilondo, quien se encontraba al frente de un piquete de dragones presidiales de Bavispe, que se le incorporara.

Crabb viajó 180 kilómetros, pero no hacia Altar, sino que se desvió hacia el pequeño poblado de Caborca, habitado por mestizos, criollos, blancos, yaquis y un par de chinos, adonde llegó a las ocho de la mañana del 1º de abril de 1857.

No hay constancia de ningún tipo de conversación entre Crabb y los locales, pero sí de un enfrentamiento con los mexicanos en el que el capitán Lorenzo Rodríguez fue herido de muerte en el estómago.

Los mexicanos, con ancianos, mujeres y niños, se refugiaron en la iglesia mientras Crabb se apoderó de varias casas enfrente. Al día siguiente los norteamericanos trataron de volar con pólvora la puerta del templo.

Durante los días 4 y 5 de abril continuaron los enfrentamientos. El día 5 llegaron las tropas de Gabilondo y Girón, que cercaron a Crabb y sus hombres. Las crónicas norteamericanas, exagerando de mala manera, dicen que en el cerco había 1 100 hombres.

En los partes de los oficiales mexicanos se cuenta que un indio pápago, de quien se conoce el nombre, Francisco Xavier, a las diez de la noche del día 6 comenzó a lanzar flechas con yesca encendida al estilo apache. "Al séptimo intento, la flecha cayó justamente en el techo de la casa que ocupaban los invasores, iniciándose un fuego de proporciones dantescas que infructuosamente se trató de contener, haciendo estallar sucesivamente tres barriles de pólvora. A las 11 de la noche todo había concluido, y los norteamericanos fueron hechos prisioneros", con la excepción de 14 que lograron escapar. Los mexicanos tuvieron 26 muertos y 30 heridos en el choque.

Según la versión gringa, Crabb se rindió esperando que los detuvieran y condujeran a salvo hasta la frontera norteamericana, pero las órdenes de las milicias sonorenses eran fusilarlos como filibusteros, lo que sucedió ante la iglesia, donde Crabb y 58 norteamericanos fueron ejecutados.

Gabilondo perdonó tan sólo a un muchacho de 14 años apellidado Evans, al que llevó a Hermosillo. Dos días después una patrulla mandada por el capitán Manuel Elías, de las compañías presidiales, persiguió a los 14 filibusteros fugados, los aprehendió y fusiló.

Crabb fue el último en ser ejecutado y poco después de muerto se le cortó de un tajo la cabeza y se depositó en una olla pápago con vinagre, la cual finalmente fue enviada a la Ciudad de México, causando potentes protestas en Estados Unidos, incluso una investigación del Senado.

NOTA

1) Agustín Rivera: *Anales mexicanos. La Reforma y el Segundo Imperio.* Juan Antonio Ruibal Corella: *¡Y Caborca se cubrió de gloria…!: la expedición filibustera de Henry*

Alexander Crabb a Sonora. Thomas Edwin Farish: *History of Arizona.* Delia González de Reufels: *La expulsión de filibusteros norteamericanos y franceses de Sonora y sus repercusiones,1850-1860.*

21

LA BATALLA DEL JUEVES SANTO

El gobernador de la Ciudad de México, Juan José Baz, había nacido en 1820 en Guadalajara, dentro de una familia aristocrática. Seguidor de Valentín Gómez Farías, liberal jacobino desde su adolescencia, llega a la Ciudad de México a los 18 años. Combatiente en el 38 en la Guerra de los Pasteles, obtiene su título de abogado en la Universidad Nacional y participa de nuevo en el 46 en las batallas de Churubusco, Molino del Rey y Chapultepec contra los gringos. En ese mismo año fue nombrado por primera vez gobernador del Distrito Federal, a los 26 años de edad, y declaró la Ley de Amortización de Bienes Eclesiásticos, reuniendo fondos para continuar la defensa del país. En 1851, el presidente Mariano Arista lo nombró regidor del Ayuntamiento de la Ciudad de México. Dos años más tarde fue desterrado por el presidente Antonio López de Santa Anna y se dirigió a Europa. Regresó a su país en 1855, tras la victoria del Plan de Ayutla. Vuelve a ser gobernador del Distrito Federal en el gobierno de Comonfort.

Enrique Fernández Ledesma lo caracteriza: "Impulsivo, tozudo, delirante de acción; lírico del jacobinismo, insolente y hasta obsceno cuando le ganaba la exaltación; gustaba de las exhibiciones de su valor, siempre lleno de ardores y de penachos y se hacía llamar el inmaculado". Por su parte, Guillermo Prieto relata: "Un muchacho rubio, delgado, ardiente, de estremecimientos apasionados, de manos listas y de hablar imperioso, no obstante que su voz no tenía un timbre muy simpático". Y supuestamente Sebastián Lerdo añade: "Pequeño, de constitución sanguínea, de fisonomía expresiva y correcta, de inteligencia clara, aunque no sin malevolencia". Júntense las tres descripciones y el resultado era este extraño personaje.

Durante los primeros días de abril del 56 corrieron rumores en la Ciudad de México de que iba a producirse un motín de los mochos durante la Semana Santa. Al inicio del mes el gobernador del Distrito Federal le escribió al arzobispo, del que había sido discípulo, una carta en que le preguntaba qué sabía de esos rumores y si sería recibido en la catedral para la ceremonia del Jueves Santo, en que llevaría la representación presidencial. El arzobispo, cauteloso, le contestó que no sabía nada al respecto pero que, en cuanto a la presencia el día 9, "entiendo que debes omitirla".

Se intercambiaron entonces cartas oficiales y Baz dijo que pretendía asistir; preguntó si las reiteradas respuestas del arzobispo en las que sugería que no fuera entrañaban una prohibición o una amenaza. Curiosamente en otros lugares de la República no se había sugerido a las autoridades que no asistieran a las misas del Jueves Santo.

A las nueve menos cuarto de la mañana, en unión del Ayuntamiento y bajo las mazas, se dirigió a la catedral. Llegado al atrio, envió a su ayudante, Mucio Reyes, y en seguida al jefe de policía, Francisco Iniestra, a que avisasen a los canónigos que esperaran en la puerta al Ayuntamiento. La respuesta, dada primero por un capellán de coro y después por el canónigo Gárate, fue que no se le podía recibir, por orden del señor arzobispo. La multitud, que se había reunido en el atrio, en la plaza y en las puertas de la catedral, se hallaba excitada, y hombres y mujeres comenzaron a gritar contra las autoridades y el gobierno. La fuerza de policía se movió amenazadora bajo la lluvia de insultos; dos o tres soldados hicieron disparos al aire para disolver un grupo; pero su imprudencia fue castigada por el gobernador Juan José Baz, que los arrestó. "Dentro del templo, la inquietud, la zozobra y exaltación dominaban los espíritus". Los canónigos, temiendo que se tratase de atropellarlos, se encerraron en el coro. Había crecido la multitud en la plaza mayor injuriando a la tropa. La catedral estaba cerrada, los canónigos dentro de ella, las tropas armadas en la plaza.

¿Iba Baz a caballo? Porque lo que se diría después es que él y algunos policías había entrado a caballo a la iglesia, aunque posiblemente no pasaron del atrio. Y más aún, que había intentado entrar a la misa montado a caballo y que luego había instalado una batería de cañones ante las puertas del templo. Aun cuando esto no fuera cierto, el gobernador había sido muy torpe y estaba atrapado en una provocación, muy lejos de la habitual política de Comonfort de agotar las vías de conciliación.

Baz desplegó soldados alrededor de la catedral, ordenó que los canónigos fueran detenidos; se armaron escaramuzas cuando hombres de caballería trataron de disolver a los grupos. La catedral se vació, quedando los canónigos encerrados dentro.

De la Portilla dice: "La alarma cundió por las calles de la ciudad. Recorríanla en todas direcciones los partidarios de la reacción, contando que los hombres del gobierno habían profanado la Santa Iglesia metiendo en ella los caballos; excitaban la compasión de las personas sencillas, pintando a los canónigos encerrados allí muertos de hambre y expuestos al furor de los impíos; y hacían esfuerzos desesperados para que se levantara el pueblo a tomar venganza".

Que el acto no estaba programado lo indica que los soldados no tuvieron bajas y que no fueron detenidos civiles armados. Los grupos en actitud amenazadora que estaban en la plaza se dispersaron tras algunos tiros disparados al aire por la fuerza armada. Informado, Comonfort ofreció tranquilidad y garantías. Las autoridades de la ciudad recorrieron las calles para restablecer el orden y a media tarde había renacido ya la calma. A las seis salieron los canónigos de la catedral, y esta se abrió a las siete; y en la noche estuvieron los templos tan concurridos como siempre en esas fechas. Sin embargo, para muchos creyentes quedaba en pie la profanación del templo católico más importante del país.

Muy pronto circuló en la Ciudad de México un poema en sorna firmado por El Cronista de los Reyes, seudónimo que encubría a Ignacio Aguilar y Marocho, una de las figuras del pensamiento católico conservador; se titulaba "La batalla del Jueves Santo". No le falta gracia al texto: "Bajo este sistema ruin / En que no impera la ley, / ¿Qué es Comonfort? Es el Rey / ¿Y Juan Baz? Es el Delfín. / Fija cual buen general / Su primera paralela / En medio de la plazuela / Para sitiar catedral. / Él en un punto central / Dirige al coro visuales, / Para que de los ciriales / Los fuegos bien combinados / Queden al punto apagados / Por sus fuegos transversales".

El texto alcanzó varias ediciones y, según Fernández Ledesma, "militares y paisanos, amas de cría, arrapiezos y hasta señoras" se sabían los versos de memoria. Aguilar fue detenido en abril, acusado de conspiración.

Comonfort pospuso durante tres días la represión para dejar pasar la Semana Santa, pero el día 12 dispuso que el arzobispo permaneciera preso en su mismo palacio hasta nueva orden y que los canónigos fueran presos en la sala capitular del Ayuntamiento.

NOTA

1) Agustín Rivera: *Anales mexicanos. La Reforma y el Segundo Imperio*. Adolfo Rogaciano Carrillo y Sebastián Lerdo de Tejada: *Memorias de Sebastián Lerdo de Tejada*. Anselmo de la Portilla: *México en 1856 y 1857: gobierno del general Comonfort*. Concepción Lombardo de Miramón: *Memorias*. Niceto de Zamacois: *Historia de México*. Juan Antonio Mateos: *El Cerro de las Campanas: memorias de un guerrillero, novela histórica*. Gerardo Australia: *Enemigo de la arquitectura, Juan José Baz*.

22

LA REVUELTA INTERMINABLE

Sometido a lo que parecía una revuelta permanente, que aparecía y se desvanecía por todas las esquinas del país, Comonfort trató de poner orden en el ejército. Ya desde la presidencia de Juan Álvarez se había prohibido la leva, eliminado los sobresueldos, eliminado los estados mayores sin tropa, reducido el número de batallones activos y anulado los nombramientos que Santa Anna había realizado durante la Revolución de Ayutla, intentando desarticular el viejo ejército del dictador y estimulando las guardias nacionales estatales construidas sobre la base de voluntarios.

Como presidente, Ignacio trató de actuar cautelosamente para no enemistarse con una parte del ejército y justificar sus rebeliones. La cautela no dio resultado y, en aquellos primeros años de su gobierno, se produjeron decenas, si no cientos, de asonadas de toda magnitud y cerca de 700 generales, jefes y altos oficiales participaron en diferentes sublevaciones. Aun así, pasó a 800 oficiales al servicio pasivo sin suspenderlos de empleo y nombró generales y coroneles que fueran confiables, dándoles mando de tropa.

El 29 de abril de 1857 se formalizó la existencia de un ejército de 10 mil hombres (un ahorro de 14 batallones y cinco regimientos de caballería) con 64 batallones y 65 escuadrones de milicia. Conforme se producían bajas en combate se volvió a la práctica de la leva. Documentos oficiales reconocían que había sido necesario reclutar vagos, viciosos y criminales, "considerando como pena una de las obligaciones más honrosas del ciudadano, y dando pábulo a la continua deserción que se experimenta". Para septiembre debería haber 242 jefes, 1 591 oficiales, 25 286 elementos de tropa y 3 264 de caballería, o sea más de 30 mil soldados. Sin embargo, no se llegó a reunir más de 10 mil hombres del ejército y 12 mil de la Guardia Nacional. Y, además, la depuración del santanismo había sido muy limitada.

En abril de aquel 1857 el gobierno emitió la Ley Iglesias, que abolía las "obvenciones parroquiales", forzando la gratuidad que deberían tener los cobros de la Iglesia de matrimonios, bautizos, amonestaciones o entierros, y un día más tarde (el 12 de abril) Comonfort detuvo al arzobispo en su palacio y se arrestó a los canónigos de la catedral metropolitana durante dos días. De poco serviría que un mes más tarde el gobierno enviara a Ezequiel Montes como embajador en Roma y con la misión de entrevistarse con el papa para suavizar la confrontación.

En ese momento estallaron motines por negarse en varias ciudades a firmar los empleados públicos la Constitución. En Mascota (Jalisco) el coronel Remigio Tovar se levantó en armas causando 13 muertos; en Lagos de Moreno el coronel Agustín Salado amotinó al "pueblo bajo", tratando de asesinar al jefe político, que se ocultó en la cárcel de mujeres y fue salvado por el cura y el médico de la ciudad. En San Juan de los Lagos, cuando el empleado público estaba leyendo el bando en la plaza principal, fue apedreado; hubo muchos heridos y siete muertos. También hubo motines en San Luis Potosí, Morelia, Zamora, Celaya, Indaparapeo y San Juan del Río (Durango). Un mes más tarde el enfrentamiento llegó al estado de Guerrero. Habiéndose negado algunos curas del estado a jurar la Constitución, el general Juan Álvarez los envió presos al castillo de Acapulco. En mayo el indígena Juan Antonio, a la cabeza de un número de indios mucho mayor, derrotó cerca de Tixtla al coronel Navarro con 200 hombres. Hizo prisioneros a los jefes y a 130 soldados y a todos los fusiló; además, mató al prefecto de Chilapa y a otros empleados públicos.

¿Estaban estos motines coordinados? En la Ciudad de México la historia adquiere dimensiones novelescas gracias a un misterioso mensaje encontrado en Palacio Nacional que llama a la atención de un guardia. Comonfort, que tras desecharlo duda e inicia una investigación, se lo lleva a su casa en Tacubaya; en el trayecto, el carruaje casi se deshace al caer en un hoyo y el Presidente tiene que trabajar con el cochero para reparar las ruedas. Se entrevista con el general Félix María Zuloaga, jefe de la guarnición de la Ciudad de México, y llegan al nombre del capitán Noguera, que estará a cargo en próximos días de la guardia de Palacio y cuyas iniciales aparecen en el papel. Convocan al capitán que, enfrentado a la acusación de estar conspirando, palidece, suda y termina llorando y confesando que se prepara un golpe de Estado en el que están involucrados militares en activo y pasivo. Juan José Baz, gobernador del Distrito Federal, enterado el 26 de abril, registra una casa en la calle Puente de Alvarado, donde hay armas y papeles comprometedores que involucran al coronel Domingo Herrán. La lista de los implicados incluye a Miramón (de nuevo), que será detenido, un hermano de Cobos y otra vez Luis G. Osollo, a pesar de seguir convaleciente. El castigo para Herrán y varios otros de los implicados será que al día siguiente son obligados a barrer el callejón de Santa Clara con grilletes en los pies. El debate público se arma en los periódicos culpando a Osollo, que había faltado a la palabra que dio al rendirse de no volver a levantarse contra la república. Comonfort comenta, dolido, al saberlo: "Perderé la última de mis ilusiones".

La conspiración tendrá un epílogo cuando Osollo sea deportado a Acapulco y sea rescatado el 6 de junio delante de Iguala por fuerzas de Vicario. Miguel Miramón, por su parte, quedará detenido en la Ciudad de México en la prisión de la Acordada y se fugará en septiembre. Agustín Rivera narra una nueva novela: "A pesar de hallarse estrictamente vigilado en un principio, Miguel logró que le concedieran permiso de salir al patio, en donde se hizo amigo de varios delincuentes que se hallaban ahí purgando su condena. En una ocasión prometió ponerlos en libertad cuando él saliera de ahí. Comenzó a urdir un plan para escapar. Algunas versiones dicen que un antiguo subordinado, ahora guardia en la prisión, le prestó su uniforme; otras, que doña Carmen, su madre, le fue haciendo llegar pieza por pieza un uniforme igual al de los guardias de la prisión; el caso es que Miramón huyó así vestido al unirse a la patrulla que circulaba para hacer el cambio de guardia al amanecer. Una vez en libertad, se refugió Miramón en la hacienda Pablo del Miedo, propiedad de su amigo Raymundo Mora. Ahí terminó de recobrarse".

Un poco de paz, no demasiada, durante la cual, al inicio de julio, se inaugura el primer ferrocarril mexicano: un tramo muy corto, de México a la Villa de Guadalupe. En el primer tren viajan Comonfort y miembros del gobierno, que ha sido reorganizado dando de nuevo cabida a los liberales moderados, aunque con la inclusión de Sebastián Lerdo de Tejada en Relaciones y José María Iglesias en Hacienda.

Y finalmente llegan las elecciones el 13 de julio. Aunque en la visión de De la Portilla "el comercio languidecía, la industria agonizaba, todas las fuentes de prosperidad se obstruían, cundía la inmoralidad por todas partes, la miseria era general y una mortal desesperación invadía los espíritus", no cabía duda de que Comonfort gozaba de amplias simpatías, había sorteado la pequeña guerra, había permitido la Constitución, era popular. Los liberales de izquierda lanzaron la candidatura de Miguel Lerdo de Tejada, pero en mayo el propio propuesto la retiró. Comonfort barrió a Mariano Riva Palacio, el más moderado de los candidatos liberales, y a los candidatos conservadores. Sin embargo, los liberales puros llevaron a Benito Juárez a la Suprema Corte con más del 61% de los votos, un cargo que representaba, según la Constitución, la vicepresidencia, aunque de una manera pasiva. En el espacio de tiempo entre el triunfo electoral y la toma de posesión, Juárez será llamado por Comonfort para ser ministro de Gobernación y deja el gobierno de Oaxaca. En el Distrito Federal triunfa la izquierda y todos los diputados menos uno forman parte del liberalismo radical. El 1º de diciembre Comonfort asumiría el cargo pasando de presidente sustituto a presidente electo, y mandaría un mensaje confuso: "El más eficaz de estos [remedios para salvar a la nación] será hacer en el Código fundamental saludables y convenientes reformas". ¿Modificar la Constitución? ¿Tan pronto? ¿Ablandarla?

Entre julio y el 1º de diciembre se sucedieron nuevos alzamientos: en Guadalajara, donde las fuerzas de Silverio Núñez y Juan N. Rocha sofocaron la rebelión, pero no pudieron impedir la fuga a la guerrilla de un batallón de 500 hombres. En Colima, donde los alzados al grito de "Religión y fueros" mataron al gobernador Manuel Álvarez. De nuevo en Guadalajara, donde una conspiración reaccionaria intentaba apoderarse del Palacio de Gobierno. En Tepic, donde acaudilla una rebelión campesina Manuel Lozada. En Guerrero actúa el tlapaneco Juan Vicario, que levanta indios con el apoyo de los curas de los pueblos; curiosamente su aspecto refleja lo más alejado del mundo indígena, un gachupín con andares de aristócrata. Se ha enfrentado a Negrete y lo han derrotado, se ha enfrentado a Juan Álvarez y ha vuelto a morder el polvo, pero se rehace y prosigue. En Querétaro vuelve a las andadas Tomás Mejía, cuando en noviembre toma la capital y en el combate deja herido al gobernador José María Arteaga, para luego hacer frente a las tropas de Doblado y refugiarse en la Sierra Gorda. En los estados de México, Oaxaca, Puebla y Guanajuato hay partidas de alzados evadiendo la persecución de tropas regulares.

Si bien golpea a la derecha ultramontana, Comonfort no deja de enfrentarse a la izquierda liberal. En esos meses tanto Ignacio Ramírez como Francisco Zarco serán multados con 300 pesos por sus escritos, llevados a juicio y el primero destituido como magistrado por sus artículos periodísticos.

NOTA

1) Conrado Hernández López: *Las fuerzas armadas durante la Guerra de Reforma, 1856-1867*. Alejandro Rosas: "Ignacio Comonfort, la indecisión frente a la guerra civil". Anselmo de la Portilla: *México en 1856 y 1857: gobierno del general Comonfort. Documentos de la Reforma*. Carmen Blázquez Domínguez: *Miguel Lerdo de Tejada, un liberal veracruzano en la política nacional*. Miguel Ángel Granados Chapa: "Francisco Zarco. La libertad de expresión". Agustín Rivera: *Anales mexicanos. La Reforma y el Segundo Imperio*. José María Vigil: *La Reforma*.

23

EL GOLPE

Para desmentir un rumor es necesario que el rumor corra. Francisco Zarco había desmentido y denunciado al rumor y a los rumorosos varias veces (en enero, en agosto). Finalmente, el 2 de septiembre de 1857, Zarco, que pareciera la voz de la conciencia de una nación desconcertada, advierte en *El Siglo XIX* sobre los peligros de un golpe militar: "No queremos nada ilegal, nada revolucionario y deseamos ardientemente el orden constitucional [...] porque en él caben todos los partidos y porque una vez planteado pueden hacerse las reformas conforme a la voluntad general, a los intereses de la mayoría y no como los imponga una facción, una camarilla o un usurpador".

¿A qué obedece la preocupación de Zarco? Se hace eco de rumores que dicen que se está conspirando para derogar la Constitución del 57. Responde quizá a la opinión que no ocultaba Manuel Payno: "La revolución armada era ya inevitable. O la tropa de línea, a cuya cabeza se hallaba el general Zuloaga, tenía, con la voluntad, o sin la voluntad del Sr. Comonfort, que saltar a la arena, o el congreso, que se veía amenazado [...] habría tomado la iniciativa, apoyado en los cuerpos de Guardia Nacional, que se manifestaba en aquellos momentos contraria al movimiento". Como diría mucho más tarde Ernesto de la Torre Villar: "Una opinión que creció día a día difundiéndose por todos los ámbitos hasta volverse del dominio público". ¿Y cuáles son los alcances del complot?

Manuel Payno era entonces un escritor más o menos conocido, autor de la colección de historias *El fistol del diablo* y excelente cronista, que no formaba parte de la izquierda liberal, rompiendo la tradición de los grandes narradores, poetas y periodistas de la época; más bien se movía en el entorno del liberalismo moderado. Ignacio Manuel Altamirano tenía una opinión muy desfavorable de él: "Para Payno no existe la idea política, no existe más que el oro". Sin embargo, eran muchas sus habilidades de encantador de serpientes; Vicente Riva Palacio las registra: "Es difícil tener un disgusto cuando se le llega a conocer íntimamente".

Anselmo de la Portilla cuenta: "Desde fines de octubre se había dicho también que Manuel Payno, el ministro de Hacienda, andaba en tratos con altos personajes del clero para celebrar alguna transacción que pusiera un término a la lucha entre las dos potestades, removiendo los motivos que la causaban".

El caso es que Payno no sólo será autor sino narrador de las interioridades de la conspiración: "La revolución de diciembre de 1857 tuvo el origen más impensado, más extraño, más raro que pueda imaginarse", y contará que el 15 de noviembre de 1857 el presidente Comonfort lo convocó en el Palacio Arzobispal de Tacubaya (barrio donde el escritor vivía), que era propiedad del gobierno y sede de una brigada de línea de 2 mil hombres mandada por el general Félix Zuloaga.

En la versión de Payno la cita era forzada por "dos incidentes aislados": la renuncia de Juan José Baz al gobierno del Distrito Federal (que había ganado una diputación y no podía ejercer los dos cargos) y la del propio Payno al Ministerio de Hacienda por motivos de salud (tenía una dolencia en los ojos). Comonfort estaba contento de librarse de Baz por la cantidad de conflictos con el clero que había armado y Payno promovió una reunión entre ambos que se efectuó un domingo en Palacio con Guillermo Prieto de invitado y terminó mal.

Payno aprovechó la cita en Tacubaya para convocar a Baz y tratar de "des-enemistarlos". "Se le ve a don Juan José en todas partes (comenta un periódico de la época); accionando, gesticulando, improvisando y resolviendo problemas. Las colas de su frac azul parecen gallardetes agitados por el viento. No corre, vuela. No piensa, obra. Sólo que a veces obra sin pensar".

Comonfort habló primero a solas con Payno y luego, cuando se sumó Baz, los increpó; "creía que una conjura estaba a punto de estallar y que los dos éramos o los directores principales, o al menos las personas que deberíamos tener el hilo de esas intrigas. Nada, ni una palabra había de todo esto".

Payno miente; había tenido varias reuniones con Zuloaga en su casa en las que se pronunciaba en contra de la Constitución por "los inconvenientes que había suscitado al gobierno".

Félix María Zuloaga era compadre de Comonfort, de no mala estampa, bigote solemne, mirada serena, un güerito norteño de origen sonorense aunque crecido en Chihuahua; un personaje conservador y confuso de 54 años, seminarista reconvertido en militar que desde los 21 llevaba en la brega de las armas. Guerras contra los comanches, Guerra de los Pasteles, guerra de Texas. Enemigo y amigo de Santa Anna, lo combatió y se alió con él en varias ocasiones. Cuando llegó la hora de la verdad combatió la Revolución de Ayutla, fue hecho prisionero y al ser liberado apostó al gobierno de Comonfort. ¿En qué momento se volvió portaestandarte de la reacción conservadora a la Constitución del 57?

Fue este Zuloaga el que se sumó al grupo que discutía con el Presidente. Los tres consideraban que era imposible gobernar con la Constitución; era prematura, intolerante y creaba agravio al pueblo; desde que entró en vigor no había pasado día en que no hubiera alguna revuelta o algún pronunciamiento en su contra en todas las esquinas de la República. Comonfort mismo ya había reconocido ante el Congreso que el nuevo código "no era conforme a la voluntad del país y contenía gérmenes de desorden y desunión". De acuerdo con el relato, se fumaron más de un puro por cabeza durante la charla. Félix Zuloaga informó a Comonfort que los soldados estaban muy disgustados con la situación y que los rebeldes los invitaban a pronunciarse.

Lo sorprendente es que hicieran causa común el fascinado conspirador liberal moderado Payno con un liberal comecuras como Baz, que pensaba que lo mejor para el país sería una dictadura jacobina y que era deseable una revolución con tal de que "se haga sin darle el triunfo absoluto al clero"; y un militar católico cerril como Zuloaga, que contaba con su segundo, el general Parra, y la guarnición de la Ciudad de México.

Y repentinamente Comonfort encendió un nuevo puro y les preguntó:

—¿Qué tenemos de revolución? ¿Cuáles son los planes de ustedes? ¿Con qué elementos se cuenta?

Ahora eran cuatro. Baz se ofreció a ganar para la causa a los liberales veracruzanos; Comonfort pensaba que podría contar con la Guardia Nacional en el Distrito Federal y decidieron sumar al ministro Manuel Silíceo para que influyera en Doblado en Guanajuato. Payno, que aceptó no renunciar a Hacienda, les escribiría a Parrodi y a los michoacanos.

"Cosa de las tres de la mañana el señor Comonfort y el señor Baz se ciñeron los revólveres y se volvieron a México en el coche de palacio". O sea que se pasó de acusar a unos de conspiradores a organizar con ellos un golpe de Estado. Sólo un personaje como el presidente de la República, Ignacio Comonfort, era capaz de tanta veleidad. Para esos momentos anhelaba imposibles: una conciliación entre los conservadores y liberales y llegar a un acuerdo con la Iglesia. Sufría las inmensas presiones de su madre Guadalupe de los Ríos, quien se negaba a recibirlo; los continuos alzamientos militares parecían no darle descanso. Guillermo Prieto apunta: "Su carácter, sus relaciones, sus afectos más íntimos, le hacían receptáculo del descontento, produciendo el conjunto una situación falsa y peligrosa". Ocampo remata: "Pudimos ver su falta absoluta de carácter. Grandes convicciones y más que mediana instrucción. No me sorprende, pues, que el actual gobierno tenga miedo y siempre miedo, a todos y de todo". Y el propio Payno, sin hacerle ningún favor y con una buena dosis de cinismo, retrata: "Como si fuese una viva personificación del carácter mexicano, es incapaz de resistir a las súplicas y a las buenas palabras, su falta de energía para negar frente a frente lo que no puede conceder lo ha hecho parecer falso". Y después de un "pero" hace un elogio de sus mil y un maneras de conciliar. En resumen: "Conjunto de debilidad y de energía".

El 1º de diciembre Ignacio Comonfort jura respetar la nueva Constitución al tomar posesión como presidente constitucional de la República Mexicana. ¿Esquizofrenia pura?

La conspiración del Presidente para darse un golpe de Estado a sí mismo está en marcha. Reuniones secretas, cartas, reuniones y conferencias. Doblado viene a México y se entrevista con los conspiradores. Prieto (que era en esos momentos diputado del Constituyente), en constante correspondencia con Doblado, definiéndose a sí mismo como a mitad de camino entre los puros y los moderados, cuando queda claro que el golpe que viene presiona a este para que no lo secunde ("Yo no lo apruebo, absolutamente no lo apruebo").

Tantas cartas, tantos chismes, tantas comunicaciones privadas que involucran a tantos personajes no pueden pasar desapercibidas. El 7 de diciembre el gobernador de Jalisco, Anastasio Parrodi, denuncia en el congreso de Guadalajara la conspiración. Epitacio Huerta, desde Michoacán, hace llegar una denuncia similar a sus diputados en el Congreso, quienes el 14 de diciembre piden que Payno sea detenido por traición y que Zuloaga sea llamado a cuentas; que comparezcan Juan José Baz y el entonces ministro de Gobernación y presidente de la Suprema Corte electo Benito Juárez. Mientras Payno niega todas las acusaciones, Juárez serena los ánimos y afirma que el Ejecutivo estaba en toda la disposición de cumplir los acuerdos con el Congreso, a mantener el orden y progreso públicos, y aseguraba que de ninguna manera se estaba gestando un golpe de Estado.

En la noche del 15 se entrevistan en Palacio Comonfort y Juárez. Payno refiere la conversación:

Comonfort: Estoy decidido a cambiar de política...

Juárez: Te deseo muy buen éxito y muchas felicidades en el camino que vas a emprender; pero yo no te acompaño en él.

¿Eso es todo? ¿A dónde va Comonfort que Juárez se niega a acompañarlo? ¿Comonfort confiesa que es verdad que está detrás de un golpe de Estado cuya existencia horas antes Juárez acaba de negar en la Cámara de Diputados?

En la noche se dijo una misa en el obispado de Tacubaya para que iluminara a Comonfort. A esas mismas horas se está redactando el Plan de Tacubaya en una reunión en la que participan Payno, Zuloaga, Baz, Manuel

Silíceo, ministro de Fomento y yerno de Comonfort, y otros dos más: José María Revilla y Pedragosa y el licenciado Mariano Palacio. Hubo consultas con el obispo Munguía. Cuando le presentan el Plan de Tacubaya a Comonfort, afirma: "Acabo de cambiar mis títulos legales de presidente por los de un miserable revolucionario; en fin, ya está hecho y no tiene remedio".

El 17 de diciembre los conspiradores no pueden seguir manteniendo la ficción de que nada sucede y se produce el golpe militar. A las seis de la mañana 21 cañonazos en Tacubaya y una salva en la Ciudadela celebran el alzamiento militar de la brigada Zuloaga. El Plan de Tacubaya, que aparece pegado en las paredes de la ciudad, es un documento de una simpleza notable, el cual declara que la Constitución de 1857 ha cesado de regir, que sin embargo el "señor presidente don Ignacio Comonfort [...] continuará encargado del mando supremo con facultades omnímodas" y que una vez que los estados refrenden el plan se convocará en tres meses a un "Congreso extraordinario, sin más objeto que el de formar una Constitución que sea conforme con la voluntad nacional".

Ese mismo día la mayoría del congreso desconoce el Plan de Tacubaya aunque sorprendentemente la guardia cívica de la liberal Veracruz lo adopta. Telegráficamente los golpistas tratan de sumar a los demás estados de la República. A Doblado en Guanajuato le llega un telegrama fechado ese mismo día exponiéndole el sentido del golpe: "Considerando que la mayoría del pueblo no quedó satisfecha con la Constitución; que el país debe regirse por leyes acordes con sus usos y costumbres; a partir de esta fecha cesa de regir la Constitución".

La reacción en la Ciudad de México fue muy menor. Aunque Zarco calificara el acto como "motín clerical" y denunciara a los conspiradores y a sus cómplices ("La tiranía no existe por sí sola, necesita de cómplices de esbirros, de viles, de cobardes"), su voz parecía escucharse en el desierto. El gobernador del Distrito Federal, Agustín Alcérreca, publicó una proclama adhiriéndose al plan; su secretario Manuel Romero Rubio renunció. El Ayuntamiento se disolvió. Los ministros Lafuente y Manuel Ruiz dimitieron en protesta, al igual que el general Trías, segundo jefe de la brigada México. Aunque algunos empleados públicos renunciaron, la mayor parte permaneció pasiva en sus puestos. El ex ministro de Hacienda, diputado del Constituyente y administrador de correos, Guillermo Prieto habría de narrar: "El que esto escribe también expuso al señor Comonfort que no se contase con él, renunció y sacó sus muebles, en medio del escándalo, de la casa de correos". (El narrador no ha podido saber si Prieto, enfurecido, sacó los muebles que había en "el negociado" o los suyos propios, que quién sabe por qué extrañas razones estaban allí, probablemente porque dormía en la oficina).

Benito Juárez, presidente de la Suprema Corte, fue encarcelado. Una nota escueta en su diario lo registra: "Fui aprehendido en Palacio", donde tenía sus oficinas. Melchor Ocampo, que se encuentra en la Ciudad de México, es puesto bajo vigilancia policiaca; el presidente del Congreso Isidoro Olvera, al igual que los diputados Garza, Melo y Banuet, son detenidos. Manuel Payno, temiendo que el golpe se salga de su control, acompaña a Juárez en Palacio por miedo a que atenten contra él.

En la Escuela de Medicina y en Minería se produjeron protestas entre los estudiantes contra el golpe en las que participaron Francisco Prieto (hijo de Guillermo), Mariano Degollado (hijo de Santos), Ignacio Arriaga (hijo de Ponciano), Juan Díaz Covarrubias y Juan Mirafuentes. Algunos alumnos fueron expulsados; otros salieron de la ciudad.

El 19 de diciembre Comonfort, en un manifiesto, se adhiere al golpe militar contra la legalidad constitucional. "La Constitución sólo era sostenida por la coacción de las autoridades", declara dentro del absurdo del autogolpe, porque, si quería ablandarla, las recientes elecciones le daban un amplio margen de maniobra.

Le ha tomado dos días en los que cautelosamente espera las reacciones nacionales, que en principio parecen favorables porque se han sumado Veracruz, Córdoba, Orizaba, Jalapa, Puebla, Toluca, Tlaxcala, San Luis Potosí y las guarniciones militares de Cuernavaca, Tampico y Mazatlán. Pero el 21 de diciembre la legislatura de Jalisco se declara contraria al Plan de Tacubaya y la coalición de los estados liberales puros contra el presidente golpista se va definiendo: Jalisco (Parrodi), Querétaro (Artega), Michoacán (Santos Degollado), Guerrero (Juan Álvarez), Colima (José Silverio Núñez), Oaxaca (José María Díaz Ordaz). Para Comonfort el golpe más fuerte es que a la coalición se haya sumado Manuel Doblado en Guanajuato, que ha resistido las presiones de Payno y aceptado las de Guillermo Prieto pidiéndole que asuma la legalidad. La coalición cuenta además con simpatías en el norte: Coahuila, Aguascalientes, Nuevo León, Tamaulipas y Zacatecas, estados donde el liberalismo se apoya en las guardias nacionales. Parrodi es nombrado jefe de guerra del ejército coaligado.

Francisco Bulnes, que en materia de análisis social resulta bastante pedestre, dirá que el liberalismo progresista contaba "con la clase cacical, con el grupo profesional rojo, con casi todo el bandidaje"; hilando más fino podría decirse que contaba con los veteranos de la Revolución de Ayutla, con artesanos urbanos lectores de periódicos, con una buena parte de las clases medias profesionales, con parte de la burocracia provinciana, con las milicias estatales, con jóvenes estudiantes que habían hecho sus primeras armas políticas en la rebelión contra el santanismo, y siendo generosos con la definición de Bulnes, añadiríamos que una parte del bandidaje originado en la revuelta social.

Obviamente, Comonfort está preso del proceso que ha desatado. Su base de apoyo no es el liberalismo moderado, sino la reacción, sobre todo la protagonizada por el clero, que a través del obispo michoacano José Clemente Munguía (cuyo confinamiento había terminado el 17) se pronuncia a favor del golpe el día 24. La Iglesia católica emitió una circular en la que anunciaba que aquellos que se mantuvieran fieles a la Constitución de 1857 quedarían excomulgados y que aquellos que en el pasado juraron la Constitución pero apoyaran ahora al Plan de Tacubaya serían perdonados.

El 30 de diciembre, tras una lucha interna que les ha tomado 15 días, y superando las dudas iniciales y el desconcierto, los liberales jarochos acaudillados por Gutiérrez Zamora e Ignacio de la Llave se "despronuncian" y se suman a la coalición liberal. Inicia el puerto y siguen Ulúa, Jalapa, Perote y todo el estado. Vigil anota: "Transmitiéndose el movimiento a Tlaxcala, a consecuencia de la vuelta al orden constitucional por el general don Miguel Negrete en Santa Ana Chiautempan, que con una fuerza considerable puso en alarma a Echeagaray en la ciudad de Puebla". Poco después, en San Luis Potosí, el general Morett deja a los de Tacubaya para unirse a la coalición.

"Todos nos abandonan", dirá Comonfort en versión de Payno. ¿Qué iba a seguir? "Esas preguntas tuvimos que hacernos durante muchos días el señor Comonfort y yo en nuestras conversaciones íntimas". Pero la frase es sólo relativamente cierta: los han abandonado todos los liberales, pero les queda el apoyo del clero militante y del ejército nacional concentrado en la Ciudad de México, Puebla, Cuernavaca y Toluca.

Los demonios están sueltos.

La lápida del golpe la pondrá Guillermo Prieto: "Un suicidio como el de Comonfort me parecía que debería quedar único en nuestra historia".

NOTAS

1) Existe una narración del autogolpe de Estado de Comonfort debida a la privilegiada pluma de Manuel Payno: "Memorias sobre la revolución de diciembre de 1857 y enero de 1858", en el tomo VIII de sus *Obras completas*; pero Payno fue el principal articulador del golpe y debe ser leída con cautela en la medida en que es autojustificativa. Resulta muy completa la versión de Ralph Roeder: *Juárez y su México*, aunque muy centrada en las maniobras de Manuel Doblado para lograr una conciliación. Es extensa la versión de José María Vigil: *La Reforma*. Además: José Fuentes Mares: *Y México se refugió en el desierto*. Fernando Díaz Ramírez: *General José María Arteaga*. Ignacio Manuel Altamirano: "Contra Manuel Payno". Emma Paula Ruiz Ham: "Manuel Payno, un liberal pragmático". Francisco Bulnes: *Juárez y las revoluciones de Ayutla y de Reforma*. Conrado Hernández López: *Las fuerzas armadas durante la Guerra de Reforma, 1856-1867*. Alejandro Rosas: "Ignacio Comonfort, la indecisión frente a la guerra civil". Vicente Riva Palacio: *Los ceros: galería de contemporáneos*. Telégrafo a Manuel Doblado, 17 de diciembre de 1857. Prieto a Santos Degollado, 30 de septiembre de 1860. Benito Juárez: *Documentos, discursos y correspondencia*.

Francisco Zarco: "México y las potencias extranjeras", "Los empleados públicos y los traidores", "Amnistía" y el editorial del 2 de septiembre del 57 en *El Siglo XIX*. Guillermo Prieto: *Lecciones de historia patria*. Ernesto de la Torre Villar: *El triunfo de la república liberal, 1857-1860*. Agustín Rivera: *Anales mexicanos. La Reforma y el Segundo Imperio*. Porfirio Parra: *Sociología de la Reforma*. Manuel Cambre: *La Guerra de Tres Años, apuntes para la historia de la Reforma*. Victoriano Salado Álvarez: *El golpe de estado*. Para analizar el cambio de Veracruz, el desconcierto del liberalismo jarocho, las dudas de Gutiérrez Zamora, la pasividad de Ignacio de la Llave, y el giro en 180 grados, ver Carmen Blázquez Domínguez: *Veracruz liberal,1858-1860* y Manuel Rivera Cambas: *La historia de Xalapa*, tomo XIV.

2) Seis meses más tarde en julio de 1858, manifiesto de Comonfort en Nueva York: "La obra del Congreso salió por fin a luz y se vio que no era la que el país quería y necesitaba. Aquella Constitución que debía ser iris de paz y fuente de salud, que debía resolver todas las cuestiones y acabar con todos los disturbios, iba a suscitar una de las mayores tormentas que jamás han afligido a México [...]. Su observancia era imposible, su impopularidad era un hecho palpable; el gobierno que ligara su suerte con ella era un gobierno perdido. El *Plan de Ayutla*, que era la ley de mi gobierno y el título de mi autoridad, no me confería la facultad de rechazar aquel código; me ordenaba simplemente aceptarle y publicarle".

3) Armando Fuentes (Catón) en *La otra historia de México: Juárez y Maximiliano: la roca y el ensueño*, en un sólo capítulo, declara: "Yo digo que no se ha hecho justicia suficiente a don Ignacio Comonfort. Habría que darle su lugar como uno de los mejores presidentes que México ha tenido". Hace que Juárez converse con Comonfort y le dé el trato de "Nacho". Habiendo leído 22 tomos de la correspondencia de ambos, y conociendo la habitual formalidad de Juárez mal se atrevería a eso. Dice que Payno "vestido elegantemente y como de costumbre" se dedicaba a la escritura de las cartas golpistas. ¿De dónde lo saca? ¿Y por qué no en bata? Afirmando, ni sugiere ni pregunta. Define la reacción de un liberal puro ante el golpe de Tacubaya como: "sufría un patatús. Los cabellos se le erizaban en la nuca, los ojos se le revolvían en las órbitas, lo acometían violentas convulsiones que lo postraban en tierra y comenzaba a arrojar líquidos pestíferos por los nueve orificios naturales del cuerpo". Añade: "Yo tengo para mí que don Benito Juárez también estuvo de acuerdo con el pronunciamiento, pues conociéndolo no lo denunció ante el congreso". (La única versión que hay de esta conversación es la de Payno que a la letra dice: "Comonfort: Es necesario que cambiemos de política y yo desearía que tú tomaras parte y me acompañaras". A lo que Juárez responde: "¿De veras? Te deseo muy éxito y muchas felicidades en el camino que vas a seguir; pero yo no te acompaño en él"). ¿Cuál es la versión de Juárez? Cuando se hacen públicas las cartas de los conspiradores, Juárez ante el congreso aprueba que vayan a ser enjuiciados. Y Juárez el 14 de diciembre le escribe a Parrodi, gobernador de Jalisco, contra las calumnias que lo ubicaban como partidario de un golpe. Afirma Catón que "jugó don Benito con ases ocultos en la manga: por un lado no se indispuso con los conspiradores, por si triunfaban, por el otro se mantuvo al

margen de su movimiento por si fracasaban". (Curiosamente tan indispuesto estaba que una vez que el golpe triunfó fue detenido). Catón dice que, a la Constitución del 57, "el pueblo la rechazaba por completo". ¿En qué se basa? ¿Habló con ellos? Más allá de su enfermizo conservadurismo que se proyecta hasta nuestros días, la manera de Armando Fuentes de hacer historia resulta absolutamente irresponsable.

4) Manuel Payno escribe en 1861 una novela, *El hombre de la situación*. Dirá en el prólogo que "la ambición y la vanidad humana no conocen límites y desean desde lo más noble y elevado, hasta lo más abyecto y absurdo". ¿Era un retrato involuntario?

24

BENITO

¿Por qué demora tanto tu entrada en escena? Quizá porque en los últimos cien años has ocupado excesivamente el centro de la escena desgastándote, convirtiendo tu rostro en una máscara, perdiendo carne.

Los que no te quieren tratan de atraparte en una fotografía. El más duro es Brian Hamnett: "Es difícil encontrar fotografías de Juárez. Casi todas ya están vistas y publicadas. Las pocas que ahí quedan muestran a Juárez vestido con su característico traje negro de civil de colas y corbata negra de moño. Su expresión, como siempre, es ominosa [voy al diccionario ante la duda de si verdaderamente dice lo que quiere decir: *Que es abominable y merece ser condenada y aborrecida*]. A través de los años pasa de acerba a biliosa y a completamente desilusionada. Es oscuro, bajo de estatura y tosco, tiene la cabeza redonda y el cuello de la camisa le oculta el cuello. Las comisuras de los labios se agachan. Los ojos, que ocultan lo que piensa, demuestran que no confía en nadie. La cámara [...] revela lo que Juárez piensa de sus conciudadanos, es decir, siempre que alguna vez haya considerado a los mexicanos sus compatriotas. Esto, revelado en un relámpago y fácil de pasar inadvertido, estaba detrás de la imagen cultivada de sobriedad republicana y respeto por la ley civil. Los retratos de Juárez en su traje negro de abogado forman a tal grado la imagen aceptada de Juárez que se olvida lo drástico que habrá parecido por entonces. México era una sociedad de generales, obispos y terratenientes resplandecientes, todos ansiosos de exhibir su riqueza y su poder. A sus opositores Juárez les habrá parecido un Robespierre, aunque peor, debido a sus oscuros orígenes y a su piel morena".

Orozco, que sabía narrarlo todo, no sabe pintar a Juárez (hay que recordar el mural donde, en la gorra del soldado liberal ajusticiando a la Inquisición, trae el número 57, el año de la Constitución); de hecho casi nadie sabe pintarlo. ¿O es que la única manera es destruir el retrato en nombre del símbolo? Mejores son los retratos de Diego Rivera en 1948 y de Roberto Montenegro en 1962, pero ambos se quedan en la seria apariencia.

Tampoco los retratos hablados son satisfactorios, van de la extremada complacencia al desprecio enmascarado, por ejemplo el de Conte Corti: "Unía a su innegable valía personal, superior a la del promedio de los indios y en general de los mexicanos, un aspecto exterior casi repulsivo para la mentalidad europea. Este hombre pequeño y rechoncho, de cabeza ancha, achatada y cubierta de mechones negros, de ojos fríos y con una cicatriz rojiza en la cara, era todo menos atrayente".

Vamos a caminar en orden. Naces, como casi todos los mexicanos saben, el 21 de marzo de 1806 en el pueblo de San Pablo Guelatao, en Oaxaca, una comunidad zapoteca de unas 20 familias, monolingüe. Tus padres mueren cuando tenías tres años, te referirás a ellos como "indios de la raza primitiva del país". Niño aún, pierdes también a tus abuelos y quedas a cargo de tu tío Bernardino. "Me dediqué, hasta donde mi tierna edad me lo permitía, a las labores del campo. En algunos ratos desocupados mi tío me enseñaba a leer".

De que eras pastor de ovejas, no hay ninguna duda, pero las ovejas, o chivos, o borregos, varían según las versiones, eran de tu tío, y aunque en tu autobiografía omitas el incidente, a los 12 años unos arrieros te robaron dos borregos del rebaño que cuidabas y luego te juntaste con tu amigo Apolonio Conde, que te invitó a comer elotes, también robados, y los cacharon. Bernardino los reprimió y el joven Juárez se fugó de su casa y se fue caminando 65 kilómetros a Oaxaca y buscó refugio en la casa de don Antonio Maza, en la que su hermana María Josefa servía de cocinera.

Andas buscando trabajo de sirviente y "Antonio Salanueva me recibió en su casa ofreciendo mandarme a la escuela para que aprendiese a leer y a escribir". Suena sencillo, pero no tienes más que unos calzones, un cotón y unos guaraches y medio hablado el español. ¿Y leer y escribir? "Aprender de memoria el Catecismo del Padre Ripalda era lo que entonces formaba el ramo de instrucción primaria. Era cosa inevitable que mi educación fuese lenta y del todo imperfecta". Viene la primera crisis y decides dejar la escuela y "practicar por mí mismo lo poco que había aprendido para poder expresar mis ideas por medio de la escritura aunque fuese de mala forma, como lo es la que uso hasta hoy".

Parece que el único camino es la Iglesia. Ver a los jóvenes aspirantes a curas "me decidió a suplicarle a mi padrino [...] que me permitiera ir a estudiar al Seminario". Entra como *capense*, alumno externo que funcionaba como sirviente de sus compañeros. Vas avanzando a pesar de que la vida de sacerdote no te atrae demasiado. Años más tarde le escribirías a tu yerno Pedro Santacilia hablando de la educación de tus hijos: "Suplico a usted no los ponga usted bajo la dirección de ningún jesuita ni de ningún sectario de alguna religión, que aprendan a filosofar, esto es, que aprendan a investigar el porqué de la razón de las cosas".

En agosto de 1828 entras en el Instituto de Ciencias y Artes para estudiar derecho. Tras un breve intervalo en que te alistaste para detener una invasión de los españoles por el istmo de Tehuantepec, en 1831 terminaste los cursos, que habías sostenido penosamente dando clases: Eras abogado. Y luego regidor del Ayuntamiento y cayó un gobierno liberal y te mandaron confinado a la ciudad de Tehuacán "sin otro motivo que el de haber servido con honradez y lealtad en los puestos que se me encomendaron".

Regresaste a Oaxaca y en 1834 cayó en tus manos la defensa de los vecinos del pueblo de San Agustín Loxicha, donde el cura pretendía que pagaran en exceso sus servicios. La respuesta oficial fue detener a los quejosos y de pasada a su abogado. Cuando varios años después escribiste unas notas biográficas que llamarías *Apuntes para mis hijos*, rompiste la descripción bastante monótona de trabajos y fechas para reflexionar sobre lo que te había pasado: "Estos golpes que sufrí y que veía sufrir casi diariamente a todos los desvalidos que se quejaban contra las arbitrariedades de las clases privilegiadas en consorcio con la autoridad civil, me demostraron de bulto que la sociedad jamás sería feliz con la existencia de aquellas y de su alianza con los poderes públicos y me afirmaron en mi propósito de trabajar constantemente para destruir el poder funesto de las clases privilegiadas [...] los fueros eclesiástico y militar, la intolerancia religiosa, la religión de Estado y la posesión en que estaba el clero de cuantiosos bienes de que abusaba fomentando los motines para cimentar su funesto poderío".

Por dos años te dedicaste a la abogacía. Tuviste relaciones con una mujer llamada Juana Rosa Chagoya, de quien nacieron tus primeros dos hijos, Tereso y Susana. ¿Por qué no te casaste? Las historias no registran cuándo murió Juana Rosa y sí que tu hija sufría "problemas mentales". Pasarías de nuevo por la cárcel en 1836 "por indicios de conspiración contra el gobierno" y en 1841, gracias a los vaivenes de la irregular y caótica vida pública mexicana, fuiste nombrado juez de Primera Instancia del Ramo Civil y de Hacienda de la capital del estado.

El 31 de julio de 1843 te casas con Margarita Maza, 20 años más joven que tú, hija de Antonio Maza, uno de tus protectores, y de doña Petra. Según las fotos, fornida, güera de ojos azules, autodidacta. Margarita conoce la existencia de tus hijos previos y los asume como parte de la familia.

Durante los siguientes tres años estarás envuelto en nombramientos que no se realizan, golpes militares y asonadas mil que te impiden actuar como diputado federal en el 45, a pesar de que ganaste las elecciones por unanimidad. No había ley, no había orden, pero, sobre todo, no había justicia.

Diputado con la misión de reformar la Constitución, volviste a la Ciudad de México en diciembre del 46. El 15 de enero de 1847 te inicias como aprendiz masón en la Respetable "Logia Simbólica Independiente Número 2" del Rito Nacional Mexicano. No está nada mal que hayas elegido como seudónimo dentro de la masonería el nombre de Guillermo Tell.

En agosto del 47 llegaste a Oaxaca. Eras partidario de continuar la guerra de guerrillas en vista de la capitulación ante los norteamericanos. En la crisis que se gesta por la derrota participas en un movimiento en Oaxaca que derriba al gobierno local y serás nombrado gobernador interino de noviembre del 47 al 12 de agosto de 1848. Dejas una frase memorable en tu discurso de toma de posesión: "Libre, y para mí muy sagrado, el derecho de pensar". Serás reelecto para un segundo periodo constitucional. "En el año de 1850 murió mi hija Guadalupe a la edad de dos años, y aunque la ley que prohibía el enterramiento de los cadáveres en los templos exceptuaba a la familia del gobernador del Estado, no quise hacer uso de esta gracia y yo mismo llevé el cadáver de mi hija al cementerio de San Miguel, que está situado a extramuros de la ciudad para dar ejemplo de obediencia a la ley".

Tu interinato terminó en agosto de 1852 y hasta mitad de 1853 viviste en Oaxaca actuando como abogado y rector del Instituto de Ciencias y Artes. Guillermo Prieto te retrata: "En el trato familiar era dulcísimo, cultivaba los afectos mínimos, su placer era servir a los demás, cuidando de borrar el descontento hasta en el último sirviente; reía oportuno, estaba cuidadoso de que se atendiera a todo el mundo, promovía conversaciones joviales, y después de encenderlas callaba, disfrutando de la conversación de los demás y siendo el primero en admirar a los otros. Jamás le oí difamar a nadie, y en cuanto a modestia, no he conocido a nadie que le fuera superior".

Con la llegada de Santa Anna al poder en abril de 1853, "fui perseguido. Yo me resigné a mi suerte sin exhalar una queja, sin cometer una acción humillante". Tu exilio y el retorno, tu incorporación a la Revolución de Ayutla, tu intervención en el gobierno de Álvarez, han sido ya narradas y no será cosa de volver sobre esas historias. Basta decir que cuando dejaste el gabinete retornaste a Oaxaca como gobernador a partir del 10 de enero de 1856. Y que rápidamente organizaste la Guardia Nacional, disolviendo al ejército regular, "porque aquella clase de fuerza, viciada con los repetidos motines en que jefes ambiciosos y desmoralizados [...] era una constante amenaza a la libertad y al orden público". La Ley Lerdo de desamortización de los bienes que administraba el clero te obligó a poner el ejemplo "para alentar a los que por un escrúpulo infundado se retraían de usar del beneficio que les concedía la ley. Pedí la adjudicación de un capital de 3 800 pesos, si mal no recuerdo, que reconocía a una casa situada en la calle de Coronel de la ciudad de Oaxaca". Te estabas poniendo en la mira: no sólo apoyabas la ley, sino que te involucrabas en la acción contra el clero, porque aunque dijiste que era "el deseo de hacer efectiva esta reforma y no la mira de especular, [lo que] me guio para hacer esta operación", podías haber hecho mejores negocios con ese dinero.

Abundan las anécdotas sobre tu estancia en Oaxaca; quizá una de ellas, significativa en formar lo que llamaremos "el estilo Juárez", fue cuando en el baile de graduación del Instituto, cuenta Rivera en sus *Anales*, "un estudiante, oscuro y desconocido, invitó para bailar a una de tus hijas más jóvenes. La niña, con irreflexión propia de la edad, no aceptó, pretextando una indisposición. El estudiante se retiró corrido, y don Benito observó la escena. Casi en seguida otro caballero de los que brillaban en la festiva sociedad de esa época invitó a la misma niña, quien se disponía a gozar de los placeres del baile; pero don Benito se acercó, y dirigiéndose al caballero, suplicó dispensara a la niña que, por estar indispuesta, no podía bailar en ese momento. El caballero se excusó también, y se retiró sin comprender el porqué de aquello que era extraño en don Benito. La niña, hija del señor Juárez, no menos asombrada, preguntó la causa de tal conducta, a lo que don Benito contestó: *No bailaste con el estudiante pobre y desconocido, porque creíste rebajarte. Recuerda que si a fuerza de trabajo no hubiese yo conquistado la posición que hoy tengo, entonces te considerarías muy honrada con que ese mismo estudiante te dirigiera la palabra. Menos que él fui yo: hoy no sabemos lo que podrá ser mañana el hombre más oscuro. Tu deber es satisfacerlo, porque no vales más que él.* Y el gobernador del estado no tuvo inconveniente en dirigirse al estudiante desairado, y con su afable cortesía, que enajenaba voluntades, decirle: *Amiguito, mi hija no pudo bailar con usted hace poco porque se sentía mal; ahora ya está repuesta, y me encarga suplique a usted le haga el honor de acompañarla".* Y bailó el estudiante con la hija.

Mucho más significativo es que como gobernador hayas decidido no asistir al tedeum que se cantaba en la catedral, en un momento en que el "clero hacía una guerra abierta a la autoridad civil, y muy especialmente a mí, y consideraba a los gobernantes como *herejes y excomulgados".* Los canónigos de Oaxaca intentaban promover un escándalo, cerrando las puertas de la iglesia y obligando a una intervención policiaca. "Aunque contaba yo con fuerzas suficientes para hacerme respetar [...] resolví, sin embargo, omitir la asistencia al *Te Deum* por la convicción que tenía de que los gobernantes de la sociedad civil no deben asistir como tales a ninguna ceremonia eclesiástica, si bien como hombres pueden ir a los templos a practicar los actos de devoción que su religión les dicte".

Y siguiendo con el "estilo Juárez", aboliste la mala costumbre de "tener guardias de fuerza armada en sus casas y la de llevar en las funciones públicas sombreros de una forma especial". Y usaste sombrero y traje del "común de los ciudadanos", porque "la respetabilidad del gobernante le viene de la ley y de su recto proceder y no de trajes ni de aparatos militares propios sólo para los reyes de teatro".

Y vinieron las elecciones y mientras Comonfort accedía a la Presidencia, por más que en algunos periódicos se te representara cargando un huacal como los indígenas en los mercados, fuiste nombrado presidente de la Suprema Corte de Justicia, lo que en la práctica te convertía en vicepresidente de la nación en tiempos oscuros para México.

NOTAS

1) Brian Hamnett: "Imagen, método, trascendencia". Benito Juárez: "Apuntes para mis hijos" en *Documentos, discursos y correspondencia*, tomo I. Rodolfo Lara: *Juárez, de la choza al Palacio Nacional*. Andrés Henestrosa: *Flor y látigo: ideario político liberal*. Josefina Zoraida Vázquez: *Juárez, el republicano*. Leonardo Viramontes: *Benito Juárez*. Fernando Benítez: *Un indio zapoteco llamado Benito Juárez*. Jorge Inclán y Guadalupe Ramírez R.: *Bibliografía sobre Benito Juárez*. Pablo Muñoz Bravo: *Largo y sinuoso camino: La incorporación a la Revolución de Ayutla de los liberales exiliados en Estados Unidos*. Justo Sierra: *Juárez, su obra y su tiempo*. Guadalupe Jiménez Codinach, Introducción a *El buen ciudadano, Benito Juárez, 1806-2006*. El mejor trabajo de divulgación es *Juárez, la rebelión interminable* de Pedro Salmerón. José Clemente Orozco: *Juárez redivivo*. Stella Camargo: *Susana Juárez*. Antonio Acevedo Escobedo: *Asedios a Juárez y a su época*. Egon Caesar Conte Corti: *Maximiliano y Carlota*. Centro de Investigación Científica Jorge L. Tamayo: *Pedro Santacilia, el hombre y su obra*. Juan de Dios Peza: *Epopeyas de mi patria: Benito Juárez*. Francisco Sosa: *Biografías de mexicanos distinguidos*. Silvestre Villegas Revueltas: *La Reforma y el Segundo Imperio, 1853-1867*. Eduardo Antonio Parra: *Juárez, el rostro de piedra*. Javier Molina: "Ética en el servicio público".

2) Rafael López Castro en *La huella de Juárez* hace un apasionante recorrido por la imagen de Benito en nuestros días: estatuas, bustos de bronce, murales, cuadros, imágenes de cuaderno infantil, billetes, plazas de calle, fotos. Está en todos lados y no está, como dice Monsiváis: "la cabeza de Juárez vigila la república".

3) Presumir una unanimidad juarista es un absurdo que no resiste la más mínima investigación histórica. El "todos queremos tanto a Juárez" no resiste la lectura del pasado. El Nigromante Ramírez diría durante la República Restaurada: "lo peor que le ha pasado a México es Juárez". Sin tener que recurrir a Francisco Bulnes o a González Ortega violentamente enfrentado con él después del 66, las críticas a Juárez, el distanciamiento de algunos de los personajes que lo acompañarán en el largo recorrido de la república amenazada son múltiples. Pero igual de absurda es la unanimidad juarista llevada a los extremos de José Manuel Villalpando (*Hay amores que matan*), que asegura en un delirio exótico que "el que más conocimiento tiene sobre Juárez es indudablemente Felipe Calderón. Incluso, si Juárez viviera hoy, sería panista". El narrador prescinde de hacer comentarios.

4) Benito Juárez ingresó a la Orden Masónica, según Ramón Martínez Zaldúa, iniciado como Aprendiz Masón, en la Respetable Logia Simbólica "Espejo de las Virtudes" del Oriente de Oaxaca, del Rito de York, por los años de 1833 y 1834; otros, como Rafael Zayas Enríquez, sostienen que: "Juárez fue un francmasón que perteneció al Rito Nacional Mexicano, y en el que llegó a obtener el grado Noveno, equivalente al grado 33 del Rito Escocés".

25

EL GOLPE DENTRO DEL GOLPE

Eran tiempos inciertos. Comonfort gobernaba con los conservadores como único punto de apoyo. Y la Iglesia católica tenía demasiadas cuentas pendientes con él para perdonarlo. Guillermo Prieto escribiría: "A buen tiempo he descubierto / las patitas de la araña / si no me cuelgo me apaña… y luego me doy por muerto". Comonfort no había contado con la araña que había de consumirlo.

El lunes 11 de enero de 1858 el ejército liberal, dirigido por Parrodi, tomó posiciones entre Celaya y Apaseo; el conservador tomó Querétaro, abandonada por Arteaga y Doblado. Horas antes de estos movimientos la Ciudad de México despertó con un nuevo golpe militar.

A la seis de la mañana la brigada Zuloaga se pronuncia en la Ciudadela; corría el rumor de que pedían el regreso de Santa Anna. Pronto se irán aclarando las cosas. Zuloaga saca de la cárcel al general José María Blancarte (detenido como conspirador por Comonfort en 1857) para que se sume al pronunciamiento, proclama la destitución de Comonfort y asume el Poder Ejecutivo, a la espera de que "una junta de representantes de la nación nombrara presidente interino". Han pasado 25 días desde el primer golpe.

Victoriano Salado cuenta: "El palacio estaba vacío, sola la presidencia; pero en cambio, ¡qué llenos los mentideros y lugares de conversación, donde podían recogerse nuevas y soltarse la sin hueso!". Parece la guerra de las iglesias, porque en ellas y en los cuarteles las diferentes fuerzas comienzan a atrincherarse. Los militares de Zuloaga en la Ciudadela, Santo Domingo y San Agustín, a los que se les suman oficiales sin mando y mochos de toda ralea. Comonfort en soledad en Palacio.

Guillermo Prieto narra: "La capital era la viva representación de la anarquía. En Santo Domingo imperaban los conservadores con el general Parra a la cabeza. En Palacio el motín. La Ciudadela no obedecía a nadie, mandando el punto el general Gayosso. En San Agustín el coronel Gual se declaró neutral".

Los liberales dentro del ejército, sobre todo de las milicias, reaccionan y se reúnen en San Francisco. Se pasan tropas de lado al lado, se negocia, se discute, ¿y tú con quién estás? Algunos tiros sueltos.

Prieto de nuevo: "En la Santísima se defendía la Constitución y la liga de los estados, en relación con Doblado, a quien representaba Prieto [¿se refiere a sí mismo?], y apoyándose en el templo de San Pedro y San Pablo, donde combatían como particulares, el señor Zaragoza y don Miguel Blanco, enviados por Prieto, el general Chavarría al lado de don Matías Romero". Leandro Valle trataba infructuosamente de voltear el batallón de zapadores.

Al día siguiente Comonfort pone en libertad a los presos políticos. No quiere responsabilizarse de un atentado. Sabe que uno de los odios de los conservadores es el ministro cuya ley lleva su nombre. Juárez, con su habitual laconismo, escribe en su diario: "Día 12. Fui puesto en libertad". Sale hacia Querétaro con Manuel Ruiz; milagrosamente no los capturan, duermen en Acolman, a cielo raso. Isidoro Olvera, en cambio, cae preso.

El presidente depuesto va a Santo Domingo, a tratar de convencer a los alzados. El cura Miranda lo detiene en la puerta. Por más que Comonfort le caracolee el caballo, no lo dejará entrar. El golpe no acaba de triunfar, llegan refuerzos a Palacio. Ahora le toca el turno a Zuloaga, que se presenta en Palacio a convencer a Ignacio y es detenido. Payno intercede por él. Finalmente Comonfort lo libera al otro día, sólo para que el general vaya a la Ciudadela a tomar el mando de los sublevados.

El 13 de enero Prieto escribe: "congoja increíble". Salado cuenta que Comonfort ha "trasladado sus habitaciones a Palacio, no como han dicho algunos detractores sin conciencia, para escaparse en caso de un bombardeo, sino al contrario, para estar listo y poder ocurrir a todas partes". Pero no hay partes a donde ir; donde llega se han desbandado sus fuerzas. Sin embargo, se dice que ha logrado reunir a cerca de 3 mil hombres, casi todos de las milicias de la Guardia Nacional. Hay tiroteos en San Juan de Dios y la Santa Veracruz.

En Santo Domingo, un grupo de españoles se han unido a militares sin cuerpo y sacristanes, "lo que por ironía se llama la gente decente". Prieto le escribe a Ocampo: "La reacción en Santo Domingo es tan provocativa como asquerosa. Más de 200 españoles invaden aquella antesala de la inquisición. Gritan mueras a la independencia y vivas a Isabel II, han circulado una proclama en la que se dice que nuestro remedio es unirnos a la madre patria. Es una chusma de sederos, de choriceros de Extremadura y de gañanes de Asturias".

En la Santísima y en San Francisco queda un reducto de liberales radicales, buscan un pacto con Comonfort contra el golpe y establecen como condición el respeto a la Constitución.

Dos jóvenes militares conservadores armados con pistolas recorren a caballo la ciudad agitando a favor del golpe: Luis Osollo y Miguel Miramón, que salen de la clandestinidad porque estaban viviendo ocultos en Tacubaya. Osollo era el gran cuadro militar de la Iglesia: "soldado de la fe", "terror del puro, gloria del cristiano". Toman la Ciudadela con 80 hombres que quién sabe de dónde han sacado.

Continúa la brigada Zuloaga pronunciada. La fracturada ciudad se fractura aún más. *Impasse*. Mientras tanto, Juárez logra llegar a Cuautitlán, donde toma el guayín del correo que lo lleva a San Juan del Río, sólo para descubrir que Querétaro, a donde llega el 15, está en manos de los sublevados y Tomás Mejía está a punto de detenerlo.

El 16 de enero Payno, a nombre de Comonfort, arriba al cuartel de Zuloaga. Le ofrece la renuncia del Presidente, que dejará su lugar a Benito Juárez como ministro de la Suprema Corte. Los conservadores, desde luego, no aceptan. Se pacta un cese al fuego por 48 horas. Zuloaga se encuentra reunido con Miramón y Osollo, a los que ofrece un ascenso a generales. ¿Miramón era tan sólo teniente o capitán cuando se incorporó al golpe? De ser así, es la carrera más veloz de las armas mexicanas.

El 17 Comonfort nombra tres mediadores, Manuel Silíceo y los generales Benito Quijano y Ángel Trías; Zuloaga nombró a Luis Osollo, Hilario Elguero y J. Pina, que se reúnen durante dos días en una casa de la calle de Tiburcio. Las negociaciones no fructifican.

El 19 de enero se rompen las hostilidades. Miramón y Osollo inician una ofensiva. Entre los que resisten están los jóvenes Ignacio Zaragoza y Sóstenes Rocha, el comandante Manuel Balbontín, los rifleros de Lampazos con el diputado Miguel Blanco, algunos norteños y civiles. Prieto comenta: "Miramón y Osollo fueron los árbitros de la situación".

Al día siguiente los sublevados ocupan la Acordada y el Hospicio con artillería y dos columnas de 1 500 hombres, establecen baterías en el Paseo Nuevo y en la Ciudadela. El general Rangel se queda con sólo 200 hombres; "los demás habían quedado en el campo, se habían dispersado, o se habían pasado a las filas rebeldes".

Comonfort, cuando recibe las noticias, se ve obligado a retornar a Palacio Nacional y, según la versión de Anselmo de la Portilla, "a las tres de la mañana […] absolutamente solo", salió a recorrer la ciudad en medio de la oscuridad.

Al amanecer todavía anda Comonfort repartiendo huacales de fruta entre los pocos que lo apoyan en Palacio, unos 500 hombres. Cediendo a sus generales, aceptó conferenciar "para evitar más víctimas", esperó el resultado de la mediación y, "acompañado de sus ayudantes, salió a situarse en la plaza, a 25 pasos de la puerta principal del Palacio". A las ocho de la mañana obtuvo salida libre, y después de nueve días de combates y abandonado por la mayoría de su tropa, salió de la Ciudad de México con dirección a Veracruz. A su paso alguien canta "Los cangrejos", el himno liberal. Poco antes de salir le envía un oficio a Zuloaga para comunicarle que abandona la capital de la República. El general Chacón le pide a Osollo 800 jinetes para capturar a Comonfort; Osollo accede pero Zuloaga interviene y Comonfort sale tranquilamente del Distrito Federal. Llegará a Veracruz el 7 de febrero, donde Manuel Gutiérrez Zamora, gobernador del estado, y el general Ignacio de la Llave tratan de convencerlo, sin resultado, de que se quede en el puerto: partirá al exilio hacia Nueva York.

Supuestamente el joven Ignacio Zaragoza salió con Comonfort de la Ciudad de México y se separaron yendo él hacia el norte. En el camino fue asaltado en Querétaro cuando iba a bordo de una diligencia y sorprendió a los ladrones pegándole un tiro a uno de ellos, que lo vio desamparado con facha de oficinista. Prieto escapó disfrazado de burrero. Salado cuenta: "Tan bien supo caracterizar su papel que sus mismos colegas creyeron que no había hecho en su vida otra cosa". Logrará esconderse en San Andrés Tuxtla. Ignacio Ramírez no tendrá tanta suerte y será detenido por Tomás Mejía, quien estará a punto de fusilarlo; lo indultan y conducen al Distrito Federal. En escarnio, le atan las manos a la cola de un burro, lo sientan a horcajadas y lo pasean por la ciudad. Estará en la cárcel de Tlatelolco, donde pasa hambres, tiene que trabajar construyendo jaulas para pájaros y se ve obligado a vender sus libros para comer.

Está a punto de iniciarse lo que se conocería en México como la Guerra de Reforma. Como un eco demoledor suena el artículo 128 de la Constitución. "Esta Constitución no perderá su fuerza y vigor, aun cuando por alguna rebelión se interrumpa su observancia. En caso de que por un trastorno público se establezca un gobierno contrario a los principios que ella sanciona, tan luego como el pueblo recobre su libertad, se restablecerá su observancia, y con arreglo a ella [...] serán juzgados, así los que hubieren figurado en el gobierno emanado de la rebelión, como los hubieren cooperado a esta".

NOTAS

1) Victoriano Salado Álvarez: *El golpe de estado*. Francisco Sosa: *Las estatuas de la Reforma*. Manuel Payno: "Memoria sobre la revolución de diciembre de 1857 y enero de 1858". Claudia Blanco Palomas: *Félix María Zuloaga: Catálogo de su archivo personal, 1840-1880*. Agustín Rivera: *Anales mexicanos. La Reforma y el Segundo Imperio*. Guillermo Prieto a Guadalupe Montenegro, 13 de enero del 58, "Carnaval" y *Lecciones de historia patria*. Rubén García: *El general conservador Luis G. Osollo: documentos de su expediente militar, necrología retratos, biografía*. Manuel Balbontín: *Memorias del coronel Manuel Balbontín*. Anselmo de la Portilla: *México en 1856 y 1857: gobierno del general Comonfort*.

2) Pese a las evidencias, la irresponsable histórica de los golpistas perdura hasta nuestros días. En el diario *Vanguardia* de noviembre de 2015 se dice que Juárez fue iniciador de la Guerra de Reforma. Y en el *Foro Cristiano* accesible en Internet se asegura que la Guerra de Reforma "no la empezaron" los conservadores...

26

ESCARCEOS

El 19 de enero de 1858 llega Benito Juárez a Guanajuato. Los gobernadores de la Coalición y los miembros del Congreso que se han podido reunir reconocen que en su carácter de presidente de la Suprema Corte de Justicia, y habiendo Comonfort, al que llaman "faccioso vulgar", perdido su condición de presidente por haber dado un golpe contra la Constitución, lo reconocen como presidente de la República. Dos días después llegará a Guanajuato Melchor Ocampo.

Ralph Roeder cuenta que un vecino chismoso que lo ve pasar le escribe a un cuate suyo: "Acaba de llegar un indio que se dice presidente de la República". La broma no lo es tanto. Juárez no es un personaje popular, aunque es respetado y reconocido en el pequeño mundo del liberalismo radical (que lo llevó a la presidencia de la Suprema Corte, en la práctica la vicepresidencia de la nación) y entre los oaxaqueños. Pero tiene muy claro cuál es el momento y su función. Él es el presidente legítimo ante la deserción de Comonfort y no un militar impuesto en un cuartelazo, como Zuloaga. De inmediato emite un manifiesto donde dice que ha quedado restablecido el gobierno de la República, "cuya marcha fue interrumpida por la defección del que fue depositario del poder supremo". Y horas más tarde forma gabinete: Relaciones y Guerra, Melchor Ocampo; Gobernación, Santos Degollado; Justicia, Negocios Eclesiásticos e Instrucción Pública, Manuel Ruiz; Hacienda, Guillermo Prieto; Fomento, León Guzmán.

Guillermo Prieto, retratista oficial de este narrador, ofrece una instantánea de Manuel Ruiz: "Era rubio y adamado y a punto casi de vestir la sotana, abandonó la carrera religiosa para seguir a Juárez [...] por el que sentía gran admiración y respeto". *Adamado,* según el diccionario al que este narrador tiene que acudir con cada vez mayor frecuencia, puede entenderse como afeminado o, en su versión antagónica, simplemente como elegante. Una foto sin fecha muestra a un extremadamente delgado personaje con una blanquísima barba de chivo. Victoriano Salado describe a Santos Degollado: "flacucho, falto de garbo, de ojos tiernos y llorosos [...] era un prodigio de brío y de vigor"; trae tras de sí su magnífica actuación durante la Revolución de Ayutla y su solidez radical durante el gobierno de Comonfort. Y Prieto añadirá sobre León Guzmán: "Taciturno y huraño, recto jurisconsulto e infatigable en el trabajo e indiferente en las penas [...]. Delgado como un cerillo, modesto como una dama y de una voz suavecita con la que aliña los discursos más sentidos y lógicos que se puedan escuchar". En resumen, un grupo representativo de los puros, los rojos, la izquierda del liberalismo.

Mientras tanto, en la Ciudad de México, ignorando las acciones de la Coalición, la salida de Comonfort es la señal para que los mochos (y la palabra vuelve para calificar a los conservadores, ahora con otro sentido: si en origen "mocho" era Santa Anna, al que la falta la pierna y está por tanto mocho, ahora su significado será ultracatólico) tomen en sus manos el poder.

Es significativo que el primer acto del gobierno que se está armando sea la realización de una misa solemne, un tedeum en la catedral con todo y cánticos, a la que asisten Zuloaga, los mandos militares y los empleados públicos que se han negado a firmar la Constitución. De ahí, en comitiva se vuelven a reunir en asamblea en Palacio Nacional y eligen presidente interino a Félix Zuloaga.

Ese mismo día, 22 de enero, Zuloaga envía una circular a todos los gobernadores pidiéndoles que se adhieran al golpe. No es un militar prestigiado, pero es el hombre del momento. El escritor J. A. Mateos será bastante cruel, que no impreciso en su juicio: "Era un aparato de presidencia [...] como un cero, el símbolo de la nada".

En dos días se constituye una junta de 28 "notables", la cual se da a sí misma el título de Consejo de Gobierno e incluye a conocidos conservadores, activos del santanismo, un sobrino de Iturbide y varios religiosos: el importante padre Francisco J. Miranda, que ha regresado a México tras el golpe y que será nombrado ministro de Justicia y Negocios Eclesiásticos; Juan B. Ormachea (canónigo de la Metropolitana) y Joaquín Fernández Madrid (obispo *in partibus* de Tenagra, Arizona).

En la última semana de enero el general y presidente Félix María Zuloaga derogó la Constitución de 1857, anuló la ley que prohibía el cobro de obvenciones a sacerdotes, devolvió los fueros eclesiástico y militar y repuso en sus cargos a los empleados que no habían jurado la Constitución. Reorganizó el ejército, que fue llamado, curiosamente, "Restaurador de las Garantías". De forma inteligente no apeló a los viejos cuadros del santanismo (cuya fama de inútiles en las artes marciales era generalizada), sino que promovió a los jóvenes católicos reaccionarios ascendiéndolos a generales de brigada. Luis Osollo recibió el mando de la guarnición de la Ciudad de México y del nuevo ejército; Miguel Miramón se encargó de la reorganización y quedó al mando de la primera división; Tomás Mejía, al mando de la caballería. La excepción fue el general Francisco García Casanova, comandante de la segunda división y hombre del viejo régimen. El ejército estuvo listo para partir al inicio de febrero.

Poco antes, el 31 de enero, Zuloaga escribió al papa Pío IX informando de su pronunciamiento, lamentándose de la "penosa interrupción de relaciones", que ahora habría de subsanarse, y pidiéndole la bendición. Dos meses más tarde Pío IX mandó a Zuloaga la bendición apostólica para su gobierno.

El frente liberal tiene graves problemas; al inicio de febrero el gobierno no cuenta con grandes recursos; en principio las aduanas de los puertos del Pacífico están casi agotadas. Guillermo Prieto envió circulares de los gobernadores liberales para tratar de conseguir 700 mil pesos para los gastos de guerra, pero apenas si tuvo resultados.

Juárez, considerando que el gobierno no debe estar tan cerca de los futuros e inciertos frentes de batalla y que ha tomado como religión preservar el gobierno republicano, sale de Guanajuato hacia Lagos de Moreno con el gabinete y llega a Guadalajara el 14 de febrero. Hay una excepción, Santos Degollado se encuentra organizando en Morelia 3 mil hombres y fundiendo campanas para hacer cañones. Es la mejor metáfora del momento.

Militarmente el ejército de la coalición liberal estaba integrado por guardias nacionales que no habían tenido experiencia de combate, excepto las brigadas de Jalisco y Guanajuato, y estaba sufriendo graves deserciones promovidas por oficiales conservadores. Lo formaban las tropas de Jalisco, unos 2 mil hombres, comandadas por Anastasio Parrodi, general de origen cubano de 50 años del que se decía que "era un cubano que difería de todos los de su raza por la flema que le era peculiar. No se inmutaba [...]. Su pachorra era famosa en toda la república y más famosas eran sus respuestas sentenciosas, lacónicas y hasta monosilábicas". A ellos había que sumar 1 600 combatientes de Guanajuato bajo el mando de Manuel Doblado, en quien no se depositaba demasiada confianza, por su tibio liberalismo y su amor por las conciliaciones. Juan A. Mateos pone en boca de uno de los soldados la siguiente frase: "El señor Doblado se dobla demasiado, y si no me equivoco nos va a dar un gran bromazo". Se contaba también con los milicianos de Querétaro, un millar, con seis piezas de artillería, dirigidos por el vehemente y sólido José María Arteaga; mil michoacanos bajo el mando de Epitacio Huerta, un campesino formado como guerrillero en la Revolución de Ayutla; y contingentes pequeños de Zacatecas y Aguascalientes. En resumen, 7 mil hombres con 36 piezas de artillería. Con el problema agregado de que no se trataba de un ejército, sino de varias brigadas no unificadas en el mando.

Desde mediados de febrero los liberales en Apaseo y los conservadores en Querétaro se observan, sin combatir, mirándose, "reconociéndonos nomás, pero sin atacarnos", dirá Mariano Moret, uno de los jefes de la caballería liberal. Parrodi es acusado de timidez, ante la voluntad de combatir de Arteaga, el joven Leandro Valle y Rocha. Juárez, el 22 de febrero, manda hacia el frente a su ministro de Guerra Santos Degollado para que los meta en orden; le escribe: "Ojalá usted consiga que Parrodi se mueva". Ocampo cubre el Ministerio de la Guerra.

Los conservadores están dirigidos por Osollo, con Miguel Miramón de segundo. Zuloaga les envía refuerzos desde México. Cuando llegan a 5 400, Osollo da la orden de avanzar. Se trata de una parte importante del ejército profesional y de las guarniciones de las ciudades de México y Puebla. El 10 de marzo se encuentran con los liberales en un punto llamado Arroyo Feo, en las cercanías de Salamanca. Osollo planea que por el centro Mejía los distraiga y carguen por la izquierda las divisiones de Casanova y Miramón.

Los liberales se adelantan. Carga de Morett por el flanco. Osollo les concentra el tiro de artillería; bajo "terribles granizadas de cañón, de metralla y de fusilería" Morett se quiebra. En su vanguardia muere el coronel liberal Calderón. Se dispersa el centro, "cuerpos enteros botando al suelo las armas". Ocho escuadras del batallón liberal de Zacatecas arrojan las armas al suelo. Una contracarga de la caballería de Tomás Mejía definirá la batalla.

Los liberales dejan 400 prisioneros, pierden 600 fusiles y 12 piezas de artillería; a los conservadores el enfrentamiento les cuesta tan sólo 27 muertos y 51 heridos. Parrodi se repliega a Salamanca. Santos Degollado, enviado por Juárez, llega al final de la batalla y atribuye la derrota a las vacilaciones de Parrodi y "a la falta de sentido táctico". Victoriano Salado culpa del fracaso a una traición de Morett.

Parrodi, con los restos del ejército, se repliega hacia Guadalajara. Tras él va Miramón persiguiéndolo. Al recibir la noticia de la derrota, Juárez lacónicamente le dirá a Guillermo Prieto: "Nuestro gallo ha perdido una pluma".

Osollo dispone que se le rindan honras fúnebres a Calderón, el coronel liberal muerto; el cura de Salamanca se niega porque "es un réprobo que está fuera de la Iglesia". Osollo, que será muy católico, pero que en materia de honor militar no se anda con bromas, ordena que fusilen al cura. Se arma un gran escándalo; los otros generales reaccionarios tienen que convencer a Osollo de que se detenga y retracte.

La primera batalla de lo que se conocerá como Guerra de Reforma ha terminado, pero la guerra tan sólo está empezando. No le falta sentido a Ignacio Manuel Altamirano cuando diagnostica: "Por primera vez en México los dos partidos eternamente enemigos desde 1821 combatían teniendo cada uno su Gobierno a la cabeza y por campo la República entera. Pocas veces esta había sufrido una agitación tan profunda y tan general. Fueron conmovidos por ella hasta los pueblos más apartados, hasta aquellos que habían permanecido indiferentes en las luchas civiles de otros tiempos, y el encarnizamiento de los dos bandos llegó a un grado increíble".

NOTAS

1) Benito Juárez: *Documentos, discursos y correspondencia*, tomo II. Victoriano Salado Álvarez: *Los mártires de Tacubaya*. Ignacio Manuel Altamirano: *Historia y política de México, 1821-1882*. Daniel S. Hawhirth: *The Mobile National Guard of Guanajuato, 1855-1858*. Manuel Cambre: *La Guerra de Tres Años en el estado de Jalisco*. Niceto de Zamacois: *Historia de México*, tomo XV. Salvador Ortiz Vidales: *Don Guillermo Prieto y su época: estudio costumbrista e histórico del siglo XIX*. Joaquín Ramírez Cabañas: *Las relaciones entre México y el Vaticano*. Juan Antonio Mateos: *El Cerro de las Campanas: memorias de un guerrillero, novela histórica*. Eber Betanzos analiza la secuencia constitucional del acceso de Juárez a la presidencia en *Discordia constitucional: Benito Juárez y la Constitución de 1857*.

2) Anastasio Parrodi no era joven, nace en 1805 en La Habana. Su familia se muda a Veracruz. Crece militarmente a la sombra de Antonio López de Santa Anna, con el que participa en la guerra de Texas. Miembro del ejército del norte en la guerra contra los norteamericanos. Herido en la batalla de Padierna. Combate la Revolución de Ayutla para luego alzarse en su apoyo.

27

GUILLERMO

Este capítulo paga una deuda. El narrador te ha venido usando como cronista de apoyo, llegó la hora de contarte.

Habitualmente tendrás la camisa llena de migas de pan o restos de tortillas, quizá porque de niño fuiste panadero. Tu versión de la infancia, ese territorio de nostalgias comunes, es bastante precisa: "Formaba extraños contrastes / mi confusa parentela, / por una parte rancheros / más erizos que la cerda; / por otra, próceres altos / de calzón corto y coleta. / Pasé mi infancia en los campos / en medio de la riqueza, / y fui prodigio en los saltos, / espanto en las machincuepas, / en la pelota un asombro / y en las maromas presea. / La orfandad me hirió alevosa / y me ultrajó la miseria".

José Guillermo Ramón Antonio Agustín Prieto, naciste en la Ciudad de México el 10 de febrero de 1818, en el Portal de Tejada número 5, pero pasaste la niñez en el Molino del Rey, a orillas del Bosque de Chapultepec. Aprendiste a leer como pudiste con los libros que andaban por ahí, el *Periquillo* de Lizardi, los *Viajes de Gulliver*. Por casualidad te tocó pronunciar un discurso ante el presidente Guadalupe Victoria y, además de tartamudo, se te olvidó el texto; no habría de volverte a suceder.

Pero la infancia feliz se hundió cuando a los 13 años, en 1831, muere tu padre. Dicen que las tragedias templan el carácter… Puede ser. El caso es que a ti te hizo pedazos la vida, porque a eso siguió la locura de tu madre. Fuiste a dar a la casa de dos viejas criadas de la familia; siguieron malos empleos y el refugio de la lectura que te proporcionaba el barbero don Melesio. Entonces, o más tarde, caíste en manos de los poetas latinos Horacio, Juvenal, Calpurnio, Lucrecio, y de alguna manera sus sonidos te fascinaron.

Trabajaste de secretario de un sacerdote que te hizo leer la Biblia de arriba abajo. No saldrá de ahí tu cristianismo, poco dado a las visitas a las iglesias y muy cercano a una relación personal con un Dios del pueblo con el que se habla o a una virgen de Guadalupe liberal (a la que dedicarías cinco sonetos a lo largo de tu vida).

Un poco por casualidad y un mucho provocándolo, conseguiste entrevistarte con el ministro de Justicia Andrés Quintana Roo, a quien le contaste tus pobrezas. Confesaste ser poeta ("sé hacer sonetos"). Él quedó tan sorprendido que te permitió visitar su biblioteca y te abrió la puerta del Colegio de San Juan de Letrán. De pasada te recomendó con las autoridades de la Aduana, donde entraste como aprendiz con 14 años y sueldo de 16 pesos mensuales.

McLean da una versión de un encuentro clave en tu vida que resulta peligrosamente romántico, ¿pero no eras eso tú, un aprendiz de romántíco?: "En 1834 Prieto conoció a la que sería luego su amada María. Había llovido. Mientras caminaba distraído por la calle de San Juan, llevando una maltratadísima gramática francesa bajo el brazo, descubrió que la parte oriental de la calle estaba completamente inundada y que la occidental, con su arroyo resbaladizo, sus guijarros sueltos y su acera angosta, apenas permitía el paso de una persona cada vez. Guillermo caminaba y observaba lo que ocurría en todas direcciones, cuando de pronto fijó su mirada en uno de los balcones que se encontraban sobre la Panadería de San Juan. Vio allí a una niña de unos 12 años que sostenía en los brazos una enorme muñeca y que comentaba, hablando con ella, todo cuanto veía en la calle. Guillermo detuvo la mirada en la niña. Miró y miró hasta que perdió el equilibrio, resbaló y cayó boca abajo en un charco, desparramando las hojas de la gramática francesa. Alzó los ojos y vio, desconcertado, que la niña se reía a carcajadas. Esto lo desarmó por completo. Se sentó en el suelo sin titubear, recogió tranquilamente las hojas del libro y las colocó de nuevo entre las tapas. La niña seguía riendo y muy pronto Prieto unió su risa a la de ella".

De ahí a que lograras casarte con ella pasarían años, fundamentalmente porque María de los Ángeles Caso era una niña rica de padres con pretensiones de ascenso social y tú serías durante varios años un poeta pobre.

Una tarde de junio de 1836 un grupo de jovencísimos poetas resolvieron establecerse formalmente con el nombre de "Academia de Letrán"; crearon unas reglas y comenzaron a leerse y criticarse. Producto de este taller literario fueron tres pequeños volúmenes publicados por Rodríguez Galván como regalo de Año Nuevo entre 1837 y 1839.

Aunque tu fama de escritor comenzaba a crecer, tu economía personal iba de mal en peor y con tu madre enferma. El día de la distribución de premios en el Colegio de San Juan de Letrán manipulaste las presentaciones y tomaste el lugar de otro de los alumnos. "Cuando le tocó hablar, alzó la voz y se dirigió a su *Patria, adorada patria, patria mía*; alabó la sabiduría como camino que conduce a la inmortalidad; concluyó con una súplica al gobierno para que elevara sus miras y protegiera a los hombres cultos con mano franca y paternal, adornando así el árido sendero de las ciencias con el olivo y el laurel inmarcesible". Era bastante cáustico y más con la presencia en el acto del presidente Anastasio Bustamante. Bajaste de la tribuna rodeado de aplausos, risas y miradas de odio, y poco después el jefe de la policía llegó con la orden de que se te presentara ante el Presidente.

Vayan ustedes a saber, tú incluido, cómo lo convenciste; el caso es que Bustamante al final de la entrevista ordenó que se instalara para ti una cama en las habitaciones presidenciales, te ofreció un sueldo de cien pesos mensuales como secretario particular y te nombró redactor del *Diario Oficial,* con un salario extra de 150 pesos. A la edad de 19 años, como dice Monsiváis:

"Se inicia como opositor y al día siguiente se instala como hijo en recámara del presidente de la República", un promonárquico y progachupín.

Cuando estalló la Guerra de los Pasteles escribiste una marcha militar contra los franceses y te alistaste posteriormente en un regimiento de caballería. Jamás habías disparado un fusil. Tu puntería resultó tan desastrosa que te dieron el grado de sargento, según él decía, "para que no volviera a tirar más".

Vas creciendo como periodista. En el 41 entras a trabajar en *El Siglo XIX*. Crítica política, reseñas teatrales, cuadros de costumbres. Vas armando una descripción de la mexicanidad que lo mismo pasa por relatar los pleitos del barrio, narrar con detalle a los que venden pájaros en la calle o definir para los que no tienen idea cómo es un elevador. "Yo soy quien vagabundo cuentos fingía, / y los ecos del pueblo que recogía / torné en cantares; / porque era el pueblo humilde toda mi ciencia".

En el 44 criticas en el *Monitor Republicano* la asonada de Paredes y serás deportado a Monterrey. De 1845 a 1847 publicas con Ramírez la revista *Don Simplicio;* por las cosas que se les ocurre escribir sufren tres meses de cárcel. "Visité obscuras prisiones, / gocé contentos y fiestas; / después de perderlo todo / me hallé sin una peseta".

Durante la Intervención norteamericana te sumas al motín de los polkos; desengañado y abandonado, te falta tiempo para la autocrítica. "Vergüenza y humillación con que debe cubrirnos a los que arrojamos ese baldón sobre nuestra historia". Colaboras en los *Apuntes para la historia de la guerra entre México y Estados Unidos,* que se editará en el 48, libro secuestrado en el 54 por Santa Anna.

Entre el 48 y el 52 serás tres veces diputado y una senador, una de las voces del liberalismo que no acaba de encontrar su lugar en el país.

Serás ministro de Hacienda por un periodo bien corto: tres meses y medio, durante la presidencia del general Mariano Arista (del 14 de septiembre de 1852 al 3 de enero de 1853). Luego, de nuevo a la calle, a pasar miseria. "Durante mi larga vida hubo momentos en que me encontré prácticamente en la calle, en la pobreza más absoluta. Ocuparía mucho tiempo en relatar todas las situaciones de penuria por las que he pasado".

Pero tu condición de ministro no te quita un milímetro de tu virulencia liberal, casi apocalíptica: "Un solo esfuerzo y la antigua lucha entre la luz y las tinieblas se decide a nuestro favor. Levantaos y la explotación infame de muchos para beneficio de unos cuantos quedará destruida".

Nos enteraremos gracias a Justo Sierra de que cantabas, que sufrías de digestión laboriosa. Boris Rosen te hace decir: "Hace 40 años que padezco dispepsia. La pobreza, los desórdenes personales, el estudio, las prisiones, exacerbaron mi salud a tal punto que degeneró en dispepsia: comía, bebía, deponía y volvía a mis excesos de gula, sin haber perdido jamás la cabeza".

El 29 de julio del 53 escribirás un artículo en *El Monitor*, a raíz del cumpleaños de Santa Anna, que no le hace ninguna gracia al dictador. Se produce una entrevista en la que el mandatario regaña, amenaza y termina: "¿Y no sabe usted que yo tengo muchos calzones?". Respondes pensando de entre todas las amenazas lo que podría ser la patada de un cojo: "Sí, señor, ha de tener más que yo", y sales volando de la reunión, lo que de poco te sirvió, porque esa misma noche un grupo de soldados te sacaban de tu hogar y te desterraban a Cadereyta, en Querétaro. Se quedan en la casita de Tacubaya tu esposa María y tus dos hijos, Manuel y Francisco, sin dinero. Ni siquiera tenías permiso de subirte a un caballo; te vigilaban los movimientos y tu diversión consistía en ir todas las tardes a caminar alrededor del quiosco del pueblo, para no aburrirte.

Terminas de escribir *Viajes de orden suprema*, que publicas en el 54, donde cuentas tus andanzas queretanas; la primera edición la quema la policía en la imprenta. Y por no dejar, y dado que al escritor frente al poder sólo le queda el arma del ingenio, cuando Santa Anna convoca al concurso para otorgarle a este país el himno nacional, no puedes evitar una pequeña maldad. "Yo no quería ser menos [...] escribí una marchita y la remití a un amigo para que la presentase teniendo cuidado por modestia de disfrazar la letra y tomar todas las precauciones para que el autor no se descubriese". Desde luego, tu marcha pierde el concurso, que ganan Bocanegra y Nunó.

Terminarás deportado a un "pueblo de indios" en Oaxaca, al que te mandan porque allí no saben leer, de donde saldrás para sumarte a la revolución triunfante de Ayutla y ser parte del primer gobierno de Álvarez como secretario de Hacienda.

Publicas: *Indicaciones sobre el origen, vicisitudes y estado que guardan actualmente las rentas generales de la Federación Mexicana*, donde analizas las trabas al ingreso público heredadas del sistema colonial, te quejas de la desorganización y de la "corrupción burocrática". Para ser poeta no resultas mal ministro. Le escribirás a tu amigo y compadre Melchor Ocampo: "Mi conflicto es grande porque no hallo partido qué tomar. ¿Puedo dar espera a las tropas que van en camino para Guadalajara? ¿Dejo sin un centavo a los diputados y senadores que se reúnen el 15 y tienen en su mano la revolución? ¿A la guarnición, a la policía, a los presidios, a todo el mundo lo mantengo con esperanzas? Pues bien, me dirás, ¿no tiene renta alguna el gobierno? Respuesta: las aduanas del sur las ocupan los revolucionarios; las del norte producen bien poco y sus rendimientos se dedican a pagos urgentísimos militares. La aduana de Veracruz hundida entre consignaciones... ¿Y las contribuciones? Están hipotecadas hasta enero por mis antecesores; y el tabaco, etcétera, y todo está así".

Acusado permanentemente de desprolijo, descuidado, desaseado, Boris Rosen te pone en la boca la siguiente respuesta: "Es verdad, yo nunca me ocupé de mi aspecto físico ni del aseo personal. Jamás se me ocurrió ponerme frente al espejo para ver si tenía bien el nudo de la corbata o si me había puesto bien el sombrero. Siempre estaba ocupado en otras cosas que consideré más importantes".

Tus resistencias al golpe de Comonfort, al de Zuloaga, tu huida con Juárez y tu nombramiento de nuevo de ministro de Hacienda del gobierno resistente han sido contadas ya en estas páginas.

Tiene toda la razón del mundo Carlos Monsiváis cuando dice de ti: "Los escritos y la existencia misma de Prieto parecen prodigios en guiños y saludos a lectores y espectadores del porvenir". Porque eres un personaje capaz de pasar de escribir los poemas que todo México recita a cosas como esta: "Es Hidalgo nuestro padre / y Morelos lo es también, / los que no digan amén / es porque no tienen madre".

NOTAS

1) Emilio Arellano: *Guillermo Prieto: Crónicas tardías del siglo XIX en México*. Marcos Tonatiuh Águila M.: "El primer centenario de Guillermo Prieto y algunas reflexiones sobre la cuestión del atraso económico". Boris Rosen: "Entrevista imaginaria a Guillermo Prieto, a cien años de su muerte" y "Guillermo Prieto y las finanzas". Malcolm D. McLean: *Vida y obra de Guillermo Prieto*. Salvador Ortiz Vidales: *Don Guillermo Prieto y su época: estudio costumbrista e histórico del siglo XIX*. Guillermo Prieto: *Memorias de mis tiempos, Viajes de orden suprema*, "Marcha de estudiantes medios endinos" y *Poemas satíricos y religiosos* en *Obras completas*, tomo XIV. Antonia Pi-Suñer Llorens: "Guillermo Prieto parlamentario". Alejandro Gertz Manero: *Guillermo Prieto, biografía*. Carlos Monsiváis: *Las herencias ocultas: de la Reforma Liberal del siglo XIX*, "Los heroísmos de Guillermo Prieto" y "Guillermo Prieto, la patria como oficio". José Luis Martínez: "Estampas de Guillermo Prieto". *Repertorio de Guillermo Prieto. Homenaje en el centenario de su muerte*. José Joaquín Blanco: *Guillermo Prieto*.

2) Emilio Arellano, en una biografía notablemente documentada, sostiene que la madre de Guillermo Prieto no estaba loca y que las *Memorias de mis tiempos* tienen varias incoherencias. Para los interesados en una minuciosa biografía del personaje no estaría de más repasar estos detalles.

28

SE SALVAN LOS QUE IBAN A MATAR LOS VALIENTES

No llevaban un mes en Guadalajara y el gobierno se había instalado en el Palacio de Gobierno de Jalisco. El detonador fue la noticia de la derrota liberal en Salamanca. Guillermo Prieto cuenta: "Se citó a junta para las ocho de la mañana del 13 de marzo. Poco después de las ocho de la mañana estábamos […] en el despachito del señor Juárez […]. En la primera puerta que daba a la calle había abocada una pieza de artillería, que relumbraba con el sol. Yo no sé a qué vienen estos detalles; pero me caen de la pluma sin quererlo, y obedezco a este impulso inmotivado. Parece que veo a mis compañeros en el despacho del señor Juárez. Este se hallaba en su característico frac negro, atento y fino como siempre; junto a la mesa estaban Ocampo, Cendejas al frente, León junto al balcón y yo a la izquierda".

Se acordó la redacción de un manifiesto que escribiría Prieto diciendo "que nada importaba el revés sufrido, y que el gobierno continuaba con más fe y con mayor brío combatiendo". Entonces llegó el aviso de que se había producido un motín militar y se envió al general Núñez a controlar a la guarnición.

Mientras esto sucedía, las tropas dirigidas por un coronel llamado Antonio Landa y por Pantaleón Morett se pronunciaron en el cuartel que estaba en el local del Instituto de Ciencias al inicio del cambio de guardia del 5º Batallón, con gritos de "¡Viva el ejército! ¡Muera la Constitución!". El general Silverio Núñez, cuando intentaba calmar los ánimos en la puerta del cuartel, trató de agarrar por el cuello a un oficial, y un soldado que estaba detrás le disparó un tiro sobre el pecho, que lo hizo tambalear; se salvó milagrosamente al recibir el balazo en el reloj que llevaba en el bolsillo del chaleco sobre el corazón, pero fue hecho prisionero.

Se contaría que tanto Landa como Morett habían sido "centaveados". Juárez dirá que por "personas de mucho influjo en esta ciudad". Incluso se habló posteriormente de que el clero le dio 1 800, 3 400 o 5 mil pesos a Landa y Juan Antonio Mateos; hasta llega a precisar que fueron 600 onzas de oro. Pero las versiones liberales difieren y las fechas de los recibos que aportan los que lo denuncian no corresponden.

El hecho es que ante el levantamiento los guardias nacionales resisten, e incluso Prieto habla de "un levantamiento popular" para proteger al gobierno. Mientras tanto, los sublevados toman palacio. Prieto, que ha salido para escribir tranquilamente el manifiesto, regresa y "por la calle, por las puertas, por el patio, por todas partes, los ruidos eran horribles; oíanse tiros en todas direcciones, se derribaban muebles, haciendo estrépito al despedazarse, y las tinieblas en que estaba hundido exageraban a mi mente lo que acontecía y me representaban escenas que felizmente no eran ciertas […]. En el centro del patio de Palacio había algunos que me parecieron jefes y un clérigo de aspecto feroz".

El general M. Díaz, en San Francisco, concentra a los leales. De ahí sale una columna hacia palacio, que es frenada por disparos. El coronel Landa detiene al gobierno, unas 80 personas, encabezadas por el Presidente y Melchor Ocampo, Manuel Ruiz, León Guzmán, el coronel Refugio González, Matías Romero, Fermín Gómez Farías y varias docenas de funcionarios mayores de los ministerios. Un centinela "en la bóveda del senado, desde la linternilla dirigía al presidente las palabras más soeces y apuntaba sobre él con un fusil".

Prieto duda; finalmente decide compartir la suerte de sus amigos. A uno de los militares sublevados le dice que es el ministro de Hacienda. "Apenas pronuncié aquellas palabras cuando me sentí atropellado, herido en la cabeza y en el rostro, empujado y convertido en objeto de la ira de aquellas furias.

"Desgarrado el vestido, lastimado, en la situación más deplorable, llegué a la presencia de los señores Juárez y Ocampo [...].

"Se había anunciado que nos fusilarían dentro de una hora. Algunos, como Ocampo, escribían sus disposiciones. El señor Juárez se paseaba silencioso, con inverosímil tranquilidad; ya salía a la puerta a ver lo que ocurría. En el patio la gritería era espantosa".

Santos Degollado, el general oaxaqueño Díaz, Cruz Aedo y el médico Molina se organizaban en San Francisco, de donde se desprendió al fin una columna de 160 hombres para rescatar palacio. Al saberlo, varios oficiales conservadores entraron para fusilar a los prisioneros; estos se refugiaron en un cuarto pequeño a espaldas del salón. "Los soldados avanzaron y formaron círculo ante los prisioneros. Juárez estaba en la puerta del cuarto, como una estatua".

El capitán Peraza ordena al teniente colimense Filomeno Bravo que fusile a los rehenes, y con 20 hombres del 5º entra al salón y forma a la tropa. "Los presos se refugiaron al cuarto en que estaba el señor Juárez; unos se arrimaron a las paredes, los otros como que pretendían parapetarse con las puertas y con las mesas. El señor Juárez avanzó a la puerta; yo estaba a su espalda. Los soldados entraron al salón [...] arrollándolo todo; a su frente venía un joven moreno, de ojos negros como relámpagos: era Peraza. Corría de uno a otro extremo, con pistola en mano, un joven de cabellos rubios: era Pantaleón Morett. Y formaba aquella vanguardia Filomeno Bravo [...]. '¡Al hombro! ¡Presenten! ¡Preparen! ¡Apunten!'.

"[...] Juárez estaba en la puerta del cuarto; a la voz de '¡Apunten!' se asió del pestillo de la puerta, hizo hacia atrás su cabeza y esperó".

Prieto recordará: "Yo no sé... se apoderó de mí algo de vértigo o de cosa de que no me puedo dar cuenta... rápido como el pensamiento, tomé al señor Juárez de la ropa, lo puse a mi espalda, lo cubrí con mi cuerpo... abrí mis brazos... y ahogando la voz de '¡Fuego!' que atronaba en aquel instante, grité: '¡Levanten esas armas! ¡Levanten esas armas! ¡Los valientes no asesinan...!'. Y hablé, hablé. Yo no sé qué hablaba en mí que me ponía alto y poderoso, y veía, entre una nube de sangre, pequeño todo lo que me rodeaba; sentía que lo subyugaba, que desbarataba el peligro, que lo tenía a mis pies... Repito que yo hablaba, y no puedo darme cuenta de lo que dije... a medida que mi voz sonaba, la actitud de los soldados cambiaba... Un viejo de barbas canas que tenía enfrente, y con quien me encaré diciéndole: '¿Quieren sangre? ¡Bébanse la mía!', alzó el fusil, los otros hicieron lo mismo. Entonces vitoreé a Jalisco. Los soldados lloraban, protestando que no nos matarían, y así se retiraron como por encanto... Bravo se puso de nuestro lado. Juárez se abrazó de mí... mis compañeros me rodeaban, llamándome su salvador y el salvador de la Reforma... mi corazón estalló en una tempestad de lágrimas".

En la versión conservadora sería el coronel Landa el que impidió el fusilamiento: "No, no, retiraos, os lo mando".

Sin embargo, los rehenes continúan detenidos. Al amanecer del 14 hay noticias de que Parrodi y los restos del ejército liberal retroceden hacia Guadalajara para apoyar a las guardias nacionales que resisten el alzamiento. Landa le pide a Juárez ordenar el cese del fuego a cambio de la vida de los prisioneros, Juárez se niega. En la práctica se produce un armisticio; los liberales en las calles anuncian: "Si dañan al Presidente, las represalias serán implacables". El teniente coronel Cruz Aedo organiza una columna de 160 hombres para asaltar Palacio. Llega cerca pero lo rechazan.

En la tarde del 14 se llega a un acuerdo. Antonio Landa negocia con el general constitucionalista Juan B. Díaz y "de acuerdo a una módica suma" acepta dejar la ciudad para unirse al ejército conservador. Al día siguiente los detenidos son trasladados a la casa del cónsul francés y las tropas de Landa abandonan la ciudad.

Al paso de los días, Prieto no recordaba bien qué era lo que había dicho, pero había sido el hombre de la jornada. Juárez y el gobierno se habían salvado de milagro.

El 16 el Presidente escribe un manifiesto, que será firmado por todo el gabinete, probablemente con la garganta cerrada por la cercanía de la muerte: "Perdamos o no batallas, perezcamos a la luz del combate o en las tinieblas del crimen, los que defendamos tan santa causa, ella es invencible". Rodeado de personajes de verbo brillante, el lenguaje de Juárez a veces es opaco, peca de formalista, pero no hay duda de que tiene días buenos y algunos, como este, muy buenos.

El 17 de marzo Juárez se dirige al ejército. Los últimos acontecimientos lo han conmovido profundamente y se nota en el brillo de la prosa: "En los momentos del supremo conflicto [...] habéis combatido juntos y hecho visible al soldado del pueblo, al pueblo del Ejército, a las clases todas confundiéndose y fraternizando en una aspiración a la libertad, popularizando el heroísmo, vulgarizando el sentimiento de la gloria, llorando las desgracias del hermano extraviado [...]. Con esas creencias que son la vida de mi corazón; con esta fe ardiente, único título que enaltece mi humilde persona hasta la grandeza de mi encargo, los incidentes de la guerra son despreciables; el pensamiento está sobre el dominio de los cañones, y la esperanza inmortal nos promete la victoria decisiva del pueblo, a despecho de unos cuantos infelices, porque Dios es el caudillo de las conquistas de la civilización".

Un día después llegan a Guadalajara los generales Santos Degollado y Anastasio Parrodi, y el 19 el coronel Juan N. Rocha sale a la cabeza de 500 hombres a batir al coronel Antonio Landa, que se encuentra en las cercanías de Sayula, con uno 600 hombres.

Guillermo Prieto cuenta: "Tan precaria es la situación del gobierno que los llaman *la familia enferma*". Ese mismo 19 el Presidente y su grupo salen de la ciudad de Guadalajara, sin maletas y hacia Colima. Curiosamente no marchan con el ejército. ¿Desconfianza? Iban en caballos viejos y flacos. Prieto dirá "que hay que tener siempre ensillados para evitar que se los lleve el aire". La escolta del coronel Francisco Iniestra (ex jefe de la policía de la Ciudad de México, participante de la batalla de Jueves Santo), el general J. Guadalupe Montenegro y su hijo, con una mísera escolta de 80 hombres.

El 20 de marzo el gobierno llega a Santa Ana Acatlán, un pueblo a 40 kilómetros al sur de Guadalajara, y se resguardan en unas casas de adobe. Prieto describe: "Era el mesón maldecido / una trampa sin salida, / con más parches y remiendos / que de cesante levita". Los localiza el coronel Landa, de nuevo, dirigiendo un grupo de 400 hombres.

La escolta responde a tiros; Santos Degollado desde la puerta, Juárez tranquilo en el soportal. Leandro Valle, un joven capitán de ingenieros asistente de Iniestra, dirige la resistencia riéndose, mostrando una dentadura muy blanca a la que le faltaba un diente. "Ponía a temblar a sus enemigos, estaba en todos lados, lo mismo en el techo que en los corredores".

El romance de Prieto reseña: "La puerta junto de Iniestra / Santos Degollado cuida, / bravo desafiando el fuego / que en esa puerta llovía. / Bajo el portal está Juárez, / cual siempre, con faz tranquila. / Guzmán, Ocampo, Prieto / en serena compañía. / En un ángulo del patio / que atravesaba una viga / que en la azotea descansa / Cabalga, lleno de risa, / con los pies colgando al aire, Valle que al combate activa. / Hay granizada de balas [...] Valle alienta, manda, tira, / cura heridos, baja al patio, / suelta donaires y risas".

"Al fin la sombra da tregua / a la lucha fratricida". Cuando los mochos están a media distancia de tiro de fusil se suspende el combate. Muchos muertos y heridos sobre el terreno. La corta fuerza ha resistido 15 horas de un fuego vivísimo. Han perdido 20 o 30 hombres. Juárez, contará Francisco Iniestra, le dijo que "si el enemigo emprendía un asalto, era inevitable nuestra pérdida, porque las municiones se estaban ya agotando, el edificio en que nos hallábamos era sumamente débil y el enemigo contaba con cerca de 600 hombres con dos piezas de artillería, no pasando de 70 los nuestros".

Juárez reúne a los ministros (Ocampo, Santos Degollado, Manuel Ruiz, Guillermo Prieto): "La suerte a mí, y sólo a mí, me designa para que perezca; ustedes sin el título de ministros no tienen motivo particular de encono;

déjenme a mí solo luchar contra la muerte". Prieto, que tiene un fuerte sexto sentido histórico, responde: "A los hombres como nosotros se les aleja en los festines, se les rechaza en palacio entre los honores y el esplendor del mando supremo; aquí, no. Y no renunciaremos". Hablan Ocampo y Santos Degollado, que les saca las lágrimas.

El propio Prieto no se pondrá de acuerdo consigo mismo, y a las 11 o 12 de la noche Valle saca a Juárez y a sus ministros, haciéndoles valla, a través de un callejón oscuro cerca de donde están las tropas de Landa dormidas, "donde a cada paso un riesgo / y a cada aliento un peligro". Se quedan atrás los heridos, los muertos insepultos. Van en medio de las tinieblas hacia un bosque vecino. Una vez que se ven a salvo: "Vamos al fandango, chicos / repetía Leandro Valle / radiante de regocijo, / y bebamos y gocemos / que es día de San Benito". Y sí, era el cumpleaños de Juárez.

El 22 de marzo, a caballo y utilizando veredas, se irían por Zacoalco, Atemaxac de las Tablas y San Gabriel, hasta tomar en la barranca de Beltrán el camino de Colima. Un día más tarde Parrodi capitula en San Pedro Tlaquepaque ante Osollo, que nombra gobernador de Jalisco al general Francisco García Casanova y convoca una junta de notables para formar el gobierno de la ciudad. Ante la traición, los restos del ejército liberal con Pedro Ogazón, el general Juan N. Rocha, los coroneles Miguel Cruz Aedo y Miguel Contreras Medellín se reúnen en Zacoalco.

El 26 de marzo el perseguido gobierno llega a territorio de Colima. Manuel Ruiz cuenta que "en el tránsito (de Sayula a Colima) el Gobierno recibió la triste noticia de la capitulación de la plaza de Guadalajara y quedó reducido a pequeña escolta, a la que se han sumado 200 hombres del 5º de infantería que mandaba el coronel Rocha y 150 del 7º, que estaba a las órdenes del teniente coronel Ignacio Martínez. Estos piquetes y dos piezas de artillería fueron los únicos elementos que entonces quedaron a disposición del Gobierno constitucional".

Juárez ha debido sopesar la situación; no hay condiciones para resistir en Jalisco. Con el paso cortado hacia el norte, queda la opción de ir hacia el sur, Guerrero, o embarcarse. ¿Tiene ya en la cabeza la idea de salir hacia Veracruz? Eso significaría un larguísimo viaje cruzando el canal de Panamá y pasando por Estados Unidos.

Expide un decreto, nombrando a Santos Degollado general en jefe de las fuerzas de occidente y norte. Degollado, a su vez, nombra a Pedro Ogazón gobernador de Jalisco. En marcha hacia Manzanillo la comitiva llega el 7 de abril a Cuyutlán, un pueblo en la orilla del mar a 50 kilómetros al sur del destino. Ahí Agustín Rivera conoce a Juárez. "La primera vez que lo vi acababa de desmontar del caballo y estaba sentado en una de dos hamacas que había en el portillo interior, con pantalón y chaqueta de dril blanco y sombrero poblano, blanco, tendido".

NOTAS

1) Guillermo Prieto: *Lecciones de historia patria* y "Romance de Leandro Valle". Manuel Cambre: *La Guerra de Tres Años, apuntes para la historia de la Reforma. El País*, Guadalajara 31 de octubre de 1867. José María Vigil: *La Reforma.* "Los salvados por don Guillermo Prieto", *El Universal*, 16 de marzo de 1897. En *De Santa Anna a la Reforma*, Victoriano Salado Álvarez cuenta la centaveada en la que intervienen ricos del pueblo y varios sacerdotes para financiar el complot de los militares. Salvador Ortiz Vidales: *Don Guillermo Prieto y su época: estudio costumbrista e histórico del siglo XIX.* Fernando Díaz Ramírez: *General José María Arteaga.* Juan Antonio Mateos: *El Cerro de las Campanas: memorias de un guerrillero, novela histórica.* Benito Juárez: "Efemérides" en *Documentos, discursos y correspondencia*, tomo I. Emilio Arellano: *Guillermo Prieto: Crónicas tardías del siglo XIX en México.*

2) Anastasio Parrodi tras su capitulación en San Pedro Tlaquepaque se dice que fue al Distrito Federal a entrevistarse con Félix María Zuloaga. Pasó a la vida privada hasta su muerte en 1870, a excepción del acto en que aceptó el imperio de Maximiliano, sin militar en favor de él.

3) José María Iglesias: "Aunque Don Benito Juárez tenía notoria capacidad y no carecía de instrucción, ni su erudición, ni su inteligencia eran de primer orden. La firmeza de sus principios era inquebrantable, por sostenerlos estaba siempre dispuesto a todo linaje de esfuerzos y sacrificios. La adversidad era impotente para dominarle, la próspera fortuna no le hacía nunca olvidar sus propósitos. Tan extraordinario era su valor pasivo que para los observadores superficiales se confundía con la impasibilidad. Honrado a carta cabal, despreció cuantas ocasiones se le presentaron de enriquecerse en su larga dominación. Si mostró demasiado apego a su permanencia en el poder, obró constantemente a impulso de motivos patrióticos".

29

EL SANTO

De nuevo acudimos a Guillermo Prieto para que te cuente: "Santos Degollado, de casi femenil rostro, menudas las facciones, y tras azules anteojos, hundidos los ojos negros, pequeños y recelosos". Te llamas José Nemesio Francisco, pero serás conocido por tu apodo: "Santos", quizá porque, como dice Juan A. Mateos, saliste "de las oscuras sombras de una catedral, donde la curia eclesiástica lo veneraba como a uno de los servidores más leales de la Iglesia".

Naces en Guanajuato, en días de la Independencia, un 30 de octubre de 1811, y de la Independencia serás sobrino, porque tu padre, un español, simpatizaba con la causa. En tu juventud vivirás en Morelia, te harás carpintero, aprenderás a pintar lacas, serás taquígrafo, estudiarás francés en un librito hasta dominarlo medianamente bien; incluso cultivarás el toreo.

Te casarás muy joven, a los 17 años, y habrá que buscar un empleo permanente. Consigues trabajo de escribiente en la catedral de Morelia y estarás a cargo de colectar los diezmos; tal vez de ahí surja tu profundo anticlericalismo. Aprovecharás las horas libres para entrar en la biblioteca y leer obsesivamente. "Autodidacta monstruoso", te llamarán tus amigos; lector sin método, todo te interesaba. Incluso sumarás al conocimiento del francés el latín, el árabe y el hebreo. Quizá el precio de esos millares de horas de lectura será el que andes con los ojos purulentos, que amenazan con dejarte prematuramente ciego.

Mauricio Magdaleno, rascando en viejos papeles, te descubrirá otra afición: "Como cualquier artesano, buscó en la música un refugio a sus escaseces materiales y llegó a tocar con encanto la flauta y la guitarra". Otros dirán de ti: "Hombre de grandes silencios interiores". ¿Silencios encubiertos con la música?

No hay duda de que en esos años de formación la figura de Melchor Ocampo ha de ser clave; te vincularás a él y a sus tertulias desde el año 35. Serás federalista, porque el centralismo presidencialista es uno de los grandes males de la nación. Y serás detenido en 1840, juzgado por sedición. Malos, malos tiempos, pero finalmente saldrás absuelto.

Cuando en el 46 Ocampo es gobernador de Michoacán serás director de estudios, trabajarás en la promoción y el fomento de los artesanos. Incluso serás durante tres meses gobernador interino en el 47. Ante los derrotistas llamarás a la guerra de guerrillas contra los invasores norteamericanos. El impacto de la guerra y de la derrota, la pérdida del territorio nacional, te marcará para siempre. Bajo nuevos gobernadores conservadores en Michoacán te refugiarás en la enseñanza. Cuando regresa Ocampo al gobierno en el 52, estarás con él.

Y en abril del 53 regresa Santa Anna a instaurar una dictadura. Serás desterrado por el Presidente al cantón militar de Jalapa. Una fuerte represión afectará a tus hijos y tus hermanos. Años después le contarás a Ocampo: "Mis hijos y mi hermano Rafael estuvieron casi al pie del cadalso y al mayor [Joaquín] le dieron de puñaladas en Orizaba para asesinarlo [...] uno de mis hijos chicos estuvo atacado de demencia porque lo sacaron en la noche desnudo al grito de *salga el hijo de Degollado, muera el hijo de Degollado* [...] mi pobre mujer molía chocolate y vendía dulces a la puerta de su casa para mantener a sus hijos". Tu hijo Mariano será desterrado al extranjero.

Te levantas en armas en marzo del 54, siguiendo a los guerrerenses que inician la Revolución de Ayutla. Tenías fama de buen jinete y buen espadachín. ¿Dónde habías aprendido? Formas parte de la legión de chinacos michoacanos que enfrentan al ejército con pequeñas guerrillas. Ahí están el italiano Ghilardi, Pueblita, Epitacio Huerta. Mauricio Magdaleno se pregunta: "¿De dónde le salió la vena militar y se improvisó cabecilla de una partida?". El que esto escribe piensa que más bien estabas destinado a fundar un club, editar un periódico, participar en una conspiración civil, y sin embargo...

Tu incorporación a la lucha armada da prestigio a la revolución liberal. El 24 de noviembre del 54 estás a punto de tomar Morelia, pero el ejército es aún muy verde, muy novato. Te mueves hacia Jalisco para unirte con Epitacio. En Tavera, Huerta pierde un brazo, te estrenas como médico y lo curas, asumes el mando de la brigada. Eras un general muy raro: no sólo cosías tu ropa; también reparabas desgarrones de lanza en la casaca de tus oficiales y pegabas botones en los astrosos uniformes de los soldados.

Pierdes la batalla de Zapotlán, rehaces tus tropas, te acercas a Guadalajara, entre el 7 y el 8 de diciembre vuelven a derrotarlos en las goteras de la ciudad. En esta revolución interminable que nunca define, sólo la terquedad impera.

La prensa reaccionaria califica a tu tropa de chusma. Son un ejército muy raro, rezan juntos en la noche aunque te refieras a la Iglesia católica como una cueva de bandidos. Algunas victorias menores en Michoacán. Y el dictador viene sobre ustedes. Le rehúyes el combate y te mueves con tus harapientos hacia el Estado de México. Derrotado en Tizayuca, tus fuerzas se dispersan; te quedas solo con Ghilardi. De nuevo hacia Michoacán. Los santanistas fusilan a 60 combatientes capturados. Tus soldados te llamaban el Colmenero porque parecías abejita. Rehaces tu guerrilla y el 22 de julio del 55, con Comonfort, ganan en Zapotlán.

El dictador simula, finta y retrocede y finalmente huye. Tras la Revolución de Ayutla, desde septiembre de 1855, gobiernas uno de los estados más ricos del país, Jalisco, y Zarco dice que vienes "a refugiarte en la oscuridad", sea eso lo que sea, y piensas que si de algo ha servido la revolución es para moralizar el país. Suprimes la universidad por reaccionaria y la sustituyes por el Instituto del Estado; fundas varios centenares de escuelas; emites una ley de imprenta. Te ves envuelto en un conflicto espinoso con los cónsules norteamericano e inglés en Nayarit, el contencioso contra Barrón y Forbes. El Congreso te exculpa. Renuncias a los nueve meses por discrepancias con Comonfort, que te sabe a poco y te parece blando.

Serás diputado por Michoacán en el Congreso Constituyente, que inicia sesiones en 1856. Tardas en sumarte a las sesiones por problemas de salud. Concha Lombardo te describe: "Era un hombre de unos 40 años, bajo de estatura, delgado, tez morena y ojos negros". Ángel Pola te redefine: "No tuvo más defecto que ser demasiado liberal". Ganas el premio mayor de la lotería y, pese a ello, no crees en la suerte.

El 23 marzo del 57, cuando Comonfort trata de nombrarte general de brigada, respondes negándote: "Desde que [...] recibí la patente del citado empleo, manifesté mi resolución de renunciarlo por el íntimo convencimiento de mi ineptitud y falta de antecedentes y servicios militares". Y el mismo Comonfort da un golpe de Estado contra la Constitución y luego los mochos le dan un golpe dentro del golpe, y tú, Santos Degollado, siendo gobernador de Michoacán, fuiste el primero que el mismo día llamaste a organizar la resistencia nacional.

En Colima, antes de embarcarse en el largo periplo que había de llevarlo a Veracruz, Juárez te nombra general de los restos del ejército liberal. Respondes diciendo que no eres soldado, que aceptas dadas las circunstancias, que lo más que puede hacer es tomar "mi corazón en holocausto al gobierno".

Y entonces, Santos Degollado, apelas a tus tropas en los siguientes términos: "Compañeros de armas, aquellos de vosotros que no tengáis fe en la santa causa de la democracia; aquellos que no sintáis latir un corazón patriota y desinteresado [...] aquellos de vosotros que no sintáis humillación y vergüenza hincando la rodilla delante del poder tiránico, de las preocupaciones y de los abusos, apartaos, salid de entre los hombres libres [...]. El descalabro de Salamanca y las defecciones de Silao y Guadalajara [...] han depurado nuestras armas".

NOTA

1) Mauricio Magdaleno, discurso del 3 de junio de 1961. Vicente Fuentes Díaz: *Santos Degollado, el santo de la Reforma. El centenario de Santos Degollado, documentos y cartas.* Francisco Zarco: "Oración fúnebre en honor del patricio Santos Degollado". Daniel Moreno: *Los hombres de la Reforma.* Ángel Pola: "Santos Degollado" en *Liberales ilustres mexicanos de la Reforma y la Intervención.* José Herrera Peña: "Santos Degollado", en *Historia de los ejércitos mexicanos.* Guillermo Prieto: "Romance de Leandro Valle" en *El romancero nacional.* John T. Hardi: *The Military and Political Career of Santos Degollado, 1854-1861.* Justo Sierra: *Juárez, su obra y su tiempo.* Andrés Molina Enríquez: *Juárez y la Reforma.* La correspondencia entre Ocampo y Santos Degollado en Genaro García: "Don Santos Degollado", tomo XI de *Documentos inéditos o muy raros para la historia de México.*

30

LOS NORTEÑOS

El 10 de abril Miramón ocupa Zacatecas. Días antes los conservadores han recibido un importante apoyo cuando desembarcan en Tampico, del vapor *Dee*, Leonardo Márquez, Agustín Zires, Pedro Vélez y otros generales santanistas que estaban en el exilio. Aunque fueron detenidos, serán liberados al ser derrotada la guarnición liberal de la ciudad.

Y siguiendo con los desembarcos, el 11 de abril, Juárez y el gabinete, Ocampo, Ruiz, Guillermo Prieto y León Guzmán embarcan en Manzanillo en el vapor *John L. Stephens*. Juárez ha tomado una extraña decisión: cambiar de océano. El Presidente ha decidido llevar el gobierno de la República a la liberal ciudad de Veracruz. ¿Por qué allí y no refugiarse en el norte? ¿Quiere estar más cerca de la capital? Ir a Veracruz implica un largo trayecto. Viajan a Acapulco, el 18 desembarcan en Panamá, el 22 arriban a La Habana, de donde salen en el *Filadelfia*, y el 28 de abril desembarcan en Nueva Orleans. Curiosamente están a punto de cruzarse con Comonfort, que se ha embarcado en Nueva Orleans para Nueva York. El 1º de mayo Juárez sale de Nueva Orleans en el *Tennessee* (y en esto de ser preciso en el nombre de los barcos otras fuentes dirán que fue en el *Mississippi*) y llega a Veracruz el 4 de mayo. Juárez ha anotado minuciosamente en una libretita lo que se le debe, 315 pesos de los pasajes en barco, porque mientras a los demás ministros se les pagaron los viáticos, a él se los deben.

Tuvo un gran recibimiento, con todo y cantos del himno nacional, campanas, multitud desparramada y guardia militar. Todo un acontecimiento: el comercio cerró las puertas, el ejército se desbordó en los muelles. "Todos deseaban conocer a Juárez". Suenan las salvas de artillería de 21 cañonazos una vez que pone pie en tierra.

En Veracruz el Presidente se reúne con una buena parte de la inteligencia liberal radical; allí están no sólo el gobernador Gutiérrez Zamora e Ignacio de la Llave, José María Mata y Ponciano Arriaga. Falta Francisco Zarco, que se ha quedado oculto en el Distrito Federal y actúa como informante y espía del gobierno juarista. En julio siguiente (1858) Zarco es encarcelado. Sale poco después, pero se le busca para volverlo a encerrar. Se las arregla para seguir en libertad, a salto de mata, y crea *El Boletín Clandestino*. Durante ese año y el siguiente los días de Zarco transcurren en la clandestinidad. También ha caído preso el regenerado Juan José Baz, ha sido detenido por Zuloaga; pobre destino del a veces comecuras, a veces conspirador con Comonfort y corresponsable del golpe militar que dio inicio a la guerra.

La fiesta popular jarocha no puede ocultar que hasta esos momentos el avance conservador ha sido muy importante y que los liberales están perdiendo la guerra. Pero la historia está a punto de dar un pequeño vuelco.

Avanzando con cautela desde Nuevo León y Coahuila, hacen su aparición las brigadas del norte, voluntarios enviados por el gobernador Santiago Vidaurri y al mando del general Juan Zuazua. Rangel los describe como rancheros del norte, "los blusas, colorados o chinaca, debido al paño rojo de su indumentaria [...], tagarnos, a causa de que fuman tabaco picado que envuelven en hojas lambidas de maíz [...] los hacheros que vienen rompiendo a golpe de hacha las puertas de haciendas, templos y conventos en busca de oro y alhajas y plata enterrada bajo los pisos de los altares y alacenas", algunos armados con rifles Sharp.

Su jefe es Juan Nepomuceno Zuazua, de mirada lánguida, ojos claros, ausencia de bigote, escaso pelo, nacido el 6 de enero de 1821 en Lampazos, Nuevo León, con estudios básicos que abandona, comerciante, lector animado de libros de historia. Se forma en las guerras contra los indios comanches y apaches lipanes; "imberbe aún", según León Guzmán llega a capitán de milicias. Le atribuyen el mezclarse en el cuerpo a cuerpo con indios, destruir sus campamentos. Daniel Moreno duda de su evolución política en las guerras indias, que tenían una lógica de exterminio. Participa en la guerra contra los gringos como capitán, les hace la guerra de guerrillas contra el avance norteamericano hacia Monterrey, estará en las batallas de Tampico, Matamoros y La Angostura hostigando su marcha. Insurrecto en Ayutla.

El 17 de abril en el desfiladero de Puerto Carretas, a menos de 50 kilómetros al norte de San Luis Potosí, Zuazua espera el despliegue del victorioso Miguel Miramón, que avanza con un ejército de 4 mil hombres y un gran tren de carretas, artillería y abastos. Los norteños se han dividido y Zuazua cuenta tan sólo con las brigadas de José Silvestre Aramberri, el coronel Miguel Blanco (en la que actúa un joven teniente coronel de caballería, Mariano Escobedo, que cubre la derecha de la línea) y José María Arteaga (que buscando la guerra tras el desastre inicial del ejército liberal ha ido a dar hasta allá), un total de 1 100 rifleros sin caballería de apoyo ni artillería. Emboscados en tres columnas en las alturas del cañón, los tiradores liberales sorprenden y masacran a los dragones de vanguardia de Miramón, pero el ejército de los mochos carga tres veces sobre la posición. Cuatro o cinco horas dura el enfrentamiento. Sin agua. Del caos de la batalla habla la carta del coronel Martín Zayas: "Ya me olía la boca a sangre, pues por un equívoco me interné entre unos cabrones, unos reaccionarios, que andaban vestidos de colorados, creyendo que eran de nuestras fuerzas, de modo que ya revuelto entre ellos me convertí en un venado".

Las cifras de bajas son muy dudosas, Miramón dirá que los liberales perdieron 700 muertos y heridos esa noche. La historia de la batalla de Puerto Carretas es, como dice Guillermo Prieto, "diminuta y oscura", porque el parte de Miramón la daba como una victoria y esa es la versión que ha trascendido. Pero lo cierto es que esa misma noche Miguel, cuyo ejército ha sufrido 300 muertos y ciento y tantos heridos, se retiró hacia San Luis Potosí, donde se quedaría clavado mes y medio.

El coronel Ignacio Zaragoza, que separado del cuerpo principal no participa en la batalla, le escribe al día siguiente a Santiago Vidaurri: "El aniquilamiento hubiera sido completo de no haber dejado el parque Zuazua tras de sí". Zuazua envía a Zaragoza varios oficiales conservadores para que los fusile, esa será una práctica habitual en las tropas bajo su mando. Zaragoza le escribe a Zuazua: "Francamente le diré que me ha puesto usted en el fuerte compromiso de ser el primer jefe de la frontera que haga ejecuciones a sangre fría, con la circunstancia desfavorable para mí de que yo no concurrí a la gloriosa función de armas [...]. Ellos, los oficiales prisioneros, están recibiendo los auxilios espirituales: han muerto ya [...] y yo me intereso en cuanto pueda valer, porque se perdonen. Estos mismos sentimientos he notado en muchos de mis compañeros". Y añade a puño y letra: "Seamos fuertes y terribles en el combate; pero después, que admiren nuestra humanidad los enemigos que no nos conocen". Zuazua acepta, no los fusilan y deja a una parte de sus fuerzas bloqueando el paso entre San Luis Potosí y Zacatecas.

Mientras los norteños se preparan para su siguiente enfrentamiento, los triunfos conservadores se suceden en otras partes del país: el mismo 17 de abril el general Luis Pérez Gómez toma Morelia y el general Miguel María Echeagaray ocupa Orizaba. Tres días más tarde el general Miguel Negrete, que se había mantenido como constitucionalista, se levanta en Jalapa apoyando el Plan de Tacubaya. En el puerto el gobernador liberal Gutiérrez Zamora se encuentra a la defensiva y llega a comprometer parte de sus bienes personales en obras de fortificación.

Pero diez días más tarde la balanza se reequilibra cuando las brigadas norteñas, los blusas rojas, tras una sorprendente marcha a pie de cien kilómetros, atacan y toman Zacatecas el 27 de abril de 1858. Con 2 mil soldados de infantería y sus coroneles Zaragoza y Escobedo, por sorpresa derrotan a una guarnición de 800 hombres, aunque sufren 700 bajas entre muertos, heridos y desaparecidos. El derrotado general Manero se queja amargamente: "Las tropas de usted al entrar en combate no se han presentado en columna sino en dispersión, arrastrándose por el suelo y dando brincos [...] dando gritos y alaridos a la comanche". Zuazua lo fusila (cuentan que los comerciantes locales ofrecieron 50 mil pesos por su perdón, pero que el general norteño exigió 100 mil y no los entregaron).

No será el único... Antonio Landa, el que había dirigido la intentona contra Juárez en marzo, es capturado, herido en la cabeza por un mosquetón y luego fusilado. Entre los 400 prisioneros también fueron fusilados el teniente coronel Francisco Aduna, el capitán Agustín Drechy y el capitán Pedro Gallardo, quien, herido gravemente, sobrevive al fusilamiento, es ocultado por un cura de Zacatecas y tras largo escondrijo vuelve a la Ciudad de México sólo para descubrir que su mujer, creyéndolo muerto, se ha vuelto a casar. El general liberal además desterró del estado al obispo Verea.

NOTAS

1) Es buena la nota biográfica de Jorge Tamayo en *Ignacio Zaragoza: Cartas y documentos*. Sebastián I. Campos: *Recuerdos históricos de la ciudad de Veracruz y costa de Sotavento, durante las campañas de Tres Años, Guerra de intervención y el Imperio*. Daniel Moreno: *Los hombres de la Reforma*. Raúl Rangel Frías: *Jerónimo Treviño. Héroes y Epígonos*. Lucas Martínez Sánchez: *El Ejército del Norte. Coahuila durante la guerra*

de Reforma, 1858-1860. Manuel Cambre: *La Guerra de Tres Años, apuntes para la historia de la Reforma*. Agustín Rivera: *Anales mexicanos. La Reforma y el Segundo Imperio*. Luis Medina Peña. *Los bárbaros del Norte. Guardia nacional y política en Nuevo León, siglo XIX*. Artemio Benavides Hinojosa: *Santiago Vidaurri, caudillo del noreste mexicano, 1855-1864*. Manuel Valdés: *Memorias de la guerra de Reforma. Diario del coronel Manuel Valdés*. *Epistolario Zaragoza-Vidaurri, 1855-1859*. Rodolfo Arroyo: *Ignacio Zaragoza, defensor de la libertad y la justicia*. Eduardo Cázares Puente: *General Zuazua, el hijo de la frontera y el soldado de la Reforma*. Francisco Sosa: *Las estatuas de la Reforma*. Guillermo Prieto: *Lecciones de historia patria*. José María Vigil: *La Reforma*. Carmen Blázquez Domínguez: *Miguel Lerdo de Tejada, un liberal veracruzano en la política nacional*. Benito Juárez: "Efemérides" en *Documentos, discursos y correspondencia*, tomo I. Francisco de la Maza: "El general Miramón en San Luis Potosí".

2) En la revisión del juarismo se producen fenómenos muy curiosos como cuando David A. Brading ("Juárez, conductor de hombres") no estudia a Juárez sino revisa el Juárez de Justo Sierra. Por cierto que en ese texto afirma que "Juárez estuvo en Oaxaca durante la mayor parte de la Reforma", supongo que habrá pensado Veracruz.

3) Juan José Baz que había intervenido en la Guerra de Reforma, resultando derrotado en la batalla de Salamanca, en marzo de 1858 fue capturado, pero logró escapar a Morelia, donde fundó el periódico *La Bandera Roja*.

31

EL TIGRE MÁRQUEZ

Leonardo Márquez ha regresado a México. Ángel Pola produce un singular retrato de él: "Márquez veía en la que le dio el ser a un Dios. Cuando salía a campaña, le pedía su bendición, la cual recibía con reverencia suma, de hinojos, cruzado de brazos e inclinada la cabeza. *Dios mío* (decía en voz alta la señora), *no dejes de la mano a mi hijo, cuídamelo en su camino, míramelo en sus pasos difíciles y devuélvemelo con vida, porque tú sabes que es el sostén único de mi vejez*. En tanto que estas palabras eran pronunciadas por la venerada anciana, que era toda virtud, el sanguinario soldado lloraba a lágrima viva. Recibida la bendición, Márquez se ponía de pie y estrechaba en sus brazos a la autora de sus días. Entonces se creía ya invulnerable e iba a la guerra con bravura de fiera".

Este amantísimo hijo, Leonardo Márquez Araujo, era el menos Macabeo de los Macabeos. Soldado de profesión y eternidad, nacido en enero de 1820, era hijo de un capitán del ejército que a los nueve años lo llevó a defender Tampico contra la invasión de Barradas. Empieza su carrera como niño cadete de la compañía presidial de caballería de Lampazos en la frontera norte, donde está comisionado su padre. Ingresa como meritorio (el chico de los recados) en las oficinas de la Tesorería General de la Nación. Cuando se inicia la guerra de Texas, a los 16 años, pide ir a luchar contra los "ingratos y pérfidos colonos" anglosajones. Admira y se duele del cautiverio de Santa Anna. En los siguientes diez años combate asonadas, hace vida de cuartel. Como narra Rosaura Hernández, "el dinero era ya, para Leonardo, una tentación difícil de resistir. En dos ocasiones su carrera militar se ve manchada por manejos turbios en cuestiones monetarias: extravió una remesa de armas en Saltillo, cuyos fletes ascendían a 80 pesos. La segunda *olvidó* rendir cuentas de los gastos de 200 hombres que estuvieron bajo su cuidado en la Ciudad de México. El asunto de los fletes le originó ocho días de arresto, y sus olvidos al rendir cuentas no pasaron desapercibidos en el Departamento de Contabilidad de la Secretaría de Guerra, y su presencia fue reclamada en México para aclarar esa anomalía".

Y entre tanto hay alzamientos, asonadas, golpes militares, conspiraciones y el ejército funciona como el fiel de la balanza. El joven teniente Márquez reaparece en el 43 a cargo de la academia de oficiales en Jalapa. Resulta un jefe enemigo del castigo corporal. "Mandó formar a la tropa bajo su mando, con uniforme de gala. Ordenó que todos los cabos quemaran las varas con que golpeaban a los soldados". En su arenga, usó palabras subversivas en contra del "orden establecido".

Participa activamente en la guerra contra los norteamericanos como capitán. Con Luis G. Osollo enfrentó a las tropas del general norteamericano Marshall y el 22 y 23 de febrero de 1847 combatieron en La Angostura. Fue ascendido a comandante de batallón.

Concha Miramón ofrece un retrato años más tarde: "No fue favorecido por la naturaleza; de baja estatura, con una cabeza bastante grande que parecía pertenecer a otro individuo, ojos negros que escudriñaban y falsa mirada; y dos largas mandíbulas, que terminaban en una gran boca, la cual cuando abría dejaba ver una fila de largos dientes, que el poblado bigote no bastaba para cubrir; esa parte inferior de su cara se asemejaba a la de un animal feroz [...] valiente en extremo, altivo y autoritario".

En 1854, en plena dictadura santanista asciende a general. Félix Eloin comentará: "La carrera del general Márquez ha pasado desapercibida hasta el momento en que, ya comandante del batallón, fue el objeto de la protección de Santa Anna, que lo hizo ir con él a una expedición al sur, contra Álvarez, y lo elevó rápidamente al grado de general de brigada".

En 1855 será exiliado por haber defendido la ciudad de Puebla en contra del gobierno de la Revolución de Ayutla, se queda al margen del golpe de Comonfort y del golpe dentro del golpe de Zuloaga, que dará inicio a la Guerra de Reforma.

Zuloaga, que lo incorpora al ejército conservador, irá modificando al paso de los años su opinión: "Márquez: el carácter de ese jefe es el más a propósito para convertir en enemigos a los amigos más entusiastas y decididos, y aun para esto no necesita de mucho tiempo; bástale, para conseguirlo, pasar de tránsito; su huella se conoce aun a larga distancia; allí donde hay desolación y lágrimas, donde la barbarie se ha cebado en alguna víctima, por allí, sin duda, ha pasado el general don Leonardo Márquez".

Abundarán las miradas que así lo retratan. Los llamarán a él y a los hermanos Cobos "terribles fanáticos guerreros". Conrado Hernández dirá: "El genio militar de Leonardo Márquez parece tan incuestionable como su carácter sanguinario". El conde de Kératry lo calificará de "vigoroso soldado; pero [...] tenía apetitos de verdugo", y Félix Eloín: "Se le reprocha haberse mostrado siempre sanguinario hasta el último grado".

Lo sorprendente es que todos estos juicios sobre el salvajismo de Leonardo Márquez, su desprecio por la vida ajena, que se reiteran continuamente en los que lo conocieron o lo estudiaron, son posteriores. ¿Podríamos decir que el soldadote conservador estará en camino de convertirse en la bestia negra del liberalismo?

NOTA

1) Lo mejor sobre los antecedentes de Márquez es el trabajo de Rosaura Hernández Rodríguez: "Leonardo Márquez, de cadete a capitán". Fernando Díaz Reyes Retana: *Vida militar y política del señor general de división don Leonardo Márquez Araujo*. Manuel Santibáñez: *Reseña histórica del cuerpo del Ejército de Oriente*. Archivo de la Secretaría de la Defensa Nacional, *Cancelados*, exp. XI/III/I-119. Conde E. de Kératry: *Elevación y Caída del emperador Maximiliano. Intervención francesa en México, 1861-1867*. Alfonso Trueba: *Legítima gloria*. Ángel Pola: rectificaciones y comentarios a Leonardo Márquez: *Manifiestos (el Imperio y los imperiales). Por qué rompo el silencio*. José María Vigil: *La Reforma*. "Los traidores" (nota de Félix Eloin, el secretario de Maximiliano). Félix María Zuloaga, manifiesto escrito en San Thomas el 20 de julio de 1862. Concepción Lombardo de Miramón: *Memorias*. Manuel Ramírez de Arellano: *Apuntes biográficos del señor general de brigada D. Joaquín Miramón*.

32

EL 58

No será Veracruz el primer gran escenario de la guerra. Los enfrentamientos más importantes se producirán en dos espacios geográficos: el centro y el occidente del país: San Luis Potosí, donde Osollo y Miramón intentarán detener a los liberales norteños, y la eterna batalla por Guadalajara.

El 5 de mayo Santos Degollado, reorganizando las fuerzas de Jalisco y Colima, con 6 mil hombres avanza sobre Guadalajara. Degollado ha hecho un esfuerzo tremendo por disciplinar a los diversos grupos. De la Torre Villar apunta: "Su actitud de clemencia hacia los enemigos se unía a un firme propósito de mantener dentro de sus filas la más estricta disciplina".

El teniente coronel Manuel Piélago salió de Guadalajara para apresar a Ignacio Herrera y Cairo, el ex gobernador liberal de Jalisco y catedrático de la Escuela de Medicina. Lo detuvo en la hacienda de Providencia, en el municipio de Ahualulco, y el 20 de mayo lo fusiló por órdenes del general Francisco García Casanova. Los estudiantes de medicina tapatíos efectuaron violentas manifestaciones por el asesinato de su maestro. El presidente Zuloaga regañó fuertemente a Casanova y ordenó la destitución de Piélago, que Casanova no realizó. En respuesta, los constitucionalistas formaron un batallón al que pusieron su nombre. Jesús Ignacio Herrera y Cairo tenía 37 años y se había destacado en su gobierno porque nombró un abogado especial pagado por el gobierno mismo para defender las reclamaciones de los indígenas. Había sido constituyente en el 57, al igual que su hermano Julián, también médico. Las venganzas comenzaban a cruzar el escenario de la guerra.

El 30 de mayo los caudillos conservadores se reunieron en San Luis Potosí para trazar el plan de campaña. Mateos cuenta que Osollo estaba en fuerte conflicto con el clero, al que acusaba de no financiar su ejército castigado por el hambre. En la junta deciden que Osollo hará frente a los norteños, mientras que Miramón se irá hacia Guadalajara para enfrentar a Santos Degollado.

Una parte del ejército liberal norteño encabezada por el coronel Miguel Blanco y Mariano Escobedo marchó de Zacatecas para Aguascalientes con el 2º Regimiento de Rifleros Montados, los lanceros de San Luis y el 2º Regimiento Ligero de Aguascalientes, para ir en auxilio de Santos Degollado en la batalla por Guadalajara. La marcha debía hacerse por San Juan de los Lagos, en cuya plaza el coronel Calvillo con su fuerza, "apoyada por el populacho fanatizado", resistía el paso de los liberales. Entonces Escobedo, con habilidad, en media hora arrolló al enemigo y ocupó el templo, haciendo gran cantidad de prisioneros. El camino quedó abierto. El 27 de mayo los liberales se apoderaron de 100 mil pesos que estaban enterrados bajo el Santuario de Nuestra Señora. Aún con esos fondos la travesía era muy complicada.

El centro de la guerra se encuentra en la capital de Jalisco. El 3 de junio llega Santos Degollado a los alrededores de Guadalajara, habiendo sumado a los blusas coloradas de Blanco y sus rifleros de Nuevo León. La ciudad está defendida fuertemente por dos jefes competentes, el general Casanova y el general Blancarte. Degollado cuenta con unos mandos medios muy capaces, fogueados en estos primeros meses de guerra: el general Juan N. Rocha, quizá no muy consistente ideológicamente, pero activo desde la revuelta de Ayutla; el joven coronel Leandro Valle, formado en el Colegio Militar; José Silverio Núñez, Pedro Ogazón, Miguel Cruz Aedo, Miguel Blanco, Mariano Escobedo e incluso un exótico norteamericano llamado José María Chessman, comandante del Batallón de Rifleros Mixtos de la Unión. Los rifleros del norte traen carabinas Sharp y fusiles del Mississippi de mayor alcance que las armas de los conservadores.

El asedio es brutal; la poca artillería con la que Santos Degollado cuenta impide que pueda rematar a los conservadores. Durante el cerco, los liberales que tienen posesión de la catedral tocan en el órgano "Los cangrejos" para humillación de los cercados. Casanova se niega a rendirse. "La lucha fue sangrienta y reñida durante varios días. Los liberales van casa a casa destruyendo muros interiores". Es una guerra de tiros, pero también de palabras. Se publican periódicos en cada bando: El Soldado de Dios y El Boletín del Ejército Federal, que se arrojan hacia las posiciones enemigas en pequeños envoltorios lanzados con cohetes.

El 13 de junio, con la toma de San Diego y Santo Domingo, Santos Degollado anuncia a sus tropas: "Muy pronto vais a ser dueños de Guadalajara". Un testigo narra: "La ciudad presentaba por todos los lados los signos del exterminio [...] las calles y plazas obstruidas con parapetos, espaldones, escombros y enormes montones de basura; en los muros, torres y cúpulas de edificios aparecían los estragos de las balas de cañón amenazando ruina".

Pero Santos, Don Santitos, como le dicen sus hombres, tiene noticias del avance de Miguel Miramón, acompañado del general Vélez con 4 mil hombres: falto de municiones y alimentos, decide el repliegue y levanta el sitio el 21. Han sido 16 días de asedio infructuoso. Se mueve a la Barranca de Beltrán con 3 mil hombres (según el futuro parte de Miramón), rechazando las proposiciones de sus jefes de atacar, y crea posiciones fortificadas. Santos le escribe a Juárez: "Aunque lleno de esperanza, estoy lleno de angustias. No temo a la muerte, sino a morir con el nombre de bandido que me dan los reaccionarios".

El 23 llega Miramón a Guadalajara. Su ejército luce una cruz roja bordada sobre el corazón y en las lanzas un trapo negro adornado con una calavera; otros portan una banda que dice "Religión o muerte". Una semana más tarde (el 1 y 2 de julio) los ejércitos de Santos Degollado y Miguel Miramón chocan en las barrancas de Atenquique, que cortan el camino de Colima en 800 metros y 500 metros de profundidad, cerca de Ciudad Guzmán.

A las 11 de la mañana los exploradores de los mochos descubren al enemigo al otro lado de la barranca. Personalmente Miramón va a tomar medidas del terreno. Les están impidiendo el paso. Moviliza a sus tropas para dominar el cerro y posiciona la artillería. Logra un éxito en el primer encontronazo contra la línea liberal, formada por dos batallones sobre el borde de la barranca, y prepara el segundo contra la reserva formada por otros tres batallones. Los ataques conservadores a las lomas fracasan tres veces. Se produce un contraataque a la bayoneta. A Miramón le hieren el caballo y sufre una contusión. El combate dura más de siete horas. Al caer la noche los liberales se repliegan, pero Miramón no se atreve a seguirlos. Las bajas han sido muchas y parejas. Ambas fuerzas proclaman la victoria.

Escobedo es nombrado coronel de caballería, pero no quiere aceptarlo. En su extremada sencillez, piensa que aún no está listo para ese mando. Como un hecho curioso, cabe registrar que Miramón y Leandro Valle habían sido compañeros en el Colegio Militar y se saludan antes de las batallas. Según Concha Lombardo, Miramón traía consigo un retrato de Leandro y "cuando se enfrentaban le mandaba un recado clavado en un maguey" en el futuro lugar de enfrentamiento.

En el campo liberal se descubre, al interceptar un correo, que cuando iba a celebrarse la batalla de Atenquique el comandante militar de Colima, teniente coronel Ignacio Martínez, había enviado una carta a Miramón diciendo que se ponía a sus órdenes para cambiar de bando. Detenido, convicto y confeso, será fusilado el 12 de junio.

Miramón regresa a Guadalajara. Santos envía a presionarlo al general José Silverio Núñez, que marcha con Escobedo a la vanguardia. El norteño descubre en Santa Anita a Casanova, que se mueve con más de 2 mil hombres de las tres arnas y transmite el aviso a Núñez, que le ordena aguantar. El teniente coronel Leandro Valle alcanzó a Escobedo y le comunicó la orden de detener al enemigo a todo trance, bajo la seguridad de que recibiría inmediato auxilio. El 9 de julio, con menos de 500 hombres, Escobedo se enfrenta al general Casanova conservando sus posiciones, no obstante haber tenido más de cien bajas entre muertos y heridos de su fuerza. Finalmente se repliega y le pide satisfacciones a Núñez, que lo dejó tirado.

Mientras esto sucedía en Jalisco, el 18 de junio en San Luis Potosí, aquejado por lo que unos dirán que eran "fiebres cerebrales", otros que era tifoidea adquirida años antes en Tabasco, muere Luis Gonzaga Osollo. Para el campo conservador es un golpe demoledor. José Ramón Malo dirá: "Cuando era la esperanza de su patria desgraciada". Muere como un caballero cristiano. En el lecho de muerte pide al obispo Barajas que le traiga una virgen: "He defendido los derechos de mi patria y de tu hijo", le dice a la efigie. Deja como herencia sólo sus caballos, su reloj y sus armas.

Miramón pasa por San Luis Potosí poco después de la muerte de Osollo y vuelve a la Ciudad de México. El problema con Miramón es que quería estar en todos lados; el problema de Santos Degollado es que solía estarlo.

Unos días más tarde, el 30 de junio, toman San Luis Potosí los temidos norteños dirigidos por Zuazua, Aramberri, Francisco Naranjo y el joven coronel Ignacio Zaragoza, que se ha reincorporado tras ver a su hijo de meses. Hay seis horas de cañoneo. Nuevamente su armamento es superior al de los conservadores; recientemente la caballería ha recibido pistolas Colt 45, a las que llaman "marinas" o "dragonas".

Zuazua destierra al obispo Barajas a Piedras Negras, expulsa a 27 curas, saca un préstamo forzoso de 200 mil pesos. La crónica conservadora habla de la ocupación por "gente perdida que no siente respeto". Zuazua, hablando de su dureza, comenta: "Se me llama bandido, bárbaro, cobarde, alevoso y hasta borracho; quiero mostrar a estos malvados que se acabó el tiempo de la lenidad y que alguna vez han de resentir el peso de la ley promulgada por el pueblo". Los conservadores están aterrorizados. Unas vecinas lo ven sentado en un cajón de municiones con su blusa roja y dos pistolas al cinto, organizando el saqueo de bienes que se mandarán a Nuevo León. Pero las expropiaciones están organizadas, no son obra de soldados desmandados. Zuazua decreta la pena de muerte en 24 horas para los saqueadores.

Miramón, de regreso en México, según los redactores de *El Progreso* en Veracruz, no tiene buenas relaciones con Zuloaga. Se enfrenta con el Presidente, el clero y los grandes burgueses porque no envían fondos a su ejército. Se organiza una leva de mil hombres y obtiene 300 mil pesos del clero. Se había pedido a algunos de los grandes burgueses de la ciudad una contribución de guerra de 30 mil pesos a cada uno: Manuel Escandón, Francisco Iturbe, Faustino Goríbar, José Pacheco se van del Distrito Federal o fingen no haber escuchado la demanda.

En el terreno diplomático no les van mal las cosas a los conservadores. El 2 de julio José María Mata, en Washington, le escribe a Juárez, en Veracruz, informando que el embajador norteamericano Forsyth reconoció al gobierno golpista de Zuloaga, aunque cree que se puede revertir el hecho; informa además las pretensiones del presidente norteamericano para que "el privilegio de Tehuantepec tuviese más amplitud", con puertos libres de ambos lados y la concesión de un ferrocarril Texas-Chihuahua-Sonora-costa del Pacífico. Los norteamericanos juegan las cartas del chantaje.

Mientras tanto, la ofensiva de los norteños progresa: por un lado el general chihuahuense Esteban Coronado toma Durango (7 de julio), y por otro José Silvestre Aramberri ocupa Guanajuato el 15. A la guerra de balas las guerras de palabras. Panfletos conservadores locales decían que los norteños comían niños recién nacidos guisados con calabacitas. Reportada la historia en Monterrey, los diarios locales contestaron que sólo comían lenguas de conservadores. A esto se suma la ofensiva de las guerrillas de Epitacio Huerta y Pueblita en Michoacán. La campaña informativa de los conservadores es terrible; Ibarra escribe exagerando con descaro: "Después de tomar una ciudad se armaba al populacho, se saqueaban las casas, se forzaba a las mujeres y corría por las calles la sangre de los fusilados".

El 15 de julio Leonardo Márquez es nombrado jefe del ejército conservador de Oriente y gobernador de Michoacán. La contra ha perdido a Osollo, pero recupera su tercera espada. Será la segunda figura militar de la reacción después de Miramón. El coronel Ramírez de Arellano, que sirvió a sus órdenes y lo conoció bien, contará: "De corta estatura, mal proporcionado, sin aire militar; posee, sin embargo, toda la vivacidad y toda la actividad que comunica al cuerpo una alma atormentada por fuertes pasiones. Su fisonomía es repugnante, su mirada inquieta y escrutadora. Su cráneo ofrece notables depresiones en los puntos que se consideran como sitio ordinario de la bondad, de la generosidad, y un gran desarrollo en los lugares a donde se localizan el odio y la audacia. Egoísta, avaro y vengativo, es al mismo tiempo enérgico, resuelto y valiente hasta la temeridad. Militar por vocación, con más práctica que ciencia, amante del peligro, que ve con desprecio, profesa un grande respeto por el espíritu de subordinación y de resignación. Sin valor moral, siempre elude toda responsabilidad que pueda amenazarle, para hacerla recaer sobre sus inferiores. Alaba las ideas del que manda, trata a sus subordinados con dureza y exige de ellos un respeto y la disciplina tan severo como humillante. Irascible y chancero, grosero y afable, según le inspiren su temperamento o su carácter, se le teme y se le aborrece, pero nunca se le ha amado".

El 2 de agosto Márquez logra su primer éxito importante al derrotar a Pueblita y Régules en Acámbaro, y el 22 de agosto los conservadores derrotan a Aramberri en San Miguel de Allende; en cambio, pierden Tampico, que ocupa el coronel constitucionalista José María Carvajal.

Manuel Ramírez de Arellano cuenta que, tras entrevistarse Miramón y Márquez con Zuloaga para proponerle ir a destruir a los norteños, este se asustó y trató de frenarlos diciendo que una derrota podría significar el perder la guerra definitivamente. "Cuando Miramón y Márquez salieron de ver a Zuloaga, tuvieron este diálogo, como respondiendo a un mismo pensamiento:

"—¿Usted qué dice? —rompió el silencio Miramón.

"—Que debemos ir a atacarle —contestó Márquez.

"—Pues lo mismo creo yo.

"Y ambos generales salieron de la capital a pesar de la resolución contraria del presidente. Este rasgo pinta de bulto el estrechamiento de ánimo de Zuloaga".

A fines de agosto Miramón ordena concentrar en Querétaro a su brigada (4 mil hombres), la de Márquez (1 200) y la de Tomás Mejía (800) para confrontar definitivamente a los blusas rojas. El 4 de septiembre Miramón pasa por San Luis Potosí hacia Zacatecas. "Yo no puedo estar en todos lados", dice. Y no le falta razón, porque el 21 de septiembre, en un lugar llamado Cuevitas, a 90 kilómetros al sur de Guadalajara, Santos Degollado derrota a Casanova, que llega en fuga a la capital sólo con 60 jinetes; le toman artillería y muchos prisioneros. En el combate el general Rocha es herido a causa de una piedra arrojada por un bote de metralla cuando dirigió la toma de la artillería al enemigo. Los liberales capturan y fusilan a Encarnación Peraza, que había estado en la detención e intento de asesinato de Juárez en marzo.

Y la guerra se financia de las maneras habituales: el 23 de septiembre Epitacio Huerta, gobernador liberal de Michoacán, se apodera de las alhajas de la catedral de Morelia, con valor de medio millón de pesos (sólo la plata fundida importa 10 300 kilos).

Y el 26 de septiembre Santos Degollado comienza de nuevo a cercar Guadalajara y les dice a sus tropas en un manifiesto: "Vosotros, los que habéis hecho la campaña sin vestido, los que habéis peleado sin sueldo y sin paga, los que habéis dejado el hogar doméstico por la dureza de la campaña".

NOTA

1) Agustín Rivera: *Anales mexicanos. La Reforma y el Segundo Imperio.* Vicente Fuentes Díaz: *Santos Degollado, el santo de la Reforma.* Rubén García: *La romántica vida del general Luis G. Osollo.* Conrado Hernández López: *Las fuerzas armadas durante la Guerra de Reforma, 1856-1867.* Rosaura Hernández Rodríguez: *El general conservador, Luis G. Osollo.* José Ramón Malo: *Diario de sucesos notables, 1854-1864.* Domingo Ibarra: *Episodios históricos militares que ocurrieron en la República Mexicana desde fines del año de 1838 hasta el de 1860, con excepción de los hechos de armas que hubo en tiempo de la invasión norte-americana.* Manuel Ramírez de Arellano: *Apuntes de la campaña de Oriente, 1859: febrero, marzo y abril.* "Hoja de servicios del C. General de División Mariano Escobedo, su edad cincuenta y siete años, natural de Galeana del Estado de Nuevo León, su estado casado, sus servicios, y circunstancias los que a continuación se expresan". Juan de Dios Arias: *Reseña histórica del Ejército del Norte durante la intervención francesa, sitio de Querétaro y noticias oficiales sobre la captura de Maximiliano, su proceso íntegro y su muerte.* Miguel Ángel Granados Chapa: "Francisco Zarco. La libertad de expresión". Niceto de Zamacois: *Historia de México.* Parte de Miramón, 7 de julio de 1858. *Don Santos Degollado; sus manifiestos, campañas, destitución militar, enjuiciamiento, rehabilitación, muerte, fucrales y honores póstumos.* Concepción Lombardo de Miramón: *Memorias. El Progreso,* 3 de agosto de 1858. Robert J. Knowlton: *Los bienes del clero y la Reforma mexicana, 1856-1910.*

33

AHUALULCO

A fines de septiembre Miramón decide ignorar lo que está sucediendo en Jalisco y prosigue su campaña contra los fronterizos que dominan San Luis y Zacatecas. Incorpora a la brigada de Leonardo Márquez. Cumple 26 años y le escribe a Concha: "Si les agarro los fusiles a los generales liberales".

Santiago Vidaurri ha decidido hacerse personalmente cargo de la campaña a la busca de gloria; a su llegada a San Luis Potosí era el jefe de jefes, se hospeda en alojamiento de lujo, pone guardias en las puertas, abundan los banquetes y los oropeles. Ha desplazado a Zuazua, al que ni siquiera deja de segundo jefe, sino que nombra en su lugar al liberal británico Eduardo H. Jordán. Una parte de su fuerza original, la brigada de Blanco con Escobedo, está ausente, aún sumada a Santos Degollado en Jalisco.

La cita se produce el 25 septiembre de 1858 en un lugar llamado Ahualulco de Pinos, a 50 kilómetros al noroeste de San Luis Potosí, que Fuentes Mares describe como "un villorrio lúgubre como aullido de coyote". Ambas fuerzas están en igualdad de condiciones, unos 5 mil hombres por bando, aunque luego Vidaurri dirá que los conservadores eran tres veces más y tenían más artillería, 30 cañones. La ventaja de los norteños estaba en los 1 800 rifleros de caballo comandados por Aramberri y la infantería que dirigía Zaragoza. La debilidad estaba en sus dos mandos supremos. El coronel Manuel Valdés comenta: "Ni el general en jefe ni su segundo eran para el caso".

Durante tres días se producirá un *impasse* con las fuerzas frente a frente. Los norteños no están ansiosos por atacar, esperan refuerzos de Tamaulipas. Miramón y Márquez buscan cómo debilitar su posición, "un cerro sombreado de arboleda frondosa, las tropas constitucionales ocupaban las alturas, sus baterías dominaban el campamento conservador, abajo un río hermoso ceñía la falda. Aquello parecía nacimiento". El mismo Ramírez de Arellano pone en boca de Miramón la siguiente reflexión: "Creo difícil presentarle batalla; parece inexpugnable; nos domina por completo". Hay esporádicos duelos de artillería, pero el historiador conservador Ibarra informa que "la artillería liberal está fuera de distancia".

Hay dos versiones en el bando de los cangrejos sobre la batalla: aquella que proviene del parte de Miramón, según la cual el general en jefe, o sea él, diseñó el futuro enfrentamiento con precisión matemática, y los comentarios posteriores de Leonardo Márquez: "Podemos batir con buen éxito al enemigo. Para esto hay que voltearle su posición", y según eso, Márquez ordena al general Taboada que ocupe un cerro con un piquete de soldados para hacerlo base de operaciones. El hecho es que Miramón toma las alturas y el 28 de septiembre desplaza a los norteños de su izquierda. Con el avance de las tropas de Márquez y una carga de 3 mil hombres de caballería, en la que queda herido Tomás Mejía, los conservadores detienen el contraataque y obligan a replegarse a los liberales. Miramón concentra sobre ellos el fuego de la artillería.

A las dos de la tarde el campo era de los cangrejos. Dos días ha durado el combate. El coronel constitucionalista Valdés denunciará que por la mala dirección no entró en acción ni una quinta parte del ejército liberal. Vidaurri y Jordán huyen sin tratar de reorganizar el repliegue. Vidaurri sale con el caballo que le entrega el comandante Feliciano Valenzuela, que pagará el préstamo con su vida. Ignacio Zaragoza salva una pequeña parte de la artillería. La derrota liberal es grave. El ejército norteño tiene 672 muertos, tan sólo sufre 96 (o 91) prisioneros (o sea que se remató a los heridos) y la pérdida de 23 piezas de artillería, 13 carros con municiones, 113 carros de transporte, 1 163 rifles y carabinas Minie; 12 233 proyectiles y un número considerable de lanzas y otros útiles de guerra. Entre los heridos graves se encuentra un joven oficial, Francisco Naranjo, que va a dar mucho que hablar en esta guerra. En el ejército de Miramón tan sólo hubo 143 muertos y 201 heridos.

Mientras Miramón proclama su victoria, los amigos de Márquez tienen otra versión: "En verdad, fue el talismán de Miramón, a quien tocaron en su vanidad un grupo de compañeros del Colegio Militar, diciéndole: *Miguel, el público murmura que tus victorias te las da Márquez*". El 30 de septiembre se produce la entrada solemne de Miramón en San Luis Potosí.

Al iniciarse octubre, mientras una parte del ejército liberal volvía hacia Guadalajara, los norteños que lo habían apoyado mandados por Blanco intentaron unirse a la división de Vidaurri. En Acámbaro conocen lo sucedido en Ahualulco, y en un consejo de guerra se decide no ir hacia el norte sino hacia Toluca, con 1 500 hombres. En momentos se les une el general Pueblita con 500 hombres. Finalmente avanzan sobre la Ciudad de México para dar un golpe sorpresa.

Se supone que Blanco estaba en contacto con una conspiración que dirigía Miguel Lerdo de Tejada (en contacto con Juárez en Veracruz), que pensaba que si una fuerza liberal significativa se acercaba a la Ciudad de México, podría producirse un alzamiento.

El pequeño ejército de Miguel Blanco, con 2 mil hombres y 12 piezas de artillería, llegó hasta las goteras de la capital y se situó en Tacubaya. Algunos de los conspiradores se presentaron (el licenciado Romero Rubio se entrevistó con el general Justo Álvarez), pero en la ciudad no hubo movimiento alguno.

Las tropas de Blanco tomaron los límites de la ciudad. Escobedo cayó sobre la garita de San Cosme, que en el acto ocupó con sus rifleros, aunque se le resistieron los alumnos del Colegio Militar; luego prosiguió hasta San Fernando, donde la vanguardia del general guerrerense Pinzón fue derrotada. Aun así los liberales se apoderaron del convento de la Merced y Escobedo protegió la retirada hasta Chapultepec. Era evidente que con las fuerzas que se tenía no se podía triunfar y Blanco decidió la retirada. Escobedo la cubrió hasta bien entrada la noche, cuando pudo incorporársele el batallón de Aguascalientes. El repliegue se hizo por la vía de Tlálpam, tomando el rumbo de Zitácuaro. Los liberales no dejaron de combatir ni un solo día, hostigados por las fuerzas conservadoras que los perseguían.

Mientras tanto, la segunda batalla por Guadalajara está en su apogeo. Desde el 3 de octubre a las cinco y cuarto de la tarde Santos Degollado pasa a la ofensiva con 4 mil hombres y 23 piezas de artillería. Al día siguiente es herido mortalmente en la plazuela de Santo Domingo el general constitucionalista José Silverio Núñez y muere a las pocas horas. El general conservador Blancarte informa que los liberales avanzan taladrando casas, en medio de un terrible duelo de artillería e incendios.

Casi un mes durarán los combates. Santos Degollado escribe: "Cuando por tres veces los fuertes parapetos del enemigo habían logrado contener la bizarría de nuestros soldados que a pecho descubierto iban a disputar al enemigo la posesión de la plaza, cuando nuestras banderas estaban ya enlutadas", el 27 de octubre a las diez de la noche, tras haber hecho volar dos fortines por medio de minas, penetra hasta la plaza principal y ocupa el Palacio de Gobierno, la catedral y todos los edificios importantes de Guadalajara, a excepción de la torre y convento de San Francisco, último baluarte de Blancarte. Esa noche muchos conservadores se ocultaron y varios salieron disfrazados de la ciudad.

Al día siguiente, 28 de octubre, capitula Blancarte. Los oficiales capturados firman un documento que los compromete a no empuñar armas contra la Constitución del 57. Santos Degollado devuelve a la población dineros y objetos saqueados.

Una obsesión recorre el bando de los triunfadores: capturar a los asesinos de Herrera y Cairo. Ese mismo día descubren escondidos a los tenientes coroneles Piélago y Monayo, que serán llevados al Palacio de Gobierno; Piélago en un sillón, porque estaba muy grave de una herida en el pecho que había recibido en la defensa de San Felipe. Santos Degollado ordena un proceso sumario que dura 14 horas. Al día siguiente serán ahorcados a pesar de la objeción del propio Santos, que se ve obligado a aceptar la presión de la oficialidad y el ejército.

Miramón, que ha estado enviando sus partes en globo, tras su entrada triunfante en San Luis Potosí e ignorando conscientemente lo que está sucediendo en Guadalajara, ha regresado a casarse al Distrito Federal el 24 de octubre con Concepción Lombardo; ya es general, su esposa no tiene que seguirlo con el perico al hombro. Será apadrinado por el presidente Zuloaga.

Ese mismo día, Leonardo Márquez toma Zacatecas y los liberales norteños se reorganizan en Nuevo León para regresar hacia el sur de nuevo dirigidos por Zuazua. Los últimos días de octubre y el inicio de noviembre muestran triunfos liberales en Sinaloa, donde García Morales toma Mazatlán.

Durante un mes Miramón prepara una nueva ofensiva sobre Jalisco. El 11 de diciembre su ejército choca en el Puente de Tolotlán con una parte del ejército liberal bajo el mando de Esteban Coronado, con Arteaga y Blanco, que han regresado tras su incursión en el Distrito Federal, y son derrotados y perseguidos por Miramón, al que rechazan con una carga de caballería.

El 12 Miramón vira y al día siguiente pasa el río para tomar por sorpresa a los liberales. El 14 en San Miguel, rancho cerca de Chapala, los conservadores derrotan al ejército de Santos Degollado. No quedaba más que la retirada y se hace cargo de ella Mariano Escobedo. Miramón ordena el fusilamiento de los oficiales capturados. Los liberales evacúan Guadalajara.

Los conservadores entrarán en la capital de Jalisco dos días después y el 18 de diciembre la mayor parte del ejército sale hacia el sur a la busca de los restos del ejército liberal. Toman Colima el 24 sin disparar un tiro. Allí detiene al secretario de Contreras Medellín, el abogado Daniel Larios, diputado al Congreso de la Unión, y lo fusilan.

Pocas horas más tarde, en las Barrancas de Beltrán, un ranchería a 20 kilómetros de Colima, se vuelven a encontrar. Una carga de caballería define la batalla a favor de los conservadores. En el parte Miramón dice que le recogió "toda la artillería, parque y armamento" (28 cañones). "Casi toda su fuerza ha sido hecha prisionera". "La revolución queda enteramente concluida por estos rumbos".

NOTAS

1) José Fuentes Mares: *Miramón, el hombre*. Manuel Ramírez de Arellano: *Apuntes de la campaña de Oriente, 1859: febrero, marzo y abril*. Domingo Ibarra: *Episodios históricos militares que ocurrieron en la República Mexicana desde fines del año de 1838 hasta el de 1860, con excepción de los hechos de armas que hubo en tiempo de la invasión norteamericana*. Concepción Lombardo de Miramón: *Memorias*. Lucas Martínez Sánchez: *Coahuila durante la Intervención Francesa, 1862-1867*. Guillermo Prieto: *Lecciones de historia patria. Don Santos Degollado; sus manifiestos, campañas, destitución militar, enjuiciamiento, rehabilitación, muerte, fucrales y honores póstumos*. Daniel Muñoz y Pérez: *Don Pedro Ogazón, batallador liberal de Jalisco*. José Ramón Malo: *Diario de sucesos notables, 1854-1864*. Manuel Cambre: *La Guerra de Tres Años, apuntes para la historia de la Reforma*. Agustín Rivera: *Anales mexicanos. La Reforma y el Segundo Imperio*. Leonardo Márquez: *Manifiestos (el Imperio y los imperiales). Por qué rompo el silencio*, rectificaciones de Ángel Pola. Eustaquio Buelna: *Breves apuntes para la historia de la guerra de intervención en Sinaloa*. Excelente el "Parte oficial que el Excmo. Sr. general en jefe D. Miguel Miramón dirige al Supremo Gobierno dando cuenta de las operaciones practicadas por el 1er. Cuerpo de Ejército, desde su salida de esta capital el 25 del próximo pasado setiembre hasta la completa derrota de las fuerzas acaudilladas por el faccioso D. Santiago Vidaurri". Luis Alberto García: *Guerra y frontera: el Ejército del Norte entre 1855 y 1858. Anuario del Archivo General del Estado de Nuevo León*. Manuel Valdés: *Memorias de la guerra de Reforma. Diario del coronel Manuel Valdés*. La correspondencia de Vidaurri durante la Guerra de Reforma en el Archivo Histórico de Coahuila en Internet.

2) Manuel Cambre narra la ejecución: "A Piélago lo conducen (en el sillón) desfallecido hasta la puerta del obispado; le sujetan por la garganta al extremo de una soga corrediza, pendiente del balcón principal del edificio, levantándole en alto se

revienta la soga cuando el cuerpo iba a una altura considerable y cae sobre el pavimento vivo todavía: el comandante Florentino Cuervo, que presencia la ejecución a caballo, desata de su montura la reata y la da para que con ella se repita la maniobra, como se ejecuta, y así perece Piélago, quedando colgado, desnudo, deshonesto, pues se desabotonaron y cayeron sus ropas". Historias menores. Agustín Rivera cuenta que José María Chessman le había robado su sombrero y lo traía puesto durante los combates de Guadalajara.

3) Dos días después de la toma de Zacatecas Márquez recibe la orden de Miramón de ajusticiar a Carrera, dueño de la Hacienda del Carro, "por los servicios que prestó a las fuerzas disidentes". En sus memorias Leonardo cuenta que "tuve el gusto de salvar la vida de aquella persona, bajo mi responsabilidad y sujetándome a las consecuencias. Hice valer ante el General en Jefe la falta absoluta de recursos para socorrer mis tropas, y mediante una multa aplicada a este objeto, di por terminado este negocio y dejé al señor Carrera libre en su casa", lo que no cuenta es que la "multa" ascendió a 50 mil pesos.

4) El 16 de diciembre el jefe de policía Lagarde por orden de Félix María Zuloaga asalta la casa del embajador norteamericano Forsyth (otras fuentes dirán de Mr. Perry) en Tacubaya y toma 46 barras de plata, enterradas a cuatro metros de profundidad, muy probablemente procedentes de la plata expropiada de la catedral de Morelia que el general Blanco había dejado en su huida del Distrito Federal.

34

INCIDENTE BARRÓN Y FORBES

Eustaquio W. Barrón y Guillermo Forbes, hijos de grandes capitalistas extranjeros radicados en México y cónsules respectivamente inglés y gringo en Nayarit (un cantón de Jalisco), dueños de una casa comercial, se habían enriquecido con el monopolio, el contrabando y los negocios políticos turbios. En la práctica las autoridades aduanales en San Blas y Tepic eran sus empleados. Al inicio de la Reforma, tras la caída de Santa Anna, Santos Degollado, gobernando en Jalisco, destituyó a las autoridades. Parte del conflicto era responsabilidad de otra casa comercial, la Casa Castaños, que apoyándose en los liberales acusó a ByF de evadir el pago de impuestos a la hora de sacar la plata del país o de importar mercancías extranjeras.

Barrón y Forbes, para mantener su poder en las aduanas, promovieron un alzamiento militar el 13 y 14 de diciembre del 55 contra la Revolución de Ayutla utilizando los batallones libres de Jalisco. Santos Degollado acudió a combatir a los alzados, derrotándolos. Eustaquio Barrón salió de San Blas con un cargamento de plata no declarado en la aduana y se refugió a bordo de un buque de guerra inglés en Mazatlán. Inglaterra presentó reclamaciones al gobierno de México y Barrón regresó a San Blas en la fragata inglesa *President*. Bajo protesta de Santos Degollado, los norteamericanos niegan su apoyo a Forbes y este se retira de la contienda. Barrón, ya en San Blas, seguía promoviendo la intervención inglesa y Gran Bretaña aseguró que estaba dispuesta a romper relaciones con México el 1° de noviembre del 56, mientras Santos Degollado insistía en expulsar del país a los cónsules, en una actitud que el periodista Francisco Zarco llamaba "uno de los episodios más gloriosos de su vida", y era perseguido por varios juicios que la casa ByF había interpuesto. Comonfort, con una actitud blandengue, terminó negociando con ByF, aunque ambos personajes abandonaron Nayarit y se refugiaron en la Ciudad de México.

Al inicio de octubre del 58, en plena Guerra de Reforma, el conflicto vuelve a surgir. Antonio Rojas, guerrillero liberal de mala fama, obligó al cónsul inglés de Tepic, Juan Francisco Allsopp (que se decía inglés o mexicano según su conveniencia), a pagar derechos de exportación de plata que como dependiente de la casa Barrón, Forbes había exportado apoyado por los conservadores. Otros comerciantes que habían hecho lo mismo realizaron los pagos correspondientes, pero Allsopp se negó rotundamente y fue reducido a prisión hasta el 6 de octubre, "sin permitírsele una silla ni tomar un vaso de agua". Valiente pieza era Rojas, que esa noche fue a "donde estaba el cónsul, y en lenguaje rudo le exigió el pago inmediatamente. Allsopp se declaró representante extranjero, y entonces Rojas, que no reconocía casi nada, visiblemente irritado, dijo al preso que le importaba muy poco Inglaterra y todo el mundo para darle allí tres balazos, lo mismo que los diera a un indio de Lozada". Allsopp, viendo que la cosa iba en serio, pagó de inmediato.

Pocos días después el cónsul obtuvo del general Coronado una escolta para pasar al puerto de San Blas, donde se embarcó en la fragata de guerra inglesa *Amethyst*, que estaba al mando del comandante Sindey Greufell. El barco se dirigió a Mazatlán y allí intimó al gobierno de Sinaloa a que destituyera a Coronado, reconociera al cónsul y reembolsara inmediatamente la suma que se le exigió en Tepic, señalando unas horas de plazo, pasadas las cuales, sin accederse a las demandas, bombardearía el puerto. El gobernador de Sinaloa contestó que no era de su competencia acceder a semejantes exigencias. Allsopp presionó y el comandante británico insistió; se entablaron negociaciones y para evitar el bombardeo se reconocieron parte de las exigencias.

NOTA

1) Araceli Ibarra Bellon: "¿Commercial Jealousy o reforma agraria? Origen y naturaleza del motín de Tepic (13 de diciembre de 1855)". Jean Meyer: "La Casa Barrón y Forbes y Compañía: formación y desarrollo de una empresa en México en el siglo XIX".

Walter L. Bernecker: *Contrabando: ilegalidad y corrupción en el México del siglo XIX.* "Barron y Forbes vs. Santos Degollado. 1857". Manuel Cambre: *La Guerra de Tres Años, apuntes para la historia de la Reforma.* Francisco Zarco en *El Siglo XIX*, 18 de junio de 1861. Benito Juárez: *Documentos, discursos y correspondencia* (una nota de Jorge L. Tamayo cuenta en detalle la historia).

35

EL SALVAJE ANTONIO ROJAS

Lo describían como alto, fornido, de ojos negros y grandes, la cara poblada de barba de candado, sin bigote, güero de rancho, mirada cejijunta y torcida, nariz potente, frente amplia que producían un semblante feroz y terrible cuando se enojaba y nada antipático cuando estaba contento. Aunque se decía que era español, era un criollo nacido en el rancho del Buey, en el municipio de Tepatitlán, Jalisco, el día 10 de mayo de 1818.

Cuando al inicio del 58 estalló la Guerra de Reforma, Antonio Rojas era un arrendatario que había obtenido su rancho de Techahua conforme a la Ley de Desamortización, y sintió que los conservadores querían echar para atrás el proceso y quitarle sus nuevos derechos; le pidió al gobernador Jesús Camarena "tomar las armas en defensa de la Constitución" levantando una guerrilla. El gobernador lo ignoró, pero el general Pedro Ogazón le dio el visto bueno.

En octubre del 58 Santos Degollado atacó Guadalajara, con él iba la brigada Rojas. Después de casi seis semanas de combatir, Degollado le propuso a los defensores de Guadalajara que, si se rendían sin más averiguaciones, él se comprometería a dejarlos libres y respetarles la vida con la condición de que no volvieran a levantarse en armas contra el gobierno republicano. Viéndose perdidos, los oficiales conservadores aceptaron la propuesta. Pero Rojas, pasando por alto el acuerdo, a las siete de la mañana del 29 de octubre entró en la casa del abogado conservador Felipe Rodríguez y personalmente lo asesinó. Poco después le dio un golpe en la cabeza con el canto de la espada al canónigo Ignacio Cueva y lo obligó a entregar la cantidad de mil y pico de pesos como multa.

Al día siguiente, al saber el entonces teniente coronel Rojas que el general José María Blancarte, jefe del ejército conservador en Guadalajara, se hallaba alojado en la casa del comerciante Antonio Álvarez del Castillo recuperándose de las heridas, se introdujo a la cabeza de sus hombres a la habitación y sin darle tiempo para nada lo acribillaron a balazos diciendo: "No cambiamos el pescuezo por indulgencias".

Santos Degollado declaró a Rojas fuera de la ley y dio órdenes al gobernador Ogazón de perseguir y castigar a todo aquel que perturbara el orden público. Se cuenta que Rojas, al saber que quedó proscrito, rodeado de sus tropas, contestó: "Ah, qué don Santitos, ¿pues cuándo he estado con la ley?", e inmediatamente se salió de Guadalajara con su brigada hacia el sur de Jalisco. Santos Degollado dio poder a cualquier ciudadano para capturarlo en donde quiera que se le hallara al mentado Rojas.

Haciendo la guerra por su cuenta, Antonio Rojas "se chanceaba del destino". Usando las riquezas en oro, plata y alhajas que se habían encontrado en el interior del convento de Jesús María, depositados por los ricos de Guadalajara, continuó su campaña poniendo especial interés en la persecución de los curas reaccionarios y en esos meses mató a varios del obispado de Guadalajara: fusiló a Bernabé Pérez, cura de Jocotepec; Praxedis García, ahorcado por Rojas en Tonila; Francisco Flores, vicario del cura de San Gabriel, degollado por Rojas en Zacoalco. Su fama entre los conservadores era terrible. Concha Lombardo, quién sabe si exagerando, refiere que Casanova le contó que Rojas "le tomó presos [...] les hizo sacar los ojos y se los devolvió ciegos [...]. En una hacienda forzó a la señora [...] y le devolvió al marido en una cajón cortado en pedazos".

En diciembre del 58 el avance del ejército conservador con rumbo a Zapotlanejo y Tototlán, puso a la defensiva a la guerrilla de Antonio Rojas, que pidió a Ogazón que le permitieran reintegrarse al ejército republicano. Mientras tanto, en enero del 59, Antonio, cerca de Santa Ana Acatlán, mató a puñaladas a los reaccionarios Manuel Rocha, juez de letras, y José Rubio de Colima. "Durante varios meses anduvieron como forajidos el guerrillero y su gente, cometiendo cantidad de desmanes". El 6 de marzo de 1859 sus fuerzas aniquilaron al Escuadrón de Lanceros de Querétaro, matando al coronel Juan Romero y a la mayoría de su tropa. Este hecho militar mostró que lo salvaje no quitaba lo valiente. El 9 de mayo Santos Degollado derogó la "excomunión civil" a Rojas, dejando el caso pendiente de resolver hasta que interviniera el presidente Juárez.

Durante el siguiente año la brigada de Rojas combatió en Jalisco y Nayarit contra la insurrección de Lozada, luchó en Jalisco contra Márquez, se sumó a la brigada que estaba construyendo González Ortega en Zacatecas y en San Juan del Teúl fusiló a 300 conservadores entre los que se encontraba su *alter ego,* el terrible guerrillero cangrejo Eustaquio Ávila, alias el Chomite Prieto. Regresó a Nayarit para enfrentar a Lozada y en una batalla "los dos líderes aceptaron suspender el combate de los ejércitos para quedar frente a frente montados en sus caballos y poderse batir con lanza; Rojas logró derribar del caballo a Lozada, y dándole una lanzada en la región glútea, al verse herido los indios trataron de protegerlo llevándoselo a lugar seguro, abandonando el campo de batalla".

Posteriormente Rojas se unió a las fuerzas del coronel Ramón Corona.

Al final de la Guerra de Reforma, Rojas estaba combatiendo a Manuel Lozada, el famoso Tigre de Álica, en la sierra de Tepic, sin dejar de seguir practicando el pillaje.

NOTA

1) Agustín Rivera: *Anales mexicanos. La Reforma y el Segundo Imperio*. Manuel Cambre: *La Guerra de Tres Años, apuntes para la historia de la Reforma*. "Boletín 3 del Archivo General Municipal e Histórico de Tepatitlán". Ángel Pola: *Los reportajes históricos*.

36

EL PLAN DE NAVIDAD

Mientras Miramón guerreaba en el sur de Jalisco, el 21 de diciembre se conoce que el general conservador Miguel María Echeagaray en Ayotla (Veracruz) emite un plan fechado el 23 y llamado Plan de Navidad, proclamando que se destituye a Zuloaga por inepto y se nombra presidente de la República a Miguel Miramón. Zuloaga declara el Distrito Federal en estado de sitio. En la capital de la República se suma al Plan de Navidad el general Manuel Robles Pezuela con la guarnición. Incapaz de encontrar tropas que lo defiendan, Zuloaga declara que se retira a la vida privada y se mete en la casa del embajador francés (o en la legación inglesa, según otros). Una junta de 19 notables (compuesta de ricos, de clérigos y de militares) hace firme el nombramiento de Miramón y entre tanto Robles Pezuela se hace cargo de la Presidencia.

Es el golpe dentro del golpe dentro del golpe desde la ruptura de Comonfort con la Constitución de 1857.

Existen interpretaciones sobre los verdaderos objetivos del Plan de Navidad que dicen que los conspiradores intentaban ofrecer una tercera opción a los bandos en guerra. Guillermo Prieto llega a asegurar que Santos Degollado, desde Morelia, se dirigió a Robles Pezuela para que hiciese un movimiento en favor de Juárez, y Robles Pezuela, aunque rehusándose, comisionó a su hermano Luis para que se entendiese con Justo Álvarez, de alguna manera representante de los liberales en la Ciudad de México. Pero las conversaciones no fructificaron, aunque sí la influencia de algunos de los liberales presos en la cárcel de Santiago, que presionaron a los coroneles Tapia y Gual para sumarse al plan. Incluso se dice que hubo una reunión entre militares y liberales en la Ciudad de México en la que se propuso nombrar un triunvirato Miramón-Juárez-Robles Pezuela, que tampoco prosperó. Lo que parece evidente, más allá de las pequeñas conspiraciones, es que las profundas ineptitudes de Zuloaga provocaron la reacción de los caudillos militares que estaban "llevando el peso de la guerra" (curiosamente en la retaguardia).

Miramón, que sería el mandatario más joven de la historia de México a los 27 años, desde Guadalajara en principio se sorprendería: "Me han nombrado presidente", pero le confiesa a Concha que no quiere la Presidencia y declara que el Plan de Navidad obedece a "viles aspiraciones de unos cuantos hombres que no abrigan otras ideas que su propia conveniencia e intereses".

Como consecuencia del Plan de Navidad se liberaron presos que estaban detenidos por peculado e incluso presos políticos, entre ellos Ignacio Ramírez (El Nigromante), que había sido capturado en enero del 58 cuando huía en la Ciudad de México por Tomás Mejía, quien ordenó fusilarlo a pesar de que no estaba armado; se había salvado por las presiones de vecinos y figuras del partido conservador, aunque fue encarcelado en Santiago Tlatelolco. Mejía previamente hizo que se le paseara por la ciudad montado en un burro, de espaldas y con las manos atadas a la cola. En la prisión hacía jaulas para pájaros a fin de mantener a su mujer y a sus cinco hijos, y tuvo que vender su biblioteca.

Cuando Miguel Miramón se preparaba para volver al Distrito Federal, el 10 de enero de 1859, a las 11 de la mañana, "se escuchó un fuerte estruendo en Guadalajara [...]. Llamas, humo, polvo y exclamaciones de dolor por parte de los heridos congregaron de inmediato a mucha gente en el Palacio de Gobierno, donde aconteció la tragedia. Hubo más de cien muertos. El edificio estaba lleno de soldados, burócratas y visitantes cuando ocurrió el estallido; unos volaron con la explosión y otros murieron aplastados". Se llegó a decir que el comandante José María Chessman (en calidad de fantasma justiciero) había puesto una mina. Otros dijeron que explotaron los barriles de pólvora que estaban siendo cerrados a golpe de martillo. Cayeron techos de vigas de madera, la capilla y buena parte del lado oriental. Miguel Miramón y Leonardo Márquez, que se encontraban en uno de los salones del segundo piso del lado norte, para poder salir a la calle tuvieron que usar una soga que ataron a uno de los balcones.

Tras el susto, Miramón marchó hacia México con tropa abundante y 66 cañones. Desde Querétaro le escribirá a Robles Pezuela diciendo que rechaza el golpe y enviará una carta a Zuloaga: "Procure sostenerse cuanto le sea posible".

NOTA

1) Ignacio Manuel Altamirano: *Historia y política de México, 1821-1882*. Guillermo Prieto: *Lecciones de historia patria*. Ernesto de la Torre Villar: *El triunfo de la república liberal, 1857-1860*. José Ramón Malo: *Diario de sucesos notables, 1854-1864*. Agustín Rivera: *Anales mexicanos. La Reforma y el Segundo Imperio*. Josefina Rivera Torres: *Ignacio Ramírez, El Nigromante*.

37

VERACRUZ O EL DISTRITO FEDERAL

Porfirio Parra analiza la situación nacional al inicio del año 59: "El territorio en que imperaba la causa liberal formaba [...] un vasto anillo que mantenía en estrecho cerco de la región en que prevalecían las armas conservadoras [...]. Durante la guerra se mantuvo un equilibrio engañoso porque el avance liberal era detenido por algunas derrotas de consideración, mientras que el desgaste conservador era compensado por victorias importantes pero cada vez menos frecuentes". Una estadística de Zamacois revela esta situación engañosa: de enero de 1858 a julio de 1859 habrá 71 enfrentamientos bélicos, de los cuales 55 fueron ganados por los conservadores y tan sólo 16 por los constitucionalistas. Si esa lectura de las cifras no falsea los hechos, pronosticaría una futura victoria conservadora; pero los dos sucesos claves del primer trimestre del 59 parecían escapar a cualquier previsión y confirmarían el carácter enloquecido de lo que fue la Guerra de Reforma.

Dos historias correrán en paralelo durante los primeros meses del 59. La tan pensada y pospuesta ofensiva de Miramón sobre la Veracruz juarista y el loco ataque de Santos Degollado hacia la capital de la República.

Pero antes de que esto suceda, Miguel Miramón tiene que estabilizar el frente interno conservador que el Pronunciamiento de Navidad ha dejado en un estado caótico. El 21 de enero llega el presidente nombrado por la conspiración interna tras haber dejado clara su posición en las cartas que en el camino iba enviando y, como dice Altamirano, "obligó a retractarse a la guarnición, deshizo todo lo hecho por Robles Pezuela, sacó a Zuloaga de la legación inglesa y lo restableció en el mando". Lo hará de una manera singular en unas negociaciones que duran una docena de días y sin duda tirándole de las orejas a Zuloaga por lo ineficiente de su mandato. Finalmente Miramón obligará a Zuloaga a seguir como presidente, aunque ahora interino, y aceptará el cargo de "presidente sustituto". Ambos cargos no tienen sustento formal, pero ¿quién lo necesita dentro de un gobierno golpista? Hasta Guillermo Prieto tiene que reconocer que "Miramón [...] era el simpático jefe de la reacción, por valiente, por entendido y por rasgos generalmente generosos". Pronto lo será menos, en la medida en que la guerra se vaya endureciendo.

Ante el desbarajuste, Leonardo Márquez se define a sí mismo en un discurso público como "el más leal de nuestros amigos" (¿los de quién?), mientras intenta controlar el sur de Jalisco, bajo ataques permanentes de las guerrillas. El liberal Ogazón reconstruye las fuerzas republicanas y se hace con el tabernáculo de Sayula, que le produce al fundirse en barras, más de 130 kilos de plata.

Y Márquez, el 16 de febrero, hace público un decreto terrible en el que establece que "serán considerados como enemigos del orden y tranquilidad pública los que viertan especies de cualquiera clase que sean, respecto de las gavillas de constitucionalistas o bandidos y sus amagos sobre las poblaciones", estableciendo la pena de muerte "24 horas desde la justificación del hecho"; añade en la pena de fusilamiento a los conspiradores, a los que define como los que "formen reunión, corrillo o junta de dos o más personas". Ya no sólo al enemigo en armas, al que se coloca fuera de los supuestas reglas de la guerra: ser liberal y decirlo en público, ya no digamos publicarlo, era considerado suficiente motivo para la pena de muerte en 24 horas. Ni Miramón ni el fantoche de Zuloaga objetarán el decreto.

Hacia ese mismo día (Concha Miramón dirá que entre el 14 y 15 de febrero) el general Miramón sale de la Ciudad de México rumbo a Veracruz con la brigada de Severo del Castillo y un ejército fogueado de 6 mil hombres y 46 piezas de artillería. La velocidad de la marcha es importante porque trata de rehuir la temporada de lluvias; sin embargo, la aproximación será muy lenta. Conociendo que el ejército de los cangrejos se aproxima, el comandante del barco de guerra norteamericano *Saratoga* le ofrece asilo en Veracruz al presidente Juárez en su nave. Juárez amablemente lo rechaza.

Veracruz tiene una guarnición no muy poderosa formada por 4 mil hombres, de los que la mayoría son novatos producto de tardías reclutas; en cambio hay 170 piezas de artillería y reductos bien construidos y artillados. Del 22 de febrero al 1º de marzo Miramón se instala en Orizaba mientras piensa cómo resolver el acertijo artillado de Veracruz. Está esperando que se le sume la brigada de Cobos y un convoy de aprovisionamientos que viene de la Ciudad de México, en el que además supone que vendrá dinero para pagar al ejército.

El 2 de marzo Miramón avanza hacia Córdoba. En combates muy menores derrota a los liberales, que le ponen obstáculos en las barrancas del Chiquihuite. El 13 de marzo llega a La Soledad, donde ordena el fusilamiento de unos ciudadanos norteamericanos. Soplaba el norte en Veracruz.

Manuel Balbontín, a cargo de la artillería del puerto, el 13 de marzo al amanecer ve acercarse una patrulla de conservadores que se aproxima a la plaza para estudiar la respuesta artillera; "una fuerza enemiga que avanzaba rápidamente". Ordena una descarga de las baterías y ellos se repliegan. Miramón también observa la escena, mientras estudia las defensas con un catalejo.

El cerco por tierra parece inútil. El 15 de marzo Miramón escribe: "Reconocí el Sebastopol de la demagogia". En el interior de la ciudad se espera el ataque, que no llega. Los jarochos celebran el cumpleaños de Juárez anticipadamente y le llevan serenatas, cantan "Las mañanitas".

Miramón duda; el convoy de provisiones no llega, tampoco los refuerzos. Lo que sí llegan son noticias de que Santos Degollado se ha desprendido con un ejército para amagar la Ciudad de México. "No estaré tranquilo hasta saber que Márquez se encargará del mando del Distrito Federal".

¿Cómo ha reconstruido Santos Degollado el ejército liberal del Centro tras la serie de derrotas en Jalisco y Colima? ¿No ha desaparecido esa fuerza, según el propio Miramón? Vicente Fuentes Díaz, su biógrafo, añade preguntas: "¿Qué portentosas facultades, qué misterioso don de atracción personal y de poder organizativo, qué secreta fuente de energía tenía este hombre singular para hacer surgir nuevos ejércitos de lo que parecía un desierto de tristeza y desolación?".

Cuando Santos se retiró a Michoacán al fin del 58, marchó a pie con unos cuantos soldados. En Morelia se lo encuentran enfermo Pueblita y Epitacio Huerta, que se le suman y lo animan. Poco después los coroneles Juan N. Rocha y Leandro Valle, que se hace cargo de la recluta, el entrenamiento y la reorganización de voluntarios. Santos le escribió a Epitacio Huerta cuando supo que Miramón se preparaba a marchar sobre Veracruz: "Debemos hacer un esfuerzo supremo para impedir este fatal caso". Impone a la ciudad de Morelia un préstamo forzoso de 90 mil pesos y avanza hacia Guanajuato. Hablará de una campaña relámpago, pero es como siempre, extremadamente lenta. Ignacio Zaragoza derrota en el camino a Liceaga. Santos Degollado lo nombra general de brigada.

Caminaban y caminaban, cientos de kilómetros, una guerra de infantes, fundamentalmente, por caminos que casi no merecían tal nombre, buscando o rehuyendo, llegando tarde a las citas, con malos cacles, escasas y peores botas o descalzos, casi sin interrupción, durante semanas, meses, años. Un miserable ejército de 5 mil hombres salidos de la nada.

Santos se concentra en Guanajuato y prepara la campaña para quitarle presión a Juárez. Su vanguardia, a cargo de José Justo Álvarez, Leandro Valle, Arteaga, Zaragoza, Pueblita, avanza hacia Querétaro para seguir hacia el Distrito Federal. El 14 de marzo choca en el llano de Calamanda, cerca de la hacienda de Las Coloradas, a 25 kilómetros de Querétaro, contra 4 mil hombres y 20 piezas del general conservador Gregorio del Callejo, de las fuerzas de Mejía, que comienzan a hostigar su vanguardia. Tras un primer ataque de la caballería conservadora que es rechazado, los mochos se repliegan; un segundo enfrentamiento se produce horas más tarde cuando se han hecho fuertes en la falda de una montaña. Hacia las cinco de la tarde el ejército liberal asalta el cerro. José María Arteaga, al mando de una de las alas; Pueblita, en la reserva. El centro del combate se produce en un duelo de fusilería tras dos bardas opuestas a no más de 50 metros. La caballería conservadora, unos 600 hombres, atacan y casi destruyen el ala derecha liberal. Sin embargo, los constitucionalistas rompen el frente enemigo en el ala izquierda. Se combate toda la noche hasta las cinco de la mañana del día siguiente, cuando los cangrejos huyen. Según el parte del general conservador, los ha derrotado, porque ha frenado su marcha hacia la capital haciéndoles 600 bajas y dispersando a 2 mil más. Zaragoza, no obstante, califica la batalla de manera opuesta: "El resultado fue un completo triunfo". Poco después combaten de nuevo en la hacienda El Ahorcado. Los liberales, con Tomás Mejía a sus espaldas, siguen sin respiro hacia la Ciudad de México.

Miramón abandona el cerco de Veracruz, que ha durado 14 días. Ha sido un fiasco, un paseo por el estado sin triunfos ni sentido. El 1º de abril llega el embajador norteamericano McLane a Veracruz. El gobierno norteamericano reconoce al gobierno constitucional el 6 de abril.

NOTA

1) Niceto de Zamacois: *Historia de México*, tomo XV. Porfirio Parra: *Sociología de la Reforma*. Manuel Cambre: *La Guerra de Tres Años, apuntes para la historia de la Reforma*. Vicente Fuentes Díaz: *Santos Degollado, el santo de la Reforma*. Benito Juárez: *Documentos, discursos y correspondencia*. José Ramón Malo: *Diario de sucesos notables, 1854-1864*. Carmen Blázquez Domínguez: *Miguel Lerdo de Tejada, un liberal veracruzano en la política nacional*. Manuel Ramírez de Arellano: *Apuntes de la campaña de Oriente, 1859: febrero, marzo y abril*. Concepción Lombardo de Miramón: *Memorias*. Carlos J. Sierra: *21 de marzo: relación histórica del natalicio del Presidente Juárez*. Ernesto de la Torre Villar: *El triunfo de la república liberal, 1857-1860*. Manuel Balbontín: *Memorias del coronel Manuel Balbontín*. *Don Santos Degollado; sus manifiestos, campañas, destitución militar, enjuiciamiento, rehabilitación, muerte, fucrales y honores póstumos*. Centro de Investigación Científica Jorge L. Tamayo: *Pedro Santacilia, el hombre y su obra*. Leopoldo Martínez Caraza: "La caballería en México".

38

LOS ASESINATOS DE TACUBAYA

Mientras Santos Degollado avanza hacia la Ciudad de México desde Guanajuato para frustrar la operación de Veracruz, Tomás Mejía, con una jornada de desventaja, lo perseguía desde San Miguel de Allende, hostigando a la retaguardia liberal, y Leonardo Márquez salía de Guadalajara con una división también rumbo a la Ciudad de México.

El 18 de marzo de 1859 Santos Degollado llega a la periferia de la Ciudad de México; toma el pueblo de Tacubaya, un suburbio de la ciudad, que tiene, según Payno, que allí habitaba, un clima que es uno de los mejores del mundo.

Al día siguiente los zapadores de Carlos von Gagern, de la brigada Zaragoza, toman el Castillo de Chapultepec. La ciudad está amagada. No lanzan un ataque frontal, Santos parece entender su misión como obligar con su presencia a que los conservadores se concentren en el Distrito Federal y dejen tranquilo a Juárez en Veracruz, es una misión de sacrificio. El 21 de marzo Santos Degollado les habla a los habitantes del Distrito Federal: "Un ejército disciplinado viene a daros la libertad". Disciplinado, pero débil en número, con apenas 4 mil hombres. Continuos choques menores entre las líneas. Los liberales esperan que se sumen otras brigadas.

El 23 de marzo llegan refuerzos, pero no para los liberales, sino para los conservadores, cuando entra en la Ciudad de México la brigada de Tomás Mejía. El 2 de abril se da un ataque en la Tlaxpana. Ignacio Zaragoza piensa que "la empresa presentaba todas las posibilidades de buen éxito". Diez y 11 avances de los liberales en San Cosme sin éxito, repliegue sobre Chapultepec, escasez de parque. Santos propone retirarse hacia Toluca, pero el consejo de guerra de los generales decide resistir.

Han pasado tres semanas. Sabiendo que venían pocos médicos en el ejército republicano, jóvenes estudiantes de medicina de la capital se suman para intentar colaborar. El 10 de abril llega a la Ciudad de México la división de Leonardo Márquez con 1 500 hombres y nueve piezas de artillería. A las cinco y media de la tarde toman posiciones en las lomas de Tacubaya y el 11 de abril de siete a 11 de la mañana se produce el contraataque conservador. Los cangrejos suman 5 mil hombres y 18 piezas de artillería (7 mil hombres y 28 piezas de artillería, según José Ramón Malo). Santos Degollado y Álvarez están en Tacubaya; Zaragoza, en Molino del Rey-Chapultepec. Rápidamente serán derrotados. Santos Degollado y Berriozábal se retiran dejando una pequeña fuerza de contención para que frene a las tropas de Márquez. Los rezagados combaten hasta que se acaban las balas, los conservadores toman la villa y matan a los heridos. Si bien la retirada es desordenada, las bajas no son mayores.

Miramón, de regreso de la fallida expedición a Veracruz, llegará a la Ciudad de México a las diez de la mañana cuando todavía se está combatiendo. Leonardo Márquez da su versión de los hechos: "Al retirarme de dicho fuerte [Chapultepec] se me avisó la llegada del presidente de la República [...]. Le di cuenta de la jornada de aquel día; pasamos a Tacubaya y presenció el desfile de mis tropas; me preguntó por los prisioneros, y le contesté que estaban en San Diego (una capilla en el ex convento de Churubusco), habiendo ordenado yo que se respetasen sus vidas. Hizo movimiento para ir a verlos; pero de repente cambió de idea y tomó el camino de México, a donde lo acompañé, regresando yo a la villa". Márquez dice que en esos momentos Miramón le envió una nota: "En la misma tarde de hoy [...] mandará sean pasados por las armas todos los prisioneros de la clase de

oficiales y jefes, dándome parte del número de los que les haya cabido esta
suerte. *Dios y Ley*". Miramón, años más tarde, confesaría que la nota existió
("tal vez verá usted una orden mía para fusilar; pero esto era a los oficiales,
y nunca a los médicos, y mucho menos a los paisanos").

¿Por qué esta decisión? ¿Estaba vengando en los prisioneros el desastre
veracruzano? En los pasados meses muchos de los mandos del ejército conservador habían caído prisioneros de los rojos constitucionalistas (la captura
de Osollo herido por Parrodi, Miramón aprehendido más de una vez, Mejía
derrotado y prisionero, Cobos y Márquez capturados por Garza en Tampico)
y todos había sobrevivido. Es cierto, se habían producido fusilamientos de
dirigentes militares en uno y otro bando, pero habían sido hechos puntuales
y no una política generalizada.

Aunque Leonardo Márquez argumentó más tarde que "bajo mi palabra
de honor que semejante orden me sorprendió tanto cuanto me desagradó,
ya porque yo no quería que se derramase sangre después de la batalla [...].
En consecuencia, la pasé a quien correspondía", es obvio que el general conservador ordenó un fusilamiento masivo. ¿Era el escarmiento por haberse
atrevido los liberales a atacar la capital? ¿Era la lógica continuidad de su
declaración de Guadalajara?

Al terminar la acción estaban presos algunos jefes y oficiales, los heridos
que no pudieron seguir la retirada quedaron en hospitales improvisados en
el arzobispado y casas particulares. Tres miembros del cuerpo médico del
ejército liberal permanecieron con ellos.

En la noche comienzan a matar en el jardín del arzobispado; primero
fue el general Marcial Lazcano, a quien llevaron al paredón entre insultos
que contestaba: "Hay cobardía y bajeza en insultar a un muerto". Luego los
coroneles Genaro Villagrán, el capitán José López y el teniente Ignacio Sierra,
que fueron fusilados por la espalda, como si fueran traidores.

Los médicos escucharon los tiros pero siguieron haciendo curaciones,
a pesar de las invitaciones de los heridos a que huyeran. El médico militar
Manuel Sánchez se negó a abandonar su puesto y permaneció con el bisturí
en la mano, al igual que Gabriel Rivero, jefe del cuerpo médico del ejército
constitucionalista, el inglés Juan Duval, Alberto Abad, el doctor Manuel Sánchez y el médico militar Ildefonso Portugal, primo del ministro de la Guerra
de Miramón y sobrino del obispo de Michoacán. Muy pronto fueron detenidos y llevados al paredón.

Junto a los médicos capturados se encuentran dos estudiantes de medicina, Manuel Sánchez y Juan Díaz Covarrubias. Francisco Zarco dice de
Covarrubias: "Era simpático; en su frente se veían las huellas prematuras
del estudio y de la meditación". Nacido en Veracruz en el 37, tenía 21 años.
Había estudiado filosofía en el Colegio de San Juan de Letrán en la Ciudad
de México, pero la había dejado para inscribirse en la Facultad de Medicina.

"Joven apuesto y distinguido, alto, delgado, luciendo incipiente bigotillo y la frente byroniana", amores tormentosos lo hicieron poeta. Había escrito un texto premonitoriamente llamado "Epitafio": "Adiós llanto y tristeza de la gloria, / mis cenizas ajadas y sombrías / espejo son de mi infeliz historia". Tenía publicadas dos novelas, *La clase media* y *Gil Gómez el insurgente o la hija del médico*; asiduo colaborador en la prensa; "trágico, torturado, especialmente sensible, pesimista". En 1857 era practicante en el hospital de San Andrés. Estaba escribiendo una nueva novela que habría de llamarse *El diablo en México*, que en la dedicatoria decía: "Sólo un loco podrá escribir en México en esta época aciaga de desmoronamiento social y pretender ser leído a la luz rojiza del incendio y del estruendo de los cañones".

Tres veces el pelotón tuvo que ejecutar la orden de fuego contra los dos estudiantes. Quedaron agonizando, luego los remataron a culatazos. Así cayó también el abogado Manuel Mateos, hermano de Juan Antonio, voluntario en el ejército liberal tras una larga temporada en prisión. Márquez, cuando le dijeron que entre los fusilados se encontraban dos jóvenes talentosos como Mateos y Covarrubias, respondió: "Mejor, esos son los que hacen más mal y a los que debemos quitar de en medio".

Los siguientes en ser ejecutados fueron Teófilo Ramírez, Gregorio Esquivel, Mariano Chávez, Fermín Tellechea, Andrés Becerril, Pedro Lozano Vargas, Domingo López, José María López, los italianos Ignacio Kisser y Miguel Dervis, así como dos jóvenes estadounidenses de 17 y 15 años de apellido Smith que se encontraban curioseando en el lugar.

El licenciado Agustín Jáuregui, quien vivía en Mixcoac y no tenía relación con los constitucionalistas, fue denunciado por sus ideas liberales, aprehendido en su domicilio y conducido al paredón.

La señora María Couture viuda de Gourgues, una mujer dedicada durante muchos años a obras de beneficencia, se encontraba en Tacubaya atrapada por los combates e instaló en su casa un hospital de sangre. Se confronta con Márquez cuando este ordena el fusilamiento de los médicos. No puede hacer más que tomar a su cargo sus equipajes y bártulos, que luego fueron saqueados por los soldados conservadores.

En total fueron 53 los asesinados sin juicio. Los cadáveres fueron apilados en carretas y arrojados a un barranco. Según la mayoría de las crónicas, los condenados a muerte fueron muchos más. El coronel Bello, cuando lo iban a fusilar, detuvo al pelotón diciendo que tenía que hacerle una confesión al general en jefe y luego se lio a puñetazos con sus captores y se arrojó a una hondonada, salvándose a pesar de los tiros. El médico militar Francisco Montes de Oca nunca habría de saber por qué no lo fusilaron. A las seis de la mañana del 13 se dio orden de fusilar al profesor Feliciano Chavarría, a un inglés llamado Selley y a un tal Vargas. El general Agustín Zires, que había actuado como cuartelmaestre durante la batalla, visitó a Márquez en su casa y luego intercedió con Miramón, consiguiendo un indulto. Otros ocho ciudadanos, entre ellos los generales Parra y Callejo, estaban esperando a ser llevados al paredón por órdenes de Márquez cuando Miramón ordenó un nuevo indulto.

Leonardo Márquez fue ascendido: "Miramón no pudo menos que conferirme el ascenso inmediato que yo acababa de ganar tan gloriosamente, entregándole salvada su capital, que bien pudo haberse perdido mientras él estaba ausente".

Zaragoza se replegó con sus tropas a través del río Consulado y tomó el rumbo de Irapuato para enlazar con los zacatecanos de Jesús González Ortega. Otra parte del ejército acompañó a Santos Degollado hacia Morelia y luego al sur de Jalisco y Colima; con él viajaba Leandro Valle, que se hizo cargo de la segunda división de Jalisco.

En el enfrentamiento Santos Degollado perdió la casaca y una banda azul, lo que aprovechó Leonardo Márquez para comentar: "La casaca y la banda de general de división que tiene la desvergüenza de usar el infame Degollado, sin haber servido a su patria ni pertenecido jamás a la noble carrera de las armas". Los conservadores las exhibieron en el Zócalo colgando de una vara de membrillo, donde la plebe las cubrió de lodo, bajo un letrero que decía: "No fue muy precipitada la fuga del generalísimo, cuando así dejó abandonada vestimenta, insignias y hasta los anteojos".

Si en el universo conservador fuera de la capital los acontecimientos de Tacubaya se recibieron con aplauso, en medio de homenajes, tedeums, fiestas, serenatas (el Ayuntamiento de Guadalajara le dice a Leonardo Márquez: "Las operaciones sobre Tacubaya han reanimado en los hombres presentes la esperanza de que la guerra civil acabará"), la herida abierta es profunda. El joven estudiante Ignacio Manuel Altamirano dejará la Ciudad de México poco después no sin antes escribir esta cuarteta: "Ilumínate más ciudad maldita / ilumina tus puertas y ventanas, / ilumínate más, luz necesita / el partido sin luz de las sotanas".

¿Los asesinatos de Tacubaya cambiaron la tónica de la guerra? La violencia que acompaña a todo conflicto bélico había estado presente en los dos primeros años, pero los hechos del 11 de abril envenenaron el aire de una manera difícil de describir. Ignacio Ramírez, cuyo cuñado Manuel Mateos y su ex alumno Juan Díaz Covarrubias habían sido asesinados, escribiría: "Guerra sin tregua ni descanso, guerra / a nuestro enemigo, hasta el día / en que su raza detestable, impía / no halle ni tumba ni indignada tierra".

NOTAS

1) Victoriano Salado Álvarez: *Los mártires de Tacubaya*. Los partes de Márquez (11 de abril de 1859) en Genaro García: *Documentos inéditos o muy raros para la historia de México*, tomo XI. Ignacio Manuel Altamirano: "Los mártires de Tacubaya" en *Obras*

completas, tomo XXI. Agustín Rivera: *Anales mexicanos. La Reforma y el Segundo Imperio.* José Fuentes Mares: *Miramón, el hombre* (una pésima investigación, sigue a Concha Lombardo casi al dedillo). Juan Antonio Mateos: *Los mártires de Tacubaya.* Guillermo Prieto: "Conmemoración de los mártires de Tacubaya", discurso del 11 de abril de 1868, en *Obras Completas*, tomo IX. Zaragoza a Vidaurri. José Ramón Malo: *Diario de sucesos notables, 1854-1864.* Manuel Payno: *Obras completas*, tomo V. "El señor general D. Agustín Zires", *El Tiempo*, 2 de junio de 1894. Juan Díaz Covarrubias: "Epitafio" y *El diablo en México.* Leonardo Pasquel: *La generación liberal veracruzana.* Ángel Pola: *Los reportajes históricos* y "Cómo conocí al general Leonardo Márquez". Niceto de Zamacois: *Historia de México*, tomo XV. Francisco Zarco: "Las matanzas de Tacubaya" en *Obras completas*, tomo IX (escrito en la clandestinidad en la Ciudad de México). Leonardo Márquez: *Manifiestos (el Imperio y los imperiales). Por qué rompo el silencio*, rectificaciones de Ángel Pola. Raúl González Lezama: "Los mártires de Tacubaya, 11 de abril de 1859".

2) En el Teatro Principal de Guadalajara se estrenó en el mismo año de 1859 el drama histórico en cinco actos *Los Mártires de Tacubaya*, del poeta y dramaturgo Aurelio Luis Gallardo (1831-1869). Ahí comenzó su carrera uno de los actores más destacados de aquellos tiempos: Desiderio Guzmán, en el papel del general Leonardo Márquez. Posteriormente, el Tigre de Tacubaya sería interpretado por el actor Serapión Mendiola, quien, según Magdalena González Casillas en su *Historia de la literatura Jalisciense* (1987), "se quitaba el disfraz apenas corrido el telón, para evitar ser linchado. El público, indignado, aplicaba los peores epítetos al general imperialista y las autoridades se vieron en la necesidad de recoger la edición y prenderle fuego en la Plaza de Armas, para conservar el orden ciudadano". "Anda, a ver si tus esclavos, con matar, matan la idea" decían los liberales en la obra. El monólogo de Márquez en la obra de Gallardo: "En alas de esta victoria, / ¿ambición a dónde vas? / ¡No puedo alcanzar la gloria / porque ha marcado mi historia / el dedo de Satanás! / Porque en todas partes veo / manchas de sangre, sí, sí; / sangre aquí en el alma leo, / y sangre, sangre deseo / en mi ardiente frenesí! / ¡Que tengo instintos de fiera! / ¡Parece que me nutrió / en su seno una pantera! / ¡Que siempre mi vida entera / con el crimen se manchó!

3) Otra vez el personaje de Leonardo Márquez: "Antes había yo puesto en libertad en la hacienda de Niginí a Pedro Jáuregui, sin condición alguna". La realidad es otra según el testimonio de su hermano: "A mi hermano Pedro se le pidió de rescate 20 mil pesos; se le sacó varias veces de su prisión para fusilarlo [...] hasta que fue un amigo nuestro a ofrecerle menos rescate, y consiguió su libertad, después de atormentarlo".

4) Varios meses más tarde; el general Leonardo Márquez fue detenido por Miramón y encarcelado. La señora Gourgues se presentó con Márquez para pedirle una constancia sobre el robo de los equipajes hallados en el hospital de Tacubaya, que habían quedado bajo su custodia. Márquez en un arranque de furia la agredió a puñetazos y la dejó bañada en sangre.

39

DOS PAÍSES

Prosiguiendo la ofensiva que se inició con la ruptura del cerco de la Ciudad de México, Leonardo Márquez ocupa Morelia el 27 de abril desalojando a Epitacio Huerta. El 15 de mayo Guadalajara se viste de fiesta para celebrar el triunfo de Márquez en Tacubaya. Un diario conservador da idea de la movilización: "Llegó Su Excelencia con las comisiones hasta el arco de San Francisco: bajaron todos de los coches y se incorporaron con las corporaciones, empleados, etc., que esperaban allí, y a pie caminaron, pasando por bajo el magnífico arco de triunfo colocado en la misma calle. Allí, una comisión de cuatro niñas lujosamente vestidas [...] le presentó una corona de laurel de oro puro, hábilmente cincelada, la cual le fue puesta sobre las sienes, diciendo: *El valor conquista los laureles*; y otra niña le prendió en la casaca una cruz de oro con una corona de lo mismo, en la extremidad superior, diciendo: *La Cruz inspira el valor* [...]. El Ayuntamiento se acercó a presentarle un bastón con borlas negras y puño de oro cincelado, con un cerco de brillantes y un topacio en el centro, con estos motes en hermosas letras góticas: *La ciudad de Guadalajara, al Exmo. señor general don Leonardo Márquez, vencedor en Tacubaya. 1859* [...] continuó la comitiva en medio de una lluvia de flores, coronas y de versos arrojados por los balcones [...]. Se cantó en seguida un solemne *Te Deum,* en medio de una concurrencia numerosísima que llenaba las anchas naves de la catedral".

Santos Degollado envía a Zaragoza a Guanajuato, deja a cargo de las tropas de Jalisco a Leandro Valle. En esos momentos los liberales controlan el norte, el Golfo y el Pacífico, con la excepción de San Blas, pero el territorio y las fuerzas han disminuido notablemente. Los conservadores desde la Ciudad de México llegan por el norte a San Luis Potosí, por el occidente hasta Jalisco y Tepic y por el oriente hacia Puebla. Después de los terribles momentos iniciales de febrero del 58, es el peor momento de la guerra para los constitucionalistas.

Leonardo Márquez intenta definir el crucigrama que es Jalisco, tiene el sur ocupado (Colima y Nayarit), la amenaza del Bajío, las tropas liberales desperdigadas sin constituir un frente claro. Se mueve erráticamente de Guadalajara para reasegurar Guanajuato, vuelve a Guadalajara (le debe gustar que ahí es jefe de jefes), incursiona en Colima, retorna a Guadalajara. Desde fines de mayo al inicio de junio el general Woll persigue a los liberales en Guanajuato, apoyado por Márquez. El 27 de mayo los liberales en repliegue asaltan la casa de la moneda de Guanajuato y se llevan 190 mil pesos.

El 16 de junio Jesús González Ortega, gobernador de Zacatecas, emite un decreto que es la clara respuesta a los hechos de Tacubaya: pena de muerte contra los conspiradores, "igual pena a los eclesiásticos que, ante uno o más testigos, exijan retractación del juramento de la Constitución de 1857, o [...] se nieguen a administrar los sacramentos".

A mediados de junio Santos Degollado se va a Veracruz para discutir con Juárez la estrategia a seguir. Viaja vía Manzanillo con Benito Gómez Farías y José Justo Álvarez, de ahí al istmo de Tehuantepec, donde con la ayuda de Porfirio Díaz viaja a Veracruz por el camino de Coatzacoalcos. El 6 de julio estará de vuelta en Tampico y establecerá el cuartel general liberal en San Luis Potosí. Regresa con Ignacio Ramírez, que será su asesor político y que de pasada documenta una aurora boreal vista por primera y única vez en San Luis.

¿Qué han discutido? ¿Cuál es la perspectiva de la guerra? No se conocen las conversaciones entre el presidente y el general en jefe del ejército constitucionalista. Sin duda, Santos ha participado en los debates internos sobre la promulgación del paquete de leyes más radical que se haya emitido. Pero, ¿la guerra?

NOTA

1) Manuel Cambre: *La Guerra de Tres Años, apuntes para la historia de la Reforma*. Agustín Rivera: *Anales mexicanos. La Reforma y el Segundo Imperio*. Josefina Rivera Torres: *Ignacio Ramírez, El Nigromante*.

40

TOROS

Aunque a Juárez no le gustaban las corridas de toros, Márquez y sus generales parecían disfrutarlas. Y en la plaza del Progreso, en Guadalajara, se armó una "fiesta famosa por el lujo nunca visto y por el aparato militar con que se verificó". Todo empezó con unas "invitaciones impresas en tela de seda y en papel de fantasía, impresas a tinta azul, que decían a los lados, entre una vistosa guarnición tipográfica, en forma de cuadro: *Corrida de toros de aficionados que el primer cuerpo de ejército dedica al bello sexo jalisciense*. Jueves 26 de mayo de 1859", porque "las bellas hijas de Guadalajara irán a reinar sobre los caballeros a quienes tienen obligados, y donde ellos tributarán sus respetos a la hermosura", y firmaba Leonardo Márquez.

Y se informaba que "las escuadras de gastadores y batidores de los cuerpos formarán la guardia particular del palco de las reinas", que "la carrera de su tránsito será cubierta por los cuerpos que nombre la Comandancia general, formados en alas", que "las damas tendrán escolta de ida y vuelta"; cómo deberían ir los de a caballo y los carruajes y cómo sonaría el himno nacional al entrar a la plaza; añadiendo que la función comenzará a las cuatro y media.

No es el lenguaje taurino del siglo XIX especialidad del narrador y queda desconcertado ante la información de que el tercer toro será jugado por una mojiganga y que aunque los cinco primeros toros serán lidiados a muerte "el sexto será embolado para las personas del público que gusten divertirse".

NOTA

1) Manuel Cambre: *La Guerra de Tres Años, apuntes para la historia de la Reforma.*

41

VERACRUZ JUARISTA
Y LAS LEYES DE REFORMA

Hay una litografía de Casimiro Castro a partir de una visión en globo del puerto fortificado en 1857; también fotos de la fortaleza de Ulúa y grabados y dibujos del potente cerco de fortificaciones y murallas en torno al pequeño puerto. Una ciudad fortificada perfecta. Un universo cerrado, pero también una cazuela con líquido en ebullición.

En la Veracruz juarista se publicaban cuatro periódicos liberales: *El Progreso, La Reforma, El Guillermo Tell* y *Le Trait d'Union*; Ignacio Ramírez, Francisco Zarco y Guillermo Prieto estaban entre los colaboradores. Gutiérrez Zamora ha organizado unas milicias populares con un millar de artesanos.

Manuel Gutiérrez Zamora no sólo es el gobernador del estado desde la etapa de Comonfort... A punto de cumplir los 44 años, tiene una larga trayectoria liberal. Hijo de español y criolla, estudia en Jalapa, Estados Unidos, progresa en el comercio, miembro de las milicias, mayor en la guerra contra los gringos, en las guerrillas de Jarauta. Confronta a Santa Anna ("Bajo su mando todo se encorvó, todo se humilló, se corrompió") y será desterrado a París. Participa en la Revolución de Ayutla. Sus contemporáneos lo describen como "alto y delgado de cuerpo, de cabello y barba ondulados". Usaba un anillo donde tenía grabado un magnífico lema: "Callo, aguanto, estallo". Es cierto que se despista durante el golpe de Zuloaga, embarcado por Baz, su compañero en el exilio, pero muy pronto rectifica y forma parte de la coalición liberal. Ahora ha cerrado el puerto y declarado estado de sitio.

El gobierno no sólo gobierna, también vive en la casa que funciona como palacio. Prieto y Ocampo en una pieza, Juárez en la de al lado. Se bañaban con agua fría; Juárez lo hacía de madrugada para no molestar a su sirviente y le pidió a una criada negra que le pasara una bandeja de agua:

—Habrá indio más igualado. Lleve el agua que quiera, yo no sirvo a los mozos.

En el desayuno la mujer descubre cómo todo el gabinete se pone de pie a la entrada del Presidente y casi se muere del susto. A Juárez le hacía mucha gracia la historia.

Desde el inicio de julio, el gobierno y sus más cercanos allegados están inmersos en una intensa discusión; en ella participan Juárez, Melchor Ocampo, Santos Degollado, Zarco, El Nigromante, De la Fuente y Miguel Lerdo de Tejada, que después de los asesinatos de Tacubaya fue perseguido por la policía en la Ciudad de México, donde el embajador norteamericano Forsyth le dio asilo; luego pasará por Zitácuaro, Guadalajara y finalmente Veracruz a partir de enero de 1859, donde Juárez lo nombrará ministro el día 3. De él se dice que es americanófilo, culto, muy bien informado, ducho en economía.

El debate se produce en torno a la oportunidad o no de profundizar la Reforma través de una serie de leyes que radicalicen el contenido de la Constitución del 57. Los que estaban en contra argumentaban que, si la reacción ante la Constitución había desatado la guerra, para qué echar "nuevo combustible a la hoguera", y decían que las medidas podrían tomarse tres o cuatro años tras la victoria.

Juárez, que encabeza el grupo favorable a emitir las leyes, en versión de Agustín Rivera decía: "Vale más una guerra que dos. Yo confío en que esta guerra terminará pronto y se restablecerá el orden constitucional; y si el dar las Leyes de Reforma se aplaza para dentro de tres o cuatro años, entonces se suscitará una nueva guerra, tan cruda como la presente, y la República, en lugar de una guerra, sufrirá dos, con todos los grandísimos males consiguientes a ellas".

Resulta imposible saber las posiciones que tomaron los diferentes participantes; quizá Ocampo proponía más mesura y Lerdo más radicalidad por razones económicas: desarbolar a los tacubayistas de su banco de segundo piso; un argumento usado una y otra vez en el debate es que el clero está financiando la guerra de los conservadores. Pasquel piensa que los graves choques entre Lerdo y Ocampo, apoyado por Santos Degollado, se debían a problemas de carácter y que el primero era insoportable. Molina Enríquez opina que se debían al "conservadurismo criollo" de Lerdo, que el 27 de junio presenta su renuncia al gabinete, que no le es aceptada, e insiste el 5 de julio.

—No tenemos el mismo modo de ver las cosas.

—Usted está obrando contra sus ideas —Juárez le contesta, preguntando dónde están las discrepancias.

La renuncia se hará efectiva y Lerdo partirá hacia Estados Unidos a la busca de un préstamo.

Finalmente, el 7 de julio el gobierno produce un documento que prologará las siguientes medidas; se llama "Justificación de las Leyes de Reforma" y está escrito por Ocampo, Juárez, Manuel Ruiz y Miguel Lerdo de Tejada.

El texto sólo ha sido visto como argumentador de las futuras medidas, pero contiene un importante elemento programático. Señala la necesidad de que el gobierno impulse la educación primaria gratuita, se establezca atención médica pública; insiste sobre temas que ya están en la Constitución del 57, como el abolir la exigencia de pasaportes a los viajeros dentro del territorio nacional, la libertad de prensa, la desaparición de las alcabalas y de los impuestos interiores. Habla de crear el Registro Civil, simplificar las embajadas mexicanas en el mundo reduciéndolas a dos, una en Norteamérica y otra en Europa; hacer reformas radicales en hacienda, abolir los impuestos mineros que recaen sobre la producción y no sobre las ganancias, impulsar el comercio exterior, aclarar los impuestos federales y locales, de manera que los estados no tengan que depender de la federación para su financiamiento; regular el problema de los pensionistas civiles y militares heredado del régimen colonial, porque su tamaño es asfixiante; ordenar el ejército y potenciar las guardias nacionales "sostén de las libertades públicas"; impulsar la construcción del ferrocarril, favorecer la inmigración e incluso favorecer la producción de estadísticas.

Se atacan "ciertos elementos de despotismo, de hipocresía, de inmoralidad y de desorden" y, claro está, se habla de la "sumisión del clero a la potestad civil en sus negocios seculares". No sólo es un proyecto político contra el poder del clero, es también un plan de gobierno económico, que entre otras cosas pretende acabar con la penuria del Estado y financiar el pago de la deuda exterior.

Cinco días más tarde se publica la primera de las leyes, la Ley de Extinción de Órdenes Monásticas y Nacionalización de Bienes Eclesiásticos, que rebasa la original ley de desamortización de Lerdo. El riesgo seguía siendo el mismo: el clero era en muchos casos propietario; las comunidades, arrendatarias. La desamortización las sujetaría a nuevos patrones.

Juárez trataba de despojar al clero de su poder económico; Lerdo intentaba poner en el mercado la propiedad y la producción sin medir los peligrosos efectos sociales y se oponía a la propuesta de Ruiz de expropiar con indemnización de 3 mil pesos. La aplicación de la ley ante las comunidades indígenas no fue homogénea. Mark Moreno señala que en Huajuapan las autoridades permitieron a las comunidades comprar tierras como *sociedades agrícolas*; esta medida se extendió al resto de Oaxaca en 1860. Ocampo, por otro lado, tenía razón cuando decía que se sobreestimaban los bienes de la Iglesia. No produjo un ingreso tan grande como se esperaba.

En los siguientes días se sucedieron en cadena media docena de leyes y decretos más. El 23 de julio la Ley sobre Matrimonio Civil, redactada por Ocampo, según le cuenta a su hija Josefina, de la que nace la famosa epístola que acompañará a los matrimonios mexicanos durante cien años. El 28 de julio una nueva versión de la Ley Orgánica del Registro Civil, que establece un registro laico de nacimientos, bodas, defunciones, matrimonios. El 31 de julio el Decreto para la Secularización de los Cementerios. El 3 de agosto el Decreto de Juárez Suprimiendo la Legación Mexicana en Roma. El 11 de agosto la Ley sobre Días Festivos Civiles, quedando tan sólo Año Nuevo, el jueves y viernes de la Semana Mayor, el Jueves de Corpus, el 16 de septiembre, el 1º y 2 de noviembre y los días 12 y 25 de diciembre.

Entre otras cosas, el conjunto de leyes establecía la prohibición a los funcionarios públicos y a la tropa de asistir de manera oficial a las ceremonias religiosas. Extinción del derecho de asilo en una iglesia. Despenalización del sacrilegio como agravante en los delitos. Prohibición de la realización de solemnidades religiosas fuera de los templos, respetando las festividades religiosas de los pueblos y los santos patronos. El confesor de un testador no puede ser heredero o legatario. Los limosneros para objetos religiosos no pueden ser nombrados sin aprobación de los gobernadores. Se deroga el tratamiento oficial a personas y corporaciones eclesiásticas. Se regula el uso de las campanas. Se suprimen los monasterios. No se suprimen los conventos de clausura sino tan sólo los noviciados.

El conjunto era demoledor al limitar el poder terrenal de la Iglesia católica mexicana. La primera reacción de Miramón fue muy confusa, declara: "Sé bien que una de las mayores dificultades que tengo para vencer consiste en la ninguna fe que inspira el pueblo mexicano […] no puedo cambiar mi temperamento, ni mis convicciones, no puedo someterme a observar una rutina". Como si estuviera exigiendo del pueblo, la oligarquía y el clero una reacción más fuerte a la ofensiva ideológica que viene como un vendaval desde Veracruz.

Entre fines de julio y fines de agosto, dependiendo la velocidad con la que viajaban las noticias, se produjeron las respuestas de la jerarquía católica. El arzobispo Garza emitió una pastoral: "Amagos y proyectos son […] por más que usurpen y se den a sí mismos los nombres que tienen las autoridades verdaderas y legítimas". Se unió a la protestas el cabildo eclesiástico de Guadalupe y finalmente los obispos Munguía, Espinosa, Barajas y Verea y el cura Francisco Serrano, representante de la mitra de Puebla. El cabildo de Guadalajara será fulminante: "Un socialismo práctico extingue completamente el sentimiento de la patria y ataca por lo mismo el principio de la propiedad".

La reacción que Miguel Miramón estaba esperando se produce y, con el apoyo del arzobispo de México, crea una oficina que recibirá las donaciones del clero al ejército en alhajas y da instrucciones precisas: "La entrega de las alhajas y piedras preciosas se hará directamente en esta Administración Principal de Rentas del Distrito, según factura, en la cual se indique la calidad de los objetos entregados, el número de piedras preciosas, sus nombres, tales como brillantes, esmeraldas, perlas, rubíes, etc., y, si es posible, el peso de cada una de ellas, si son grandes o pequeñas, etc. Recomiendo a usted también que envíe los objetos de oro y plata a la Casa de Moneda con el mayor secreto posible".

Pasarán tres meses y finalmente, el 4 de diciembre de 1860, Juárez emitirá en Veracruz la Ley de Libertad de Cultos. El derecho de cualquier mexicano a practicar o no la religión que le dé la gana.

NOTAS

1) Patricia Galeana: *Juárez en la historia de México*. Ángel Pola: prólogo a *Obras completas* de Melchor Ocampo. David Maawad (editor): *Fortalezas históricas de Veracruz*. Salvador Ortiz Vidales: *Don Guillermo Prieto y su época: estudio costumbrista e histórico del siglo XIX*. José Ramón Malo: *Diario de sucesos notables, 1854-1864*. Sebastián I. Campos: *Recuerdos históricos de la ciudad de Veracruz y costa de Sotavento, durante las campañas de Tres Años, Guerra de intervención y el Imperio*. Juan de Dios Peza: *Epopeyas de mi patria: Benito Juárez*. Manuel Arellano: *Manuel Gutiérrez Zamora, defensor de la Reforma*. Benito Juárez: *Documentos, discursos y correspondencia*. Leonardo Pasquel: *La generación liberal veracruzana*. Mark Moreno: *World at War: Mexican Identities, Insurgents, and The French Occupation, 1862-1867*. Benito Juárez, Melchor Ocampo, Manuel Ruiz y Miguel Lerdo de Tejada: "Justificación de las leyes de Reforma". Agustín Rivera: *Anales mexicanos. La Reforma y el Segundo Imperio*. Walter V. Scholes: *Política mexicana durante el régimen de Juárez, 1855-1872*. La perspectiva del clero en Manuel Olimón Nolasco: *Las leyes liberales como conflicto de conciencia*. Andrés Molina Enríquez: *Juárez y la Reforma*.

2) El liberal Nicolás Pizarro al fin de la Guerra de Reforma publica la novela *La coqueta* situada parcialmente en la Veracruz sitiada juarista. Hay una edición de SEP-Premiá de 1982.

42

ATEOS

¿Eran los liberales, los puros, los rojos, ateos? Si bien Ignacio Ramírez en su discurso de ingreso a la Academia de Letrán abrió el fuego con "No hay Dios, los seres de la naturaleza se sostienen por sí mismos", o resulta evidente el ateísmo de Juan José Baz o del joven general Leandro Valle, la mayoría de los cuadros del liberalismo radical sin duda no lo eran. No lo era Juárez que, aunque defendiera el derecho a la libertad de creencias ("Los gobiernos civiles no deben tener religión, porque siendo su deber proteger la libertad que los gobernados tienen de practicar la religión que gusten adoptar, no llenarían fielmente ese deber si fueran sectarios de alguna"), era un católico no demasiado practicante; no lo era Santos Degollado, que permitía y promovía que su ejército asistiera a misa antes del combate; no lo eran Zaragoza ni González Ortega; ni siquiera lo era Melchor Ocampo, más allá de su tremendo escepticismo en materia religiosa.

Guillermo Prieto, que por cierto escribió 31 poesías religiosas, entre ellas un soneto dedicado a la Virgen de Guadalupe en la futura Intervención francesa ("pidiendo / por la causa liberal y contra los obispos"), enfrentó la acusación en uno de sus "Diálogos populares":

"—¿No eres puro?

"—Sí que lo soy.

"—¿No eres afecto a las Leyes de Reforma?

"—También lo soy.

"—¿Pues cómo es que oyes misa?

"—Porque en nada se oponen mis creencias políticas a mis creencias religiosas".

Y Francisco Zarco, otra de las voces autorizadas del liberalismo radical, lo dejó absolutamente claro: "El partido que quisiera destruir o desarraigar el catolicismo sería demente e insensato, porque intentaría lo imposible, lo peligroso, lo criminal. Nosotros […] en las sublimes verdades del cristianismo encontramos condenado el despotismo y la opresión".

Sería absurdo olvidar que la Constitución del 57 fue jurada "en el nombre de Dios", en un salón dominado por un crucifijo y sobre una Biblia.

El narrador, desde su ateísmo, fraguado a los cinco años (cuando descubrió que no dejaban fumar en las iglesias y en un diálogo con un sacerdote, que le decía que se trataba de una falso dilema porque los niños de cinco años no fuman, a lo que fue rápidamente respondido con el argumento de que yo sabía que iba a fumar mucho y que salió huyendo cuando no pudo contestar por qué no repartían los tesoros del Vaticano a los pobres), no puede menos que deshacer el falso mito de que la vanguardia liberal era atea.

NOTAS

1) Guillermo Prieto: "Diálogos populares" en *Obras completas*, tomo XXIV. Francisco Zarco: *Obras completas*, tomo V. Ignacio Ramírez: *Obras completas*, tomo VIII. Roberto Camacho dedica la totalidad de su libro a fundamentar y exponer el catolicismo de Juárez en *Benito Juárez, Católico*.

2) El enfoque, a pesar de los raudales de información existente, que lo desmienten siguió prosperando; ya en 1901 Julio Guerrero hablaba del gobierno juarista como el "gobierno ateo" (*La génesis del crimen en México: estudio de psiquiatría social*) y sorprendentemente en nuestros días, el comentarista televisivo Pablo Boullosa dice: "En la guerra de Reforma sí que hubo un ataque del estado contra la iglesia [...] los *ateos* demostraron no ser menos peligrosos, violentos y sanguinarios que los creyentes". (*Dilemas clásicos para mexicanos y otros supervivientes*).

43

EL MCLANE-OCAMPO

El 6 de abril de 1859 el embajador norteamericano Robert McLane reconoce al gobierno juarista en Veracruz. Será el prólogo de unas largas conversaciones que se producen en paralelo a la promulgación de las Leyes de Reforma. El norteamericano, hablando por el presidente Buchanan, proponía la compra de Baja California; el derecho de tránsito desde el río Bravo al golfo de California y el derecho perpetuo de paso por Tehuantepec, en la perspectiva de la construcción de un canal interoceánico. Reciprocidad comercial y eliminación de impuestos en esos tránsitos.

El tema de Baja California parecía ser prioritario para los norteamericanos, pero Juárez bloqueó el debate, negándose siquiera a incluirlo en las conversaciones, "cualesquiera que fueran las consecuencias"; a lo más, negociar derechos de tránsito que estaban reconocidos desde el tratado de venta de La Mesilla. Parece ser que Sebastián Lerdo, poniendo énfasis en la crisis económica del gobierno liberal, era partidario de vender Baja California, primero por 30 millones de dólares, posteriormente por 15. Negociaba préstamos en Estados Unidos con un banquero privado pero sin ningún resultado. Trajo consigo una propuesta para traer a 10 mil hombres armados (voluntarios que al pisar territorio nacional renunciasen a su nacionalidad); su propuesta era apoyada por Gutiérrez Zamora. Según Zarco, Juárez estaba totalmente en contra y Ocampo llamó a Lerdo traidor; las discusiones en el gabinete se volvieron personales y el Presidente fue llamado obstinado y pertinaz.

El 20 de junio McLane presenta a Ocampo un borrador del tratado. Durante meses hay discusiones. McLane habla de "momentos de duda y ansiedades" y está convencido de que no logrará de los mexicanos una cesión territorial. Finalmente, el 1° de diciembre hay un primer borrador. Se aprueban los derechos de tránsito a perpetuidad por el istmo de Tehuantepec a Estados Unidos, previendo la construcción de un canal que iría de Oaxaca (Tehuantepec) hasta Coatzacoalcos, en el golfo de México, y con la carga para México de emplear fuerzas militares para la seguridad de las personas que transiten. Hay un segundo derecho de paso en perpetuidad desde la ciudad de Guaymas y el Rancho de Nogales a otro punto conveniente de la frontera; y un tercero desde Camargo o Matamoros, vía Monterrey, hasta Mazatlán. México mantendría su soberanía sobre los tres pasos y podía modificar el tratado. Se recibirían a cambio 4 millones de dólares, dos a la firma y dos retenidos para el pago de deudas con súbditos norteamericanos.

El tratado se firma el 14 de diciembre, Melchor Ocampo por México, Robert McLane por Estados Unidos. Sin embargo, nunca estará operante porque no será ratificado por el Senado norteamericano y ni siquiera llegará a discusión en la inexistente en esos momentos Cámara de Diputados mexicana. ¿Sabía Ocampo que tal cosa iba a suceder? Ocampo respondió a las primeras críticas conservadoras de Díez de Bonilla respecto a las segundas intenciones del reconocimiento gringo que cómo se atrevían a hablar de mutilación del territorio nacional aquellos que permitieron la separación de Guatemala, la pérdida de Texas, las pérdidas de California y Nuevo México y el Tratado de La Mesilla.

Mientras que en la perspectiva conservadora el tratado constituía una traición y provocó continuas críticas que se prolongaron a lo largo de 150 años, para los liberales se trató de un simple movimiento táctico que garantizaba el reconocimiento de Estados Unidos, en momentos difíciles en que la diplomacia europea, y muy beligerantemente la española, se alineaba tras el gobierno de Miramón. Fuentes Mares lo calificó como "el principio del fin"; Justo Sierra dijo que "no es defendible y todos cuantos lo han refutado, lo han refutado bien, porque representó la constitución de una servidumbre interminable"; pero José C. Valadés argumentó que "el derecho de vía o tránsito es ajeno a toda cesión territorial", y Patricia Galeana, en el que sería el más serio y minucioso estudio sobre el tema, concluía: "Este tratado es a todo punto peligroso, pero dista mucho de la traición, como quiso verlo el partido conservador".

NOTA

1)   Agustín Rivera: *Anales mexicanos. La Reforma y el Segundo Imperio.* Patricia Galeana: "El tratado McLane-Ocampo. La comunicación interoceánica y el libre comercio" y "La doctrina Juárez". Robert M. McLane: *Reminiscences, 1827-1897.* Jesús Romero Flores: *Don Melchor Ocampo, el Filósofo de la Reforma.* Francisco Zarco: "Una acusación contra el presidente de la república". Walter V. Scholes: *Política mexicana durante el régimen de Juárez, 1855-1872.* Justo Sierra: *Juárez, su obra y su tiempo.* José C. Valadés: *Don Melchor Ocampo, reformador de México.* José Fuentes Mares: *Y México se refugió en el desierto.* Benito Juárez: *Documentos, discursos y correspondencia.* Narciso Bassols: *Así se quebró Ocampo.*

44

LA CONDUCTA Y EL FIN DEL 59

La guerra se encuentra estancada. El impulso que le había dado el ejército norteño liberal en los meses anteriores se había frenado. Los conservadores dominaban el centro, los liberales la periferia, lo que constituía una desventaja, porque era difícil integrar y conectar las fuerzas, mientras que los mochos giraban en torno a su eje en la capital de la República. El jefe del Estado Mayor, general José Mariano Salas, reportaba que al iniciar 1859 había 18 082 hombres en el ejército conservador, que a lo largo del año aumentaron hasta 21 934 (15 510 de infantería y 6 424 de caballería), y llegaron en octubre a 24 505 hombres, sin contar la brigada Castillo, un aumento a la división Woll y algunas fuerzas de Jalisco. Para enfrentarlos los rojos cuentan con el ejército del centro de Santos Degollado, que puede llegar a los 6 mil hombres; la división norteña, que podía reunir 4 mil hombres; las tropas de González Ortega en Zacatecas, que aunque cuenta con 1 600 hombres armados y trae más de 3 mil que lo siguen sin armas; la guarnición de Veracruz, con millar y medio de combatientes más, y decenas de guerrillas y fuerzas irregulares que podrían sumar otros 8 mil hombres mal armados y aislados a lo largo del país. En resumen, unos 22 mil combatientes, cuya mayor debilidad era la fragmentación y su mayor virtud la perseverancia.

Para Santos Degollado el mayor problema era el conflicto con Vidaurri. Tras los sucesos de Tacubaya, obsesionado por lograr el control del ejército republicano, Vidaurri ordenó a los norteños se replegaran a Nuevo León (luego lo haría por decreto), y propuso a varios gobernadores unificar los ejércitos bajo el mando de Zuazua, o sea bajo su dominio. El 17 de agosto se reunieron en la hacienda de Bocas en San Luis Potosí los más notables jefes norteños (Zaragoza, Blanco, Aramberri, Escobedo, Naranjo, Treviño) para ver si seguían las instrucciones de la Presidencia y permanecían bajo el mando de Santos Degollado o se subordinaban a Vidaurri y se retiraban hacia el norte. El decir de Zuazua era que Santos Degollado les había ofrecido víveres, aunque tardarían dos meses en llegar, y entre la tropa pesaba el que se les había ofrecido volver a casa tras la campaña, pero no fueron argumentos que convencieran. Todos, menos Zuazua (y Quiroga, hijo ilegítimo de Vidaurri, que no fue invitado a la reunión y mandaba una brigada de caballería), estuvieron a favor de mantenerse bajo Santos y el coronel norteño se tomó licencia y regresó a Monterrey, perseguido por los rumores que Guillermo Prieto había difundido de que era un corrupto. Quedó al mando Ignacio Zaragoza, que envió al norte a Escobedo para negociar con el caudillo, mientras Miguel Blanco estuvo a punto de desarmar a las tropas de Quiroga.

Santos Degollado decretó: "Queda destituido de todo mando político militar y dado de baja del ejército constitucional Santiago Vidaurri". El gobernador de Nuevo León envió a su familia a Brownsville. Escobedo fue detenido en Monterrey y tras una violenta discusión con Vidaurri, que estuvo a punto de culminar cuando los personajes sacaron las pistolas, fue detenido por el gobernador y sólo liberado por la mediación de Zuazua.

José Silvestre Aramberri fue nombrado por Juárez gobernador y comandante en Coahuila, con la consigna de detener a Vidaurri y remitirlo al cuartel general en San Luis Potosí, pero Aramberri fue expulsado del estado. La polémica pública en los diarios liberales no estuvo exenta de toques racistas, Vidaurri había dicho: "Escriben todos los días que soy tirano, que desciendo de origen tan oscuro que de ser cierto me honraría, porque de guarancauas e hijo de una india de esta tribu al puesto que ocupo hay una distancia inmensa que ellos no recorrerían jamás". Lo cual resultaba absurdo estando enfrentado a un zapoteca como Juárez; los argumentos de fondo eran que nunca había dudado en poner por delante sus intereses de cacicazgo local a los intereses de la nación en guerra.

González Ortega se sumó a la condena de Vidaurri y el 24-25 de septiembre Ignacio Zaragoza y Escobedo se pronunciaron en Monterrey, desconociendo toda autoridad de Vidaurri en los estados de Nuevo León y Coahuila. Vidaurri y Zuazua huyeron hacia Texas. Era el primer paso para unificar un ejército liberal en el centro-norte del país.

La reorganización permite en septiembre a Santos Degollado marchar con 6 mil hombres de nuevo hacia el centro, primero Guanajuato, luego hacia Querétaro; lo acompañan Doblado y Arteaga.

En esos días (26 de septiembre) se firmaba en París un tratado que había de ser conocido como Mon-Almonte, porque llevaba las firmas de Alejandro Mon, ministro de Isabel II, y Juan N. Almonte, embajador del gobierno de Zuloaga. Contenía esencialmente dos temas: la ratificación del Convenio de 1853, reconociendo deudas atrasadas del gobierno de Santa Anna, y la obligación del gobierno de Zuloaga de perseguir a los autores y pagar a España otra cantidad de consideración como indemnización por los asesinatos de españoles que vivían en las haciendas de San Vicente y Chiconcuac, así como en el mineral de San Dimas. (Los asesinos de los españoles habían sido capturados y fusilados a lo largo del año 58). El tratado permitía a los conservadores reanudar relaciones con la España monárquica y fue de inmediato desconocido por el gobierno juarista en Veracruz, que, obligado, declaró traidor a Almonte.

Mientras los liberales unificaban su frente interno y preparaban una nueva ofensiva a fines de octubre, Márquez salió de Guadalajara hacia San

Juan de los Lagos, en donde recibió del general Adrián Woll una conducta de dinero y plata que sumaba 1 974 897 pesos, procedente de la capital de México y del interior, que el comercio remitía al extranjero vía Guadalajara y de ahí a San Blas, el único puerto de la República que poseían los reaccionarios. Con esta conducta llegó Márquez a Guadalajara y decidió tomar 600 mil pesos, argumentando la situación del gobierno que "sin un recurso salvador extraordinario no puede prolongarse ya por más tiempo". Garantizó el "préstamo" con el producto de la aduana. En su posterior defensa argumentaba que no le quedó de otra si quería mantener en pie a los 5 mil hombres del ejército "envueltos en la miseria [...] sin calzado ni rancho".

Miramón reaccionó violentamente y, presionado por los comerciantes de la capital, ordenó el 2 de noviembre a Márquez que devolviera el dinero y se presentara en la Ciudad de México. Años después Miramón insinuaría que Márquez estaba en tratos con el general Santa Anna y que a eso obedeció el rigor de su respuesta; otra versión atribuiría los hechos a que había frases contra Miramón en cartas de Márquez capturadas por liberales que luego habían sido interceptadas. El 20 de noviembre Miramón destituyó a Márquez del cargo de gobernador por el robo de la conducta y lo puso preso (primero fueron juntos al teatro). Márquez diría: "Después de los servicios que presté a la causa que se llamó reaccionaria, el presidente Miramón, sin razón y sin justicia, me atropelló y me tuvo encerrado nueve meses en una estrecha prisión". El sábado 10 de diciembre fue encarcelado en el Distrito Federal. Woll sería nombrado comandante de Jalisco.

El 10 de octubre Miramón trató de mejorar sus relaciones con el papado y le confió al obispo Labastida el cargo de embajador plenipotenciario ante la Santa Sede. No era muy claro el cometido, aunque sin duda tenía que ver con garantizar el apoyo económico de la Iglesia mexicana a la revuelta conservadora. Labastida escribió el 23 de noviembre una nota en la que pedía precisión sobre los objetivos de su misión, que parecían misteriosos, y por eso, mientras no pudiera precisarlos, no obtenía claro apoyo de los cardenales ni del papa. ¿Qué tiene que ver su encargo con "salvar los bienes de la Iglesia"? Labastida no se limitó a llevar a cabo su "misteriosa misión", sino que posteriormente, en otra nota en la que después de calificar a los liberales de "enemigos de nuestra raza y de nuestra nacionalidad", hizo un informe político e incluso a veces militar sobre la situación europea.

Mientras lidiaba con la destitución de Márquez, Miguel Miramón trataba de sacar dinero de abajo de las piedras para sostener la campaña y autorizó un contrato con el banquero suizo Jean B. Jecker mediante el cual el gobierno asumiría una deuda de 15 millones en bonos contra la entrega de 795 567 pesos más 600 mil en otros bonos que eran papel devaluado. El ruinoso contrato sería causa de futuras desventuras para la nación.

Finalmente, para frenar el avance del ejército republicano hacia Querétaro, Miramón sale de la capital acompañado del ministro de Justicia, su cuñado Isidro Díaz (casado con Mercedes, la hermana de Concha); lo apoya Woll, que se aproxima desde Zacatecas, y Vélez, que retrocede desde Guanajuato.

Se encontrará con los liberales en la Estancia de las Vacas, a la vista de Querétaro, a unos ocho kilómetros de la ciudad. Miramón le anuncia a Santos Degollado que "le va a dar tres y las malas"; Santos responde: "Mi obligación no es obtener victorias, yo me debo a la defensa de mis principios".

El 13 de noviembre se producirá la batalla. Antes del combate los dos generales tendrán una entrevista. Miramón cuenta: "Habiéndome solicitado para una entrevista [...] y tuvimos una conversación que duró tres cuartos de hora [...] quería que yo reconociera la Constitución del 57 [...]. Lo despaché a pasear".

Miramón ataca con 3 mil hombres y 23 piezas de artillería. El primer avance liberal por el centro con la brigada de San Luis Potosí resulta exitoso, pero la muerte del general Tapia los desorganiza. La caballería conservadora penetra las líneas republicanas. Santos Degollado, a las tres de la tarde, da la orden de retirada en tres líneas escalonadas hacia las alturas, pero se produce el pánico y la dispersión.

En sus *Memorias*, Manuel Balbontín, que dirigía la artillería liberal, cuenta una historia conocida: caen muertos los altos oficiales, un grupo se desmoraliza, se desbanda, se convierte en huida, arrastra a otros. Santos Degollado y su escolta pistola en mano retroceden protegiendo el repliegue. Mejía persigue a los liberales hasta Celaya, que se salvan milagrosamente porque la caballería enemiga no tiene parque.

Ahí no terminarán las desventuras del caudillo liberal; contará: "Aquel día ha sido en mi vida uno de los más difíciles". Porque en Celaya los vecinos los reciben a tiros: "Estos infames instrumentos del clero asestaron sobre mí una descarga que dejó acribillado el marco de una puerta donde me puse a dar algunas órdenes; mas el cielo dejó burladas sus tentativas sanguinarias y los que me rodeaban y yo salimos sanos y salvos fuera de la ciudad aunque perseguidos de cerca por los *caribes* de Celaya". Desde San Luis Potosí escribe: "Un nuevo y terrible descalabro ha venido a acrisolar nuestras creencias". Zarco, más generoso, añade: "Sin los desastres de Degollado no habríamos llegado a los triunfos".

En seis días Miramón va en la diligencia de la Estancia de las Vacas con su ministro Díaz y dos ayudantes a Guadalajara. Establece como prioridades Michoacán y el noroeste y Veracruz, para despojar a Juárez de una capital y obtener Mazatlán y otros puertos importantes. Pero en la práctica Vélez crea una contención para frenar el retorno de los norteños: Castillo toma Zacatecas, Lozada se apodera de Tepic y Miramón quiere acabar con los liberales del sur de Jalisco. Los conservadores dominan medio país, pero no dominan el país.

En Jalisco el joven Leandro Valle y Pueblita están profundamente irritados por la pasividad de Ogazón y sobre todo del general Juan N. Rocha. Le escriben a Ogazón: "El enemigo se está burlando de nosotros [...]. Estamos perdiendo no sólo el tiempo, sino la moral [...] vergüenza que con mil y tantos hombres estemos aquí y el enemigo con 2 mil se esté burlando de nuestra cobardía". Se quejan de que otras brigadas reciben el sueldo y ellos no, que sólo se ha atacado con fracciones de las fuerzas cuando se podía derrotar a los conservadores. Rocha argumenta que no tenía dinero en la pagaduría.

Pronto tendrán la oportunidad porque Miramón avanza sobre ellos. En la noche del 23 de diciembre, en un lugar conocido como Tonila o la Albarrada, se contemplan los fuegos de los campamentos. A las tres de la madrugada, contra la costumbre de combatir al amanecer, Miramón ataca. En menos de una hora rompen la línea liberal. Rocha desaparece del campo de batalla. Ogazón toma el mando. Las brigadas de Valle y de Pueblita sostienen peso del choque. Gran victoria conservadora. Los liberales se repliegan hacia Michoacán. Rojas reorganiza su guerrilla y descubre que en las cartucheras de 1ª división había balas de salva. Rocha (Fuentes Díaz: "El siempre turbulento y enredoso general Juan N. Rocha") huye con onzas de oro. Poco después se descubrirán cartas de Márquez y otro intermediario, las cuales lo condenan como traidor.

En el combate Miramón, enfrentándose a Rojas, recibe un balazo de sedal que casi lo tira del caballo: "Me cayó sobre la ingle una bala de rifle". Menor suerte tendrá el desertor general Rocha, que será asesinado y robado por saqueadores en el rancho de Piedraimán, a ocho kilómetros de Pihuamo, dos días más tarde.

En Guadalajara hay fiesta religiosa para celebrar la victoria. "Bajo vara y palio" entra en la catedral Miguel Miramón el 29 de diciembre. El coro canta: "Puse mi protección sobre el Poderoso y exalté al elegido de mi pueblo".

Si bien ninguna de sus propuestas estratégicas ha progresado, Miramón ha salvado el año para los conservadores con las victorias de Estancia de las Vacas y la Barranca de Tonila.

NOTAS

1) Niceto de Zamacois: *Historia de México*, tomo XV. José Mariano Salas: *Memoria de 1860*. Guillermo Prieto: correspondencia con Ocampo, en sus *Obras completas*, tomo XXIV. Luis Medina Peña. *Los bárbaros del Norte. Guardia nacional y política en Nuevo León, siglo XIX*. El acta de la reunión de Bocas en Lucas Martínez Sánchez: *El Ejército del Norte. Coahuila durante la guerra de Reforma, 1858-1860*. José Ramón Malo: *Diario de sucesos notables, 1854-1864*. José María Vigil: *La Reforma*. Silvestre

Villegas Revueltas: *La Reforma y el Segundo Imperio, 1853-1867*. Víctor Darán: *El general Miguel Miramón; apuntes históricos*. "Causa contra el general Márquez" en Genaro García: *Documentos inéditos o muy raros para la historia de México* (incluye el parte de Miramón). Joaquín Ramírez Cabañas: *Las relaciones entre México y el Vaticano*. Manuel Balbontín: *Memorias del coronel Manuel Balbontín*. Manuel Cambre: *La Guerra de Tres Años, apuntes para la historia de la Reforma*. Agustín Rivera: *Anales mexicanos. La Reforma y el Segundo Imperio*. Ernesto de la Torre Villar: *El triunfo de la república liberal, 1857-1860* (en particular los documentos 33 y 35).

2) Según el coronel Manuel Ramírez de Arellano, que en 1859 mandaba el batallón conservador de artillería de montaña, muchas veces trató de inducir a Miramón a que proclamase las Leyes de Reforma en sentido moderado, haciéndole ver que con este paso asentaría su poder y ganaría prestigio entre los liberales. "Te digo esto (le hablaba Arellano) porque esta situación no sólo se ha de sostener a cañonazos. Tu estrella militar tiene que eclipsarse". Una versión bastante oscura narrada por Ramírez de Arellano cuenta que Ramón Guzmán se le presentó con la propuesta de que si las fuerzas de Miramón se pronunciaban por la Constitución de 1857, le daría 40 mil pesos y la banda de general, el gobierno de Juárez. En el acto recibiría 20 mil pesos y el resto luego de cumplida su palabra. La entrevista para tratar de este delicado asunto se verificó en la casa número 8 de la 4 calle del Relox. Aceptada la propuesta por Arellano, puso al tanto de ella a Miramón: "De esta manera descubriremos el foco de la conspiración y la destruiremos de raíz, haciéndonos de más armas y municiones". Detuvieron a los militares involucrados y Ramírez de Arellano se quedó con los 20 mil pesos. (Ángel Pola en las notas de Manuel Ramírez: *Últimas horas del imperio, los traidores de los traidores*).

3) En el 61 Ogazón capturará y fusilará al sacerdote Gabino Gutiérrez, que se fue acusado de aconsejar a Juan N. Rocha para que traicionara a los liberales en la batalla de la Albarrada.

45

DE LA LLAVE

Tienes una mezcla de cara noble y triste, alargada. Te quería bien Guillermo Prieto porque decía de ti: "Llave saltaba de los brazos de la Revolución de Ayutla a los altos puestos, conquistándose universales simpatías. Alto, franco, de desmesuradas piernas, de cara larga, pálida, verdiosa, de ojos pardos y una patilla de fleco de pasamanería, siguiendo el óvalo de su rostro [los muchachos veracruzanos lo llamaban Ángel Pitou por la configuración de las piernas y el modo de andar]. Llave era como distraído y desgonzado, parecía no dar importancia a ninguna cosa, como que ocultaba su mérito. Nadie más sencillo, nadie más condescendiente y dulce. Pero en las grandes crisis, en los peligros eminentes, aquel hombre se erguía, se transformaba; su palabra era pronta, sus movimientos decisivos, su valor temerario y sublime. De buenos estudios, de profundas ideas liberales, de lecturas constantes, de adelantos publicistas; aunque odiaba las disputas, sus resoluciones eran fundadas y su convicción intransigente".

De nombre Ignacio de la Llave, naciste en Orizaba en 1818, estudiaste jurisprudencia (muchos abogados en esta historia); marchaste a la ciudad para ejercer, te hiciste amigo de Sebastián Lerdo, te hiciste liberal, por eso de que la ley no era justicia. Regresaste a Veracruz "para ejercer con desgano". Uno más de los intelectuales que toman el fusil, fuiste voluntario de la Guardia Nacional, capitán en el 46 defendiendo Veracruz contra los norteamericanos. Desterrado por Santa Anna, burlaste la condena y te fuiste de guerrillero a la sierra de Atoyac. Eran los tiempos de la Revolución de Ayutla y la proclamaste en Orizaba. Cuando cayó el dictador regresaste a Veracruz y la plebe, que tanto te quería, quitó los caballos de la carroza para pasearte. Fuiste gobernador, diferente, demócrata: "Mi casa está abierta a toda hora para escuchar todas las quejas [...], también los consejos".

Enfrentas el Motín de Ulúa. Fuiste miembro del gobierno de Comonfort como ministro de Gobernación, pero resultas muy radical para el Presidente y renuncias. Cuando se produce el golpe de Tacubaya y los liberales veracruzanos se pierden en la telaraña que Payno ha creado, serás clave en que se despronuncie Gutiérrez Zamora y se una al partido de la libertad. Guerreas contra Echeagaray y Osollo. Serías una de las razones, junto con la propuesta de Gutiérrez Zamora, por las que Juárez escogió refugiar su gobierno en Veracruz.

NOTA

1) Leonardo Pasquel: *La generación liberal veracruzana*. José P. Rivera: "Ignacio de la Llave" en *Liberales ilustres mexicanos de la Reforma y la Intervención*. Guillermo Prieto: "Los san Lunes de Fidel", *Obras completas*, tomo II.

46

EL COMBATE DE ANTÓN LIZARDO

El 15 de diciembre del 59 Juárez llamó a Santos Degollado a Veracruz para formular un nuevo plan de campaña. Con la oposición del Presidente existe una tendencia en el gabinete hacia una salida mediada a la guerra. Dos años ya de combates sin que aparezca una salida. Probablemente forman parte de esta visión Miguel Lerdo y el propio Santos. No es fácil saberlo porque estas discrepancias y otras muchas permanecen soterradas entonces y para siempre dentro del gobierno, al que se ha sumado, como secretario de Juárez, Pedro Santacilia. Lo que sí es obvio es que Miguel Lerdo de Tejada y Melchor Ocampo viven en conflicto permanente dentro del gabinete. Es muy complicado establecer las diferencias entre los dos ideólogos del liberalismo radical; Valadés sugiere que Melchor es el jacobino, varios autores consideran a Lerdo dueño de una "mentalidad práctica que lo hacía ocuparse de realidades y no de sueños" (Carmen Blázquez); el hecho es que serán personajes en choque permanente de estilos y maneras de decir y hacer.

Tras las victorias del fin del 59 Miguel Miramón volvió a su preocupación central: el eje estaba en acabar con el gobierno liberal y meterle el diente al puerto más importante del país. Impuso préstamos forzosos, reunió los fondos que había en las cajas públicas. Según Hilarión Frías, pudo reunir apelando a "una junta de capitalistas" 250 mil pesos y otro tanto del clero, y el 8 de febrero salió de la Ciudad de México vía Puebla, Perote y Jalapa, donde reorganizó el ejército. Traía consigo al perdonado general Manuel Robles Pezuela como cuartelmaestre y el joven Miguel Negrete a la vanguardia. No se quedó corto en las amenazas. Ofreció amnistía o paredón en una proclama a los liberales. Juárez ordenó el repliegue de las fuerzas de Alvarado hacia Veracruz, Miramón marchaba con gran lentitud, contra su costumbre. Posiblemente porque tiene en camino una conspiración con los españoles en La Habana, que de darle resultado puede permitirle el control del puerto.

Desde enero el gobierno había organizado la defensa, se reunieron víveres, se quemaron pastos cercanos, suspendieron el paso de las diligencias, se fabricó parque, se entrenaron artilleros, se añadieron fortines, se perfeccionó el foso. Contra lo que dicen varios autores, la defensa de Veracruz se basaba en su situación de plaza fuerte artillada, pues no contaba más que con 1 500 combatientes contra los 7 mil hombres que traían los atacantes.

El 23 febrero los conservadores son emboscados en Paso de Ovejas, hay varios oficiales heridos. Corren falsos rumores de que Miramón estaba herido porque cuando se encontraba haciendo un reconocimiento quedó envuelto en el humo de dos cañonazos. Los liberales se repliegan. En esos días el general Ignacio Zaragoza llega a Veracruz para conferenciar con Juárez.

A partir del 3 de marzo Miramón tiene sitiada Veracruz. La defensa del puerto está basada en varios fuertes, casas amuralladas, parapetos, y cuenta con artillería de mayor calibre. En las afueras hay varias guerrillas con De la Llave al mando. Ayestarán, con su brigada como vanguardia de Miramón, ocupa Tlacotalpan y Alvarado.

Pero la ofensiva de Miguel no descansa sólo en su brigada. El gobierno liberal ha tenido noticias, a través de su legación en Washington desde el 17 de febrero, de que el caudillo conservador está en tratos con los colonialistas españoles (que reconocen a su gobierno y no al de Juárez) en La Habana y ha comprado o le han prestado varios barcos "pagaderos" con letras contra casas comerciales de la Ciudad de México, así como armamento. Se trataba del *Marqués de La Habana*, comprado por 130 mil pesos (dirigido por el capitán español de la marina mercante Arias), y el *Vapor Correo no. 1*, rebautizado *General Miramón*, comprado en 70 mil pesos. Habían sido abanderados de manera un tanto irregular como naves mexicanas en La Habana.

Los barcos eran vaporcitos mercantes de madera transformados en buques de guerra con 14 cañones entre ambos, que difícilmente podrían enfrentar las 35 piezas de Ulúa y las 16 de la marina liberal. Los dirigía Tomás Marín, que el 27 de febrero de 1860 salió de La Habana con una tripulación en la que dos terceras partes eran españoles, el resto franceses, portugueses, filipinos, americanos e indios yucatecos. Se quedaba atrás la balandra *María de la Concepción*, que llevaba municiones. Un día después el gobierno liberal fue alertado por José María Mata.

Las autoridades juaristas comunicaron al gobierno y a los oficiales de la flota norteamericana en Veracruz que se trataba de "barcos piratas". Los liberales contaban para enfrentarlos desde enero con seis pequeñas naves armadas con un solo cañón y bautizadas *Hidalgo, Morelos, Mina, Galeana, Bravo* y *Santamaría*. También habían contratado (aunque erróneamente se ha dicho que los habían comprado a Domingo Goycurúa) a los norteamericanos el *Indianola* y el *Wave*, uno desde octubre del año anterior, el otro el mismo 27 de febrero.

Cuando se produce el ataque sobre Alvarado, el cónsul norteamericano Twyman intenta que las tripulaciones de esos barcos "defeccionaran al gobierno republicano", tratando de convencer a las tripulaciones de que desembarcaran porque "estaban haciendo acciones de contrabando" y no los podía proteger. La intervención funcionó temporalmente porque los barcos no salieron del puerto en esos momentos, aunque el gobierno mexicano recuperó más tarde el control. El cónsul norteamericano sería expulsado posteriormente del país.

Miramón se acercó al puerto y estableció una línea de artillería en Los Médanos, cubierta por sacos de arena; en la mañana los desmontaron los cañones republicanos, y así al día siguiente. El 6 de marzo Marín pasó de norte a sur frente a Veracruz y fondeó en Antón Lizardo, a ocho kilómetros. La escuadrilla, al pasar frente a Ulúa y a pesar de ser requerida, no izó bandera alguna. Marín diría más tarde que fue para que el enemigo no la identificara. Desde Antón Lizardo mandó una lancha para que hiciera contacto con Miramón, que controlaba el puertito.

Informó que el *Marqués de La Habana* tenía averías en la máquina y que, según el acuerdo con el dueño para "nacionalizarlo", debía esperar hasta estar en costas mexicanas, manteniendo en tanto el nombre. Los enlaces de Miramón eran al ex jefe de escuadra, Luis Valle, y al ex capitán de fragata

Francisco Canal; el primero regresaría al día siguiente (el 7 de marzo) para hacerse cargo del barco tras recoger la patente del cónsul o de alguno de los buques españoles que estaban en Sacrificios, y traería cien hombres para repartir en los barcos. La situación era extraña. ¿Qué cónsul? ¿Qué tenía que ver la flota española? ¿Cuál sería la misión de los dos barcos?

Mientras tanto, el ministro de Guerra y Marina juarista, José Gil Partearroyo, convocó de emergencia una junta con los capitanes de la marina liberal y el comandante de la escuadrilla norteamericana Joseph R. Jarvis (a cargo del *Savanah*), señalando que los barcos de Marín eran filibusteros por no haber mostrado bandera.

Estamos en la tarde del 6 de marzo. Cien hombres de la Guardia Nacional, dirigidos por Ignacio de la Llave, suben al *Indianola*. A las ocho de la noche sale del puerto una corbeta de guerra norteamericana mandada por Turner y llamada *Saratoga*, remolcada por el *Wave* y acompañada por el *Indianola* y por las lanchas cañoneras *Santa María*, *Galeana* y *Mina*; navegan cerca de la costa para evitar el posible desembarco de la escuadra de Marín y aprovechan para lanzarle unos cañonazos a la brigada Casanova, que ha ocupado Boca del Río.

Marín se retiró a descansar sin sospechar el desastre que lo amenazaba. A las 11 de la noche el oficial de guardia del *General Miramón* le avisó que se veían bultos por la popa; Marín se levantó, subió a cubierta, mandó poner en pie a toda la gente y activar el fuego de las calderas. Les dispararon un cañonazo de advertencia y Marín respondió con sus piezas de artillería, pensando que era una flotilla liberal remolcada por los vapores.

Durante el combate, una bala de cañón rompió parte de un mástil del *Indianola* y una astilla desprendida hirió en el rostro a De la Llave.

Supuestamente, cuando se da cuenta de que le está disparando a un barco norteamericano de tres palos, ordena suspender el cañoneo; Marín diría posteriormente que ordenó cese de fuego, pero no lo obedecieron. Las declaraciones de los tripulantes lo desmentirían.

El *Saratoga* y los vapores mexicanos se aproximaron más para dar la orden de abordaje; el *General Miramón* quiso huir pero se vio imposibilitado porque habían muerto dos de sus timoneles, quedando el buque sin gobierno; un tercer timonel intentó la maniobra y fue muerto por una bala. A causa del vivo fuego de fusil los liberales tuvieron 30 heridos. Los cañones del *Saratoga* terminaron la tarea. El *General Miramón* enarboló bandera blanca y lo asaltaron los americanos, quedando presos Marín y sus hijos. *El Marqués de La Habana* entonces izó bandera española (¡¡!!) y se rindió.

El presidente Buchanan, interpelado por el Senado norteamericano, aprobó la conducta de sus marinos, apoyado en el informe del capitán Jarvis, jefe de Turner, quien se atribuyó la responsabilidad del ataque, cuando los barcos que habían cruzado ante Veracruz sin bandera les hicieron fuego.

El armamento y los pertrechos capturados aún conservaban en las cajas los rótulos "arsenal de La Habana" y cuando pasó capturado el *Marqués de La Habana* en la entrada del puerto fue saludado con bravos por una nave de guerra española. ¿Cómo sabían de qué buque se trataba?

Iniciando a las 12 de la noche del 6 de marzo, coincidiendo con el combate naval, Miramón, sin saber lo que había sucedido, lanza una nueva ofensiva; una columna avanza hacia el fortín de La Gola. La respuesta de la metralla y la fusilería los frena. Los conservadores se retiran. Al día siguiente los desertores hablarán de la falta de víveres de los sitiadores.

El día 8 Miramón ordena que se levanten otras trincheras para poner a distancia su artillería, pero al día siguiente son desmontadas por las baterías de los fortines del puerto. Miramón forma una columna de 2 mil hombres ante Los Médanos, pero no avanzan. La artillería de uno de los fortines de Veracruz, con sus nueve cañones de sitio del 68, impone respeto.

El día 10 la ciudad está bajo fuego de artillería. Se realiza un Consejo de Ministros, se propone que Juárez vaya al castillo de Ulúa, donde previamente ha enviado a su familia; lo hará al día siguiente. Santos Degollado pide quedarse en la plaza y Lerdo también para que no sea interpretado por la población como huida, aunque Juárez sí debe estar en Ulúa. Los liberales bombardean a los sitiadores con proclamas arrojadas con un gran papalote. Los lectores de los manifiestos son cintareados. Durante el sitio un grupo de valencianos prepararon un atentado contra el gobernador Gutiérrez Zamora, pero fueron arrestados antes de actuar.

El 11 siguen los bombardeos, los defensores utilizan cañones que, arrastrados por su tiro, salen de la plaza; bombardean y se retiran. Degollado les escribe a los gobernadores republicanos de otras partes del país: "Ha estado bombardeando Miramón esta plaza de una manera despiadada [...] seis días que contamos de fuego mortífero sólo han valido para enardecer el valor".

Al día siguiente Miramón concluye la trinchera en Los Médanos, pero los bombardean con fuego de mortero. Prueban los artilleros oaxaqueños y jarochos un nuevo cañón que alcanza seis kilómetros. Rumores absolutamente falsos entre los conservadores dicen que la artillería está servida por norteamericanos. Suena en el fuerte de La Gola "Los cangrejos", acompañando los cañonazos. Es el punto más avanzado de las defensas, cubierto a los flancos por los muros de cuarteles y baluartes. El general conservador está sufriendo porque las guerrillas jarochas obstaculizan la llegada de víveres a sus campamentos.

Miramón ofrece un armisticio utilizando mediadores ingleses. Juárez no se muestra interesado, pero hay división en el gabinete: Santos Degollado y Miguel Lerdo de Tejada proponen elecciones, un nuevo constituyente, aceptar las Leyes de Reforma, un gobierno de unidad nacional. Miramón contrapropone: armisticio, con mediadores de las grandes potencias, presidente provisional, reformar la Constitución. Juárez rechaza cualquier tipo de propuesta. De la Llave, herido, desde la cama pide "que no se sacrifique la legalidad". Las negociaciones prosiguen hasta el 15. Al amanecer de ese día los conservadores abren el fuego de artillería. Hay múltiples choques cerca de un foso que circunda la ciudad, donde había estacas y minas. El bombardeo afecta a la población civil: los cañones conservadores apuntan al Palacio Municipal y al lugar donde supuestamente estaba viviendo Juárez.

El 19 de marzo, a las 11 de la noche, cuatro columnas del ejército conservador se lanzan al asalto. La luz eléctrica se ilumina y se encienden fogatas con alquitrán. Metralla y fusilería. Los conservadores no llegan a los fosos. El 20 transcurre con una densa tranquilidad.

Para explicar su incapacidad para derrotar la defensa artillada de Veracruz, según Concha Lombardo, Miramón atribuía el fracaso de la expedición "al golpe que recibimos en nuestra marina". Volverá sobre el tema años más tarde: "El haber sido vencidos los partidarios del Plan de Tacubaya fue debido al auxilio que prestaron a los constitucionales los buques americanos en las aguas de Antón Lizardo".

El debate sobre el "incidente" de Antón Lizardo recorrerá las páginas de la historia de México y producirá miles de enardecidas cuartillas. La voz conservadora puede ejemplificarse en Alejandro Villaseñor: "El nombre de Antón Lizardo quedará indeleble en las páginas de nuestras historias como un borrón para ese partido que nada ni nadie podrá desvanecer". Lo cual resulta gracioso porque sataniza al gobierno juarista por haber pedido apoyo a un barco de la flota norteamericana, pero no la descarada intervención española en La Habana en aras de apoyar a Miramón. Para estos mismos autores la intervención del *Saratoga* cambió la batalla por Veracruz y por lo tanto los gringos salvaron a Juárez; incluso algunas versiones llegan a decir que Veracruz no tenía defensa por mar. El argumento es absurdo, poco podía hacer la flotilla de Marín con sus 14 cañones ante las piezas del castillo de Ulúa y las de la marina liberal, que no sólo cuadruplicaban el número de cañones sino también el calibre. El riesgo real para los liberales, y esto debe haber estado en la cabeza de Miramón, es que, si se producía una batalla naval en el puerto, interviniera la verdadera escuadra española, que estaba fondeada frente a Sacrificios con los bergantines de guerra *Habanero* y *Alcedo*.

El 14 de marzo Tomás Marín y todos sus compañeros fueron conducidos de Veracruz a Nueva Orleans, a donde llegaron el 27 del mismo mes y fueron puestos en la cárcel por piratas. Muy pronto serían dejados en libertad. Durante el combate la balandra *María de la Concepción* logró escapar y las cañoneras mexicanas la persiguieron hasta capturarla. Fue considerada portadora de contrabando de guerra; el jefe de los barcos españoles en el puerto protestó y se entabló un juicio. Para aumentar la presión, el comandante de la escuadra española mandó a Juárez un ultimátum diciendo que si en 24 horas no la soltaban iría por ella con sus buques de guerra. Al final se rajaron de la bravata y el gobierno ordenó que la *María de la Concepción* fuera cubierta de brea e incendiada. El tema fue pretexto para que el gobierno español considerara hacer un bloqueo naval contra Veracruz, que nunca se produjo.

El 21 de marzo Miramón levantó el sitio de Veracruz. La ciudad lo aplaude con una salva de cañonazos que celebra también el cumpleaños de Juárez. En torno al presidente está Guillermo Prieto, que describe al grupo: "De la Llave, con su pañuelo en la cara de resultas de sus heridas en el curioso zafarrancho marítimo de Antón Lizardo, alto, con sus delgadas piernas muelleando; su risa franca y sus ojos verdes dando vida a la morena fisonomía; allí Melchor Ocampo, con su rostro de león, su peinado a la becaria, su habla impaciente y su accionar urgentísimo; allí, Miguel Lerdo, enjuto de carnes, de pómulos salientes, peinado simétrico, aparente frío y con unos ojos de relámpago; allí Zamora, regordete, ojos azules, saltones, entrecana y alborotada la patilla sobre el abultado carrillo, voz sonora, audaz, brusco y dejando transparentar en su mirada aquella alma nobilísima". Al día siguiente las familias jarochas salen a ver el campo de los derrotados conservadores, el terrible espacio cribado de agujeros de cañón, los cadáveres sin enterrar.

Ha sido una operación que duró mes y medio. Las coplas populares liberales lo festinan: "Me vuelvo de Veracruz / porque el mosquito hace roncha. / ¿Qué de veras, Miramón? / Cómo te lo digo, Concha".

Entrará el 7 de abril a la Ciudad de México por la garita de San Lázaro; será recibido por los ministros, los altos funcionarios y comisionados de las corporaciones civiles, militares y eclesiásticas. Es el mismo Miramón que tiene problemas para pagarse el sueldo. Concha Lombardo se quejará en su diario, anotando que hace año y medio no cobra. Por lo tanto, la versión que se difundirá años más tarde en *Los traidores* de que parte del financiamiento de la campaña había sido desviado en Alvarado (Veracruz) hacia su propio bolsillo es sin duda una calumnia.

¿El fracaso de Veracruz es el declive de la estrella militar del gran caudillo de la reacción? El financiamiento de la última campaña ha sido muy difícil; ni la gran burguesía comercial ni el clero se muestran favorables a mantener la guerra conservadora, los ejércitos de leva sufren muchas deserciones. ¿Están dejando solos a los militares?

NOTAS

1) Carmen Blázquez Domínguez: *Miguel Lerdo de Tejada, un liberal veracruzano en la política nacional*. José C. Valadés: *Don Melchor Ocampo, reformador de México*. Melchor Álvarez: *Historia documentada de la vida pública del gral. José Justo Álvarez*. Ernesto de la Torre Villar: *El triunfo de la república liberal, 1857-1860*. Manuel Cambre: *La*

Guerra de Tres Años, apuntes para la historia de la Reforma. Luis Islas García: *Miramón, caballero del infortunio*. Hilarión Díaz: *Juárez glorificado y la intervención y el imperio ante la verdad histórica*. Concepción Lombardo de Miramón: *Memorias*. Francisco Bulnes: *Juárez y las revoluciones de Ayutla y de Reforma*. Benito Juárez: "Efemérides" en *Documentos, discursos y correspondencia*, tomo I. Mario Jesús Gaspar Cobarruvias: "Los seis pequeños baluartes de Veracruz". Manuel Rivera Cambas: *La historia de Xalapa*. Para el combate de A. Lizardo: Sebastián I. Campos: *Recuerdos históricos de la ciudad de Veracruz y costa de Sotavento, durante las campañas de Tres Años, Guerra de intervención y el Imperio*. José Luis Melgarejo: *Juárez en Veracruz*. Javier Molina: "Ética en el servicio público". Manuel Valdés: *Memorias de la guerra de Reforma. Diario del coronel Manuel Valdés*. Guillermo Prieto: "Crónica parlamentaria del 28 de marzo de 1869", *Obras completas*. Richard Blaine McCornack: "Juárez y la armada norteamericana". El informe de Turner en el tomo XII de Benito Juárez: *Documentos, discursos y correspondencia*. Juan de Dios Arias: *Reseña histórica del Ejército del Norte durante la intervención francesa, sitio de Querétaro y noticias oficiales sobre la captura de Maximiliano, su proceso íntegro y su muerte* (interrogatorio del general Miramón). *Los traidores pintados por sí mismos. Libro secreto de Maximiliano en que aparece la idea que tenía de sus servidores*. Para una visión muy conservadora, Celerino Salmerón: *Las grandes traiciones de Juárez*. Armando Fuentes (Catón): *La otra historia de México: Juárez y Maximiliano: la roca y el ensueño* (que insiste en decir que el ataque a Veracruz de Miramón, sería principalmente por el mar). Alejandro Villaseñor: "Antón Lizardo".

2) Encontrado en un incesante debate en Internet sobre la manera en que Wikipedia debe retratar a Juárez. Jesús Flores: "Miramón nunca pidió ayuda extranjera para resolver conflictos internos en el país, ni comprometió la soberanía nacional en pro de la causa de su partido como lo hizo Juárez". ¿Y la relación con España?

3) Tras la batalla Melchor Ocampo se fue a Tampico con Santos Degollado que desde ahí intentará una nueva reorganización militar. En Tampico, Melchor Ocampo traduce *La filosofía de la miseria* de Pierre-Joseph Proudhon.

47

EL TINTERILLO

Naciste, Jesús González Ortega, al inicio del año de 1822, cuando la Independencia mexicana había terminado, lejos de la capital de Zacatecas, en una hacienda llamada San Mateo de Valparaíso, vecina a Fresnillo. Estudiaste en Guadalajara, unos dirán que letras (¿se podía estudiar letras en esos años?), otros que derecho, lo cual no importará demasiado porque la carrera de abogado quedará inconclusa cuando tuviste que regresar a la hacienda y de ahí salir con la familia al pueblo de San Juan Bautista del Teúl. Trabajarás como oficinista hasta llegar a ser juez y empleado del Ayuntamiento. Te llamarán el Tinterillo porque entre los muchos empleos habrás trabajado en una notaría. Fuiste librero.

Tratarás fallidamente de oponerte al ascenso dictatorial de Santa Anna y te levantarás en armas con José María Sánchez Román, y junto a tus compañeros derrotarás a los santanistas en Tlaltenango. Por eso fuiste declarado enemigo del gobierno y Santa Anna ordenó que fueras pasado por las armas dondequiera que se te encontrara. Poco se sabrá de dónde te escondiste y cómo sobreviviste hasta el triunfo de la Revolución de Ayutla. En 1855 fuiste nombrado jefe político del Partido de Tlaltenango. Un año más tarde se te eligió diputado al Congreso Constituyente, cargo que no desempeñaste (¿cómo te perdiste ese momento clave?); pero en 1857 eres diputado al Congreso de tu estado.

Durante el gobierno de Comonfort te estrenarás como periodista en el *Pobre Diablo* (56-57), semanario del que fuiste responsable ("periódico raquítico, estrambótico y ridículo con ribetes de político, erótico y hasta físico, poético y retórico, pero redactado por jóvenes maléficos"), y luego fuiste redactor de *El Espectro*, y luego, y no cabe duda de que eras persistente, editaste el semanario liberal *La Sombra de García* (1857), y colaboraste en la formación de las guardias nacionales. Te tenían, y con justicia, por excelente orador, genuino "pico de oro", porque no perdías oportunidad de hablarle al pueblo, "desde el balcón de Palacio, desde la plataforma de la Plaza de Armas, montado en una luneta, sobre el tronco de un árbol o subido en el poste de una banqueta, dondequiera que se te presentaba la ocasión".

En 1858, en plena Guerra de Reforma, fuiste nombrado gobernador de Zacatecas. Usaste el gobierno para apoyar los intentos liberales de financiar al ejército: préstamos forzosos y expropiaciones de objetos y bienes de la Iglesia, cobrando un 2% a los capitales del clero. Hiciste una administración eficiente, desapareciendo empleos inútiles, creaste el juicio por jurado y fundaste una economía con mil y un sacrificios.

Alfonso Toro te describe: "Hombre en la flor de su edad; de tez morena, ojos negros, brillantes y expresivos; retorcido bigote y rizada cabellera; y su fisonomía simpática en extremo atraía todas las miradas. De fácil palabra, de regular instrucción adquirida por constantes lecturas privadas".

El 16 de enero del 59 tuviste que dejar tus funciones de gobernador e improvisarte como caudillo militar cuando se acercaban a Zacatecas los conservadores al mando de Joaquín Miramón, pero sobre todo como organizador; pusiste en pie a 5 mil paisanos en las goteras de Zacatecas, armados en su mayor parte con palos y piedras o con fusiles que apenas si tenían municiones, porque no había en esos momentos más de cien cartuchos en la ciudad.

Pura magia. Porque en 48 horas de combate derrotarás a Joaquín Miramón y sus 2 mil hombres. ¿Es cierta la historia o forma parte exagerada de la leyenda que empieza a conformarse? Bastante tiene que tener de verdad porque poco después una nueva incursión conservadora a cargo del general Padrón enfrenta a un gobernador que la detiene levantando en armas a la población. Y cuando Padrón te rehúye, lo persigues con 80 hombres de caballería y lo atacas en Valparaíso, donde ellos, creyendo encontrarse ante una fuerza mucho mayor, huyeron hacia Jalisco.

En ese mismo año publicas las Leyes de Reforma promulgadas en Veracruz y operas como retaguardia del ejército de Santos Degollado, fabricando parque y cañones. El 15 de junio de 1859, en las inmediaciones de la hacienda de Peñuelas, enfrentas a un ejército conservador encabezado por el general Silverio Ramírez, al que engañas porque mientras tu infantería aguanta a pie firme, con un solo cañón para apoyarla, tus caballerías dan un extenso rodeo para caer por la retaguardia de los conservadores. Capturas a más de cien hombres y 12 piezas de artillería. La victoria deja en una situación muy comprometedora a Miguel Miramón, que iba a hacia Guadalajara y es amagado por el sur con las fuerzas de Zaragoza, en el norte por las tuyas y desde el oriente por Santos Degollado.

A fines del 59 Woll toma Zacatecas pero buscas apoyo en Durango y recuperas tu ciudad. ¿De dónde sacas tus habilidades militares? ¿Los ingenios de la guerra? Porque, según tú mismo dices, eras un soldado de "circunstancias". El 6 de enero del 1860 te apoderas de la plata de la catedral de Durango, cuyo valor se calculó en 180 mil pesos, pues la sola lámpara principal valía 130 mil. Para qué querían la famosa lámpara mientras tus tropas pasan hambre...

Algo ensombrece las victorias. El 26 de diciembre del 59 es asesinado el coronel Miguel Cruz Aedo en Durango por los soldados de tu batallón cuando se enfrentaban a tropas republicanas de Durango.

El 16 de enero de 1860 serás designado gobernador interino de Zacatecas y el 22 de marzo declarado gobernador constitucional. Ese 1860, cuando te reúnes en Guanajuato con las fuerzas de Jalisco, el Ejército del Centro, los norteños, Doblado, Santos Degollado te nombra jefe del Ejército de Operaciones. Semanas más tarde, el 22 agosto de 1860, Juárez te nombra general de brigada, aunque en la práctica, y sorprendentemente sin grado militar, ya eres el jefe del ejército, ese que el conservador diario *Le Trait d'Union* en la Ciudad de México llama "las fuerzas comunistas".

NOTAS

1)   Juan de Dios Peza: *Memorias, reliquias y retratos.* José P. Saldaña: *El general Jesús González Ortega en la historia.* Jesús González Ortega Collection, 1851-1881, Ben-

son Latin American Collection. Marco Antonio Flores Zavala: *Jesús González Ortega: notas biográficas*. Eliseo Rangel Gaspar: *Jesús González Ortega, caudillo de la Reforma*. José González Ortega: *El golpe de estado de Juárez. Rasgos biográficos del general Jesús González Ortega*. Agustín Rivera: *Anales mexicanos. La Reforma y el Segundo Imperio*.

2) Una leyenda negra persiguió a Jesús González Ortega. Los conservadores zacatecanos corrieron el rumor de que González Ortega se había quedado con una buena parte de los libros de las expropiadas bibliotecas de los conventos, entre ellos los de San Agustín de Zacatecas y La Merced. Al producirse la expropiación los conventos quedaron "enteramente abandonados; y sus puertas, así como las de los mismos conventos, abiertas, y los libros y manuscritos a merced de todo el que quiera llevárselos [...]. En el Convento de San Agustín (había) poco más de 6 mil volúmenes [...] multitud de libros destrozados, esparcidos por los claustros y celdas, otros tirados en el suelo de la biblioteca, en el más completo desorden y toda ella en un estado tal, que manifiesta claramente que está entregada al pillaje". Armando González Quiñones "con el fin de corroborar la procedencia de cada uno de los libros [...], personalmente revisó libro por libro, no encontrando en los acervos bibliográficos de la hoy biblioteca Elías Amador, ningún libro de procedencia conventual que se haya adjudicado". (*La biblioteca del gral. J. Jesús González Ortega, en la Biblioteca Pública del Estado de Zacatecas, 1882-1886*).

48

SILAO

En marzo de 1860 Santiago Vidaurri recuperó el poder perdido en Nuevo León ganando unas elecciones contra los militares que se le habían insubordinado, Aramberri y Blanco. Escobedo se separó del servicio. De hecho, se establecía una tregua con el gobierno juarista de Veracruz, pero el conflicto regional continuó y las tropas de Aramberri se enfrentaron a las de Juan Zuazua, quizá el mejor caudillo militar que había producido el norte durante la Guerra de Reforma, y que seguía obedeciendo órdenes de Vidaurri. A fines de julio, el 31, en la madrugada, en la hacienda de San Gregorio, situada entre Monterrey y Saltillo, una avanzada de sus contrincantes lo sorprendió en cama y un disparo lo alcanzó en el cerebelo matándolo antes de que pudiera tomar las armas. Más allá de las contradicciones entre los bandos, el liberalismo perdía a uno de sus más capaces cuadros militares.

Mientras tanto, el general José López Uraga intentaba reconstruir el Ejército del Centro, y el 24 de abril, en las cercanías de Loma Alta (San Luis Potosí), había alcanzado una victoria importante contra los conservadores al haber logrado reunir a las tropas guanajuatenses de Antillón y a los michoacanos de Régules con parte de las fuerzas que había organizado González Ortega en

Zacatecas y Aguascalientes en ausencia de Santos Degollado, que estaba en Veracruz. Al regreso, Santos dejó hacer al que emergía como el nuevo caudillo militar que debería unificar a los ejércitos del centro y el norte. López Uraga decía: "Es necesaria una regeneración completa. Nunca adquiriremos el triunfo si no quitamos el localismo de los jefes y establecemos una disciplina severa que es difícil de conocer desde un escalón más debajo de don Santos".

En el bando conservador estallaron las contradicciones entre el presidente formal, el golpista de enero del 59, Félix María Zuloaga, y su presidente "interino", Miguel Miramón. Zuloaga, que en la práctica estaba en retiro permanente (y del que sus enemigos decían que se pasaba el tiempo yendo a misa o al rosario), siguiendo el consejo de algunos conservadores que pensaban que Miramón pecaba de imprudente y "descabellado" emitió un decreto el 9 de mayo asumiendo la Presidencia y dejando sin vigor el cargo de presidente sustituto de Miguel. Ese mismo día, a las siete de la noche, Miramón, que estaba convencido de que Zuloaga conspiraba con Santa Anna, ordenó al jefe de la policía, Juan Lagarde, entrar a la casa del Presidente y detenerlo. Al día siguiente, tras lanzarle un "Voy a enseñar a usted cómo se ganan las presidencias", lo obligó a montar a caballo y lo sumó a la expedición que salía de la Ciudad de México. María Altagracia Palafox, la esposa de Zuloaga, dirigió una carta al cuerpo diplomático para denunciar la detención y casi secuestro. Mathew, tomando la voz de los embajadores, declaró que no había gobierno en México y que los ministros extranjeros permanecían en la capital para proteger a sus súbditos ante las autoridades locales.

Durante los siguientes dos meses Zuloaga acompañó a Miramón en viajes y combates, "era el objeto de las cuchufletas y burlas de Miramón y de los jefes de este, en las posadas comía al último de todos los jefes, en una acción de guerra sería puesto en un lugar peligroso", hasta que el 3 de agosto se fugó en León. Miramón convocó al "Consejo de Gobierno", el cual le otorgó formalmente el cargo de presidente de la República. Tres semanas más tarde Félix María Zuloaga se presentó en la Ciudad de México y pidió al gobierno que se le permitiese retirarse a la vida privada. Con esto se acababa la ficticia dualidad de poderes en que había vivido el bando conservador.

El mismo Juan Lagarde, poco después de la detención de Zuloaga, logró descubrir la imprenta donde clandestinamente se imprimía *El Constitucional* en el Distrito Federal y la clausuró, deteniendo a Francisco Zarco a punta de pistola el 13 de mayo. Por órdenes de Miramón lo llevaron a la cárcel de la Acordada y, acusado de dirigir una conspiración, fue condenado a trabajos forzados. En venganza por sus reiteradas críticas desde la prensa clandestina, una banda de músicos tocaba todas las noches ante la puerta de su celda para que no pudiera dormir.

El 23 de mayo llegó a Veracruz el nuevo embajador español, el abogado y periodista andaluz Joaquín Francisco Pacheco. A pesar de que iba a presentar sus credenciales y a reconocer al gobierno de Miramón, Juárez le dio licencia de paso y escolta. En los siguientes meses, "con una mala voluntad para nosotros como hoy y mañana juntos", como dice Salado, haría frecuentes llamados a la intervención militar española. En una carta al ministro de Relaciones Exteriores de su país decía: "Yo estoy convencido de que aquí no habrá paz sino por la intervención resuelta y armada de Europa… Este país necesita lo que se ha hecho con algunos otros. Ha perdido de tal manera toda noción de derecho, todo principio de bien, toda idea y todo hábito de subordinación y de autoridad, que no hay en él posible, por sus solos esfuerzos, sino la anarquía y la tiranía. Es necesario que la Europa no le aconseje, sino que le imponga la libertad, la disciplina y el orden. Cuando vean que el mundo los obliga a entrar en razón y que no tienen medios de eximirse de tales deberes, entonces, pero sólo entonces, es cuando se resignarán a cumplirlos". Curiosamente el malvado Pacheco reconocería que "ninguno de los principales autores de la Reforma, Miguel Lerdo, Melchor Ocampo […] se adjudicó una sola casa ni una hacienda de los bienes nacionalizados".

Durante el mes de mayo del 60 se suceden los combates en el centro de la República; Guadalajara suele ser el eje de la acción. La zona conservadora no crece, pero se sostiene. Entre el 23 y el 24 de mayo López Uraga, con las tropas de Jalisco (Leandro Valle, Pedro Ogazón, Miguel Contreras Medellín) y una parte de los norteños (la brigada de Zaragoza), intenta un ataque a la ciudad, pero son rechazados. Morirá en el combate el coronel liberal español Antonio Bravo; Contreras Medellín quedará herido y morirá en Sayula cuatro días más tarde, y el propio López Uraga es herido de gravedad en un pie y sufrirá la amputación de la pierna, quedando detenido por el general Woll, que también resultará herido en el combate. El grueso del ejército constitucionalista, bajo el mando del joven Ignacio Zaragoza, se retiró al sur de Jalisco. Miramón entró en Guadalajara el 26, fue recibido con misa solemne y reorganizó el ejército. A Adrián Woll lo sustituyó Severo del Castillo, que fue nombrado gobernador de Jalisco, queretano de 45 años, ex alumno del Colegio Militar, pequeño, enclenque y casi sordo. Respetado en el bando republicano por su "antigua fama en el ejército, por su valor reposado, por sus conocimientos científicos, por el apego a la disciplina, en la cual era extrema su severidad".

Tras un par de semanas de reposo, el 8 de julio Miramón, con Tomás Mejía y trayendo a rastras a Zuloaga, a la cabeza de 6 mil hombres, salió de Guadalajara para atacar a Zaragoza, que estaba fortificado en la cuesta de Ciudad Guzmán con unos 8 mil hombres. Llegó hasta Sayula pero, o bien porque dudara de las posibilidades de éxito, o bien porque intentara atraerlo a terreno abierto, se replegó a Guadalajara. Extraño en Miramón, que solía enfrentar a sus enemigos en desventaja numérica.

Pero la clave estaba en el intento de unificar los dispersos ejércitos liberales y parecía estarse logrando. Santos Degollado, desde San Luis Potosí, ordenó a Zaragoza y a Leandro Valle (que se quejaban del inmovilismo de Ogazón) marchar desde el sur de Jalisco para reunirse con González Ortega, que venía de una victoria el 15 de junio en la hacienda de Peñuelas (Aguascalientes), donde, tras una carga de la infantería liberal sin apoyo de la artillería, se había hecho de abundantes provisiones y una decena de cañones. En el Bajío se les reuniría Manuel Doblado con el ejército de Guanajuato, las tropas michoacanas de Pueblita y Epitacio Huerta, y finalmente los del Estado de México, mandados por Berriozábal. Marchando hacia el sur, hacia la capital de la República, obligaban a Miramón a retroceder y enfrentarlos en desventaja.

El choque se produjo el 10 de agosto en Lomas de las Ánimas, en las afueras de Silao. Nuevamente resulta casi imposible saber con precisión el número de combatientes que participaron en la batalla, aunque es evidente que los liberales casi doblaban a los conservadores; serían 14 mil, 10 mil, 8 mil los que González Ortega había logrado sumar enfrentando a 8 mil, 5 mil, 3 284 del ejército conservador al mando del general Miguel Miramón y Tomás Mejía. Resulta también casi imposible precisar el número de cañones con que contaba cada ejército. Sabemos que la artillería de Miramón tenía una batería famosa formada por 12 piezas llamadas "los 12 apóstoles", ¿era la única? Y que los liberales estaban en desventaja porque sólo traían ocho piezas, aunque algunas crónicas dicen que al inicio del combate respondieron con una salva de 21 cañonazos. Quizá las cifras reales estén en medio de estas versiones, porque los que cuentan al ejército liberal ignoran que la división del Estado de México de Berriozábal llegó después de haber terminado la batalla (con 3 mil hombres "armados de puñal") y el exacto número de los 3 284 lo proporciona un periódico conservador de Guadalajara interesado en favorecer la versión de los cangrejos. Y sabemos, asimismo, que la afirmación de Catón de que los constitucionalistas estaban "todos bien equipados merced a la intervención de los americanos" era falsa.

Sabemos que la batalla se daría bajo "una lluvia incesante, de fierro [que] protegía el rápido avance de nuestras columnas", como diría Jesús Lalanne. Sabemos que el combate se inició al amanecer, a las 5:55 de la mañana. Un cuadro de Francisco de Paula Mendoza muestra la simplicidad de la batalla con las dos fuerza en arco, con Silao a espaldas de los conservadores. Los "12 apóstoles" de Miramón abrieron fuego mientras las fuerzas de infantería liberales comenzaban a desplegarse en columnas, protegiendo la aproximación de la artillería. Lalanne cuenta: "Nuestro objetivo era la artillería enemiga, a la que debíamos impedir a todo trance [que] cañoneara nuestras columnas. Se dio la orden de no tirar hasta que saliera el primer cañonazo de Miramón. Amaneció, y en el acto se desprendieron nuestras fuerzas de sus posiciones y avanzaron resueltamente, formadas en columnas dobles de ataque, a paso de carga y precedidas de numerosos tiradores. Al llegar a tiro eficaz, un cañonazo de a 12, dirigido contra la columna que mandaba González Ortega, fue contestado por nuestros 21 cañonazos, que asombraron al enemigo. Nosotros rectificábamos nuestras punterías, y como las piezas estaban cargadas con la mezcla que llamábamos *campechana*, esto es, un bote de metralla sobre la bala o granada, esperamos con plena confianza".

Miramón ordenó a la caballería de su ala derecha avanzar para flanquear las columnas liberales, pero una de sus secciones de artillería se desbandó por completo. En algunas versiones de la batalla se contaba que Zaragoza había definido el combate al arrebatar una bandera y dirigir a la infantería en un momento en que la línea flaqueó. Lalanne, sin refutar el hecho, negó que el avance liberal hubiera titubeado: "No hubo la menor vacilación ni detención: todas las fuerzas rivalizaron en ardor".

La caballería liberal atacó por ambas alas y el ejército conservador, que había recibido 600 cañonazos, se desbandó. Los combates siguieron en las calles de Silao. A las ocho y nueve minutos de la mañana Miramón intentó salir por el camino a Guanajuato, perseguido de cerca por la guerrilla de Marroquín, que lo acorraló ante una barda de piedra. Parece ser que Miramón, que montaba un caballo llamado Dorado, lo abandonó, así como su sombrero, que lo identificaba, y logró escaparse. Las chanzas liberales sobre el sombrero y el caballo capturados fueron abundantes.

El escueto parte de González Ortega señalaba que los conservadores habían sido derrotados, "dejando en mi poder su inmenso tren de artillería, sus armas, sus municiones, las banderas de sus cuerpos y centenares de prisioneros, incluso en estos algunos generales y multitud de jefes y oficiales" (cuatro generales, seis coroneles, tres tenientes coroneles). Zaragoza fue felicitado por "sus disposiciones estratégicas" y Juárez extendió nombramientos de generales de brigada para él, González Ortega y Berriozábal.

Las tropas liberales ocuparon en seguida Guanajuato, Celaya y Querétaro. El Presidente le escribió a Santos Degollado: "El enemigo reconcentra sus fuerzas en México, donde podrá reunir de 10 a 12 mil hombres si las que han evacuado ya Jalapa y Orizaba llegan intactas [...] la cuestión podrá decidirse antes de que tengamos cualquier *frasca* con los españoles".

Para los liberales ahora el dilema era avanzar hacia el Distrito Federal o tomar, retrocediendo por enésima vez, Guadalajara para no dejar atrás una fuerza que podría convertirse en parte de una pinza mortal.

NOTAS

1) Vito Alessio Robles: "La muerte del general Zuazua". Silvestre Villegas Revueltas: *El liberalismo moderado en México, 1852-1864*. Manuel Valdés: *Memorias de la guerra de Reforma. Diario del coronel Manuel Valdés*. Benito Juárez: *Documentos, discursos y correspondencia*, tomo III. Victoriano Salado Álvarez: *El plan de pacificación*. José González Ortega: *El golpe de estado de Juárez. Rasgos biográficos del general Jesús González*

Ortega. Agustín Rivera: *Anales mexicanos. La Reforma y el Segundo Imperio.* Manuel Cambre: *La Guerra de Tres Años, apuntes para la historia de la Reforma.* José María Vigil: *La Reforma.* Niceto de Zamacois: *Historia de México,* tomo XV. Juan de Dios Peza: *Memorias, reliquias y retratos.* Miguel Ángel Granados Chapa: "Francisco Zarco. La libertad de expresión". Salvador Ponce de León: *Anecdotario de la Reforma.* José Ramón Malo: *Diario de sucesos notables, 1854-1864.* Juan de Dios Arias: *Reseña histórica del Ejército del Norte durante la intervención francesa, sitio de Querétaro y noticias oficiales sobre la captura de Maximiliano, su proceso íntegro y su muerte.* Juan Antonio Mateos: *El sol de mayo, memorias de la intervención, novela histórica.* Juan Macías Guzmán: "González Ortega. Ciudadano-soldado" en *Historia de los ejércitos mexicanos.* Daniel Muñoz y Pérez: *Don Pedro Ogazón, batallador liberal de Jalisco.* Armando Fuentes (Catón): *La otra historia de México: Juárez y Maximiliano: la roca y el ensueño.* Francisco de Paula Mendoza: *Batalla de Silao, 10 de agosto de 1860,* óleo sobre tela, Museo Regional de Guadalajara Instituto Nacional de Antropología e Historia.

2) En otros escenarios de la guerra. Mayo 1°. El general constitucionalista Vicente Rosas Landa, después de sitiar tres meses y medio Oaxaca, defendida por Marcelino Cobos, levantó el sitio. 9 de Agosto. Derrota del general Marcelino Cobos en Tepeji de la Seda por los liberales, quienes ocuparon luego la capital de Oaxaca. Uno de los que más se distinguieron en esta acción, saliendo herido, fue el teniente coronel Porfirio Díaz, por lo cual se le concedió el grado de coronel.

49

EL SANTO DE CABALLERÍA

Se cuenta que Santiago el Mayor, pescador y hermano de san Juan, después de la muerte de Jesús, llevó sus prédicas hasta un lugar tan lejano como España, sin mayor éxito, y regresó a Jerusalén, donde tuvo éxito en convertir al cristianismo al mago Hermógenes. Enfadado, Herodes por eso mandó que le cortaran la cabeza a Santiago y vaya uno a saber por qué terminó enterrada en Galicia. Curiosamente en la imaginería católica, maravillosa, por cierto, Santiago el Apóstol es mostrado con una enorme frecuencia armado y montando a caballo, cosa que en vida nunca hizo. El origen del Santiago guerrero montado está en la fábula que cuenta cómo se apareció el 23 de mayo del año 844 en la batalla de Clavijo, dirigiendo espada en mano a las huestes cristianas contra los musulmanes.

Pues bien, en noviembre de 1860 el comandante muy liberal Sabás Lomelí andaba recorriendo los pueblos del municipio de Zapopan, en Jalisco, a la cabeza de su tropa de caballería en busca de partidas conservadoras, y en cada pueblo al que llegaba sacaba de la iglesia imágenes de Santiago Apóstol, maravillosas esculturas en madera hechas por las comunidades indígenas, montado a caballo, con sombrero jarano, silla vaquera y espuelas, y desde luego espadón o lanza. Logró reunir nueve de ellas y se las llevó a su cuartel en Zapopan, donde las colocó en hilera en el zaguán. Los indios que perseguían a la brigada tratando de rescatar sus imágenes se entrevistaron con Sabás y le demandaron que las devolviera. A lo que el comandante liberal respondió:

—Me es imposible, porque estos no son santos, sino soldados de caballería que necesito para mi tropa.

Aunque después de un rato de bromas y de chanzas se las devolvió. "Ellos se las llevaron a las volandas, y después, luego de que se acercaba una tropa a su pueblo, se huían al monte llevando consigo la imagen del apóstol Santiago, la que acostaban en el suelo y cubrían con yerbas", no fuera a ser que se sumara a la caballería republicana y no regresara.

NOTA

1) Agustín Rivera: *Anales mexicanos. La Reforma y el Segundo Imperio.*

50

LOS PROBLEMAS
DE SANTOS DEGOLLADO

El 15 de agosto Miguel Miramón regresó al Distrito Federal y ejerciendo como presidente reorganizó su equipo gobernante. No hubo cambios trascendentes; figuras conocidas del conservadurismo católico se incorporaron, entre ellas su cuñado Isidro Díaz en Gobernación y Teodosio Lares en Justicia. Ese mismo día puso en libertad a Leonardo Márquez y lo rehabilitó. Más importante que la querella de los ingleses era reorganizar al ejército derrotado en Veracruz y Silao. Y eso significaba financiarlo, de manera que apeló a su rejega base social: la Iglesia y los prestamistas y oligarcas.

El arzobispo aceptó la petición del gobierno de donar plata y alhajas de las iglesias para financiar la guerra. José Ramón Malo ofrece la lista de las contribuciones de medio centenar de parroquias, iglesias, conventos y colegios. Hasta el 29 de agosto se estuvo recaudando; sin embargo, el resultado fue relativamente pobre: 116 153 pesos.

Miramón tampoco obtuvo buenos resultados entre los burgueses. Jecker, supuestamente en crisis económica, fue puesto en la lista con 10 mil pesos. Protestó, se quejó, pidió una rebaja a 4 mil pesos, pero cuando llegaron a cobrarle se negó a pagar y le añadieron un multa de 3 mil pesos. Se resistió de nuevo diciendo que no pagaría un centavo; los policías que intentaron cobrar encontraron las oficinas cerradas; aplazaron el cobro 24 horas, y cuando llegaron dispuestos a reventar las cajas, Jecker había sacado el dinero en la noche. Landa y Escandón, Goríbar, Sánchez Navarro y Tosas se negaron a pagar y fueron detenidos hasta que cubrieron su módica cuota.

Poco antes de iniciarse la cruenta batalla por Guadalajara, Santos Degollado, que se encontraba en Lagos de Moreno, contra su habitual presencia al frente del ejército republicano, entró en conflicto con el gobierno juarista. El primer choque se originó en la terrible falta de recursos que tenía el ejército constitucionalista, al igual que el conservador. El 29 de agosto le había escrito a González Ortega pidiéndole su opinión: "Nuestros apuros horribles de dinero y la falta absoluta de recursos para dentro de ocho días me hacen pensar que para salvar al país nos es lícito echar mano de 200 mil pesos de algunas de las conductas de Aguascalientes y Zacatecas que van a salir para Tampico". En esos momentos el ejército estaba en harapos, hambriento, y llevaba meses sin cobrar. El 4 de septiembre Manuel Doblado ordenó al general Echeagaray. "Proceda a ocupar la conducta de caudales que de San Luis Potosí se dirige a Tampico [...] dando recibo con las formalidades legales".

Se trataba de un convoy, una conducta de plata con valor de 1 127 414 pesos propiedad de particulares, en su mayor parte extranjeros (ingleses dueños de minas de plata), que había salido de Zacatecas, Guanajuato y San Luis Potosí con dirección a Tampico. Según el diario de Basilio Pérez Gallardo, Doblado actuó por iniciativa propia, aunque Santos Degollado, al conocer el hecho, asumió la responsabilidad pública. El convoy fue interceptado el 9 de septiembre en Laguna Seca (San Luis Potosí) y llevado a Lagos de Moreno, en Jalisco. El día 10 Doblado le escribe a Santos Degollado diciendo que es el único medio de hacer frente a los enormes gastos que está haciendo el ejército federal, y dos días después Santos toma sobre sí la responsabilidad: "La dispersión de 20 mil hombres sobre estas poblaciones agotadas, la transformación de la guerra en una insurrección anárquica y sangrienta, la extinción de la disciplina [...] no es un temor ficticio [...]. Presenté mi nombre y asumí la responsabilidad que hubiera podido asumir por la generosa resolución del señor Doblado".

Guillermo Prieto comentaba el hecho: "Tú, Degollado, que te estremecías con el lloro de un niño; que te imponías privaciones de cenobita por no malgastar el óbolo de un pobre; que eras la santidad de la revolución. Le arrebataste a Miramón 200 mil pesos en barras de plata que mandaba la mina La Valenciana de Guanajuato. Y volviste intocable ese dinero ante un ejército de hambrientos y descalzos. Puritano entre los puritanos, te negabas a recibir tu sueldo de un peso si los demás oficiales no lo recibían, te negabas a que les sirvieran vino en la mesa o ir al teatro en las ciudades ocupadas". El coronel Ghilardi completa la visión del ermitaño general: "Este Don Santos, no come, no bebe, no pasea, no nada".

Un representante inglés se presentó en Lagos y pidió la devolución del dinero de sus paisanos, y el 28 de septiembre Santos informó a González Ortega que había devuelto 400 mil pesos al encargado de negocios británico, mientras que el resto había ido a dar a las vacías arcas del ejército. Juárez, que por ningún motivo quería afrontar un conflicto diplomático, ordenó que toda la cantidad restante se entregase a los dueños a prorrata, que la que se hubiese gastado se pagaría con el producto de los conventos, y que Degollado fuese preso y procesado, y nombró a González Ortega general en jefe de las fuerzas de occidente y norte, sustituyendo a Santos.

Victoriano Salado Álvarez cuenta: "Los ayudantes Miravete y Pérez condujeron al general Degollado al sitio en que estaba depositada la inmensa fortuna contenida en la conducta rescatada. Al través de las toscas mayas de los sacos de artillera, relucían ojuelos brillantes de miradas claras, o amarillentas, según que procedían de la plata o del oro. En silencio contemplaron largamente aquel número de talegas con la luz de un mísero velón de cebo. A la mañana siguiente, los ayudantes extrañaron la presencia de su jefe. *Estará haciendo oración mental como acostumbra, y por eso no se mueve ni deja entrar a nadie.* Como transcurriera un rato más, Miravete espió por la puerta entreabierta y con los ojos humedecidos y balbuciente, llamó a su compañero para que pudiera contemplar la escena que lo estremecía: el general estaba sentado al borde del catre, a su lado una bolsa que contenía hilo, agujas, dedal, botones, tijeras y pedazos de trapo, amén de tafetán inglés, ungüento, árnica y esparadrapo y algunas cosas más para los momentos de apuro. Don Santos, sin los anteojos oscuros, y calados otros que le permitían ver más cerca, zurcía sus pantalones, sus eternos pantalones negros, que lo mismo le servían para las recepciones como para los caminos y las batallas".

El conflicto con el gobierno por el dinero de Laguna Seca deja desinflado a un Santos Degollado ya agotado. Poco antes, el hombre de las cien derrotas había perdido la brújula política y tratado de buscarle una salida diferente a la guerra. Todo se inició con una conversación con George W. Mathew, encargado de negocios de Su Majestad Británica, sobre un posible plan de pacificación. El 21 de septiembre Santos Degollado (en ese momento todavía jefe del ejército constitucionalista) le escribe a Mathew "indicándole las bases de pacificación que yo aceptaría"; el objeto era que el "partido reaccionario" depusiera las armas; abrirles las puertas "por donde puedan salir con honor los que proclamaron el funesto Plan de Tacubaya". Si los conservadores despreciaban una amnistía general, "pondremos fuera de la ley a Miramón, a sus ministros y a sus generales; confiscaremos los bienes de cuantos propietarios o acomodados protejan la reacción con sus recursos, y castigaremos de muerte, conforme a las leyes vigentes del orden constitucional, a cuantos prisioneros de guerra y conspiradores caigan en nuestras manos, sin exceptuar más que a los individuos que pertenezcan a la clase de tropa". En caso de que los generales constitucionales no estuvieran de acuerdo, "deben prepararse a elegir un caudillo que me reemplace, porque mi deber y mi conciencia me prohíben continuar de otro modo". Daba por obvio que "Miramón y yo debemos quedar excluidos de toda elección o nombramiento para la formación del gobierno previsorio de la República". Argumentaba que "la misma guerra que he sostenido durante estos tres años me ha hecho conocer que no se alcanzará la pacificación por la sola fuerza de las armas".

Finalmente proponía que se instalara una junta de los miembros del cuerpo diplomático [...] y de un representante nombrado por cada gobierno. Que las partes reconocieran: un congreso libremente electo; libertad religiosa; nacionalización de los bienes llamados del clero y los principios contenidos en las leyes de la Reforma. Esta "junta provisional [...] nombrará un presidente provisional de la República, que [...] funcionará desde el día de su nombramiento hasta que se reúna el Congreso".

Santos actuaba a nombre personal pero no a espaldas de Juárez, al que le había mandado copia de la carta (así como a Jesús González Ortega, Manuel Doblado y Guillermo Prieto). El proyecto era absurdo. No era posible que los conservadores aceptaran las bases contra las que se habían lanzado a la guerra. Pero, además, el constitucionalismo, que había sostenido como bandera indiscutible la legalidad, no podía echar para abajo la Constitución de 1857 y mucho menos poner en manos de embajadores extranjeros (algunos de ellos claramente reaccionarios e intervencionistas) los destinos del país.

El 30 de septiembre Manuel Doblado, desde las cercanías de Guadalajara, donde se estaba iniciando el cerco, le respondió a Santos señalando que esa mediación era su suicidio político y que "echa por tierra la legalidad, desconociendo al señor Juárez, y reemplazándole con un presidente provisional elegido de un modo tan irregular como ofensivo al sentimiento nacional [...]. Las bases de usted nos llevan a la intervención extranjera por un camino tan directo, tan absoluto y tan humillante, que naturalmente van a arrancar un grito de indignación en todo el que ha nacido en el territorio de la República".

En la garita de Belén, en pleno cerco de Guadalajara, se reunieron varios de los generales liberales. Allí estaban González Ortega, Doblado, Zaragoza, Epitacio Huerta, Ogazón, Leandro Valle y Aramberri, y todos ellos rechazaron la propuesta de Santos de manera vehemente. Ese mismo día, desde la misma garita, Guillermo Prieto le escribía: "No sé ni cómo comenzar a escribir: tan aturdido así me tienen tus resoluciones tanto sobre la terminación de la guerra como acerca del dinero devuelto a los súbditos británicos [...]. La idea de intervención por el camino más ignominioso, la representación anómala de los ministros extranjeros para ejercer actos privativos de la soberanía nacional, la evidencia de que después de esta solicitud infame de nuestra parte vendrían las armas extrañas a su realización, y todo por ti, por el tipo democrático por excelencia, son cosas que me tienen confundido; porque prescindir de las vísperas del triunfo, de la bandera que nos había conducido hasta él; renegar de su fuerza cuando a su favor debemos el triunfo de la idea; y esto en un sitio en medio de caudillos entusiastas; concordar con el enemigo en la abjuración de la Constitución en el terreno revolucionario; hacer de los cuarteles fuerzas deliberantes; deponer a Juárez, al bienhechor, al amigo, al compañero. Yo no puedo explicarme esto, y me abrumo [...]. No lo puedo creer, no lo quiero creer; quiero un mentís para esta pesadilla de vergüenza que me hace llorar sangre. Es evidente: tú debes cumplir con retirarte de la escena. Doy a mi patria el pésame por la esterilización de uno de sus hombres más eminentes, y me la doy a mí por la muerte de mis ilusiones más puras. El hermano, el amigo reconocido, te estrecha sobre su corazón".

Victoriano Salado elabora un retrato de Santos Degollado en ese momento: "Lo encontré todavía más demacrado, todavía más endeble, todavía más marchito [...]. [Su] color era como de marfil viejo, los labios estaban exangües, los cartílagos de las orejas le transparentaban [...] el lagrimeo de los ojos, cubierto con antiparras tan oscuras como de ordinario, era más insistente y más fluido".

Juárez procedió de inmediato: ratificó la destitución de Santos Degollado, tanto por su intervención "pacificadora" como por el asunto de Laguna Seca.

NOTA

1) Agustín Rivera: *Anales mexicanos. La Reforma y el Segundo Imperio*. José Ramón Malo: *Diario de sucesos notables, 1854-1864*. Manuel Rivera Cambas: *Historia de la intervención europea y norteamericana en México y del imperio de Maximiliano de Habsburgo*. Basilio Pérez Gallardo: *Breve reseña de los sucesos de Guadalajara y de las lomas de Calderón o Diario de las operaciones y movimientos del Ejército Nacional en 1861*. Guillermo Prieto a Santos Degollado, 30 de septiembre de 1860. Victoriano Salado Álvarez: *El plan de pacificación*. La correspondencia Santos Degollado-Doblado y Juárez-Matías Romero en Benito Juárez: *Documentos, discursos y correspondencia*, tomo III. Manuel Valdés: *Memorias de la guerra de Reforma. Diario del coronel Manuel Valdés*.

51

BATALLA DE GUADALAJARA

El mocho general Severo del Castillo, sordo y relativamente joven, contaba entonces sólo 36 años, había reunido 7 mil hombres en Guadalajara y mejorado las defensas exteriores de la ciudad. Se sentía relativamente seguro. El 23 de septiembre de 1860 instruyó el embargo de víveres y madera para hacer barricadas en toda la ciudad, y a las autoridades religiosas de Jalisco les ordenó que le entregaran todo el oro y la plata que había en la catedral en crucifijos, vasos sagrados, alhajas y otras joyas dedicados al culto. Los sacerdotes pusieron en sus manos 368 kilos de plata.

En el interior del estado Pedro Ogazón, gobernador liberal, había organizado la fabricación de municiones y pólvora y la fundición de morteros. El 22 de septiembre el ejército liberal comenzó a concentrarse y las avanzadas iniciaron hostigamientos. Las cifras más benévolas le daban al ejército una cantidad de 20 mil hombres, integrados en la división del Estado de México de Felipe Berriozábal, los guanajuatenses de Doblado, la división de Michoacán de Epitacio Huerta, formada fundamentalmente por guerrillas de lanceros; las tropas de Jalisco, dirigidas por Leandro Valle, y las divisiones de Zacatecas y San Luis Potosí, comandadas por Jesús González Ortega e Ignacio Zaragoza, que a su vez dirigían el conjunto. Venían con el ejército dos coroneles que se habían hecho de cierta fama: el jalisciense Ramón Corona, que había actuado en Sinaloa, y el carnicero Antonio Rojas.

El 23 hicieron campamento en Tlaquepaque y González Ortega le envió una carta a Castillo para proponerle una reunión. A las tres de la tarde, en la garita de San Pedro y sin escolta, los dos generales en jefe se reunieron. Castillo le propuso a González Ortega abandonar la Constitución y no reconocer a Juárez. González Ortega se limitó a proponerle que se rindiera. Evidentemente las cosas no estaban para un acuerdo.

El 26 de septiembre comenzó el cerco con un intercambio de disparos de artillería y la toma de posiciones de los sitiadores. Esa noche se cortó el abasto de agua para la ciudad. Jesús González Ortega reorganizó toda la caballería y la puso a las órdenes de Epitacio Huerta.

Falta de alimentos, muchos heridos y enfermedades fuera y dentro de la ciudad sitiada. González Ortega contrae paludismo y se ve obligado a salir de la cama y mostrarse en las líneas para desmentir el rumor de que ha sido herido. En una junta de generales el mando del Ejército de Operaciones fue entregado a Ignacio Zaragoza.

El 2 de octubre Guillermo Prieto, que ese encontraba entre los sitiadores, pactó con Castillo una tregua para que los civiles abandonaran la ciudad. Salieron cientos de personas. El coronel Pérez Gallardo, que fue testigo de los hechos, contaba: "Se parte el corazón de dolor el ver el estado de miseria, de inquietud, de incertidumbre con que abandonan sus hogares". Los sitiados abrieron fuego sobre la multitud que huía antes de que terminara la tregua.

Castillo organizó un nuevo despojo de las múltiples iglesias de la ciudad "por el cual Dios lo perdone", se dijo entonces, y comenzó una nueva recolecta de plata del convento de Jesús María, del convento de Santa Teresa, de Santa María de Gracia, del convento de la Merced, y varios objetos que estaban empeñados en el Monte de Piedad. En total se recolectaron 990 kilos, por los que se entregó recibo a la mitra. Pero la acción no fue ni mucho menos pacífica; más de un cronista habla de saqueo. Manuel Cambre comenta: "Penetraron al templo [...] en tropel, fajinas de soldados arrancando con estrépito la plata de que se formaba el trono, descolgando candiles [38 de plata] y lámparas y destrozando las piezas [hasta el marco de la imagen de Guadalupe que Castillo afectaba venerar mucho], para echarlas en costales y sacarlas a la calle, operaciones que se ejecutaron con atropello del sacristán Julio Villaseñor, y con todos los caracteres del saqueo".

Hay choques diarios; muchas veces las posiciones sólo están separadas por una pared; duelos de artillería, ataques y contraataques. Los liberales pagan cinco pesos a los desertores conservadores y diez si llevan arma.

La enfermedad aumenta; hay una epidemia de tifoidea; muere el coronel José María Chessman de una pulmonía. El día 16 el Ejército de Operaciones tenía en el hospital de Belén 196 enfermos y para el 19 llegaban a 206. Esas bajas no incluían a los heridos que tenían su propio hospital de campaña. En el interior de la ciudad comienza a pasarse hambre. Un testigo narra: "Se acabó la carne y la manteca; el rancho a que estaba sujeta la tropa se componía de arroz y garbanzo, con una ración insignificante de pan y frijoles cocidos, sin tortillas, porque el maíz se dedicó exclusivamente a mantener caballos y mulas de tiro. Los vecinos estaban todavía en peor condición que la tropa".

El 25 de octubre los liberales, para preparar lo que se pensaba sería el ataque definitivo, demolieron una parte de la manzana contigua a la espalda de Santo Domingo, y en la otra mitad se creó un terraplén donde se situaría la artillería en las alturas, dominando barricadas y parapetos que pudieran romper las espaldas del convento y controlar las calles laterales de ese edificio. Los zapadores actuaron ayudados por 150 civiles y levantaron lo que se llamó Torre de Malakoff (en recuerdo de la Guerra de Crimea).

Severo del Castillo apostaba a la llegada de refuerzos desde la capital, y ciertamente Leonardo Márquez avanzaba con un ejército de 4 mil hombres. El día 26 llegó a Lagos de Moreno, tras haber saqueado Guanajuato en el camino. Zaragoza había destinado los 3 mil hombres de las caballerías del general Epitacio Huerta para hostigarlo y frenarlo y estas se acuartelaron en Tepatitlán.

El joven Ignacio Zaragoza resuelve dar el asalto en las primeras horas del día 29. Leandro Valle dirige el sangriento enfrentamiento. Se combate en una octava parte de la ciudad: una zona que contiene el Palacio, la Plaza de Armas y la catedral, con una docena de iglesias y conventos fortificados, conectados por trincheras y casas con aspilleras y artillería. Un cuadrado al que le falta una esquina, que tiene en su parte más ancha 12 manzanas y en su parte más estrecha cuatro. Cuando se inicia el ataque sólo parece estar activa la artillería; las tropas reaccionarias se encuentran ocultas en las casas protegiendo los accesos. Para las primeras horas de la noche los liberales han reducido el cerco a un perímetro muy pequeño... Un último esfuerzo y todo habrá concluido. Se combate casa a casa horadando las paredes. El coronel Basilio Pérez Gallardo cuenta: "El fuego de fusilería se apaga en todas partes, menos en Santo Domingo. Aquí prosigue la lucha, se hacen prodigios de valor, asaltados y asaltantes pelean como fieras, cuerpo a cuerpo, al arma blanca, forcejeando en las alturas, mordiéndose, sofocándose, rodando abrazados por los escombros. Están en nuestro poder las manzanas inmediatas, los parapetos que ligaban esta posición y tres cuartas partes del convento de Santo Domingo. Todo ha caído en poder de los cuerpos de Zacatecas, Aguascalientes y San Luis. Son las diez. La luz de la luna alumbra las ruinas y escombros de las casas que existían en este lugar… Pero ya no se avanza. El enemigo está reducido a la iglesia: un paso más y la iglesia y la plaza serán nuestras".

¿Por qué no se oyen los disparos? Se ha agotado el parque, quedan dos tiros de fusil por cabeza. Hay dos estimaciones de lo que se había consumido en los previos días del sitio: 4 o 7 500 proyectiles de artillería y 700 mil de fusilería. "Que traigan parque de Colima, dice uno. Cargaremos a la bayoneta, añaden otros. No queda más recurso que el de retirarnos, repiten los de más allá […]. La rabia que produce la impotencia arranca lágrimas de dolor a los hombres".

En la noche del 30, a solicitud de Castillo, se decreta un alto el fuego y él y Zaragoza firman un armisticio de 15 días, durante el cual se producirá un intercambio de prisioneros y el pago a Castillo de los "haberes" de sus hambreadas tropas. Los dos ejércitos se retirarán de la ciudad (que será considerada neutral) a 50 kilómetros a este y oeste. Ogazón y otros de los jefes de Jalisco reprobaron el armisticio diciendo que aquello era ridículo y únicamente un ardid de Castillo, que tenía fama de doblez, para adquirir ventajas. "Zaragoza dijo a Ogazón que se calmara y esperara". El repliegue del ejército liberal lo llevaba directamente a confrontar a Leonardo Márquez, y si Castillo salía rumbo a Tepic, sería más la huida de un ejército que no los podía enfrentar en campo abierto.

El día 31 Castillo no se replegó y Zaragoza ordenó que las divisiones de Michoacán y de Jalisco bajo su mando y el de Leandro Valle se unieran a Epitacio Huerta y buscaran al ejército de Márquez, mientras dejaba en contención a las divisiones de Guanajuato, Zacatecas, San Luis y Aguascalientes mandadas por Antillón y Lamadrid. González Ortega, muy enfermo, había viajado a Teul, su ciudad natal.

Márquez retrocede hasta Zaplotanejo, hostigado por la caballería de los constitucionalistas, y el 1º de noviembre se hace fuerte en las Lomas de Calderón. Márquez pide un armisticio; sabiendo lo que se acordó en Guadalajara, propone suspender la campaña. Zaragoza ofrece amnistía a los combatientes, pero no a Márquez, al que le quiere cobrar los asesinatos de Tacubaya. Berriozábal, a su lado, comenta que será muy bueno ahorcar a Márquez. Los comisionados de la tregua piden dos horas para levantar el campo.

—Ni dos minutos —responde Zaragoza.

La posición de Márquez es excelente: con mil hombres y una batería puede impedir el paso del río, que va crecido. Pero la furia acumulada en la batalla de Guadalajara explota en el ejército liberal. Arteaga toma la vanguardia y avanza "temerario". Las fuerzas liberales van arribando desorganizadamente a la batalla. No bien habían empezado los choques de las avanzadas cuando el 4° batallón ligero de los cangrejos levanta las culatas de sus rifles y se pasa de bando. Las tropas de Arteaga, con Zaragoza y Berriozábal, avanzan. Márquez, al verse envuelto, abandona su artillería, trenes y equipajes y con los principales jefes se fuga precipitadamente. Va regando los 45 mil pesos que traía y que caen en poder la caballería liberal. Por delante en la persecución van los temibles jaliscienses de Rojas, que tienen la manga derecha de la chaqueta desprendida para evitar confusiones. Los soldados de Berriozábal impiden la matazón deteniendo y protegiendo a los capturados. El resultado son entre 800 y 3 mil prisioneros (según los diferentes cronistas) y la captura de siete cañones, 18 carros de municiones y pertrechos de guerra. Márquez ha perdido hasta su uniforme de gala, que compra un soldado de Berriozábal por diez pesos a un vecino de Tepatitlán. Zaragoza puede decir en un discurso: "La matanza de Tacubaya queda vengada".

El ejército regresa hacia Guadalajara. Leandro Valle propone que, dado que Castillo ha violado los convenios y no se ha replegado, hay que tomar la plaza. El ataque dura 22 horas. El 2 de noviembre Severo Castillo se fuga con los generales conservadores Woll, Quintanilla y Montelongo rumbo a Tepic. Por el camino los dos últimos desertan. Valle lo persigue a los talones.

Guadalajara está en manos de los constitucionalistas. Guillermo Prieto le escribe a Melchor Ocampo: "Toda la ciudad estaba taladrada como una cuenta de vidrio; de los edificios, unos se habían rellenado y hecho fortines, los otros se habían derribado; media ciudad estaba en el suelo". Un testigo registra: "Después de 41 días de asedio, era un horror: calles sucias, casas manchadas de sangre, hoyos, ruina, destrucción, casas comunicadas unas con otras por horadaciones, restos de muebles que sirvieron de combustible, saqueo, desolación, pestilencia, torres de iglesias desaparecidas, otras en actitud de caer, cúpulas cuarteadas, en fin, una hecatombe por tanto muerto". Queda libre el general López Uraga, que estaba preso en la ciudad.

La batalla por Guadalajara ha sido terrible y es tan trascendente como lo será en unos meses la de Calpulalpan. Ha durado más de 40 días. El ejército liberal ha perdido mil hombres en la campaña, pero ha destruido dos cuerpos del ejército conservador.

Juárez apresura al ejército; hay que marchar sobre la Ciudad de México. Desbarata la voluntad de algunos miembros de su gabinete de abrir negociaciones. Sebastián Lerdo lo propone y Juárez lo detiene en seco. Nada de conversaciones en la sombra. Si Miramón quiere negociar, que se dirija al gobierno.

—No hay que sembrar desconfianzas en el gobierno federal.

El 13 de noviembre Miramón declara la Ciudad de México en estado de sitio. Escribe un manifiesto que se hará público cuatro días después: "Grandes desastres en la guerra han reemplazado a los espléndidos triunfos obtenidos antes por nuestras armas; sucesivamente han sido conquistados los departamentos que estaban unidos a la metrópoli, y hoy sólo México y alguna que otra ciudad importante [Puebla] está libre del imperio de los contrarios". Es un llamado a la resistencia conservadora a ultranza de la capital, estrangulada por el dominio de los liberales de la zona de los cereales (parte norte de la meseta del sur y la mesa central), que significa el control del clave centro de México, a lo que hay que sumar los puertos del Pacífico y el golfo y las fronteras del norte, por lo tanto el ingreso de las aduanas. Esto significa la carencia de grandes recursos para poder sostener su ejército.

No es casual, por ende, que en ese momento (16 de noviembre) el siniestro jefe de la policía conservadora, Lagarde, so pretexto de la existencia de un depósito de armas, y aprovechando la ausencia del ministro inglés Mathew, que había roto relaciones con el gobierno tacubayista y se había retirado a Jalapa, asalte la Legación Británica en la calle de Capuchinas de la Ciudad de México e incaute 660 mil pesos rompiendo los sellos que daban inmunidad diplomática, a pesar de las protestas de los embajadores de España y Prusia. Se trataba de dinero de comerciantes británicos que había llegado al Distrito Federal proveniente de los puertos que estaban en manos de los liberales sin haber sido tocado. La voz en la calle, con los antecedentes del robo de la conducta meses antes, culpó al general Márquez, pero Miramón no sólo lo libró de responsabilidades sino que no ordenó que se devolviera el dinero.

Los acontecimientos se suceden a toda velocidad. Zaragoza se encuentra en Celaya y avanza sobre Querétaro. Juárez escribe al pie de un documento: "La cuestión va a decidirse por las armas". Melchor Ocampo ha vuelto temporalmente al gabinete como ministro interino de Relaciones Exteriores. Y el 4 de diciembre se emite en Veracruz la Ley de Tolerancia de Cultos. La firma el ministro José Antonio de la Fuente, el mismo que en el Congreso Constituyente había votado contra esa idea. Pero es más que tolerancia: es libertad. El Estado protege el derecho de cualquier ciudadano a practicar cualquier tipo de religión. Las autoridades religiosas lo son "puramente en el terreno espiritual". No habrá derecho de asilo en los templos, no serán extraterritoriales. Los juramentos religiosos no tienen valor civil. No puede haber impuestos religiosos forzosos sobre cláusulas testamentarias, ni diezmos, ni nada; las figuras rectoras de comunidades religiosas no tendrán tratamiento oficial, ni excelentísimo, ni naranjas. Los sacerdotes están exentos de las milicias, pero no del pago de impuestos. La autoridad pública no intervendrá en los ritos.

NOTAS

1) Agustín Rivera: *Anales mexicanos. La Reforma y el Segundo Imperio*. Basilio Pérez Gallardo: *Breve reseña de los sucesos de Guadalajara y de las lomas de Calderón o Diario de las operaciones y movimientos del Ejército Nacional en 1861*. Melchor Álvarez: *Historia documentada de la vida pública del gral. José Justo Álvarez*. El "Plan de armisticio" del 30 de octubre en Román Iglesias González: *Planes políticos, proclamas, manifiestos y otros documentos de la independencia al México moderno, 1812-1940*. Benito Juárez: *Documentos, discursos y correspondencia*, tomo III (en particular la correspondencia Lerdo-Juárez-Lerdo y Juárez-Doblado). Manuel Rivera Cambas: *Historia de la intervención europea y norteamericana en México y del imperio de Maximiliano de Habsburgo*. Leonardo Márquez: *Manifiestos (el Imperio y los imperiales). Por qué rompo el silencio*, rectificaciones de Ángel Pola. Niceto de Zamacois: *Historia de México*, tomo XV. Manuel Cambre: *La Guerra de Tres Años, apuntes para la historia de la Reforma*. "Plano del recinto fortificado de la ciudad de Guadalajara, en los meses de septiembre y octubre de 1860".

2) El robo de Capuchinas. Márquez: "Si el Presidente de la República con el carácter de general en jefe del ejército resolvió y mandó ejecutar dicha ocupación, ¿qué culpa tengo de ello, ni qué tenía yo que ver en sus determinaciones? ¿Cuál fue, pues mi falta? ¿En qué consistió?". Miguel Miramón lo disculpa en una carta: "No es V. E. (Márquez) quien ejecutó la ocupación mandada por mi Gobierno, el año de 1860, de los fondos mexicanos que se hallaban depositados en la Legación de Inglaterra en México, situada en la calle de Capuchinas; y cuando se verificó aquel acto, V. E. estaba en el Palacio Nacional, despachando los negocios de su empleo de Cuartel-Maestre general del Ejército".

3) Sorprendentemente no hay correspondencia significativa de Jesús González Ortega en su etapa como jefe del ejército liberal en la colección Genaro García de la Universidad de Texas según el índice de Jorge Inclán de la revista *Estudios de Historia Moderna y Contemporánea de México*.

4) La muerte de Chessman: Lawrence Douglas Taylor Hanson (*Voluntarios extranjeros en los ejércitos liberales mexicanos, 1854-1867*) lo hace llegar vivo hasta la toma de la Ciudad de México meses más tarde.

52

EL MÁS VALIENTE

Sabemos poco de ti, Antonio Bravo, muy poco, más allá de que eras andaluz y liberal y formabas parte del ejército de la coalición republicana cuando se produjo el golpe de Zuloaga.

Victoriano Salado te describe como "un hombrecillo delgado de cuerpo, enjuto, moreno de rostro, bigote de cola de ratón, nariz delgada y puntiaguda, melena que rebasaba la nuca y cuello larguirucho. Por lo demás, el cuerpo, aunque no muy alto, era bien formado; el pecho y los brazos mostraban, a través de la ropa, convexidades que denunciaban a un Hércules, y los pies y las manos eran finos y elegantes".

Poco antes de la batalla de Salamanca, al inicio de la guerra civil, tuviste un encontronazo con Leandro Valle y se dice que se produjo el siguiente diálogo:

Teniente coronel Antonio Bravo: Usted ha dicho que desconfía de mí.

Teniente coronel Leandro Valle: Sí, señor, lo he dicho.

Bravo: Pedir una satisfacción sería indigno de dos jefes liberales. Mañana, al frente del enemigo, el que menos avance merecerá la duda.

Y sellaste el pacto dándole la mano.

Al día siguiente, el 10 de marzo del 58, en las cercanías de Salamanca, cuando se dio la carga de la caballería liberal que habría de costar la muerte de Calderón, se dice que hiciste "prodigios de valor" y que después del combate Leandro se disculpó en público haciéndote llorar. Se cuenta que a partir de ese momento fueron los mejores amigos.

Melchor Ocampo, al que no le gustaban los extranjeros que combatían en las filas republicanas, por calificarlos a todos injustamente como mercenarios, cuando te conoció en marzo del 58 en Guadalajara te hizo un desaire repleto de aspereza.

En cambio, a Santos Degollado, a cuyas órdenes servías, le faltaban palabras para referir tantos actos de abnegación, de valor, de lealtad y de sencillez, en los que aparecías como un hombre extraordinario. Ángel Pola reconstruye: "En aquella época de extrema penuria para las tropas constitucionalistas, Bravo jamás pedía un solo real en cuenta de sus haberes, y cuando algo recibía, que siempre era bien poco, lo repartía entre sus compañeros más necesitados. Conociendo su desprendimiento, el general Degollado tenía que cuidar de que no le faltase ropa; el empeño del general era inútil: repentinamente Bravo aparecía sin camisa o sin capa, porque había destrozado la una para vendajes que sirviesen a un herido y cubierto con la otra a un amigo aterido de frío o a un soldado enfermo".

En octubre del 58, en el ataque liberal contra Guadalajara dirigías con Leandro Valle el grupo de zapadores que iba abriendo brecha casa a casa hacia el centro de la ciudad. En pleno combate los liberales pidieron permiso para poner una mina de pólvora en la casa de la señora Ornelas, en la calle de la Merced, que era una liberal de toda la vida.

Valle le dijo:

—Señora, se va a caer la casa.

—No le hace, no importa.

—Pierde usted todo.

—Pero gana el partido puro.

No se cayó la casa, pero se hizo gran boquete. Por ahí entró Valle contigo, el general Refugio González y los mosqueteros. Y se mantuvo la competencia entre los dos locos. Cargaste el primero y llegaste hasta la azotea del Palacio de Gobierno. Quitaste la bandera de los mochos y ahí colgaste tu camisa roja. Serás mencionado destacando tu obra en el mismo parte del 27 de octubre en que Santos Degollado asciende a Valle a coronel.

En el 59, comisionado por Juárez, estarás a cargo de reunir armas y hombres para el ejército liberal.

Santos le contaría más tarde a Ocampo que "Bravo se alimentaba del rancho de la tropa las veces, sufría la fatiga de la guerra con extraordinaria fuerza de voluntad, era el primero en el peligro. Prodigaba su vida en los combates, y en el asalto dado a Guadalajara en 1858, Bravo fue quien primero apareció sobre el parapeto disputado por el enemigo y quien primero penetró a la plaza y al palacio hasta arriar la bandera reaccionaria, que se apresuró a presentar como trofeo al general en jefe".

Cuando Ocampo conoció esta y otras historias, frunció el ceño y "se hallaba contrariado hasta el disgusto". Poco después te escribió una carta que nunca llegaste a leer: "Sé que vale usted mucho más que yo, y no pudiendo yo mismo perdonar la injusticia con que traté a usted en Guadalajara [...] deseo si está usted dispuesto a excusar el error de un hombre".

Y no la llegaste a leer porque en esos días, al inicio de 1860, desembarcaste en Veracruz para reportarle a Juárez la misión de las armas y Ocampo te recibió en los siguientes términos: "Señor coronel, mi amigo el señor don Santos me ha hecho advertir que vale usted más que yo: recuerdo que obrando apasionadamente recibí a usted en Guadalajara de una manera impropia. Deseo saber si quiere usted olvidar aquel acto y ser amigo mío".

Sabemos tan poco de ti, fuera de que cuentan que eras el más valiente en un ejército que competía por el valor. Cuando el 24 de mayo del 60 se dio la gran batalla por Guadalajara en la que López Uraga perdió la pierna, encabezaste una de las tres columnas de asalto y un disparo te mató instantáneamente.

NOTA

1) Victoriano Salado Álvarez: *La Reforma* y *De Santa Anna a la Reforma*. Parte de Santos Degollado del 27 de octubre de 1858. Juan de Dios Arias: *Reseña histórica del Ejército del Norte durante la intervención francesa, sitio de Querétaro y noticias oficiales sobre la captura de Maximiliano, su proceso íntegro y su muerte*. Ángel Pola: "Leandro Valle" en *Liberales ilustres mexicanos de la Reforma y la Intervención*. Manuel Cambre: *La Guerra de Tres Años, apuntes para la historia de la Reforma*. Agustín Rivera: *Anales mexicanos. La Reforma y el Segundo Imperio*.

53

EL ALBAZO DE TOLUCA

Para González Ortega, y desde luego para Zaragoza, la derrota conservadora dependía de la posibilidad de unificar en un gran ejército las dispersas fuerzas del liberalismo. Sumar a los vencedores de Guadalajara y Silao con las brigadas de Michoacán y el Estado de México, los norteños con todo el Ejército del Centro. Siguiendo esa lógica, Ignacio Zaragoza (González Ortega había regresado temporalmente a Guadalajara), mientras avanzaba hacia el sur, ordenó a Berriozábal que progresara hacia Toluca, la que tomó el 24 de noviembre, para ahí reunirse y concentrar las brigadas de la división de Michoacán (la de Nicolás Romero) y las cuatro del Estado de México.

El 2 de diciembre Santos Degollado, sin mando de tropa y acompañado de Benito Gómez Farías, llega a Toluca, en su diario registra, "donde se nos recibió con hospitalidad y grandes honores por el general Berriozábal. Fuimos hospedados en el Palacio de Gobierno".

El 5 de diciembre Berriozábal recibe información de la aproximación de un ejército de 5 mil hombres. Piensa que van tras Zaragoza. No es así, se trata de Miguel Miramón, que ha salido con 3 mil hombres de la Ciudad de México para caer por sorpresa sobre Toluca; viene acompañado de Leonardo Márquez, Miguel Negrete y su hermano Mariano Miramón. Guiados por un desertor, logran evadir las avanzadas de Berriozábal y se van aproximando a la ciudad.

La guarnición de Toluca está a cargo de la primera brigada de la división del Estado de México; no es una tropa muy confiable porque trae refundidos 900 soldados conservadores tomados a Márquez en Calderón. Ese domingo 9 Berriozábal permite que la infantería vaya a misa. Poco más tarde recibe noticias de que se aproxima una brigada de caballería de por lo menos mil hombres, mucho más que una patrulla de avanzada. Son las 11 de la mañana y ya es tarde para reaccionar; minutos después, tras haber burlado a los chinacos de Nicolás Romero que custodian uno de los accesos a la ciudad, gracias a que la vanguardia viene uniformada con las camisas rojas del cuerpo de mosqueteros, los conservadores entran en Toluca como un alud mientras se escuchan los primeros disparos. Berriozábal trata de reorganizar a las tropas y generar una mínima reacción, pero ya está Negrete en la plaza. A tiros de pistola se refugia en el convento de San Francisco y hace un llamado a la resistencia hasta la muerte; luego va a Palacio, donde aún combate Gómez Farías y recibe un rozón de bala en la cabeza. Ya sin municiones, los liberales se rinden.

Miramón, que observó el combate desde el cerro del Cóporo, desciende y se da cuenta de que han capturado a cuatro connotados liberales: Berriozábal, levemente herido, uno de sus rivales durante los últimos años; su Némesis Santos Degollado, Benito Gómez Farías y el coronel Juan N. Govantes junto con 36 jefes, oficiales y más de 400 hombres de tropa (1 300 en otras versiones). Se les ha escapado el coronel de origen español Tuñón Cañedo.

Leonardo Márquez cuenta en futuras justificaciones que "El Presidente me dio orden, en presencia de más de 30 personas entre generales, jefes, oficiales y paisanos que estaban reunidos en su derredor, para que dichos prisioneros fuesen pasados por las armas inmediatamente. Sin embargo, suspendí el cumplimiento de aquella disposición para dar lugar a que se hablase en su favor, y dejé pasar toda la tarde, hasta que a las ocho de la noche logré, como deseaba, que conforme a mis indicaciones se me diera contraorden, previniéndoseme que fuesen conducidos a México". En los comentarios de Ángel Pola se pone en duda esta versión, contraponiéndola a la idea de que Miramón y los generales que lo acompañaban decidieron que "Santos Degollado estaba sometido a juicio por su gobierno; Govantes había recibido su licencia absoluta; Farías era empleado en la aduana de Tampico; Berriozábal es, pues, el único que resulta haber sido tomado con las armas en la mano y puede ser ejecutado según la ley. ¿Iremos a derramar en Toluca, en un patíbulo, la sangre del hombre que entre los cuatro prisioneros es el que tiene más prestigio y más simpatía en la ciudad?". La versión es falsa: los cuatro habían combatido ese día. Más cercano a la realidad es que hayan pensado que se trataba de cuatro rehenes importantes y como tal decidieron conservarlos.

El 10 de diciembre Márquez regresa a la Ciudad de México mientras Miramón se le adelanta, trae consigo a los cuatro prisioneros en un coche. "Al pasar mi columna por uno de los desfiladeros del monte de las Cruces, una gavilla enemiga, aprovechando los accidentes del terreno, se presentó a tirotearnos. Esta era una ocasión muy a propósito para mandar fusilar a los prisioneros si así lo hubiera yo querido". Santos Degollado anotará en su diario que Márquez está a punto de fusilarlos por el camino.

Los cuatro prisioneros entrarán a México el 12 en la tarde. "Se nos recibió presos en Palacio, una habitación amueblada por órdenes de Miramón". Los demás prisioneros fueron encerrados en la Acordada.

González Ortega está muy enfadado por la "injustificable sorpresa": para esta ofensiva, que entiende como definitiva, se le ha privado de una parte importante de la división del Estado de México.

Ese mismo día llega al Distrito Federal el embajador francés Jean Pierre Isador Alphonse de Saligny, un personaje que mucho daría de qué hablar en esta historia.

NOTA

1) Conrado Hernández López: *Las fuerzas armadas durante la Guerra de Reforma, 1856-1867*. La excelente reconstrucción de Emmanuel Rodríguez Baca: "El último triunfo del ejército conservador. La batalla de Toluca de 1860". Leonardo Márquez: *Manifiestos (el Imperio y los imperiales). Por qué rompo el silencio*, rectificaciones de Ángel Pola. Agustín Rivera: *Anales mexicanos. La Reforma y el Segundo Imperio*. Manuel Cambre: *La Guerra de Tres Años, apuntes para la historia de la Reforma*. El diario de Santos Degollado en Genaro García: "Don Santos Degollado", tomo XI de *Documentos inéditos o muy raros para la historia de México*.

54

CALPULALPAN

En Querétaro, Zaragoza y su cuartelmaestre, el joven general Leandro Valle, que parecen complementarse muy bien, aprovechan los 20 días de descanso para realizar entrenamientos y maniobras, unificar al ejército, intentar hacer de aquel conglomerado de brigadas y jefes una sola fuerza. Hay carencias de alimentos y mucho frío. El 15 de diciembre González Ortega, salido de la enfermedad, toma el mando en Querétaro. Progresan hacia la capital. Cinco días más tarde, cuando despachaba en el hotel Diligencias de Arroyozarco, a casi cien kilómetros de Querétaro y 140 de la Ciudad de México, González Ortega recibe noticias del despliegue de las tropas de Miramón, que vienen a su encuentro. Sin demora, el ejército liberal sale en la madrugada del 21.

Se ha discutido el porqué Miramón decidió presentar batalla, ya que la diferencia de número era importante, si bien la ventaja en artillería sugería un cierto equilibrio; ambos bandos contaban con oficiales que se habían probado en el campo de batalla en ocasiones anteriores y tropas en su mayoría veteranas. Quizá para los conservadores un factor agregado era la moral, que el éxito de Toluca colaboraba a mejorar (Vigil hablará de "entusiasmo"). Por lo tanto, bajo el riesgo de que los liberales siguieran unificando sus fuerzas y se reunieran con González Ortega las brigadas de Ampudia, Carvajal, Cuéllar, Rivera y Garza, Miramón sabía que tenía que salirles al paso.

Los conservadores traen 8 mil hombres y 30 piezas de artillería, y a Miguel lo acompañan sus hermanos Mariano y Joaquín y los generales Leonardo Márquez, Vélez, Negrete, Ayestarán y Cobos.

Si la batalla por Guadalajara ha sido una carnicería y Silao la historia de una gran ventaja numérica, Calpulalpan será el gran desafío de los generales liberales, con desventaja en la artillería, con superioridad numérica al menos de tres a dos, si no es que más (al sumarse la brigada de Régules); para el trío González Ortega, Zaragoza y Leandro Valle será el gran reto táctico ante un general como Miramón que los sobrepasa en habilidades militares, como ha mostrado muchas veces en estos tres años de guerra civil. Tienen que probar que han integrado al ejército en una maquinaria unitaria y lograr que Miramón entre en combate en minoría, cosa a la que está casi forzado, porque cada día que pasa lo estará más aún. Los liberales cuentan entre 11 y 16 mil hombres de las brigadas de Zacatecas, San Luis Potosí, Michoacán, Guanajuato y Jalisco, y sólo 14 piezas de artillería.

Por más que se cuente que el general José Justo Álvarez, reputado como estratega, ideó el plan de combate que observarían fielmente González Ortega y Zaragoza, siguiendo las narraciones de la batalla, en particular la del coronel Jesús Lalanne, se ve que no hay otra disposición diferente a la habitual: una línea con tres cuerpos y alas de caballería en los flancos, en la falda de la montaña, extendiéndose casi perpendicular al camino que va a Soyaniquilpam.

El 21, poco después de la caída del sol, el ejército conservador comenzó a desplegarse. Hasta la noche sólo hubo pequeñas escaramuzas; los dos ejércitos se midieron frente a frente en posiciones paralelas y a tiro de cañón. Excepto en los enfrentamientos urbanos, en la Guerra de Reforma no se combate de noche. La ausencia de uniformes y las deficientes comunicaciones internas lo hacen casi imposible, a no ser que se desee terminar tiroteando a los tuyos.

Al amanecer el ejército liberal estaba en posición, de nuevo bajo un frío intenso. A la derecha se encontraba el Ejército del Norte, formado por la división de Zacatecas, mandada por Jesús González Ortega, y la de San Luis, por Ignacio Zaragoza, y en su flanco derecho la caballería; en el centro, la división de Guanajuato, del general Antillón, y la brigada de Jalisco, del general Leandro Valle; y por último, casi tangente al camino para la Goleta, y en una pequeña eminencia, la división de Michoacán, del general Régules, que se incorporó en los últimos momentos. Todas tienen su artillería al frente.

No es fácil narrar una batalla en la que participan más de 20 mil hombres. El conjunto, el movimiento de las grandes columnas, las órdenes de los generales, no dejan ver al infante metido en una zanja y muerto de miedo. Los clarines y los cañonazos tapan los gritos de los heridos. La ausencia de testimonios de los de abajo no puede ser suplida con nada. Quede, pues, en esqueleto esta historia.

A las ocho y media de la mañana se rompe el fuego en toda la línea. Miramón cree ver la debilidad del enemigo en el ala izquierda de las fuerzas liberales y, rehuyendo el ataque frontal por la carretera que lleva a San Miguel, dirige sus fuerzas, una columna de infantería y artillería, sobre la izquierda, para tomar ventaja del terreno y flanquear a los liberales. Pero la línea liberal cambia de frente y es la brigada de Michoacán y de Jalisco las que se presentan ante el movimiento de los conservadores.

Las divisiones de Zacatecas y Guanajuato, apoyadas por la artillería, y con la caballería en los flancos, marchan para atacar al enemigo en su movimiento, que aún no concluía. Cuando se debilita el ala izquierda de los liberales, Leandro Valle, que resultará herido, la sostiene.

Desde el ala opuesta, el general Álvarez nota esta desorganización, hace que González Ortega se fije en ella y le indica la necesidad de que se sostenga la línea a todo trance para poder tomarle la retaguardia mientras el enemigo está ejecutando su marcha de flanco. El zacatecano ordena a Zaragoza que con la primera brigada de Michoacán de Régules, apoyada por la ligera de Jalisco, al mando del general Toro ("a cuyo valor es debido este importante triunfo"), y protegida por ocho piezas de artillería, salga al encuentro del enemigo, lo que hace "en un orden admirable", en tanto el propio González Ortega toma el centro.

Miramón ordena entonces que la caballería, fuerte en mil hombres, al mando de su hermano Mariano, dé una carga con el fin de desordenar a los liberales (cortando en dos la línea) y decidir la acción; pero aquella maniobra le sale mal, pues parte de la fuerza se pasa al enemigo, y el resto tiene que volver grupas ante el nutrido fuego de cañón con que es recibida y la respuesta de los infantes de Zaragoza, que los destrozan. Serán los liberales los que flanqueen a Miramón, quien dirige la infantería hacia la Loma del Muerto para dominar la posición.

Aramberri, con otra columna formada de la división de San Luis y la segunda brigada de Morelia, protegida por la escolta de Zaragoza, avanza también. El combate se hace general en toda la línea; la artillería de ambos detona sin cesar y en medio "de tan formidable empuje y tan mortífero fuego, González Ortega, impaciente, quiere disponer la carga decisiva de caballería por la derecha, el triunfo lo atrae; sin embargo, las indicaciones que le hace el general Álvarez, que, sereno con un anteojo, fija tiene toda su atención sobre el ala izquierda, lo contiene, y espera algunos minutos más". En este punto las fuerzas de Miramón empiezan a retroceder desorganizadas, por su derecha. Cobos intenta contener a los dispersos, pero cunde la desmoralización, y el momento clave ha llegado.

Entonces González Ortega, a la cabeza de las divisiones de Zacatecas y Guanajuato, marcha por la derecha para tomar la retaguardia al enemigo; es el momento definitivo. Ordena que el general Margarito Mena ("cara ancha y peluda, ojos despavoridos y aspecto de indecisión") cargue con mil lanceros; este vacila, titubea, sus soldados notan la falta de valor y casi retroceden (será dado de baja del ejército liberal por cobardía). González Ortega en persona reorganiza la columna, la pone bajo el mando del general Benito Quijano y la impulsa; regresa a la cabeza de las divisiones de Zacatecas y Guanajuato, y con el arma empuñada y a paso veloz cae sobre la retaguardia del enemigo tomándole los trenes y pertrechos de guerra. Se dice que van cantando "Los cangrejos" y "Los moños verdes".

Serán las canciones o más bien la artillería, que está haciendo graves bajas a las tropas de Miramón, lo que cause que la infantería conservadora se desbande y sus generales se retiren del campo rumbo a la Ciudad de México. Ante la ausencia de mandos, el ejército regular conservador dejó de existir en dos horas y media.

En el parte oficial que se produjo al día siguiente se hablaba de que los conservadores habían perdido sus trenes, su artillería, su parque y millares de prisioneros: 3 mil, según Zaragoza; 4 mil, según otras versiones. En las ciudades liberales comenzó a cantarse: "El gallo de Miramón ha perdido la pelea / quisiera en esta ocasión asegurar la zalea".

En la noche del 23 de diciembre el presidente Juárez asistía a una función de gala de la ópera *Los puritanos de Escocia,* de Bellini, en el teatro de Veracruz, cuando un correo, aún cubierto de polvo del camino, subió al palco. Al notarlo, el público comenzó a concentrar sus miradas en el Presidente, incluso los artistas dejaron de cantar y se hizo el silencio. Juárez, todo solemnidad, se puso de pie y leyó el mensaje de González Ortega, que daba noticia de la victoria. Los cantantes comenzaron a entonar *La Marsellesa* y sus voces se mezclaron con los vivas.

Esa misma noche Miramón llegó a la Ciudad de México acompañado de su escolta. En versión de Santos Degollado, que se encontraba encarcelado: "se echó a dormir". Al despertarse, Miramón convocó a los embajadores extranjeros encabezados por el español Pacheco, Dubois de Saligny de Francia, Mathew de Inglaterra, Wagner de Prusia, Kint de Rodenbeeck de Bélgica, Francisco de P. Pastor del Ecuador y Felipe Neri del Barrio de Guatemala; les comunicó que se veía "en la necesidad de evacuar la plaza, llevando conmigo toda su guarnición", y les pidió que negociaran con González Ortega. A las 12 Concha Miramón busca a Santos Degollado y Berriozábal para que mediaran con el general liberal, a lo que se negaron. Los hacen subir a la planta superior del Palacio Nacional porque una algarada conservadora está pidiendo sus cabezas.

En la noche del 23 al 24 la comisión de los embajadores que acompañaba a Berriozábal se entrevista en Tepeji del Río con González Ortega, quien les informa que no puede ofrecer ninguna clase de negociación más allá de pedirle a Miramón la rendición incondicional.

En la noche del 24 Miramón entrega el gobierno del Distrito Federal al Ayuntamiento; este nombra a Berriozábal para que guarde el orden en la ciudad mientras llega González Ortega. El derrotado caudillo conservador sale de México acompañado de su ministro Díaz, los generales Márquez y

Zuloaga, con 1 500 hombres. En horas los 1 500 se van desvaneciendo en sucesivas deserciones. Márquez y Zuloaga huyeron con algunos jefes y soldados de caballería que los quisieron seguir, en tanto Miramón y Díaz se volvieron solos y disfrazados para ocultarse en la ciudad.

Mientras unos huían, otros salían de la cárcel. Francisco Zarco, que había pasado recluido en prisión los últimos siete meses, una parte de ellos enfermo, sale de la Acordada: "Un Zarco agotado, envejecido, pero firme en sus principios, con la firmeza de su convicción y de su fe en la causa del pueblo. En la prisión acababa de cumplir, el 4 de diciembre, 31 años".

A las cuatro de la mañana entran a la ciudad las guerrillas del jarocho de 28 años Aureliano Rivera y de Antonio Carvajal. Tienen la orden de ocuparla para evitar desmanes. Su único acto de violencia es tirotear al paso la puerta de Palacio. No hay fin de una guerra sin un acto simbólico.

NOTAS

1) Manuel Cambre: *La Guerra de Tres Años, apuntes para la historia de la Reforma*. Parte de Jesús González Ortega. La narración de Jesús Lalanne en Alfonso Teja Zabre: *Leandro Valle, un liberal romántico*. José María Vigil: *La Reforma*. Guillermo Prieto: *Lecciones de historia patria*. Zaragoza a Doblado, diciembre 22 de 1860. Juan Antonio Mateos: *El Cerro de las Campanas: memorias de un guerrillero, novela histórica*. Mariano Cuevas: *Historia de la nación mexicana*. Carlos Sánchez Navarro: *Miramón, el caudillo conservador*. Melchor Álvarez: *Historia documentada de la vida pública del gral. José Justo Álvarez*. José Luis Melgarejo: *Juárez en Veracruz*. Basilio Pérez Gallardo: *Breve reseña de los sucesos de Guadalajara y de las lomas de Calderón o Diario de las operaciones y movimientos del Ejército Nacional en 1861*. Niceto de Zamacois: *Historia de México*, tomo XV. Miguel Ángel Granados Chapa: "Francisco Zarco. La libertad de expresión". El "Croquis del cuerpo de ingenieros del ejército federal" es absolutamente incomprensible.

2) Las disculpas de las versiones conservadoras no se sostienen. Dirán que "la artillería de precisión" la manejaban gringos, que los fusiles norteamericanos hicieron la diferencia. No hay ninguna prueba documental de la presencia de tal artillería ni tales artilleros, ni de otro tipo de mercenarios, y la existencia de rifles modernos en el ejército liberal se limitaba a los que habían aportado los restos de las brigadas del Norte, por ejemplo la brigada del general Miguel Blanco, que en julio del 59 salió de Monterrey con 450 rifleros armados con fusiles de seis tiros. Las brigadas de Nuevo León y Coahuila, fundidas en la división de San Luis Potosí, que coordinaba Zaragoza y que tenían armas de repetición, no representaban ni el 10% del ejército. (Mariano Cuevas/Historia, Sánchez Navarro/Miramón. *The New York Times*, 6 de septiembre de 1859). El delirio llega a grados inusitados: "Y no se olvide de los oficiales y mercenarios americanos que estaban en el ejército liberal, que les enseñaban a los soldados liberales cómo usar los nuevos rifles y artillería que el gobierno de Estados Unidos les mandaba nuevecitos desde el río Bravo, no fue obra de la casualidad que los liberales

repentinamente se hayan recuperado hasta derrotar a los conservadores, tuvieron su buena ayudadita de sus compañeros de logia del Norte". ("Foro militar", Internet). El padre de Felipe Ángeles, homónimo, combatió en Calpulalpan del lado liberal.

55

LA VICTORIA

Durante tres días y tres noches las campanas de catedral estarán repicando sin tregua para celebrar el triunfo liberal, hasta que la tropa tuvo que bajar a los locos que se habían apoderado del campanario porque ya se estaban volviendo dementes los habitantes de la zona "con aquel no interrumpido resonar de las campanas". Pero no todo era fiesta; en los sectores más conservadores del Distrito Federal también había miedo. Puertas cerradas, iglesias a cal y canto. Banderas extranjeras en algunos balcones, que significaban que esa casa estaba bajo protección de una embajada extranjera. Ignacio Zaragoza, entonces cuartelmaestre del ejército, recorre las calles de la ciudad castigando con rigor todo acto de vandalismo; su bando contra el saqueo dará tranquilidad a los que no la tenían.

El 25 de diciembre el ejército liberal comienza a entrar a la ciudad por secciones; lo encabeza González Ortega. Dos días más tarde emite una ley en la que queda dado de baja el ejército permanente que haya empuñado las armas o rebelado contra la Constitución. Y tres días después, el 28 de diciembre, se van publicando en la Ciudad de México las Leyes de Reforma promulgadas en Veracruz. Francisco Zarco, cómo no, el hombre que piensa que la clave de la democracia es la información, comienza a publicar en la imprenta de Cumplido el *Boletín de Noticias*. Pronto se reincorporará a *El Siglo XIX*. En este renacer de la libertad de prensa, el periodista y abogado conservador Aguilar y Marocho sacará el 5 de enero *El Pájaro Verde*, que tímidamente disimula su vocación reaccionaria. Otro diario comenta: "*El Pájaro Verde* vacila en manifestar su color político. Por más verde que se diga, ese pájaro tiene las plumas negras... No ha podido o no ha querido en su primer número decirnos el secreto de su programa; pero todo el mundo lo adivina".

La pregunta es: ¿dónde están los caudillos de la reacción? ¿Dónde Leonardo Márquez, Miguel Miramón? Márquez se ha escondido en Tacubaya, desde donde envía a un indio con una carta para Aguilar y Marocho: "Ha llegado la hora de organizar la reacción", como si no hubieran podido organizarla desde el gobierno en tres años. Se remonta a la sierra. El 28 de diciembre reaparece Félix María de Zuloaga, que llega con varios oficiales y 400 soldados a Iguala, en donde se reúne con Juan Vicario. Poco después se le unirá Márquez con Negrete y Alatorre en Villa del Carbón. Miramón ha desaparecido y no se tendrán noticias de él sino hasta enero, cuando se sepa que huyó en barco desde Veracruz.

Juárez envía por delante a Melchor Ocampo, que arriba a la Ciudad de México el 30 de diciembre. Su función es preparar la llegada del gobierno. Ocampo está por la línea dura: aplicar la ley de conspiradores a los cabecillas reaccionarios, expulsar a los ministros extranjeros cómplices y a los clérigos, destituir a los funcionarios de gobierno que no juraron la Constitución.

El 1° de enero se produce el desfile de la victoria: 28 mil soldados del ejército constitucionalista (a los vencedores de Calpulalpan se han sumado muchas otras divisiones) avanzan en columna por la calzada de Chapultepec. Zaragoza la organiza porque los liberales desean hacer una entrada solemne. No todos los días se triunfa. En la descubierta, los Lanceros de la Libertad de Michoacán y la Brigada Ligera de Jalisco; tras ellos brigadas y batallones, todos cantando "Los cangrejos". El Ayuntamiento recibe a Jesús González Ortega, con su corbata de lazo roja al cuello, en la calle del Puente de San Francisco, y le entrega el estandarte de la ciudad. Al pasar frente al hotel de Iturbide, desde el que "señoritas liberales" (el narrador descubre fascinado que en las crónicas las "señoras liberales" son excluidas) arrojaban flores, González Ortega descubre a Santos Degollado y a Berriozábal, que "se medio ocultaban entre los que ocupaban los balcones; levantando la voz les suplicó que bajasen, los abrazó en medio de la calle y puso el estandarte en manos de Degollado". Quizá porque en el ejército era unánime, como dice Mauricio Magdaleno, que Santos "no sabía ganar batallas pero ganó finalmente la Guerra de Reforma". Degollado intentaba mantenerse al margen y le había dicho a Berriozábal y a González Ortega que estaba a su disposición para ser juzgado, pero le contestaron que "viviera libremente, hasta que llegase Juárez y dispusiera lo que tuviera a bien".

Se produce un nuevo encuentro: al pasar por la calle de Plateros, González Ortega descubre a Melchor Ocampo, Ignacio de la Llave y José María Mata (el esposo de Josefina Ocampo). Les pide que se acerquen y se incorporen al desfile. Se dan un gran abrazo a mitad de la avenida.

Desde el 2 de enero los liberales comienzan a legislar. Ocampo, como ministro de Hacienda, suspende a los empleados que han servido al gobierno espurio e interviene los edificios llamados *diezmatorios*, donde el clero guarda los impuestos en semillas. Desde Veracruz, el día 5, antes de salir para la Ciudad de México, Juárez decreta que el viático fuese llevado ocultamente y que las campanas no se tocasen sino al alba, al mediodía, a la oración de la noche y para llamar a misa. En la versión de Victoriano Salado una conservadora se queja amargamente: "Sólo falta que ordene que todos andemos vestidos de mamarrachos a la griega o a la romana". Un día después los conservadores abandonan Puebla, que será tomada por Zaragoza el día 6.

¿Y Juárez? ¿Dónde está Juárez? Viaja desde Veracruz y llega el 10 de diciembre a las afueras de la Ciudad de México, a Valle de Guadalupe. González Ortega le pide que se detenga una noche para que haga una entrada triunfal al día siguiente. Se inicia el desfile: en la penúltima carretela van González Ortega, Guillermo Prieto, Ignacio Ramírez y De la Llave, y al final, en un carricoche descubierto y en el asiento de atrás, Benito Juárez, todo formalidad, vestido de negro, con chaleco, levita, corbata y sombrero alto, sin ninguna insignia, apoyado con las dos manos en su bastón; lo acompañan Melchor Ocampo y De la Fuente.

El mismo día el Presidente ordenó que Santos Degollado tuviese la ciudad por cárcel y fuese procesado por el robo de la conducta en Laguna Seca, y establece su gobierno incorporando a Francisco Zarco en Gobernación. Seguían en sus cargos: Ocampo en Relaciones, De la Fuente en Justicia e Instrucción Pública, Guillermo Prieto en Hacienda, Ignacio Ramírez (El Nigromante) en Fomento e Ignacio de la Llave en Guerra. Es el gabinete más izquierdista que ha de conocerse en la época de la Reforma.

Se ordena la detención de Manuel Payno a causa de su colaboración con Comonfort en el golpe de Estado; será encarcelado y llevado a juicio. El día 10 de enero es detenido Isidro Díaz, el ex ministro de Justicia de Miramón, en Jico (Veracruz); encerrado en la Acordada, será sometido a juicio sumarísimo. Hay presiones de las legaciones extranjeras y de los liberales moderados para que el Presidente detenga la ejecución. Juárez finalmente ordena la suspensión del fusilamiento para que Díaz sea sometido a juicio. La reacción viene ahora de los puros. Altamirano escribe: "El gobierno desterró a los obispos en vez de ahorcarlos, como se merecían esos apóstoles de la iniquidad; perdonó a Díaz, cuyo cráneo debería ya estar blanco en la picota. La amnistía ahora sería una cobardía miserable [...]. ¿No hay aquí respeto a la virtud y odio al crimen? ¡Oh, manes de vuestros amigos sacrificados! Pedid venganza a Dios [...]. Reprobad ese dictamen. Perdonar sería hacerse cómplice. Cristo perdonaba en el cadalso a sus verdugos, pero eran ofensas personales, no de una nación infeliz [...]. Decid lo que el Señor por boca de Ezequiel: Empleasteis la espada... y la espada caerá sobre vosotros".

NOTAS

1) Juan de Dios Peza: "González Ortega" en *Los Hombres de la Reforma*. Agustín Rivera: *Anales mexicanos. La Reforma y el Segundo Imperio*. Ernesto de la Torre Villar: *El triunfo de la república liberal, 1857-1860*. Florencio María del Castillo: "Entrada del ejército liberal en la Ciudad de México". Benito Juárez: *Documentos, discursos y correspondencia*, tomo III. Pedro Salmerón: *Juárez, la rebelión interminable*. José Ramón Malo (que por cierto es sobrino de Agustín de Iturbide): *Diario de sucesos notables, 1854-1864*. Miguel Galindo y Galindo: *La gran década nacional o Relación histórica*

de la *Guerra de Reforma, intervención extranjera y gobiernos del archiduche Maximiliano, 1857-1867.* Raúl González Lezama: "El peor año de la república". Victoriano Salado Álvarez: *Episodios históricos.* Hilarión Díaz: *Juárez glorificado y la intervención y el imperio ante la verdad histórica.* Leonardo Márquez: *Manifiestos (el Imperio y los imperiales). Por qué rompo el silencio,* rectificaciones de Ángel Pola.

2) Elegido diputado al segundo congreso constitucional, para tomar posesión Zarco dimite al gobierno el 9 de mayo del 61 (Miguel Ángel Granados Chapa: "Francisco Zarco. La libertad de expresión"). Guillermo Prieto ("En Memoria de Francisco Zarco") dirá que será desde ese momento un "fiel traductor de los periódicos extranjeros".

3) La letra de "Los Cangrejos" de Guillermo Prieto decía: "Casacas y sotanas / Dominan donde quiera / Los sabios de montera / Felices nos harán / Cangrejos a compás / Marchemos para atrás / Zis, zis y zas, / Marchemos para atrás / ¡Maldita federata / ¡Qué oprobios nos recuerda! / Hoy los pueblos en cuerda / Se miran desfilar / *Cangrejos a compás* / Si indómito el comanche / nuestra frontera asola, / la escuadra de Loyola / en México dirá: / *Cangrejos a compás* / Horrible contrabando, / cual plaga lo denuncio; / pero entretanto el Nuncio / repite sin cesar: *Cangrejos a compás* / En ocio, el artesano / se oculta por la leva; / ya ni al mercado lleva el indio su huacal. / *Cangrejos a compás".*

56

LOS RESTOS DE LA REPÚBLICA

La guerra civil ha destruido la República. Juárez gobierna los restos, verdaderamente los restos, de un país en la crisis económica más profunda que ha tenido en su vida. El déficit financiero anual es de 15 584 510 pesos, "sin hacer pago alguno de la deuda interior, sea por capital o por interés"; y mensualmente esto crece a razón de 400 mil pesos, 5 millones al año. Desde el Ministerio de Hacienda, entre enero y marzo, Guillermo Prieto trata de armar un proyecto fiscal, pero a sus compañeros de gobierno les asusta la idea de una moratoria de la deuda externa. Se queja ("donde buscaba amparo encontré oposición"). El plan incluye la disminución de los enormes gastos militares, la reducción de pensiones, la suspensión temporal del pago de la deuda interna y externa y reorganizar la única fuente de ingresos de la nación: los ingresos aduanales. La aduana de Veracruz tiene comprometido el 85% de sus ingresos y está bloqueada por las deudas la totalidad de las entradas del resto de las aduanas, al grado que las de Tampico y Matamoros no producen nada y presentan grandes adeudos. El gobierno se ha sostenido penosamente esos dos meses con las rentas del Distrito Federal, con el tremendo riesgo de que las fuerzas militares que operaban contra los restos del conservadurismo armado no pudieran moverse por la falta de fondos.

No hay crédito nacional ni internacional posible y el supuesto dinero de las nacionalizaciones de los bienes de la Iglesia no fluye. Preciado registra cómo el clero presionaba en Guanajuato a los nuevos dueños de las haciendas expropiadas para que les pagaran renta a ellos bajo amenaza de excomunión. Y a los trabajadores les hacían firmar un documento en el que decían que antes se morirían de hambre que trabajar para los nuevos propietarios o donde el confesor no le diera la absolución al nuevo ranchero.

José María Mata, que sucedería a Prieto, apuntaría: "Si yo comienzo por decir que la hacienda pública está en bancarrota; que la suma de obligaciones que pesa sobre el erario es infinitamente superior a la suma de recursos con que cuenta para satisfacerlas, creo que puedo hacerlo sin temor de que haya quien me acuse de decir una cosa nueva e inexacta".

Juárez se disminuirá el sueldo de 36 mil a 30 mil pesos anuales, reduce el número de ministerios a cuatro y suprime muchos empleos en la administración, pero no es ni mínimamente suficiente.

El 10 de enero Melchor Ocampo, ministro de Relaciones Exteriores, envía una orden de expulsión contra el "embajador de España", Joaquín Francisco Pacheco, el abogado cordobés cuyos textos jurídicos se leían en México, que había llegado cuando Juárez estaba cercado en Veracruz y había conspirado abiertamente con los monárquicos, ayudando incluso a Miramón a fugarse. "El Presidente Interino Constitucional no puede considerar a U. sino como a uno de los enemigos de su Gobierno, por los esfuerzos que U. ha hecho a favor de los rebeldes usurpadores que habían ocupado los tres años últimos esta ciudad. Dispone, por lo mismo, que salga U. de ella y de la República, sin más demora que la estrictamente necesaria para disponer y verificar su viaje".

Hilarión Frías, que había conocido a Pacheco en el Distrito Federal, lo describiría: "Paseaba por las calles de la capital su ridícula personalidad de hombre gordo de *papier-mâché,* con su rostro orlado por unas patillas grises y su pierna izquierda que se arrastraba un poco, herida por una parálisis incipiente". Curiosamente la orden de expulsión lo era sólo en su condición de ciudadano español, porque nunca había presentado sus credenciales al gobierno de Juárez. Pacheco, muy orgulloso de sus acciones, se volvería un feroz partidario de la intervención.

Dos días más tarde las órdenes de expulsión del país llegaban a monseñor Luis Clementi, nuncio pontificio y arzobispo de Damasco; Felipe Neri del Barrio, ministro de Guatemala, y Francisco de P. Pastor, embajador de Ecuador (aunque esta última fue derogada cuando a su pedido se hizo una investigación). Y el 17 de enero el ministro Ocampo transmite una orden de Juárez de expatriación del arzobispo Garza y de los obispos Munguía (que, como dice Salado, "había sido el alma de todo el movimiento conservador"), Espinosa, Barajas y Joaquín Fernández Madrid, señalándoles el plazo de tres días para su salida de la capital. Ocampo diría que esto sucedía "después que tanta sangre se ha derramado en este suelo y todo esto por el escandaloso participio que ha tomado el clero en la guerra civil".

A los expulsados se sumarían el obispo Verea, José María Covarrubias, canónigo de la metropolitana, el doctor Ignacio García, deán de la catedral de Guadalajara, fray Francisco de la Concepción Ramírez, monje del ex convento de Guadalupe de Zacatecas, que abandonaron la Ciudad de México el 21 de enero. Sin muchos problemas en el viaje, más allá de un par de volcaduras de la diligencia (que provocó que uno de los acompañantes se rompiera una costilla por haberle caído encima el gordo obispo Verea), en la Veracruz liberal los recibió, según Pacheco, "un populacho desenfrenado [que] los acogió con los mueras más horribles y los persiguió a pedradas como a bestias feroces". El gobernador Gutiérrez Zamora, mientras salía el barco, los envió de nuevo a Córdoba hasta que se calmase la excitación reinante. Labastida y Munguía se establecieron en Roma, aunque el primero se dio tiempo para visitar Palestina.

En esos mismos días, el 17 de enero en la noche fue robada la Custodia de la catedral metropolitana, que tenía 5 872 diamantes, 2 653 esmeraldas, 544 rubíes, 106 amatistas y 28 zafiros.

Mientras unos salen, otros llegan. El 17 de enero el ministro encargado de negocios británico, George B. Mathew, llega de Jalapa y pide al gobierno que no deje impune el asalto de la legación inglesa cometido por Miramón. El 30 de enero Benito Juárez recibe al nuevo embajador de Estados Unidos en medio de mutuas arengas de cordialidad y el 3 de febrero hay una recepción oficial para Wagner, ministro de Prusia, en la que nuevamente se intercambian buenos deseos.

Juárez declara: "Dentro de muy breve tiempo entregaré al elegido el poder, que sólo he mantenido como un depósito". Pero estos meses de transición no van a ser fáciles. Juárez va a necesitar toda su habilidad y toda su paciencia para suavizar las contradicciones en el avispero liberal. Va necesitar hacer política. Y todo ello en medio de acontecimientos que se suceden a toda velocidad.

El 15 de enero vuelve a salir El Siglo XIX con Zarco al frente y el 17 hay una gran asamblea de los clubes liberales en la Universidad de México con al menos 5 mil asistentes. Exigen una ley de amnistía menos suave y que se ejecute a Isidoro Díaz, el ex secretario de Gobernación de Miramón. Leandro Valle, que tiene una fuerte presencia entre el jacobinismo del Distrito Federal, media para evitar que los clubes interpongan una querella constitucional contra Juárez.

Se producen las primeras renuncias en el gabinete: De la Fuente piensa que las expulsiones de los obispos debieron hacerse con un juicio previo y no bajo mandato presidencial; Ignacio de la Llave se va para dejar lugar a

González Ortega, la figura militar liberal del momento. Bajo presión de los clubes liberales, Juárez reorganiza un nuevo gobierno el 21 de enero con Guillermo Prieto en Hacienda, Pedro Ogazón en Gobernación, Francisco Zarco en Relaciones Exteriores, Ignacio Ramírez (El Nigromante) en Justicia, Miguel Auza en Fomento y González Ortega en Guerra.

¿Por qué se separa Ocampo? La pérdida de Melchor es grave. Pero el michoacano está cansado de la guerra, del gobierno y las presiones internas. En su renuncia más bien parece que reacciona a las críticas internas y externas; las llamará conflictos menores. Habla de "ciertos síntomas de popularidad accidental de mi persona", "que me hacen creer conveniente a la causa [...] mi separación del gabinete"; quiere además descansar, pero le dice a Juárez que comparten la misma identidad de tendencias. ¿Quién lo acosa? ¿Miguel Lerdo desde el exterior del gobierno?

Prieto le había escrito a Manuel Doblado tres semanas antes, registrando los conflictos internos de los liberales, que Berriozábal, que será gobernador del Estado de México, no se lleva bien con los otros generales; Miguel Lerdo "no sale de su casa, pero sus partidarios están muy movidos [...]. Varios liberales hacen guerra sin disimulo al señor Ocampo".

Comienza de hecho la campaña presidencial, los liberales rojos dominan totalmente el espacio, son tres los candidatos, el propio Juárez, Miguel Lerdo y Jesús González Ortega, cuyos seguidores traban una lucha de facciones contra los juaristas. Tras retirarse del gabinete a mitad del año 60, Lerdo había regresado a la Ciudad de México después de la victoria y fue electo diputado y magistrado en la Suprema Corte. Justo Sierra lo valora de tal manera que resulta extremadamente difícil conocer sus opiniones políticas: "Lerdo hubiera sido un gran presidente, quizá mejor que Ocampo, su émulo, porque era más frío, menos accesible al sentimiento, menos impulsivo [...] aunque también de alma menos grande". Pero el 22 de marzo Miguel, que estaba enfermo de tifoidea, muere en Tacubaya. Un día antes, también de enfermedad, muere en el puerto de Veracruz Manuel Gutiérrez Zamora. Dos graves bajas para los puros.

Los conflictos en el interior del gobierno son constantes. Fundamentalmente entre Jesús González Ortega y los jacobinos Ignacio Ramírez y Zarco y el hombre de los dineros, Guillermo Prieto. Castillo analiza: "González Ortega había llegado a ser verdaderamente intolerable; en los consejos de ministros a todo se oponía, todo se le debía consultar y a cada instante estaban en sus labios los nombres de Silao y Calpulalpan [...]. Entre el ministro Zarco y él había verdadera hostilidad, pues para González Ortega sus valientes soldados podían hacer lo que querían. Entre Guillermo Prieto, ministro de Hacienda, y él la situación era aún más tirante, pues Prieto no sabía qué hacer para reunir dinero y así poder pagar todas las reclamaciones del ministro de Guerra, que donaba pagas, y medias pagas y gratificaciones, muy merecidas por cierto [...] pero que en estos días de penuria y miseria resultaban insuperables".

Guillermo Prieto presentó el 29 marzo su renuncia a la Secretaría de Hacienda, Juárez no se la aceptó. Prieto insistió hasta lograrlo el 2 de abril. González Ortega pide la renuncia de Zarco. Él y El Nigromante, para no crear problemas al gobierno, la entregan; Juárez las rechaza. El 6 de abril González Ortega renuncia al Ministerio de la Guerra y además pide la disolución del gabinete. Dice que seguirá al frente de la brigada de Zacatecas, puesto que se trata de guardias nacionales y él como gobernador del estado las dirige. Zaragoza salva la situación; se hace cargo del Ministerio de la Guerra y hace que González Ortega se discipline ordenándole que se preparare a entrar en campaña. La crisis continúa durante todo el mes. Zarco, Ignacio Ramírez y José María Mata (que sucede a Prieto) renuncian a sus carteras por haber sido nombrados diputados al Congreso de la Unión. Juárez reduce el gabinete a cuatro ministros; Relaciones y Gobernación: León Guzmán; Justicia, Instrucción Pública y Fomento: Joaquín Ruiz; Hacienda: José Ma. Castaños; y en guerra prosigue Ignacio Zaragoza. Zarco lo comenta desde *El Siglo XIX*: "Es amigo leal de la Reforma, hombre franco, sincero, desinteresado, que tiene la rara cualidad de saber acallar ante el bien público sus afecciones y sus resentimientos personales". Zaragoza, que había sido nombrado diputado federal, pide permiso para asumir la secretaría y trata de amortiguar la disidencia asistiendo a un banquete público dado a González Ortega. Son entrañables compañeros, Zaragoza ha sido su segundo en Calpulalpan.

Santos Degollado se encuentra a la espera del juicio. Juárez lo visita. A pesar de las diferencias, el respeto y la amistad se prolongan. Pide que retiren su candidatura. "Me vinieron a ofrecer el Ministerio de Guerra", dirá. Pero ha decidido permanecer al margen. El jefe de la policía le devuelve su caballo, que compró en Quiroga y estaba en poder de unos ladrones. El 27 de enero le paga cuatro pesos a la cocinera; ha estado ordenando el desastre de los dineros que debe y le deben y pagando gastos, lo que se suele llamar volver a la vida.

En Estado Unidos, Abraham Lincoln ha ganado las elecciones y el 4 de marzo del 61 es formalmente normado presidente. La guerra estallará el 12 de abril cuando los confederados asaltan Fort Sumter. ¿Qué tanto afectará al gobierno mexicano esta nueva situación? Las simpatías del liberalismo están con el norte antiesclavista; no se olvida que Lincoln se pronunció contra la guerra de Texas y la invasión norteamericana del 46; pero las fronteras nacionales estarán pegadas al sur confederado. ¿Cuál será la actitud del eterno intervencionismo europeo ante la nueva coyuntura?

El 9 de mayo se instaló el Congreso y declaró a Juárez presidente de la República interino hasta la realización de las siguientes elecciones. Guillermo Prieto, que se había vuelto administrador de Correos, comentaba: "Por todas partes había *meetings* y reuniones, queriendo en tumulto dirigir la política".

Según la Constitución, la futura elección del presidente era indirecta: se designaban electores por cada 500 habitantes y estos a su vez se reunían en distritos electorales de 20 a 40 mil habitantes. Esas juntas de distrito eran las que votaban. El 30 de junio se produjo la primera vuelta. Competían candidatos liberales (incluso estaba en las listas Miguel Lerdo de Tejada, que había muerto poco antes). De 9 647 votos emitidos, Juárez se llevó 5 289 (o 5 282); Lerdo 2 700 (o 1 989) y González Ortega 1 846 (o 1 800); Manuel Doblado, 510, y el liberal moderado Mariano Riva Palacio y el conservador José Bernardo Couto, uno cada uno. El debate llegó al Congreso, donde más de un diputado afín a González Ortega o al desaparecido Lerdo intentó poner a discusión la legitimidad de la elección argumentando que Juárez no había tenido mayoría absoluta ante los 15 mil posibles electores y por lo tanto era el Congreso el que tenía que definir la presidencia. Fue una decisión reñida, los gonzalistas esperaban que se les sumaran los votos de Lerdo; el Presidente cargaba el desgaste de la Guerra de Reforma. El 11 de junio, por 61 votos a 55, Juárez fue proclamado presidente para los siguientes cuatro años a partir de diciembre.

Días después González Ortega fue nombrado por el Congreso como presidente de la Suprema Corte de Justicia, lo que lo convertía en vicepresidente virtual de la nación. El triunfo había sido de los moderados rojos o puros, más allá del choque de personalidades.

Cuando González Ortega es enviado a combatir a Mejía, alzado en la Sierra Gorda, renuncia, porque el gobierno, con sus penurias, no le puede proporcionar los pertrechos suficientes. Juárez acepta su renuncia. Regresa a Zacatecas. En los apuntes biográficos de Jesús González Ortega, cuenta que por esos días aprehende al clero de Irapuato y lo incorpora a filas para que ellos, "que predicaban y santificaban el derramamiento de sangre, sepan lo que es una guerra civil". Finalmente Zaragoza y Doblado lo convencen para que deponga su actitud y vuelva a sumarse al ejército federal.

A pesar de las contradicciones y la carencia de recursos, los gobiernos juaristas realizaron en el primer semestre del 61 una labor notable promulgando leyes que habrían de cambiar al país. El 2 de febrero Francisco Zarco firma la Ley de Secularización de los Hospitales y Establecimientos de Beneficencia, que hasta entonces había administrado el clero. Tres días más tarde Juárez decreta una "aclaración de la Ley de Nacionalización de Bienes Eclesiásticos", según la cual las fincas, capitales y rentas de cualquiera clase que les correspondían se quedaron sin afectar. El 13 de febrero, a la medianoche, Juárez decreta la desaparición de 13 conventos de monjas de los 22 que existían en la Ciudad de México, entre ellos los conventos de clausura. Ignacio Ramírez, desde el Ministerio de Justicia, otorga a la escuela de Artes y Oficios el ex convento de la Encarnación. González Ortega decreta el 3 de marzo la abolición de los tratamientos, dejando sólo en pie el de "ciudadano". Habrá leyes sobre los juegos de azar, la abolición de la censura en los teatros, una nueva y más permisiva ley de imprenta. Ramírez clausura la universidad y el Colegio de Abogados, centros de la reacción; prepara la formación de la Biblioteca Nacional, inaugura la academia de pintura de San Carlos, salva del saqueo cuadros. Justo Sierra dirá que es la acción del ala jacobina del gobierno. El 3 de mayo de 1861 Juárez prohíbe la venta de indios mayas a Cuba con severísimas penas.

Mientras la crisis económica se profundizaba, el liberalismo lidiaba con sus contradicciones políticas, continuaba una espectacular obra de gobierno y el país se libraba de embajadores y obispos conspiradores; la resistencia armada de los cangrejos se mantuvo, en un grado menor pero persistente, en la medida en que se reponían del resultado de la guerra civil.

En la madrugada del 25 de diciembre de 1860 el ex presidente Zuloaga, que se encontraba oculto en México, se dirigió al sur y se presentó al general Juan Vicario; pero este no quiso reconocerlo y ni siquiera permitirle que permaneciese con él. De manera que andaba errante. Leonardo Márquez, que estaba escondido en el pueblo de Tlálpam, esperando que de un momento a otro lo capturaran, en enero marchó a unirse con las gavillas que merodeaban en los cerros del poniente de la capital, estableciendo su guarida en la Villa del Carbón.

Márquez se encontraba en su cuartel general en la Villa de Jalpan cuando recibió una carta de Zuloaga y le respondió invitándolo a unírsele. "Cuando lo vi me dio lástima, porque venía con la barba crecida, el semblante pálido, la mirada vacilante, y en su aspecto todo se revelaba la más amarga tristeza: lo acompañaban sólo dos oficiales igualmente abatidos. Para animarlo, le di un estrecho abrazo: declaré en voz alta que lo reconocía por presidente de la República", aunque él conservó su condición de "general en jefe".

Tomás Mejia volvió a la Sierra de Querétaro, donde reunió cerca de 2 mil hombres, y enfrentó a Mariano Escobedo en Río Verde. Escobedo defendió la población hasta perder las tres cuartas partes de su tropa, cayó prisionero con nueve oficiales y 80 soldados. Se salvaría de milagro: "No obstante el empeño que tenían Márquez y otros jefes en que se me fusilara, Mejía y los serranos se opusieron".

En mayo "las gavillas reaccionarias que merodeaban por el sur se reunieron con Gálvez en las montañas de Ocuila, a la vez que otras guerrillas acampaban en la Sierra del Toro, de donde caían sobre los pueblos y haciendas robando, asesinando e incendiando", cuenta Hilarión Frías. Marcelino Cobos merodeaba por Puebla y Esteban León actuaba cerca de Tlalnepantla. Querétaro fue atacado por una fuerza de 800 jinetes que rechazó el general

Arteaga. El 15 de mayo Tomás Mejía ocupó con 2 mil hombres San Juan del Río, y tres días después Leonardo Márquez, con un pequeño ejército de mil hombres a caballo, atacó en el Llano del Cazadero a una fuerza del general Ignacio Mejía. "Todo el estado de San Luis Potosí estaba invadido por los reaccionarios, y lo recorría saqueando y matando Florentino López con una fuerza considerable. Por Oaxaca incursionaban Montano y uno de los Cobos y entre la capital y Toluca robaba a los pasajeros de las diligencias el guerrillero español Izaliturria".

Se había ganado la guerra, pero la paz era extremadamente precaria.

NOTAS

1)   Walter V. Scholes: *Política mexicana durante el régimen de Juárez, 1855-1872*. "La cartera del señor Degollado", *El Siglo XIX*, 23 de junio de 1861. Carlos Armando Preciado: "La resistencia republicana en Guanajuato". Patricia Galeana: *Juárez en la historia de México*. Manuel Payno "Defensa que hace el ciudadano Manuel Payno en la causa que se le ha instruido por la sección del gran congreso nacional, por el participio que tomó en los sucesos de diciembre de 1857". Agustín Rivera: *Anales mexicanos. La Reforma y el Segundo Imperio*. Jorge L. Tamayo: "Esbozo biográfico de Zaragoza". Raúl González Lezama: *Reforma Liberal. Cronología, 1854-1876*. José María Mata: "Memoria de Hacienda, 1861". Francisco Bulnes: *Juárez y las revoluciones de Ayutla y de Reforma*. Pedro Santacilia: "Observaciones al discurso de D. Joaquín Pacheco" en Centro de Investigación Científica Jorge L. Tamayo: *Pedro Santacilia, el hombre y su obra*, vol. 2. Hilarión Díaz: *Juárez glorificado y la intervención y el imperio ante la verdad histórica*. Guillermo Prieto: *Lecciones de historia patria*. Luis Pérez Verdía: *Compendio de la historia de México: desde sus primeros tiempos hasta la caída del segundo Imperio*. Justo Sierra: *Juárez, su obra y su tiempo*. Victoriano Salado Álvarez: *Las ranas pidiendo rey*. Leonardo Márquez: *Los traidores pintados por sí mismos. Libro secreto de Maximiliano en que aparece la idea que tenía de sus servidores*. Genaro García: "Juárez. Refutación a D. Francisco Bulnes". Melchor Ocampo: *La religión, la iglesia y el clero*. Ernesto de la Torre Villar: *El triunfo de la república liberal, 1857-1860*. Carlos Monsiváis: *Las herencias ocultas: de la Reforma Liberal del siglo XIX*. José R. Castillo: *Juárez, la intervención y el imperio*. Francisco Zarco: "El ministerio actual", *El Siglo XIX*, 28 de julio de 1861, en *Obras completas*, tomo XI. Silvestre Villegas Revueltas: *La Reforma y el Segundo Imperio, 1853-1867*.

2)   Febrero del 61. Cuando Juan José Baz mandó demoler parte del Convento de Santo Domingo (en la Plaza de Santo Domingo, a unas cuadras del Zócalo), durante las obras aparecieron varias tumbas. Al abrir los ataúdes, varios de los cadáveres (13) estaban momificados. Durante algunos días los cuerpos permanecieron "en formación macabra" frente a la Diputación. Por ese tiempo estaba instalado en la Ciudad de México un circo de Texas quienes se interesaron por las momias para su espectáculo. Una de ellas terminó su aventura en la Escuela de Medicina. Las otras fueron adquiridas por un italiano que al parecer manejaba el circo. Semanas

después, cuando el circo había abandonado la Ciudad de México, el gobernador Baz fue informado del hecho y de que, entre los cuerpos vendidos, estaba el de Fray Servando Teresa de Mier. El circo había viajado para entonces de Veracruz a Buenos Aires en donde estaba instalado; hasta allá fue una comisión a rescatar el cuerpo de Fray Servando. En 1867, al restaurarse la República, Juan José Baz, nuevamente gobernador del Distrito Federal, hizo todo lo posible por recuperarlas pero fue inútil. Se había esfumado.

3) En las Cortes de España un diputado interpela al ministro: "¿Tenía el Sr. Pacheco (cuando llegó Juárez a la capital de México) otras credenciales que las que había presentado a Miramón?". Calderón Collantes contestó: "No las tenía". El diputado Olózaga replicó: "En ese caso no estaba en el ejercicio del cargo de Embajador, cuando aquel Gobierno creyó que su presencia era peligrosa".

4) Mariano Escobedo fue encarcelado durante cuatro meses en el pueblo de Bucareli, en la sierra de Querétaro en un clima en extremo malsano, hasta que logró evadirse, marchando a pie hasta Huichapan. Se presentó en México en febrero del 62. (Juan de Dios Arias: *Reseña histórica del Ejército del Norte durante la intervención francesa, sitio de Querétaro y noticias oficiales sobre la captura de Maximiliano, su proceso íntegro y su muerte* y "Hoja de servicios del C. General de División Mariano Escobedo, su edad cincuenta y siete años, natural de Galeana del Estado de Nuevo León, su estado casado, sus servicios, y circunstancias los que a continuación se expresan").

5) Guillermo Prieto en correos. "Cuando Prieto se encargó del ramo se encontró sin personal, ni archivo, ni modo alguno de informarse acerca de los antecedentes de los asuntos pendientes. Se presentaba en la oficina a las siete de la mañana y rara vez salía antes de las doce de la noche. Se ocupaba de todo, desde abrir las bolsas hasta empaquetar la correspondencia que salía para el exterior".

57

LEANDRO

Nunca se podrán de acuerdo en si eras Valle o del Valle, aunque quizá la culpa sea tuya porque firmabas los documentos de las dos maneras. Del Valle será, según tu acta de nacimiento, que dice que tal cosa sucedió en la Ciudad de México el 27 de febrero de 1833, aunque creciste y empezaste a estudiar en Jonacatepec, a escasos 25 kilómetros de Cuautla.

Quizá porque eras hijo de Rómulo, veterano insurgente de las tropas de Morelos, entraste a los 11 años a estudiar en el Colegio Militar. Tuviste compañeros que luego fueron enemigos, como Miguel Miramón; pero eso entonces no estaba claro. Lo que sí lo era es que te gustaba escribir, garrapateabas colaboraciones para un diario. Fuiste el primero en los exámenes de tu generación, te dieron el grado de sargento segundo en el colegio y luego subteniente.

Estabas recién graduado cuando llegó la guerra contra los norteamericanos, aunque primero te enfrentaste a los polkos, en un punto llamado Santa Clarita. Eras suboficial a los 14 años y te vieron en Puente Colorado llamando a los civiles a resistir la invasión. Aunque no estuviste en el combate del Castillo de Chapultepec, y te libraste de que te llamaran niño héroe, estabas cerca, porque junto con Miramón caíste prisionero en las jornadas del 13 de septiembre. Luego, a tragar la humillación de una derrota en la que no poco colaboraron los gobernantes y los generales mexicanos. Eres uno de los mutilados emocionalmente del 47.

En el 49 iniciaste un cuaderno de poemas: "Agotaré de mi musa / los recuerdos que posee / porque bien claro se ve / que no es clara y sí confusa". Surgen a lo largo del cuaderno nombres de mujeres, pero no parecen quedarse en tu vida y se desvanecen y van cambiando, incluso el de una mujer casada a la que pides, posiblemente sólo en verso, que olvide a su esposo. Tienes 16 años. Hay muchos poemas con referencias a la historia, a la patria. Estas leyendo *Los tres mosqueteros*, *El abanico de Lady Windermere*, *El conde de Montecristo*, Descartes, *La historia de las Termópilas*, *Saló*.

Es notable que aparecen en tus escritos referencias políticas que van más allá del patriotismo, tomas notas sobre la necesaria libertad de creencias, contra la miseria que castiga al pueblo.

En el año 50 ganas una beca para ir a Francia a proseguir estudios, beca que finalmente nunca te darán. Te integras a la Compañía de Ingenieros de la Guardia del general Antonio López de Santa Anna con grado de capitán. Sin embargo, tu estancia en las filas de la dictadura dura muy poco porque Santa Anna hace detener a tu padre, el viejo coronel retirado, y tú renuncias para sumarte a la rebelión de Ayutla.

Durante el gobierno de Comonfort participas en el ejército republicano que combate a los rebeldes de Puebla y te das el lujo de salvarle la vida a tu ex condiscípulo Miguel Miramón, que peca de ultraconservador.

Te nombran empleado de la legación en Estados Unidos, pero en esto de los viajes pareces estar salado porque el nombramiento nunca se hace efectivo. Finalmente Comonfort te ofrece un trabajo de agregado en la legación mexicana en París, para ampliar tus estudios militares, pero no encuentras cupo en la escuela, no te pagan el salario, vives en la miseria, siguiendo esa tradición de pasar hambre en París común a los latinoamericanos. Vagas por Europa. Cuando regresas a fines de 1857, tras el golpe de Comonfort, no pierdes el tiempo y vas a Salamanca, donde se está reuniendo el ejército liberal. Tienes 24 años.

Victoriano Salado te describe: "Alto, blanco de tez, musculoso y recio de hombros, de ojos verdes, piocha formada por cuatro pelos rubios, un diente mellado y cabello cortado al rape". Habría que añadir la mirada profunda, que no usas corbata, tan sólo un mínimo lacito negro en el cuello.

Serás parte del ejército liberal que se forma en Salamanca cuando el golpe de Tacubaya. Y tendrás tu momento de gloria protegiendo a Juárez y al gobierno cuando Landa lo persigue saliendo de Guadalajara. El 21 se septiembre combatirás bajo el mando de Santos Degollado en un lugar llamado Cuevitas, derrotando al nefasto Francisco García Casanova. El ejército te reconoce como a uno de sus nuevos héroes, se habla de que hiciste prodigios de valor. ¿El valor, qué es eso? Acaso tenerle más miedo al ridículo que a la muerte.

Y serás general muy pronto, a los 26 años, y en mayo de 1859, reconstruyendo la destrozada división liberal, harás la campaña del sur de Jalisco, Colima y Manzanillo.

Tus compañeros recuerdan que cantabas con tu amigo y asistente Aquiles Collin canciones francesas que había aprendido en su paso por París, jugabas al ajedrez y andabas leyendo a Proudhon, aquel al que había traducido Melchor Ocampo, autor de la frase ígnea: "La propiedad es un robo". Colín era un francés que había emigrado como opositor a Napoleón III a Estados Unidos y luego a Inglaterra, para terminar recalando en México y volverse voluntario de la coalición liberal ante el golpe de Comonfort.

Durante el nuevo sitio de Guadalajara actúas como cuartelmaestre, una mezcla de ayudante del jefe, responsable de todo, comida, balas, lugar para dormir, la disciplina; y sobre todo poner orden antes y durante la batalla. Zaragoza te encomienda el plan de ataque sobre la ciudad maldita el 26 de octubre del 60. Te salvas de milagro por estarte cayendo en uno de los combates en un foso. Y desde luego no puedes perderte la victoria de San Miguel Calpulalpan, al lado de Lamadrid.

La entrada victoriosa al Distrito Federal de un ejército en que pesan las ideas tanto como los fusiles. La gran figura es González Ortega, pero no quedan atrás los jóvenes Ignacio Zaragoza y Leandro Valle; son los rojos, los puros, los cachorros. Causabas expectación.

Cumpliste tu promesa con tu viejo compañero de banca en el Colegio Militar, Miguel Miramón, cuando en la fuga te escribió para que cuidaras a su familia, lo que hiciste por muy enemigo que fuera, honor es honor, a pesar de las muchas críticas, porque "la palabra empeñada vale oro".

Y en tus labores como jefe militar te tocan cosas extrañas. ¿Que no eran comunes estos actos de locura financiera? Vaya si lo eran. ¡Si las monjitas andaban por las calles con candelabros de plata abajo de la sotana! ¿Pues no encontraste, Leandro Valle, una tumba recién abierta en la casa de las Hermanas de la Caridad y allí hallaste 17 mil pesos? Y esas eran una monjitas rezurcidas, rastacueros, y no curas ricos, de bancos, libranzas, embargos y chocolatotes.

Y lo alternaste con los combates con las guerrillas conservadoras en el monte de Las Cruces y La Maroma.

Tienes 28 años.

El 3 de mayo de 1861 eres ascendido a general de brigada. Seis días más tarde se instala el Congreso; has sido elegido diputado federal por Jalisco y comandante del Distrito Federal. Tus amigos, reflejando la opinión popular, dirán: "Valle era la popularidad y la alegría de la revolución". También eras la dureza. El 24 de mayo te nombran encargado del comité de salud pública, con resonancias a la Revolución francesa. Estás en campaña para combatir la leva en el nuevo ejército liberal.

Y te enamoras. Vaya país y vaya momento para enamorarse.

NOTA

1) Amado Camacho: *Corona fúnebre del C. general de brigada Leandro del Valle*. Victoriano Salado Álvarez: *El plan de Tacubaya y Episodios históricos*. Vicente Riva Palacio: "Oración fúnebre pronunciada en el Panteón de San Fernando". Emma Paula Ruiz Ham: "Leandro Valle: ¿traidor y héroe?". Ángel Pola, "Leandro Valle" en *Liberales ilustres mexicanos* y "Cómo murió Leandro Valle" en Alfonso Teja Zabre: *Leandro Valle, un liberal romántico*. Francisco Sosa: "Leandro Valle" en *Las estatuas de la Reforma*. Juan Antonio Mateos: "Valle" en *El libro rojo*. Daniel Muñoz y Pérez: "Leandro del Valle". José María Vigil: *La Reforma*. Paco Ignacio Taibo II: *La lejanía del tesoro*. Ernesto de la Torre Villar: *El triunfo de la república liberal, 1857-1860*. Juan de Dios Peza: *Las glorias de México*.

58

LA MUERTE DE MELCHOR

Tenemos dos versiones del momento: la que cuenta que fue capturado por un grupo de embozados cuando volvía a casa en su hacienda de Pomoca, en las cercanías de Maravatío, después de haber visitado a una "íntima y respetuosa amistad". De ser así, la "íntima y respetuosa" sería Clara Campos, la hija del eterno administrador de Pomoca, Esteban A. Bravo. En la segunda versión, sus hijas Petra, Julia y Lucila habían salido a las seis de la mañana a Maravatío para pasar el Jueves de Corpus; cuando Melchor estaba a punto de comer una sopa, servida en la mesa, el encargado de una posada vecina a la hacienda le informó el jueves 30 de mayo de la presencia de un grupo de jinetes que se acercaban a la carrera; era una partida conservadora mandada por Lindoro Cajiga.

Desde que había renunciado al gabinete de Juárez, Ocampo se había retirado a su hacienda en Michoacán y vuelto a ocuparse de la agricultura y de su biblioteca. Lindoro Cajiga, un gachupín, santanderino para más datos, de unos 54 a 55 años, ex administrador de la hacienda de Arroyozarco, sabiendo que se encontraba sin protección y probablemente sin órdenes precisas de sus mandos (su guerrilla estaba encuadrada dentro de las tropas de Leonardo Márquez, y algunas versiones afirman que Cajiga traía una orden escrita de Márquez para detenerlo), decidió capturarlo.

Fuera capturado en el camino o en la hacienda, Ocampo le ofreció dinero para que lo dejara en paz, pero Cajiga lo hizo montar en un caballo muy lastimado, que olía muy mal, y lo condujo hacia Maravatío. Viajaron luego por Tepetongo, Villa del Carbón. En este lugar se suma a la escolta de Cajiga un tal Rincón, ayudante de Márquez, y otros soldados liberales que han sido capturados. Ocampo le dirá a uno de ellos:

—No tenga cuidado, hijo, que aquí nos van a canjear.

Por el camino los que lo ven pasar comentan:

—Ahí va preso don Melchor para que lo fusile Márquez

Finalmente, tras 160 kilómetros de marcha, el domingo 3 de junio a eso de las seis de la mañana llegaron a Tepeji del Río.

Allí están en esos momentos Félix María Zuloaga, que ha sido convocado por Leonardo Márquez mediante una carta que, según el jefe de su escolta, decía: "que estaban por llegar fuerzas extranjeras a México, para hacer algunas reclamaciones; que lo invitaba a pasar a su campamento como presidente de la República y con el carácter de gobierno conservador, para que aquellas tratasen con él". Además estaban los generales Antonio Taboada, Miguel Andrade, Gálvez, Domingo Herrán, Francisco Vélez, Ismael Pina y Agustín Zires.

Ningún testimonio ofrece certeza sobre si los generales conservadores, cuando aparece Lindoro Cajiga con Ocampo preso, hablaron con la que era en esos momentos una de las figuras más importantes del liberalismo mexicano. Ninguno de los tres que han rendido posteriores testimonios (Zuloaga, Márquez, Zires) lo menciona, deberían tenerle miedo. De lo que tenemos constancia es que, con centinela de vista, Ocampo fue encerrado en el cuarto número 3 (o el 8, porque incluso para eso existen versiones) del Mesón de las Palomas y que a corta distancia se hospedaban Márquez y Zuloaga.

Ese 3 de junio, a las 12 del día, entró por la única calle de Tepeji, "recta y larga", la diligencia en la que una patrulla de los cangrejos descubrió al coronel León Ugalde, el jefe liberal de la policía de Querétaro, quien al ver la población dominada por los conservadores se había cambiado su uniforme militar por un traje de civil, pero de nada le había servido el truco. Detenido, fue llevado al mismo mesón donde se encontraba Ocampo.

Parece ser que, contrastando las versiones, varios de los generales presentes le pidieron a Zuloaga que fusilara a Ocampo, argumentando que hacía muy poco se había fusilado al general conservador Trejo en la Ciudadela y a otros oficiales en el monte de las Cruces. Supuestamente Zuloaga se opuso y ordenó que se le sometiera a consejo de guerra. Durante la comida, en la versión de Zuloaga, se produjo el siguiente diálogo:

"—León Ugalde. A este sí lo fusilamos —me dijo Márquez.

"—Sí; a este sí, porque es un bandido. Llame usted al cura para que lo confiese —le contesté.

"Márquez se separó de la casa del comerciante Piedad Trejo en que estábamos y ordenó al coronel Antonio Andrade, jefe de su Estado Mayor, que dijese a Taboada que por orden mía fusilara al prisionero". Según otro testimonio, poco después volvió a la mesa y comió con buen apetito.

¿Fue esa la orden que transmitió Leonardo Márquez? Evidentemente no, porque Taboada le comunicó a Ocampo que iban a fusilarlo. Ocampo pidió papel y tinta y escribió: "Próximo a ser fusilado, según se me acaba de notificar, declaro que reconozco por mis hijas naturales a Josefa, Petra, Julia y Lucila, y que, en consecuencia, las nombro herederas de mis pocos bienes. Adopto como hija a Clara Campos, para que herede el quinto de mis bienes, a fin de recompensar de algún modo la singular fidelidad y distinguidos servicios de su padre [...]. Me despido de todos mis buenos amigos y de todos los que me han favorecido en poco o en mucho, y muero creyendo que he hecho por el servicio de mi país cuanto he creído en conciencia que era bueno". Firmó y fechó en Tepeji del Río y se lo entregó al general Taboada.

A pesar de las posteriores declaraciones de Leonardo Márquez ("Juro por mi honor, delante de Dios, que yo no ordené la aprehensión de Ocampo, ni le mandé fusilar, ni tuve intervención ninguna en esta desgracia; ni aun noticia de ella sino después de sucedida"), resulta evidente que sabía perfectamente cuál era la orden real que había transmitido, porque cuando se le presentó un grupo de vecinos con el argumento de:

—Venimos a pedir que no fusilen a Ocampo; nos van a perjudicar. Ocampo es un grande hombre, de mucha representación.

Les contestó:

—No hay remedio, no hay remedio.

Curiosamente el propio Márquez indultó a Ugalde, que fue llevado de nuevo al mesón.

El cura del pueblo, de apellido Morales, intentó confesar a Ocampo y recibió una amable respuesta:

—No se moleste usted, yo estoy bien con Dios y él está bien conmigo.

A las tres de la tarde lo sacaron del mesón. Pasó frente a la casa donde estaban los generales, "la cual tiene grandes ventanas bajas". Iba en un caballo mapano (el narrador, que confiesa que de caballos no sabe nada, descubre que un mapano es un caballo bayo), vestía traje gris y sombrero aplomado, ceñida a la copa una cinta de plata, jugaba con un fuete entre las crines del animal. Los vecinos al paso del tiempo dirían: "¡Mucha serenidad! ¡Mucha serenidad!".

La comitiva lo lleva hasta un bosquecillo en terrenos de la finca de Caltengo, a unos cinco kilómetros de Tepeji, a la derecha del camino rumbo a México. Colocado ante el pelotón de fusilamiento, repartió entre los soldados que lo iban a matar 40 pesos, "vio a un corneta de cuerpo pequeñito y le dijo:

"—A ti no te he dado nada, ¿verdad? Toma. Y le dio un peso que le quedaba en el bolsillo.

"Al jefe coronel Francisco Aldana le fue bien, le tocó las chaparreras".

Le pidieron que se arrodillara y respondió:

"—¿Para qué?, estoy bien al nivel de las balas".

Sólo hizo una solicitud a Aldana: "Que me peguen aquí", señalándose el pecho. No hubo tal, posteriormente el rostro estaba desfigurado. El pelotón se formó con soldados de Taboada, Aldana y el jefe de la caballería de Márquez, "un tal Santana".

Los vecinos aseguraban que Márquez ordenó colgar el cadáver del hombre que había dicho "ser liberal cuesta mucho trabajo, ya que se precisa el ánimo de ser hombre en todo". Lo colgaron de las axilas de un pirul o árbol de pirú o árbol del Perú, cuya infusión de la corteza se decía que curaba la gonorrea.

Zuloaga cuenta: "Leía yo todavía sentado a la mesa la correspondencia de Juárez [o en otra de sus versiones: 'Estábamos almorzando en la fonda de la Diligencia'], que se le había recogido a Ugalde, cuando llegó Andrade y avisó a Márquez que estaba cumplida la orden: que el preso estaba fusilado.

"—Pero ¿qué preso? —preguntó con hipocresía Márquez.

"—Pues el señor Ocampo —respondió Andrade.

"Me levanté indignado; mandé llamar a Taboada y ordené que Andrade y él fueran inmediatamente encausados; lo cual no se verificó [...]. Márquez había combinado con ellos la manera de matar a Ocampo y aparecer él como inocente.

"El general Márquez contestó que allí había habido una equivocación lamentable: que se había dado la orden de que se fusilase al prisionero, como lo había dispuesto el señor Zuloaga; que este prisionero era Ugalde; pero que como no se le había indicado el nombre al ayudante, y como en poder de Taboada no había otro preso más que Ocampo".

Leonardo Márquez, respondiendo desde Tepeji, el 3 de junio, a la carta que le escribió Nicanor Carrillo, pidiéndole que salvase al ex ministro de Juárez, le decía: "Tengo el grande pesar de manifestar a usted que su carta llegó tarde. Hoy, a las dos de la tarde, el presidente Zuloaga terminó el negocio sin que yo tuviera en esto injerencia alguna, porque él es quien manda".

Ángel Pola, varios años después, reiteró en sus entrevistas la pregunta: ¿quién ordenó la muerte de Ocampo? Y recibió más de una docena de veces las siguientes respuestas: "Zuloaga era un pobre hombre, si ni hacía nada". "Zuloaga era un maniquí: no era nadie". "Llevaba el nombre de presidente; pero no era nadie". "Márquez era el principal, el que verdaderamente mandaba". "El general Zuloaga no es capaz de matar un pollo. ¡Considere usted si había de matar a Ocampo!".

Los vecinos de Tepeji trataron de descolgar el cadáver de Melchor. Márquez no quería. Finalmente Taboada les dio permiso y hacia las cuatro de la tarde procedieron. Luego se lo llevarían en un ataúd a Cuautitlán. El ejército conservador salió de Tepeji.

Ocampo le había entregado su testamento al general Taboada para que lo hiciera llegar a su familia, pero este no lo hizo. El general Miguel Negrete llegó a Tepeji poco después del fusilamiento de Ocampo. "A las diez de la mañana me incorporé con mi fuerza a las del señor Leonardo Márquez y con bastante disgusto supe [...] había fusilado al señor licenciado don Melchor Ocampo, y que este antes de fusilarlo, había hecho su testamento, al que le faltaba una firma de un testigo, prestándome yo voluntariamente para legalizar dicho documento con mi firma, no obstante ver que todos se rehusaban firmar". Más tarde Nicolás Romero derrotó a Taboada en la hacienda de la Concepción, cerca de Tepotzotlán, y recuperó el documento.

Cuando años después Ángel Pola pasó por el lugar del fusilamiento; describió: "De uno y otro lado del camino sacan sus ramas, fresnos, moreras silvestres, higueras y durazneros; de trecho en trecho un manantial atraviesa el camino acá y allá asoman sus aleros mohosos una que otra cabaña. Cuando aparece la aridez, entra uno en terrenos de Caltengo: un caserón y a uno de sus costados un manzanar defendido por altas paredes. Cien metros más adelante, el camino real se bifurca; en el ángulo, sobre una pequeña elevación, vive un pirú con dos brazos descortezados, carcomidos, viejos, secos. El árbol quiere ser una cruz [...] los caminantes, al pasar junto a él, se quitan el sombrero. No pasa ninguna tropa sin que le haga los honores: tocan alto, hacen una descarga, ponen las armas a la funerala y la banda de música ejecuta una marcha fúnebre".

NOTAS

1) Ángel Pola al paso del tiempo realizó una investigación minuciosa sobre quién había dado la orden de matar a Melchor Ocampo: "Pesquisas acerca de la aprehensión y el fusilamiento de Don Melchor Ocampo", 3 de junio de 1892. Hay que sumar materiales recogidos en *Los reportajes históricos*. Y en las rectificaciones y comentarios al libro de Leonardo Márquez: *Manifiestos (el Imperio y los imperiales). Por qué rompo el silencio*; y en su prólogo a las obras completas de Ocampo;

mejor investigador que narrador acumuló decenas de entrevistas y testimonios sin mayor montaje. Además: Hilarión Frías: *Juárez glorificado y la intervención y el imperio ante la verdad histórica*. Niceto de Zamacois: *Historia de México*. Manuel Payno: "Ocampo" en *El libro rojo*. José María Vigil: *La Reforma en México a través de los siglos*. Galindo y Galindo: *La gran década nacional*. Agustín Rivera: *Anales mexicanos. La Reforma y el Segundo Imperio*. José C. Valadés: *Don Melchor Ocampo, reformador de México*. José Antonio Zambrano: *La monografía de Tepeji del Río*. Manuel Ramírez de Arellano: *Últimas horas del imperio, los traidores de los traidores*.

2) Josefa la hija de Ocampo guardó su corazón durante 23 años. Lo había preservado el doctor Rivadeneira, quien a su vez embalsamó el cadáver. En 1884 lo metió en un frasco, dentro de un baúl bordado por ella y lo entregó al colegio de San Nicolás en Morelia (Galeana: "El gran amor de Ocampo", "El corazón de Ocampo").

3) Hoy en la hacienda de Caltengo, se realizan bodas elegantes; en una sus descripciones se dice que el árbol donde fue colgado Melchor Ocampo, "todavía se encuentra por ahí".

59

MUERTE DE SANTOS

La noticia de que Melchor Ocampo había sido sacrificado llegó al Distrito Federal a las cinco de la mañana del día 4 de junio. De inmediato se produjeron reuniones en las redacciones de los periódicos, en los corredores de Palacio, en la casa de Zarco y en la oficina de Correos, que dirigía Guillermo Prieto.

La Cámara de Diputados se reunió de emergencia, las galerías se repletaron de curiosos, llegaron los ministros, y cuando se estaban leyendo las misivas de Schiafino y la respuesta de Márquez, un gran grupo forzó las puertas. Lo encabezaban Ponciano Arriaga, Ignacio Ramírez y Guillermo Prieto, comisionados por la junta que se había realizado en el correo.

Y como si se quisiera construir una escena programada y teatral, por la otra puerta apareció el general Santos Degollado, cuya presencia provocó el aplauso de las galerías y la puesta en pie de los diputados.

Degollado, en medio del más profundo silencio, dijo: "Yo vengo en nombre de la justicia; quiero que se me juzgue; protesto ante los manes de Ocampo que no es mi deseo la venganza; no quiero el mando ni las ovaciones; deseo pelear contra los asesinos; no seré yo [...] quien declare persecución ni a las mujeres, ni a los ancianos, ni a los niños; ¿pero hemos de llorar en la inacción como las mujeres? No; lucharemos; iré como el último soldado; escarmentaremos a esos malhechores; déjeseme derramar mi sangre en la batalla; yo no quiero preocupar el juicio de la Cámara, permítaseme combatir con nuestros enemigos, y volveré a que se pronuncie el fallo de mi causa".

En medio de la conmoción y de gritos pidiendo la absolución de Degollado, que esperaba juicio, después de una acalorada discusión y dos intervenciones el general convenció al Congreso de que lo declarara apto para servir a la causa constitucional a reserva "de lo que resulte del juicio que tiene pendiente" por la ocupación de la conducta de Laguna Seca y los arreglos conciliatorios que, al margen del gobierno constitucional, quiso hacer con intervención del inglés Mathew.

La agitación no cesa, la Cámara está en sesión permanente. En los barrios se nota profunda inquietud. A las cuatro y media de la tarde son detenidos por la policía Adolfo Cajiga, hermano del guerrillero que aprehendió a Ocampo, el canónigo Moreno y Jove, Benito Haro y la esposa de Zuloaga, María Palafox. Grupos que recorrían las calles "amenazando las casas de los conservadores" se dirigieron a la calle de Capuchinas, donde estaba la imprenta de El Pájaro Verde (cuyo nombre, según ellos, entrañaba el insultante anagrama de "Arde Plebe Roja"), propiedad de Mariano Villanueva y cuyo redactor en jefe era Aguilar y Marocho; subieron al entresuelo y arrojaron por los balcones todos los muebles y útiles tipográficos, organizando una tremenda hoguera. Los clubes liberales están exaltados, se producen choques en las calles.

Los ministros extranjeros se entrevistan con Juárez, una parte de la prensa los critica por injerencia. El Presidente les ofrece que ningún acto reprobable se cometería con los presos políticos y poco después hace público el siguiente decreto: "Quedan fuera de la ley y de toda garantía en sus personas y propiedades los execrables asesinos Félix Zuloaga, Leonardo Márquez, Tomás Mejía, José María Cobos, Juan Vicario, Lindoro Cajiga y Manuel Lozada. El que libere a la sociedad de cualquiera de estos monstruos recibirá una recompensa de 10 mil pesos, y en el caso de estar procesado por algún delito, será indultado".

En la noche un gran número de ciudadanos se presentó las puertas de la Acordada, con ánimo de sacar de allí a Isidro Díaz y otros presos políticos. La presencia del gobernador del Distrito y del jefe de la policía impidieron el atentado, logrando disolver los grupos.

El día 5 el cadáver de Melchor Ocampo llega a la Ciudad de México y es depositado en el hospital de San Cosme. Nuevamente grupos enfurecidos salieron a la calle y algunos se dirigieron a la Acordada, donde estaban los conservadores presos, para lincharlos. La guardia, encabezada por Leandro Valle, lo impidió.

El gobierno puso la bandera a media asta durante tres días, ordenó que las tropas "llevasen las armas a la funerala; que se disparase un cañonazo cada cuarto de hora, y que todos los funcionarios públicos vistiesen luto por espacio de nueve días". El cadáver, en un ataúd hermético cubierto con un paño negro, fue velado en el salón de sesiones del Ayuntamiento. El día 6 fue enterrado en San Fernando.

Sin escuchar consejos, Santos Degollado salió de la capital rumbo a Toluca el 7 de junio con dos brigadas de sólo 150 hombres. La fuerza era sin duda totalmente insuficiente. Pero Santos no estaba dispuesto a esperar a pesar de que González Ortega le pidió paciencia para integrar un contingente mayor.

El 11 de junio la reacción en Guadalajara del asesinato de Ocampo produjo tal exaltación entre los liberales que fueron puestos en la cárcel pública 31 conservadores, entre ellos varios religiosos que fueron desterrados a San Francisco, California. Al día siguiente sería fusilado a espaldas de la penitenciaría el presbítero Gabino Gutiérrez.

El 12 de junio salen de la capital más tropas encabezadas por González Ortega para cercar a las guerrillas conservadoras y se da la orden de que se integre un convoy dirigido por Tomás O'Horán con fuerzas de infantería, armas y municiones que habría de salir de Tacubaya, para encontrarse el 15 de junio en el monte de las Cruces con Degollado.

Santos Degollado salió de Toluca y el día 15 de junio, al frente de sus brigadas, avanzó sin esperar a las tropas de O'Horán hacia Lerma; al llegar a los llanos de Salazar se movió hacia la zona montañosa para crear una mínima defensa. El coronel conservador Ignacio Buitrón, de las tropas del general Gálvez, que había vigilado sus movimientos, estaba emboscado con sus tropas y abrió fuego sorprendiendo a los liberales; un corneta equivocó el toque convenido y una escaramuza que se había iniciado favorablemente se convirtió en derrota, provocando la desbandada. Santos Degollado, "con gran valor y entereza, animó a sus soldados, pero al fin fue copado". Acompañado de su ayudante Castañeda, descendían lentamente la pendiente cuando al haberse roto la brida de su caballo se apeó para componerla y entonces fue hecho prisionero. Cuando lo conducían bajando la cuesta o en el momento de su captura (existen las dos versiones), dispararon sobre él, lo cual convertiría la muerte no en un hecho de guerra sino en un homicidio. Curiosamente se conocen los nombres de sus asesinos: un tal Andrés, ladrón de Cuajimalpa, y un indígena llamado Félix Neri, carretonero de oficio, que le dio un tiro de rifle en el cerebelo. Santos recibió una segunda herida en el cuello de mano del chato Alejandro Gutiérrez y un tercer disparo lo remató. Márquez añade a la lista a los hermanos Acosta, de Atlapulco o Xalatlaco, uno de los cuales "lazó de los pies y arrastró el cadáver en el llano de Salazar". Los soldados liberales hechos prisioneros fueron fusilados.

Por órdenes de Gálvez, su cadáver sangrante fue trasladado a Huixquilucan desde el monte de las Cruces y sepultado en un rincón del atrio de la iglesia parroquial. El liberal Francisco Schiafino, preso de los reaccionarios, junto a un médico y a un súbdito francés tras la muerte de Degollado, acompañó al cuerpo y pronunció una oración fúnebre cuando fue enterrado. Como no era militar, logró rescatar el diario de Santos Degollado tomándolo de las ropas ensangrentadas, así como su anillo de oro con las armas nacionales grabadas sobre una piedra verde de jaspe y rematadas por el gorro frigio de la Libertad, cuya inscripción rezaba: "todo por ti". Después los restos fueron trasladados a la capital de la República.

Si la reacción a la muerte de Ocampo había desatado una tempestad en la ciudad, la muerte de Santos Degollado cayó como una ducha de agua helada sobre el liberalismo. Francisco Zarco escribió: "Degollado no necesita el frío homenaje de los elogios académicos". Y ofreció a sus lectores de *El Siglo XIX* una seca reflexión: "La gloria militar es costosa para los pueblos". Pero lo dominante era la definición de una guerra a muerte, sin concesiones, con el paredón como destino, contra los restos del conservadurismo. Juan Antonio Mateos, al cumplirse el aniversario de la muerte de Santos Degollado, diría: "Porque tu sombra en medio de nosotros, en las horas de duda se levanta", y remataba: "Los que van a morir hoy te saludan".

NOTAS

1) Juan Antonio Mateos: "Santos Degollado" en *El libro rojo*. Miguel Galindo y Galindo: *La gran década nacional o Relación histórica de la Guerra de Reforma, intervención extranjera y gobiernos del archiduche Maximiliano, 1857-1867*. Ángel Pola: "Santos Degollado" en *Liberales ilustres mexicanos de la Reforma y la Intervención*. Francisco Zarco: "Oración fúnebre en el nombre de Santos Degollado", 31 de marzo de 1861, *Obras completas*, tomo XVIII. "Corona fúnebre del esclarecido ciudadano Santos Degollado". El cuaderno de notas de Santos Degollado del 24 de noviembre de 1860 al 14 de junio del 61 en Genaro García: *Documentos inéditos o muy raros para la historia de México*, tomo XI, publicado como "La cartera del señor Degollado" en *El Siglo XIX*, 23 de junio de 1861. "La muerte del señor Degollado", *El Siglo XIX*, 22 de junio de 1861. Niceto de Zamacois: *Historia de México*. José Ramón Malo: *Diario de sucesos notables, 1854-1864*. Agustín Rivera: *Anales mexicanos. La Reforma y el Segundo Imperio*. Ernesto de la Torre Villar: *El triunfo de la república liberal, 1857-1860*.

2) Uno de los hermanos Acosta sería fusilado por el general Aureliano Rivera (Márquez). Poco se sabe del general Ignacio Buitrón, que había asomado a la opinión pública cuando en abril de ese mismo año chocó con el coronel Laureano Valdés en la hacienda de Jajalpa. Poco después del asesinato de Santos Degollado lo derrotaría Berriozábal. Buitrón, sumado a la intervención francesa en marzo del 62, se pasaría de bando dos veces y finalmente sería fusilado en la Ciudadela por los propios franceses el 8 de julio del 1863.

3) En julio de 2007 alguien robó de la rotonda de los hombres ilustres la enorme placa de metal que había sobre la tumba de Santos Degollado.

60

DUBOIS DE SALIGNY

El normando Jean Pierre Isador Alphonse Dubois de Saligny era todo un personaje: a tercias protagonista de comedia picaresca, a tercias figura central maligna de un melodrama, a tercias la caricatura de su propio imperio.

Embajador bastante fallido desde 1831, cuando tenía 19 años, en Hannover, Atenas, Washington y la República de Texas. Sumaba 32 años en el servicio diplomático, y si no le faltaba experiencia, le sobraba arrogancia. Ganó el espinoso cargo de embajador en México porque supuestamente hablaba algo de español y había sido recomendado por el cesante Alexis de Gabriac y posiblemente por el medio hermano de Napoleón, Charles Auguste duque de Morny.

En camino al país, Dubois de Saligny se entrevistó en Nueva York con el embajador Matías Romero y le comentó que las reclamaciones económicas que traía afectaban a los dos gobiernos que había en México y que no pensaba traspasarle a uno las del otro. Pero cuando llega a México como embajador de la Francia de Napoleón III durante los últimos meses de la Guerra de Reforma (diciembre de 1860), de inmediato se involucró en los asuntos internos y siempre en conflicto con el gobierno liberal. En enero del 61, usando su condición de futuro embajador, protegió la huida de Miguel Miramón. Matías Romero le escribiría al ministro de Estado norteamericano, William Seward, que Juárez era consciente de que Saligny había convertido su casa en el foco de una conspiración permanente contra el gobierno, que daba asilo a varios de los cabecillas rebeldes y que cubría con el sello oficial de Francia la correspondencia entre los militares reaccionarios y sus refugiados.

El 13 de febrero de 1861 el gobierno mexicano decide exclaustrar a las monjas de los conventos de clausura, condenadas a una forma de esclavitud anticonstitucional, entregadas en la infancia en los conventos y encerradas de por vida en ellos. Juan de Dios Peza piensa que la situación era altamente peligrosa y que podía producirse un motín. Ignacio Ramírez, con el gobernador del Distrito Federal, el general Miguel Blanco, moviliza a la tropa y esa noche intervienen los conventos. Las monjas fueron llevadas a otras instituciones religiosas.

En la iglesia de la Concepción Juan A. Mateos es uno de los comisionados y está de guardia el general Leandro Valle. Las monjas lloran, en medio del caos; se alborotan una legión de criadas y de niñas. De los 22 conventos sólo quedarán nueve. Tres días más tarde la policía recibe el soplo de que en la Casa Matriz de las Hermanas de la Caridad existían depositados grandes valores y alhajas, pertenecientes al clero, que se ocultaban para sacarlos fuera del país. El gobierno ordena al general Leandro Valle hacer un registro y Valle comisiona al coronel Refugio González, que descubre 41 600 pesos escondidos en un conducto debajo del nicho número 17 del panteón. Al mismo tiempo, en cajas que estaban en las habitaciones aparecen una corona, candeleros, vasos, platos, copones, patenas y ostensorios, de plata y oro macizo, depositados en esta casa por la superiora del Convento de la Concepción y también por los clérigos. El gobierno requisa todo.

Las religiosas dijeron que esa suma pertenecía a la señora Pérez Gálvez; pero viendo que esta dama iba a ser interrogada sin dar tiempo a que fuese prevenida, dijeron que no estaban seguras de aquello y por último manifestaron que les era imposible decir a quién pertenecía el dinero. Continuando el cateo, se encontraron otros objetos de valor en diversos escondites del edificio. Hilarión Frías, que se encontraba en el lugar de los hechos, comenta: "Advertiré que no había entre las religiosas ninguna francesa" y "las hermanas compartían amistosamente con los jefes encargados de dirigir el cateo. Sólo la visitadora, que con ese carácter regenteaba la comunidad, una española llamada Agustina Zuza, recibió con altivez al general Valle, e intentó oponerse a la investigación".

Fue el vizconde Alexis de Gabriac, que no tenía estatus diplomático porque Francia no había reconocido al gobierno mexicano, quien trató de proteger el establecimiento colocando allí la bandera francesa. Leandro Valle enérgicamente se opuso a un atentado "y con rudeza expuso a Gabriac que no lo reconocía como ministro de Francia".

Dubois de Saligny, que todavía no había sustituido a Gabriac, exaltado le dirige una carta al ministro de Relaciones Exteriores Francisco Zarco: "Muy estimado señor: ¡Parece que vuestro gobierno se ha resuelto a hacerme perder la paciencia y a indisponerse con la Francia! He de creerlo al verle persistir en los increíbles ultrajes a que se halla actualmente sujeto el establecimiento de las sores de Caridad. A pesar de todas las recomendaciones que M. de la Londe os ha dirigido por mi orden, el dicho establecimiento continúa a ser ocupado por una soldadesca grosera y brutal, que no omite ninguna especie de insulto hacia la superiora y las otras sores. Yo no presenciaré por más tiempo una escena que es una ofensa directa y premeditada al gobierno del Emperador [Napoleón], bajo cuya protección se hallan esas santas mujeres por todo el mundo. Por tanto, si no retiráis inmediatamente vuestros soldados, cuya presencia ninguna buena razón puede justificar, desde hoy os mando una protestación y renuncio a renovar toda especie de relaciones con un gobierno para el cual me veo precisado a declarar que no hay nada de sagrado". Curiosamente Saligny aún no había presentado sus credenciales y no era aún embajador. Zarco ni siquiera contestó la carta de Saligny, aunque ofreció que retiraría la tropa. Pero Juárez decidió no ceder hasta que el interventor "no hubiera recogido el tesoro de la nación robado por las monjas o sus directores".

El 19 de febrero Ignacio Ramírez, entonces ministro de Justicia, envió la siguiente circular: "Deseando el Señor Presidente interino de la República conservar, proteger y fomentar todos los establecimientos de beneficencia, ha resuelto que el de las Hermanas de la Caridad continúe prestando, según cumple a los fines de su institución, sus importantes servicios a la humanidad afligida y a la niñez menesterosa, bajo la inspección del Gobierno y sin que nunca pueda quedar sujeto dicho establecimiento a la protección y amparo de ningún soberano extranjero".

Finalmente Saligny abandonó las bravatas y presentó sus cartas credenciales como embajador de facto al gobierno de Juárez el 16 de marzo de 1861. En eso que se llama "lenguaje diplomático" y lejos de lo que realmente pensaba y de las instrucciones que traía, declaró: "Séame permitido, señor presidente, felicitarme de haber sido escogido para dar a México esta nueva prueba de la benevolencia de mi augusto soberano [...]. No dudo que VE, por medio de una política tan firme como prudente, por medio de una acertada combinación de moderación y de energía, tranquilizando, protegiendo y atrayéndose todos los intereses legítimos, otorgando a las personas y propiedades de los extranjeros todas las garantías de que disfrutan en todos los países civilizados [...] logre asentar su gobierno bajo bases sólidas y duraderas, restablecer el orden y la propiedad en el país y hacer imposible toda tentativa que tenga por objeto sumergir de nuevo a la República en los horrores de la guerra civil [...]. En cuanto a mí, señor presidente, ruego a VE tenga a bien persuadirse de que nada omitiré para mantener y estrechar cada día más las relaciones de amistad que tan felizmente subsisten hoy entre la Francia y México". El rey de la lengua de serpiente.

Era el mismo personaje que un mes después le escribiría al capitán general español de Cuba llamados a la intervención militar en México: "La fuerza es en adelante el único argumento que se debe emplear por el Gobierno de la Reina. Dios quiera que no se haga esperar", y remataba: "Vengan pronto las fuerzas españolas, que es lo que se necesita", y reiteraba dos días más tarde: "Insisto en mi opinión de que si ustedes han de obrar activamente, lo hagan sin pérdida de tiempo [...] mal conozco a la noble y caballerosa España si titubeara en levantarse como un solo caballero para vengar tan sangrientos ultrajes".

Mientras tanto, comenzaba a negociar el pago de la mítica deuda extranjera. En una nota del 2 de mayo al ministro de Relaciones, Francisco Zarco, Dubois decía: el conflicto de los bonos Jecker es "el único que puede suscitar graves dificultades entre los dos países e impedir a la Francia dar un libre curso a sus amistosas intenciones respecto de México". Y comenzó a barajar las cifras de lo supuestamente debido por el gobierno. Guillermo Prieto comentaba: "Las más absurdas reclamaciones, los más reprobables corretajes, la agencia de descrédito contra el gobierno, más infatigable". Y Sara Yorke, una norteamericana que se había establecido en el Distrito Federal, contaba: "M. de Saligny convirtió la legación francesa en una oficina de negocios donde la garantía de Francia era vendida para cubrir las transacciones más dudosas". Dubois pretendía la intervención física de las aduanas mexicanas por funcionarios franceses que incluso pudieran modificar los aranceles, y llegaba a pedir indemnizaciones por la muerte de 23 ciudadanos franceses durante las revoluciones de Ayutla y de Reforma.

Hilarión Frías añade a las acusaciones contra el diplomático francés la de ladrón cuando cuenta que Octaviano Muñoz Ledo, ministro de Miramón, había huido de "su magnífica casa situada en la calle de Vergara", y Clara Garro, su esposa, se la ofreció a Saligny para ponerla bajo la protección de la bandera francesa, saliendo sólo como quien dice con la ropa puesta. "Cuando la Sra. de Muñoz Ledo creyó que había pasado el peligro, mandó recoger de la legación la ropa y vestidos del uso personal de la familia, sólo para descubrir que habían desaparecido 15 docenas de guantes de cabritilla, legítimos de Jouvin, una docena de guantes de red; dos docenas de medias de hilo de Escocia, una docena de calcetines de seda de superior clase, tres cortes de muselina de algodón, tres bultos de Holanda, un reloj despertador, objetos [que] estaban guardados en los roperos del tocador, cuya llave dejé en poder del Sr. Saligny, a petición del mismo". Además, se apoderó Saligny de una caja de tafilete con un atlas general de la República, empastada en terciopelo con adornos de oro, plata y esmalte, "que quedó guardada, en la cómoda del aguamanil de la recámara".

La noche del 14 de agosto de 1861, en un desfile conmemorativo que celebraba una victoria de González Ortega sobre Márquez, un grupo de paisanos echaron pestes en la delegación francesa y supuestamente Saligny alegó que le dispararon un tiro desde una de las azoteas, que habían tratado de asesinarlo y que el proyectil le "había tocado el brazo". Hubo una protesta diplomática. La investigación judicial estableció que "se había inventado un cuento". El diplomático francés se paseaba por el corredor de su casa en la calle Vergara número 10 cuando una bala pegó en la cornisa de la azotea a diez metros de donde él estaba (en el teatro vecino, donde luego se descubrió el impacto). No faltó quien se preguntara: ¿qué pasaría si el gobierno de México llevara a una corte francesa estos argumentos?

José María Iglesias resume: "Aquí la mentira raya en hidrofobia". Guillermo Prieto anota, hablando del personaje: "ese refinamiento de odio, esa exacerbación de encono, ese descaro en el mentir y sobre todo esa desvergonzada torpeza".

El francés, que en ese año mantenía relaciones sexuales con su cocinera, no era un diplomático fino; solía decir, hablando de México, en público: "el profundo sentimiento de repugnancia que me inspiran los hombres y las cosas de este país" o "El bandidismo es la única institución mexicana que puede ser tomada en serio y que funciona regularmente".

En noviembre de 1861, estando borracho (Vicente Riva Palacio llamaba a Saligny "ministro de Baco"), mientras paseaba por unos tendajones que se habían colocado en el Zócalo en medio de una verbena popular, comenzó a insultar a México en francés, "las más graves injurias", y en particular contra el jefe de policía, García de León, que allí estaba; más de uno comenzó a devolver los insultos y se enardeció la plebe queriendo lincharlo. Si no hubiera sido por la intervención del gobernador Juan José Baz, la cosa habría ido a mayores.

Descrito como de "ojos muy juntos y cara redonda, potente barba y bigote", era un reaccionario audaz, famoso por su afición al alcohol y sus frecuentes borracheras, lo cual le había creado muchos incidentes en la cancillería francesa en el pasado; pero más allá de lo anecdótico, y Dubois de Saligny producía abundante material para nutrir las historias que se contaban en la Ciudad de México, como dice Martín Reyes, era "un agente provocador al servicio de la causa clerical y de los agiotistas que sangraban al país". Más aún, era la punta de lanza de un proyecto intervencionista francés que iba mucho más lejos del cobro de la deuda.

NOTAS

1)   José R. Castillo: *Juárez, la intervención y el imperio*. Hilarión Díaz: *Juárez glorificado y la intervención y el imperio ante la verdad histórica*. Benito Juárez: *Documentos, discursos y correspondencia* (Matías Romero a Lerdo, 10 de octubre del 60). José María Iglesias: *Revistas históricas sobre la intervención francesa en México*. Francisco Bulnes: *El verdadero Juárez y la verdad sobre la intervención y el imperio*. Christian Schefer: *Los orígenes de la intervención francesa en México, 1858-1862*. Francisco Zarco reporta varios de los encuentros epistolares con Saligny en el tomo XX de sus *Obras completas* (Saligny a Francisco Zarco, 22 de febrero de 1861; Saligny al general Serrano, 22 de abril de 1861) al igual que Manuel Payno: *Obras completas*, tomo VII. Guillermo Prieto: "El relevo de Monsieur Saligny". Manuel Rivera Cambas: *Historia de la intervención europea y norteamericana en México y del imperio de Maximiliano de Habsburgo*. Victoriano Salado Álvarez: *Las ranas pidiendo rey* (narra el encontronazo en el Zócalo pero lo sitúa erróneamente el 27 de julio). Sara Yorke Stevenson: *Maximiliano en México: recuerdos de una mujer sobre la intervención francesa*.

2)   Francisco Bulnes: Ciertamente habían sido asesinados 23 franceses; pero como lo dice Eugène Lefèvre (*Le Mexique et intervention européenne*): "Desafiamos a M. de Saligny a que nos señale un sólo caso, entre los 23 que son objeto de su nota en que el crimen haya sido cometido por hombres pertenecientes al partido liberal". Lefèvre añade: "Saligny con el cinismo de un criminal, aseguró en su nota a M. Thouvenel

de 28 de septiembre de 1861, que los asesinos eran todos juaristas. El caso extremo es el del general Ramón Taboada, que asesinó al francés Lacoste en Nopala y después estuvo escondido en la casa de Saligny".

61

EL RELICARIO QUE NO SERVÍA

El periodista Ángel Pola dirá años más tarde: "Una mañana, ¿quién de aquella época preñada de odios no la recuerda?". Leandro Valle recibió la orden que había estado solicitando de ponerse al mando de una brigada compuesta del 2º batallón ligero de Zacatecas, el batallón Moctezuma, el escuadrón de Nicolás Romero, 60 hombres del Reforma y 500 hombres de la división del Estado de México, con cinco piezas de artillería de montaña. Debería ser el 21 de junio. Lo acompañaba su jefe de Estado Mayor, el teniente coronel Aquiles Collin, a pesar de estar enfermo.

Un par de días antes estaba en el Congreso en el debate sobre la supresión de tratamientos oficiales cuando se conoció la noticia de la muerte de Santos Degollado. Valle estaba muy enojado por la manera absurda como Santos, su queridísimo maestro durante la Guerra de Reforma, se había dejado capturar y lo dijo en voz alta, lo que provocó una agria discusión con el general Nicolás Medina que casi termina en duelo. "Estas charreteras me las he puesto a cañonazos", dijo Leandro, exaltado, tocándose los hombros.

Al amanecer el 22, el general Valle, montado en un alazán tostado llamado *San Pedro*, "vestido de gris, luciendo la militar botonadura dorada, fieltro negro, botas federicas, el pelo al rape, barbilampiño, radiante de gloria y muy joven aún, salía de la casa número 4 de la Tercera Orden de San Agustín". Pasó a despedirse de su novia, Luisa Jáuregui de Cipriani, con la que pronto se habría de casar, y de paso en la Calle Real de Tacubaya se despidió de Ignacia, su madre.

Años más tarde, entrevistada por Ángel Pola, reconstruiría este diálogo:

—Tal vez no nos veamos más. ¡Quién sabe si me ahorquen, madre mía! —exclamó, echándole los brazos; mientras ella, creyente fervorosa, le colgaba al cuello un relicario de la virgen de los Remedios—. No, no quiero: dirán que una cosa creo y otra predico —dijo el Leandro ateo.

—Mira, Leandro, hazlo por mí.

—Pónselo a *San Pedro*, que él sí cree.

Al amanecer la brigada salió hacia Toluca, donde debía encontrarse con las tropas del coronel Tomás O'Horán y posteriormente con las del general José María Arteaga. No hay duda de que el movimiento del ejército republicano fue informado desde la Ciudad de México a Márquez y Zuloaga, que esa misma noche, en Atlalulco, decidieron interceptar a Valle antes de que se reuniera con las restantes fuerzas liberales.

Cegados por la voluntad de vengar a Ocampo, tanto Santos Degollado como Leandro Valle, a pesar de su larga experiencia en años de guerra, se precipitaron subestimando las fuerzas de las guerrillas conservadoras.

Estaban en Tenango, en las cercanías del monte de las Cruces, cuando Valle le comentó a su ayudante Collin:

—Me huele aquí a muerte.

A las diez y media de la mañana, las avanzadas de la caballería conservadora tiroteaban a las de Valle en la Maroma. Luego Márquez ordenó cargar y se empeñó una sangrienta batalla bajo fuego nutrido, hasta cerca de la una de la tarde. Valle se negaba a ordenar la retirada. Y, en una loma, ya sitiado, y a la desbandada y muerta parte de su tropa, y escasos de municiones los supervivientes, formó cuadro. Debilitado el flanco izquierdo de los batallones de Moctezuma y 2º de Zacatecas, hizo una resistencia en triángulo y a continuación en zigzag para luchar a bayoneta calada. Al ver lo irremediable, montó en *San Pedro* y rompió el sitio.

Un piquete de la caballería de Márquez, mandado por Lindoro Cajiga y el coronel Jiménez Mendizábal, lo persiguió a matacaballo y lo hizo prisionero en Santa Fe. "Desgarraban el cielo nublado uno que otro tiro de los dispersos en la espesura del monte, cuando [...] aparecieron en el campo de la guerra conduciendo a Leandro Valle [...] asombrosamente tranquilo a caballo y fumando un puro, rodeado de una turba furiosa que le befaba, gritando: ¡Muera el Pelón!".

Avisaron a Leonardo Márquez, quien se encontraba con Zuloaga en una explanada. Márquez había declarado: "A estos jóvenes de talento son los que necesitamos hacer desaparecer".

—Supongo que a este sí lo fusilaremos —dijo Márquez a Zuloaga.

Y Márquez escribió la orden, curiosamente fechada al día siguiente, el 23 de junio.

Lindoro Cajiga y Jiménez Mendizábal cargaron a la derecha del camino con el preso y en un claro del monte hicieron alto. Le informaron que tenía 30 minutos para despedirse de la vida.

—Hace bien, Márquez —dijo Valle—, porque yo no le hubiera dado ni tres minutos.

Ordenaron a Valle que se apeara de *San Pedro* y lo colocaron al lado de un árbol. Una escolta de infantería esperaba la voz de mando. Al aparecer el capitán que debía ejecutarlo, Valle, desabrigándose, le regaló su capa al sacerdote Bandera, capellán del ejército reaccionario (que le ofreció confesarlo, a lo que Valle se negó), y sus botas al coronel Ismael Pina. Dos oficiales reaccionarios le pidieron un abrazo de despedida: Miguel Negrete y el coronel Agustín Díaz. Escribe con lápiz una nota para su familia: "Voy a morir, porque esta es la suerte de la guerra, y no se hace conmigo más que lo que yo hubiera hecho en igual caso; por manera que nada de odios, pues no es sino en justa revancha. He cumplido siempre con mi deber; hermanos chicos, cumplan ustedes, y que nuestro nombre sea honrado".

Entregó su relicario argumentando que no servía para gran cosa. Sacó de sus bolsillos el dinero que tenía y lo puso en manos del capitán para que lo repartiera entre los soldados que lo iban a fusilar. Como viera que le apuntaban por la espalda, manifestó indignado que él no era un traidor para que lo fusilaran por la espalda. Cuando se dio cuenta de que poco podía hacer, les dijo:

—Bah, lo mismo da morir de frente que de espaldas.

Lo miraban los ojos de los fusiles, cuando volvió la cara y advirtió a uno de los soldados que se le había caído la cápsula. La descarga se produjo a las 5:10 de la tarde. Terminada la ejecución, Márquez mandó colgar el cadáver de un árbol.

Collin se había salvado, y cuando descubrió que Leandro había sido capturado, regresó y también fue capturado y llevado ante Márquez, que le preguntó por qué lo había hecho. Collin respondió que volvía para ver qué se le ofrecía al general Valle. Márquez de inmediato ordenó su fusilamiento frente a una cruz pintada de verde que marcaba el lugar donde murió Santos Degollado.

El general Felipe Berriozábal, persiguiendo a los conservadores, encomendó al coronel O'Horán buscar el cadáver de Leandro. Estaba colgado de un árbol al lado del camino, con un letrero a los pies: "Jefe del comité de salud pública". *El Monitor* del día 29 publicó un testimonio: "El cuerpo está horriblemente desfigurado. Fue fusilado por detrás, y se conoce que se hizo fuego a quemarropa, pues tiene enteramente chamuscado el pelo de la nuca. Dos balas le rompieron completamente los parietales y el frontal, vaciándole los sesos y abriendo toda la parte superior de la cabeza. La frente quedó con una forma irregular. Otra bala, penetrando por la nuca, salió por la quijada inferior, rompiendo todos los dientes. En el pecho tiene tres balazos que penetraron por la espalda [...]. Tiene los brazos levantados; y se conoce que el cuerpo, tibio aún, fue colgado de un árbol. Cuando llegó el cadáver, venía con calzones, en mangas de camisa y sin zapatos; traía una chaqueta de paño, hecha pedazos; toda la camisa está empapada en sangre".

El 28 de junio sus restos se trasladan a la Ciudad de México y son expuestos en el salón de sesiones del Ayuntamiento. Vicente Riva Palacio pronuncia una terrible oración fúnebre: "La sangre se agolpa a mi corazón, mis nervios se estremecen, se me eriza el cabello, se me embarga la voz y siento que de mi pecho se escapa un rugido de venganza y de maldición; señores, el que no sienta hervir la sangre en sus venas, cuando hiera a su imaginación esta terrible idea, ese no es mexicano, ese no es hombre. [...] y, sin embargo, señores, honor al partido liberal; ninguno de nosotros ha titubeado, ninguno de nosotros ha sentido disminuirse el recio latido del corazón, al contemplar los asesinatos cometidos por los enemigos de la humanidad. [...] Por eso nosotros, pobres soldados de la libertad, confesores de la doctrina democrática, al escuchar el ruido de la losa que cierra tu sepulcro, te gritamos desde el fondo de nuestros corazones, con toda la fuerza de nuestro espíritu, con toda la fe de nuestras convicciones: hermano, amigo, nosotros te felicitamos por haber dado a tu fe republicana hasta el último aliento de tu vida, hasta el último latido de tu corazón. Te felicitamos por haber sufrido, te felicitamos por haber muerto".

NOTAS

1) Leonardo Márquez: *Manifiestos (el Imperio y los imperiales). Por qué rompo el silencio*, rectificaciones de Ángel Pola. Ángel Pola: "Cómo murió Leandro Valle" y "Pesquisas acerca de la aprehensión y el fusilamiento de Don Melchor Ocampo" en *Los reportajes históricos*. Amado Camacho: *Corona fúnebre del C. general de brigada Leandro del Valle*. Vicente Riva Palacio: "Oración fúnebre pronunciada en el Panteón de San Fernando", en el folleto de Camacho y en *El triunfo de la república liberal, 1857-1860* de Ernesto de la Torre Villar. Emma Paula Ruiz Ham: "Leandro Valle: ¿traidor y héroe?". Ángel Pola, "Leandro Valle", en *Liberales ilustres mexicanos de la Reforma y la Intervención*. Victoriano Salado Álvarez: *Las ranas pidiendo rey*. Juan Antonio Mateos: "Leandro Valle" en *El libro rojo*. Alfonso Teja Zabre: *Leandro Valle, un liberal romántico*. José María Vigil: *La Reforma*. Javier Lara: *Arroyozarco: puerta de tierra adentro*.

2) Ángel Pola: "Casi al terminar la guerra separatista, el general Negrete fue a San Antonio, Texas, y le picó la curiosidad las atenciones de que era objeto por parte de todo el personal del hotel en que se había hospedado. Su nombre estaba inscrito a secas en el pizarrón y nadie parecía conocerle. La víspera de su regreso a México compró dos caballos al dueño del establecimiento y quiso saldar sus cuentas. El administrador le manifestó: "No debe usted nada. ¿Cómo nada? Pues sí, señor; nada. Pero si aquí me he hospedado, y he subsistido, y he comprado los dos caballos. Nada debe usted, mi general —dijo el propietario descorriendo el velo del enigma y abrazando muy conmovido a Negrete. ¿Por qué no he de deber nada? Porque a usted le debo mi vida: yo soy Aquiles Collin, a quien usted salvó en el monte de las Cruces cuando Leandro Valle fue fusilado".

3) Leonardo Márquez ofrecerá dos disculpas no creíbles: "Yo no mandé fusilar a Valle, si lo hubiera hecho habría procedido en defensa propia". La segunda: "El 23 de junio de 1861, al ser derrotado Valle, los demás prisioneros fueron salvados por mí e incorporados a mis tropas, con sus armas y en sus propias clases [...] vive don Francisco Schiafino, a quien puse en libertad".

4) El destino de los asesinos. Marcelino Cobos nació en 1825 en España. Hermano del militar conservador José María Cobos. Llegó a México probablemente a fines de la tercera o principios de la cuarta década del siglo XIX, e ingresó a la milicia. Perteneciente a las fuerzas conservadoras desde el momento en que inició la Guerra de Reforma en diciembre de 1857, alcanzó el grado de general. Destacó en las batallas de Guadala-

jara y Calpulalpan. Mantuvo una intensa campaña en la región sureña del país, tomó Oaxaca hasta el momento en que llegaron las tropas liberales del general Ignacio Mejía. El 7 de septiembre del 61 una fuerza conservadora de 500 caballos y 30 infantes fue derrotada; Marcelino Cobos fue aprehendido y mandado fusilar, vestía pantalón, chaleco y levita negra, de paño, camisa de indiana, corbata negra y botinas con punta de charol. Su cabeza fue cercenada y enviada a la Ciudad de México y llevada a la Cámara de Diputados de la Nación, donde se exhibió por varios días. El 25 de diciembre del 61 el comandante Barriga aprehendió en una casa del pueblo de Acambay a Lindoro Cajiga asesino de Melchor Ocampo y lo llevó a la plaza para fusilarlo en forma; pero luego que lo vieron los soldados, poseídos de cólera, se fueron sobre él y lo mataron a balazos. Barriga, echó pie a tierra, con el cuchillo de monte que llevaba al cinto, se le separó al cadáver la cabeza del tronco, la hizo envolver en una zalea negra que servía de sudadero, hizo que la amarraran como maleta en los tientos de su silla, sobre el caballo que montaba y la envió a la capital. En Acambay se conserva el árbol y los garfios donde fuera colgado. José Alonzo y José María Ibarburen, de origen español y miembros de la partida de Cajiga, fueron capturados y fusilados en Calpulálpam.

62

LA GUERRILLA CONSERVADORA

El 18 de junio de 1861 González Ortega se halla en Jonacatepec y se entera de que las guerrillas conservadoras han tomado Cuautla, abandonada por el jefe de la guarnición de 500 hombres, a pesar de la orden que tenía de resistir. Dos días después Márquez toma Cuernavaca a las cuatro de la tarde, mientras que la guarnición abandona la ciudad.

Animado por las muertes de Ocampo, Santos Degollado y Leandro Valle, el 25 de junio Márquez, con 1 500 hombres y acompañado de Zuloaga, Taboada y Miguel Negrete, incursiona en la capital por la ribera de San Cosme hasta la plazuela de Buenavista. Galindo cuenta que "Ignacio Mejía, el jefe de la brigada de Sotavento, batió con parte de los batallones 1° y 2° de Oaxaca a esas chusmas, rechazándolas y haciéndolas huir, dejando ocho muertos y seis heridos y tan sólo un prisionero [los liberales esa tarde no dieron cuartel], y siendo perseguidas por el coronel Juan Díaz hasta Azcapozalco". Parrodi fue nombrado general en jefe de las fuerzas de la capital, con López Uraga como segundo.

Al día siguiente regresaba González Ortega al Distrito Federal, luego de haber hecho una correría de más de 400 kilómetros "sin poder dar alcance al enemigo, que constantemente había esquivado todo encuentro". Una semana después González Ortega es nombrado presidente de la Suprema

Corte de Justicia, virtual vicepresidente de la República, y sale con Parrodi al frente de 3 mil hombres para perseguir a Márquez, que con su guerrilla ha huido hacia Pachuca en dirección de Tulancingo.

No es Márquez la única preocupación militar del gobierno. Tomás Mejía, con otro pequeño ejército de 2 mil hombres, al inicio de la segunda semana de julio toma Huichapan (Hidalgo), derrotando a una pequeña guarnición liberal, y da orden de incendiar el pueblo y de saquear todas las casas de comercio. Tras 24 horas, "Huichapan, población industrial, rica y floreciente, era un montón de ruinas humeantes". El riesgo es que ambas fuerzas, las de Márquez y Mejía, se reúnan.

El 13 de julio Juárez reorganiza su ministerio: Relaciones Exteriores, Manuel María Zamacona; Gobernación, Justicia e Instrucción Pública, Joaquín Ruiz; Hacienda, Higinio Núñez; Fomento, Blas Balcárcel; Guerra, Ignacio Zaragoza. La mayoría de los cuadros políticos que ha hecho la Guerra de Reforma están ausentes, bien porque se hayan sumado a la Cámara de Diputados, bien porque están más cerca de González Ortega, bien porque piensan que el Presidente no sabe cómo enfrentar la nueva situación.

Al inicio de agosto Leonardo Márquez, la bestia negra de la reacción, entra en la capital de México por la calle de San Cosme hasta la plazuela de Buenavista y es herido y rechazado por el recién nombrado ministro de la Guerra, Ignacio Zaragoza. Se dice que Márquez ha sido herido. ¿Pretendía Márquez en sus incursiones al Distrito Federal tomar la capital? No lo parece en su accionar errático; más bien busca hostigar, derrotar pequeñas guarniciones y saquear. No suele dar batalla formal. Pareciera que entiende que la mejor forma de debilitar a los liberales es esta guerra continua que, aunque ya perdió una vez, no ha terminado.

La situación es difícil para el gobierno. Zarco cuenta: "En México se conspira a mansalva. De México salen municiones, noticias, planes de campaña y hace pocos días la policía aprehendió carros de campaña que llevaban vestuarios a los asesinos. Se sorprenden conspiraciones, se encuentran documentos que comprometen a varias personas. Se traen prisioneros de guerra y correos del enemigo. Se sabe quiénes son los agentes corresponsables de Márquez y Zuloaga", y añade que no hay persecución. El Siglo XIX insiste el 13 de agosto: "Imposible presentar la interminable lista de gavillas y guerrillas católicas que operaban en todo el territorio mexicano, combatiendo, incendiando, saqueando, matando".

Finalmente parece que el ejército de González Ortega puede obligar a Leonardo Márquez a enfrentarse. El 12 de agosto su vanguardia derrota a una fuerza de caballería en la hacienda de Atenco y descubre que se encuentra concentrado en Jalatlaco y Tianguistengo en el Estado de México.

Porfirio Díaz, que ha tomado el mando de los batallones de Oaxaca en ausencia de Ignacio Mejía, quien se encuentra enfermo, ataca en la noche en vanguardia de la división de González Ortega; las primeras informaciones son que la vanguardia de Porfirio ha sido derrotada y González Ortega dispuso que toda la columna hiciera alto a la vista del pueblo y esperara a que amaneciera. Pero Márquez se repliega y la vanguardia de Porfirio pasa a la ofensiva. "No obstante mi escasez de municiones, hice un ataque decisivo con el propósito de cortar la columna, y logré que volvieran hacia el atrio 700 infantes, toda su artillería y bagajes. Reducido por este medio el número del enemigo con quien tenía que combatir, pude vencerlo fácilmente, y cuando los tuve a todos desarmarlos, pecho a tierra en el atrio y amarrados los jefes y oficiales, que en total eran 18, salí personalmente a dar parte al general en jefe". Es tanto el odio que se ha gestado en estos meses que el general Carvajal da órdenes de ajusticiar prisioneros pistola en mano, lo que Porfirio impide. González Ortega entrará en triunfo en la capital.

Poco después, el 20 de octubre, el general liberal Tapia, entre Pachuca y Real del Monte, enfrenta y dispersa a Márquez, al que siguen acompañando Zuloaga y Tomás Mejía, que se presentan a la cabeza de 3 mil hombres.

Estos han sido y serán los encuentros más notables, pero en esos meses habrá decenas de pequeños enfrentamientos, provocados por gavillas de conservadores, quizá la más importante la de Vicario en el sur, que tras la derrota se recomponen, mudan de territorio e insisten, generando inestabilidad, saqueos, inseguridad en los caminos.

NOTA

1) Ignacio Manuel Altamirano: *Historia y política de México, 1821-1882*. Agustín Rivera: *Anales mexicanos. La Reforma y el Segundo Imperio*. Miguel Galindo y Galindo: *La gran década nacional o Relación histórica de la Guerra de Reforma, intervención extranjera y gobiernos del archiduche Maximiliano, 1857-1867*. Francisco Zarco: "Editorial" de *El Siglo XIX*, 25 junio del 61, en *Obras completas*, tomo X. Porfirio Díaz: *Memorias*. "Completa derrota de Márquez", *El Siglo XIX*, 15 de agosto de 1861. Hilarión Díaz: *Juárez glorificado y la intervención y el imperio ante la verdad histórica*. José María Vigil: *La Reforma*.

63

JECKER, EL VENDEDOR DE LA NACIÓN

La foto: parece un inofensivo abuelito con una barba florida a los lados, dos cuernos que se prolongan de las patillas, unos ojillos vivaces. Tras la foto, Jean Baptiste Jecker es uno de los personajes más sorprendentes que han cruzado la historia de México. Sorprendente y siniestro. El narrador, acostumbrado en lo que va de esta historia a las historias increíbles, pero siendo mexicano, y por lo tanto familiarizado con los fraudes, negocios turbios y abusos, no deja de sorprenderse ante esta.

Jean Baptiste nace en 1810, en el pueblo de Porrentruy, al pie de la cordillera de Jura, cerca de la frontera suiza con Francia, un lugar dedicado a la relojería, a la agricultura y a la pequeña ganadería. Pero Jecker no se dedica a ninguna de las tres cosas... Como si anduviera a la busca de un destino en que pudiera utilizarlas, aprende varias lenguas, adquiere conocimientos de finanzas y de minería. Se dice que su primer trabajo fue en una casa bancaria llamada Hottinguer.

Louis Jecker, el doctor de la familia, llegó a México alrededor de 1835, acompañado de dos de sus hermanos, Pierre y Jean Baptiste. Guillermo Prieto lo conoció en el panteón de Santa Paula cuando estudiaba huesos humanos sobre una mesita y bebía vino. Era un personaje exótico; según Payno, además de ser el primer presidente de la Academia Mexicana de Medicina, era estrambótico: "Comía y bebía licor hasta desfallecer. Luego se metía en una tina de agua tibia y permanecía en el baño dos o tres días, mascando hielo". Salado cuenta que Louis "era un poquillo novelesco", que lo mismo podía dedicarse un día a curar a un menesteroso que cobrar una fortuna por nada a un oligarca y que su fuerte eran: "la punción de hígado, el batir las cataratas, las amputaciones artísticas". Al margen de exotismos, el doctor hizo fortuna y se fue de México con 400 mil pesos (2 millones de francos). Payno dirá más tarde que ganó medio millón, que le dio 300 a su hermano y se regresó con 200 a Francia para allí suicidarse.

El segundo hermano, Jean Baptiste, tenía poco en común con el médico. Payno lo describe diciendo que "su fisonomía toda tenía un conjunto de frialdad y de tristeza", y Salado, más preciso, dice que era "alto, pálido, de hermosos y enigmáticos ojos, con un conjunto de melancolía, de frialdad y de señorío que alejaba a cuantos se le ponían cerca".

Entre 1840 y 1844, Jean Baptiste trabajó en la casa comercial británica Montgomery, Nicod y Compañía, representando los intereses de prestamistas que operaban en México. Ahí aprendió las artes y las artimañas de los agiotistas y los contratos financieros con gobiernos insolventes y permanentemente quebrados. Con apoyo de su hermano Louis, fundó una casa comercial que, ante la ausencia de bancos en el país, también operaba como tal, con el español Isidoro de la Torre y el mexicano Felipe Terán (Jecker, Torre y Cía.). Terán se murió, Torre se separó y Jecker se quedó con el negocio. Ofrecían préstamos al gobierno, comerciaban con hierro y azogue, se dedicaban a la importación y exportación en Veracruz, Tampico y Mazatlán. También destacó como una gran empresa exportadora de plata de las minas de Real del Monte, Real de Catorce y Purísima.

La guerra contra los gringos le permitió hacer algunos grandes negocios. "No había negocio o especulación de importancia en que [...] no intervinieran". En el 46 fue fiador de Joseph Limantour en el contrato para abastecer de víveres, vestuario, armas y municiones a las tropas que defendían California de la invasión norteamericana.

Guillermo Prieto comentaría: "Los pocos que poseen, o dinero u otros instrumentos de producción, los encarecen, y apenas nace un esfuerzo, cuando el buitre de la usura se apresta para devorar sus entrañas". Y es que la Casa Jecker operaba con tasas de 24% y aun del 48% anual, cuando el interés legal era sólo del 6%.

En 1859 Francisco Zarco lo denunció porque estaba cobrando intereses que sobrecubrían los réditos contra la aduana de Veracruz. Salado añade: "Quitas y esperas, arreglos entre acreedores, compra de fincas rústicas y urbanas, responsivas y reconocimientos para adquisición de maquinaria y efectos extranjeros".

Sería en la dictadura de Santa Anna cuando, en enero 1854, Jecker firma con el gobierno un contrato para deslindar en 20 meses todas las tierras inactivas de Sonora y Baja California, por un porcentaje de ellas. Recibirá del gobierno en esos años 825 mil pesos.

Al triunfo del Plan de Ayutla, escribe Jorge Belarmino: "Entre los agiotistas hay inquietud, a pesar de que el Estado en eterna bancarrota, ahora doblemente contra la pared gracias a los extraordinarios despilfarros de la dictadura, parece obligado a recurrir a ellos. Una parte se marchará del país con sus capitales. Los más zorros atisban, sin embargo, la oportunidad que terminarán aprovechando, para en la próxima década convertirse en parte de esa burguesía nacional siempre al amparo del poder político".

Con Comonfort, Jecker trató de actualizar el contrato de deslinde en Sonora y California, así como de obtener otro jugoso contrato similar respecto al istmo de Tehuantepec (representando al inversionista Falconnet, a quien Santa Anna había concesionado un canal interoceánico). En agosto de 1856 el gobierno de Comonfort accedió a sus propósitos con la condición de que el plazo de realización fuera de tres años, cobrara un 33% de la tierra deslindada y se aceptara una multa de 10 mil pesos por incumplimiento. Jecker fundó entonces la Empresa de Deslinde del Departamento de Sonora con importantes socios, como Antonio Escandón y Manuel Payno (aunque este nunca lo reconoce en sus variados escritos), socio suyo en algunos trastupijes y en esos momentos secretario de Hacienda. Jecker pedía el 33% del terreno deslindado. Pero lo suyo era especular, no trabajar, y subcontrató por 10 mil dólares el financiamiento y la realización del proyecto a una compañía norteamericana. Durante el gobierno de Comonfort fue su principal prestamista.

En plena Guerra de Reforma, el 29 de octubre de 1859, la Casa Jecker, a causa del fracaso de varias especulaciones, estando quebrada hizo con el gobierno del presidente golpista Miguel Miramón el gran negocio, al comprar una emisión de bonos de 15 millones de pesos (que serían llamados Bonos Jecker), pagaderos con la quinta parte de los impuestos federales, con intereses del 6% anual (el 3% lo garantiza la Casa Jecker). Para amarrar más la deuda en ese acuerdo efectuado directamente entre Miramón y Jecker, el banquero suizo cobraba un 5% por comisión y otro 10% por la responsabilidad de cubrir los bonos. O sea que antes de empezar, los 15 millones de deuda gubernamental sólo eran 12 750 000 que supuestamente debería entregarle el gobierno conservador.

Pero, no contento con la primera operación, Jecker entregó en dinero sólo 618 927 pesos; en bonos de la deuda interior, 342 mil; en bonos Peza (que se habían depreciado y que se vendían como papel viejo), 30 mil; en órdenes sobre las aduanas, 100 mil; en vestuario para la tropa, de muy dudosa calidad, 368 mil; en diversos créditos, 6 750, y en los mismos Bonos Jecker, 24 750.

O sea que, suponiendo que el papel y las obligaciones tuvieran valor real, Jecker se hacía con una deuda pagadera por el gobierno mexicano de 15 millones de pesos a cambio de haber entregado 1 488 427. Francisco Zarco habría de declarar: "No hay nada en nuestros más desastrosos negocios de hacienda, nada comparable".

En un último intento de proteger al gobierno defraudado de Miramón, en febrero del 60 Jecker financió y pagó parte de la flotilla que compró el general Tomás Marín en La Habana para atacar Veracruz. El desastre conservador arrastró al banquero entre sus pies y el 19 de mayo de 1860 se produce la quiebra de la casa suiza. José Ramón Malo la anuncia como "grandes son los quebraderos de cabeza de varios particulares"; deja un adeudo de 4 millones.

En diciembre de 1860, cuando los liberales triunfaron en Calpulalpan y tomaron la Ciudad de México, encontraron el desbarajuste heredado y a un Jecker que aun sin banco persistía en cobrarle al gobierno juarista las supuestas deudas que la nación tenía con él. Juárez y su gabinete lo desecharon; eran deudas contraídas por el gobierno espurio de Miramón y quedaban al margen de la legalidad.

Juárez ordenó la fiscalización de las empresas de Jecker, descubrió y declaró nulos los otros contratos, que además no habían avanzado nada en el deslinde. El 20 de febrero del 61 se cancelaron los decretos según los cuales Jecker podía meterle el diente a los terrenos baldíos de Tehuantepec y el 18 de noviembre de 1861 el Consejo de Ministros de Juárez acordó echar para abajo también los contratos de Sonora y Baja California.

Pero Jecker, al que Justo Sierra calificaría como "especie de cuervo siniestro", para que reconocieran la deuda se apoyó en el embajador francés De Gabriac, quien, como dice Bulnes, junto a otros diplomáticos "eran las grandes locomotoras del agio en México", un hombre de moralidad económica más que dudosa. "De Gabriac, cuando fue nombrado embajador en México, no era hombre de fortuna. Ministro de Francia, vino a México, su sueldo era $16 mil anuales y sin embargo cuando se fue de México tenía ahorros por diez veces esa suma, más propiedades en bienes materiales y bonos".

Luis Elsesser, sobrino del banquero Jecker, dice en la correspondencia que le fue interceptada por el gobierno mexicano y dirigida a su tío en México: "M. me ha confesado que él [Gabriac] iba a la mitad en las utilidades de los bonos; yo he dicho en respuesta, que tenía algún interés en la Casa Jecker".

Y allí entra en operaciones el nuevo embajador francés Dubois de Saligny, que tras sustituir a Gabriac hizo suya, y por lo tanto de Francia, la reclamación de Jecker. Saligny negoció el asunto con el secretario de Relaciones Exteriores, Francisco Zarco, quien, en una situación de debilidad y para evitar aumentar las tensiones con Francia, ofreció pagar lo que Jecker había entregado realmente a los conservadores más los intereses respectivos, pero no los 15 millones. Iglesias comentaría: "Juárez que no se ha apoderado del poder, sino que lo ha recibido de la nación, reconoce todas las deudas de procedencia legítima". ¿Pero eran legítimos los bonos Jecker? Saligny difundió que había logrado el reconocimiento del total de estos bonos, y ante una aclaración negativa por parte del gobierno mexicano, exigió que se indemnizara a los tenedores de esos bonos o de lo contrario se usaría la fuerza del ejército francés.

¿En qué se basaba la presión? ¿Por qué el gobierno francés habría de hacer suya la causa de una banca particular? Y además Jecker era suizo y no sería sino hasta el 26 de marzo de 1862 cuando se naturalizaría francés. Félix Pyat sugiere que Jecker lo hizo con el apoyo de Joseph de Morny, el medio hermano de Napoleón III, que llevaba en la operación un 30% de comisión y que presionó a Thouvenel, ministro de Negocios Extranjeros, para que incluyera los bonos Jecker dentro de las reclamaciones francesas. "Jecker había encontrado en París poderosos apoyos. Muchos periódicos de la prensa oficiosa fueron invitados a prestarle su ayuda. El duque de Morny mismo se interesaba en su causa y se dieron instrucciones a M. de Saligny para que agitase ese negocio".

El Congreso mexicano discutió los bonos Jecker en dos sesiones y desaprobó las negociaciones de Zarco con Saligny. En reunión secreta, el Congreso terminó rechazando la pretensión de cobro y el 4 de mayo de 1861 Zarco escribió a Juan Antonio de la Fuente, embajador mexicano en Francia: "El señor De Saligny nos ha manifestado que su gobierno está resuelto a obligar al de México al cumplimiento de ese contrato empleando si necesario fuere el apremio de la fuerza [...]. Con toda prudencia hará entender que México en esto no ve más que el abuso de la fuerza". Zarco renunció al Ministerio de Relaciones Exteriores en mayo del 61.

Saligny amenazaba al gobierno mexicano con una ruina cierta si no se "aceptaban las proposiciones de M. Jecker y escribía al ministro de negocios exteriores que, sabiendo que lo protegía la Francia, M. Jecker puede atreverse a todo".

El 17 de julio del 61 el gobierno juarista decretó la suspensión de pagos de la deuda externa. Los bonos Jecker se quedaban náufragos en medio del conflicto.

NOTAS

1) Para narrar la siniestra intervención del banquero y agiotista suizo, Martín Reyes Vayssade escribió el libro definitivo: *Jecker, el hombres que quiso vender a México*, que va mucho más allá del personaje y explica brillantemente el intríngulis diplomático y su cobertura financiera. Victoriano Salado Álvarez en *Las ranas pidiendo rey*, dedica la novela a la mujer del tercero de los Jecker, Pierre, y produce una serie de elocuentes retratos de Louis y Jean Baptiste. Además: Guillermo Prieto: *Memorias de mis tiempos* y *Lecciones de historia patria*. Manuel Payno: "Carta que sobre los asuntos de México dirige al señor general Forey, comandante de las tropas francesas, el C. Manuel Payno" en Francisco Zarco: *Obras completas*, tomo XII. Émile de Kératry: *La créance Jecker: les indemnités francaises et les emprunts mexicaines*. Doralicia Carmona Dávila: *Memoria política de México*. Agustín Rivera: *Anales mexicanos. La Reforma y el Segundo Imperio*. Manuel Payno (que reconoce en el texto que fue amigo de Jecker y que escribe para ser readmitido en el seno del liberalismo después de su proceso por traición y su amnistía, fechando el 15 de noviembre del 62): "México y sus cuestiones financieras con la Inglaterra, la España y la Francia". José María Iglesias: *Revistas históricas sobre la intervención francesa en México*. Francisco Bulnes: *El verdadero Juárez y la verdad sobre la intervención y el imperio*. Hilarión Díaz: *Rectificaciones a las memorias del médico ordinario del emperador Maximiliano*. (En el anexo de *Recuerdos de México: memorias del médico ordinario del emperador Maximiliano, 1866-1867* de Samuel Basch). Eugéne Lefèvre: *Le Mexique et intervention européenne*. Noé Ibáñez Martínez: *Los bonos de Jecker y el intervencionismo francés en México*. Gustave Niox: *Expedition du Mexique, 1861-1867; récit politique et militaire*. Paco Ignacio Taibo II: *Los libres no reconocen rivales*. Justo Sierra: *Juárez, su obra y su tiempo*. Jorge Belarmino Fernández: *La Revolución de los pintos*. Félix Pyat: *Carta a Juárez y sus amigos*. "El negocio Jecker" en *La Chinaca* no. 48 y "Las trampas de Jecker", *La Chinaca* no. 49. Para la conexión Payno-Jecker y demás turbiedades del futuro novelista: Irina Córdoba Ramírez: "Manuel Payno Cruzado: ¿Un 'erudito a la violeta' al frente de la economía nacional?".

2) La suma de lo entregado por Jecker al gobierno de Miramón varía de acuerdo con los autores que la registran, he usado la mía; de cualquier manera la diferencia es muy menor.

3) El 13 de julio de 1854, ataca Guaymas el conde francés Gaston de Raousset-Boulbon a la cabeza de 400 hombres, filibusteros norteamericanos y franceses, para segregar

el estado de Sonora y agregarlo a Estados Unidos. Es derrotado por José María Yáñez, gobernador y comandante general de Sonora. El 12 de agosto será fusilado. Todo indica que Raousset-Boulbon tenía el apoyo del cónsul de Francia en México y de la propia Casa Jecker-Torres. En 1851, bajo la influencia de la "fiebre del oro", CJT&C promovió la constitución de la Compañía Restauradora de la Mina de Arizona, en la que participaron André Levasseur, embajador francés, el presidente Mariano Arista y José de Aguilar, gobernador de Sonora. Después se agregaron al proyecto minero y de colonización el conde francés Gaston de Raousset-Boulbon y Patrice Dillon, cónsul de Francia en San Francisco, California. La expedición que tenía el destino de apropiarse de las minas de Sonora y de luchar contra los apaches, terminó en una incursión filibustera para apoderarse del estado. Públicamente, los diplomáticos franceses retiraron su apoyo al conde y Jecker le negó más financiamiento. CJT&C se vio obligada a pagar los daños ocasionados por el conde, debido a la reclamación del general Blanco, vencedor de los filibusteros y de Cubillas, gobernador de Sonora. (Margo Glantz: *Un folletín realizado: la aventura del conde de Raousset-Boulbon en Sonora*).

64

LA DEUDA

Si quieren ofrecer un reto imposible a un estudiante de contaduría, por más que curse el doctorado en Harvard o La Sorbona, pónganlo a averiguar para su tesis el monto real de la deuda extranjera de México.

¿Qué era la famosa deuda extranjera? Una cifra que a lo largo de los siguientes meses habría de variar según quién la sumara, pero que al final oscilaba en torno a los 82-83 millones de pesos, que el gobierno mexicano supuestamente le debía en su mayor parte a ciudadanos (no a las naciones) de Inglaterra, Francia y España.

¿Cómo se componía? Deuda española: de 9 a 9.5 millones de pesos. Deuda inglesa: entre 68.5 y 70 millones de pesos. Deuda francesa: casi 3 millones, más 3.5 millones a otros particulares.

¿Y los debía el gobierno mexicano surgido de la Constitución del 57? Difícilmente se podía entender así. La mayor parte eran deudas contraídas en los últimos momentos del santanismo; otra parte eran préstamos realizados a los gobiernos ilegítimos surgidos del golpe de Estado de Zuloaga y Miramón durante la Guerra de Reforma, y la mayor parte, muy discutibles deudas a ciudadanos, no a naciones.

El más agresivo demandante de la deuda era el gobierno imperial de Napoleón III, aunque la suya fuera la menor. Una parte sustancial del adeudo francés estaba integrada por 1 600 000 pesos producto de los bonos

Jecker, y el argumento para cobrarlos era que, como reclamaría el embajador francés Dubois de Saligny a Zarco, ministro de Relaciones Exteriores, "muchos súbditos franceses poseían esos bonos". Como si tal afirmación hiciera del gobierno francés un justo demandante. Siendo suizo Jean Baptiste, aparte de que los bonos circularon sobre todo en México, el fraude sobre el fraude era aceptar que la totalidad de los bonos había llegado a familias francesas.

Todo el asunto era verdaderamente descarado, rayando con lo increíble. Edgar Quinet señalaba el absurdo del origen: "Un crédito de 3 millones, transformado fraudulentamente en un crédito de 75 millones". La cifra de la deuda francesa iría variando según lo humores de Saligny, que aumentaba y la hacía crecer, cambiaba las cifras, se confundía con reclamaciones absurdas y terminó resumiéndola, según Niox, de la siguiente manera: "Saligny quedaba satisfecho con 10 millones de pesos (50 millones de francos), pagaderos en 12 años y sin interés". (Nadie sabía cómo los 3 millones y medio originales se habían convertido en diez). Incluía la indemnización por el asesinato del cónsul francés en Tepic, en la que nada tuvo que ver el gobierno, y aun así se entregaron 20 mil pesos negociados por Zarco. Reintegro de 30 mil pesos depositados en el Montepío, que no era dinero exclusivamente francés (se usó cuando la capital estaba atacada por la reacción). Daños y perjuicios a súbditos franceses durante la Guerra de Reforma (antes de que se presentaran las reclamaciones de Saligny se había formulado un tribunal de liquidaciones, muchas reclamaciones se habían pagado y las restantes formaban una suma muy pequeña). Falta de pago de la convención francesa: originalmente era de un millón de pesos, sólo quedaban en deuda 180 mil, se les ofreció cubrir con bienes incautados al clero; Saligny bloqueó las negociaciones. Reintegro de lo tomado en Laguna Seca (por lo que fue juzgado Santos Degollado), que el gobierno mandó pagar tan pronto Juárez tomó la capital ("creo que bien poco se deberá a súbditos franceses"). Las reclamaciones eran enloquecidas: se pedían 3 mil pesos de indemnización por la enfermedad de una mujer que supuestamente fue causada por el miedo a la revolución o se incluían 300 mil pesos que ya estaban pagados.

Para garantizar la deuda, el embajador pedía la intervención de los cónsules franceses en las rentas de las aduanas, modificando aranceles, registrando los libros, censurando a los empleados y recaudando. Era una demanda imposible de aceptar.

La deuda española estaba compuesta de reclamaciones económicas no menos absurdas, entre las que se pedían indemnizaciones por el asesinato de los súbditos españoles de la hacienda de San Vicente, Chiconcuac y el mineral de San Dimas, los cinco muertos en la diligencia de Cuernavaca (cuando el embajador estuvo a punto de romper relaciones) y otros casos en que se trataba de cobrar compensaciones por asaltos y asesinatos a peninsulares, actos de bandolerismo, no imputables al Estado mexicano; la indemnización al patrono de la fragata *La Concepción* (uno de los piratas de Antón Lizardo); el pago de reclamaciones, muchas de ellas establecidas como fraudulentas, firmadas entre el gobierno español y Santa Anna en 1853, más sus respectivos intereses, y el reconocimiento de las deudas aceptadas en el tratado Mon-Almonte (firmado por el gobierno de Zuloaga-Miramón) y por tanto no imputables al gobierno constitucional. Payno registraba que muchos de los reclamantes se habían hecho españoles con posterioridad a los hechos. A esto se añadía una reclamación no económica, la "satisfacción por la expulsión del embajador Pacheco", que cuando fue expulsado no era embajador. ¿Era esto serio? Llevado a la más ridícula corte internacional, las reclamaciones españolas se hubieran desmoronado instantáneamente.

La deuda inglesa ascendía a 50 millones de pesos, derivada de las convenciones Dunlop y Aldham, más los intereses que habían estado cubriéndose con el 40% de los ingresos de las aduanas. Los 240 mil pesos del asalto a la conducta de Laguna Seca (el incidente Degollado) habían sido cubiertos casi totalmente. Pero el *Times* de Londres, a través de su corresponsal, declaraba: "Nada, fuera de la intervención extranjera en una u otra forma puede poner fin al terrible desorden actual", y enumeraba los asesinatos y robos en México a ciudadanos ingleses, aunque curiosamente reconocía que la mayoría de los hechos habían sido protagonizados por gavillas conservadoras.

El general Prim escribiría más tarde al ministro Calderón y Collantes: "No está demás informar a V. E., que si algunas de las reclamaciones de las que presenta Francia son injustas, muy particularmente la de la Casa Jecker y Compañía, y darán lugar a serias resistencias por parte del gobierno, no ofrecerá menores dificultades la exigencia del cumplimiento inmediato del tratado Mon-Almonte: creo por lo tanto que estableciendo absoluta solidaridad en las reclamaciones, destruiría la posibilidad de que se celebren arreglos en que quede excluida España". Y *sir* Charles Wyke, embajador de Inglaterra, escribía a su gobierno: "Diez y nueve en cada 20 de los extranjeros residentes en este infortunado país tienen una reclamación contra el gobierno, de una clase o de la otra; muchas de ellas están realmente fundadas en justicia; mientras que otras han sido forjadas y fabricadas como buenas especulaciones, para obtener dinero como compensación de algún agravio imaginario, tal como una prisión de tres días, que se han echado sobre sí intencionalmente y con objeto de entablar una reclamación que hacen subir en una proporción exorbitante".

Años más tarde Schloesing le diría al mariscal francés Forey: "En su corta existencia como nación independiente [México], ha pagado diez veces el importe de sus deudas, sin haber logrado saldarlas". Esas eran las reclamaciones internacionales sobre un país profundamente desgastado y arruinado por la dictadura de Santa Anna, la revolución y la Guerra de los Tres Años.

La veracidad y la moralidad de los imperios se desnudaban en la llamada "deuda externa".

NOTAS

1) Daniel Moreno tiene un excelente trabajo titulado *Los intereses económicos en la intervención francesa*. Edgar Quinet: *La expedición a México*. Francisco Bulnes: *El verdadero Juárez y la verdad sobre la intervención y el imperio*. Gustave Niox: *Expedition du Mexique, 1861-1867; récit politique et militaire*. José María Vigil: *La Reforma*. Manuel Rivera Cambas: *Historia de la intervención europea y norteamericana en México y del imperio de Maximiliano de Habsburgo*. Manuel Payno: "México y sus cuestiones financieras con la Inglaterra, la España y la Francia" y "Carta sobre los asuntos de México al señor general Forey". Patricia Galeana: *La segunda independencia de México*. Paco Ignacio Taibo II: *La lejanía del tesoro*. Raúl González Lezama: "Tratado Mon-Almonte, 26 de septiembre de 1859". Silvestre Villegas Revueltas: "La deuda inglesa de México en el siglo XIX". Zarco: "La intervención extranjera", *El Siglo XIX*, 2 de noviembre de 1861.

2) Marx a Engels, 12 de mayo de 1862. "La explicación para las actuales maniobras de Bonaparte en México [...] es que Juárez sólo reconoce la deuda oficial de 46 mil libras a Francia. Pero Miramón y su pandilla habían emitido, a través de los banqueros suizos Jecker et Co., bonos gubernamentales por la suma de 52 millones de dólares (de los que cerca de 4 millones de dólares habían sido pagados). Esos bonos gubernamentales de Jecker et Co. (eran sólo *hommes de paille, hombres de paja*) cayeron en las manos de Morny y Co. por casi nada. Demandan que Juárez reconozca esa deuda. *Hinc Mae lacrimae. Por eso esas lágrimas*. Suyo K. M.". (Marx y Engels sobre la intervención: Jesús Monjarás-Ruiz: "México en los escritos y fuentes de Karl Marx". Domingo P. de Toledo y J.: *México en la obra de Marx y Engels*. Karl Marx: "La intervención en México" y "La maraña mexicana").

3) Los diferentes analistas de la deuda la expresan en francos, pesetas, "piastras", pesos, dólares y a veces, cuando Marx habla de ella, en libras. En aquellos momentos el peso estaba a cinco francos, equivalía más o menos al dólar, la libra a cinco pesos y las "piastras" eran sinónimos de pesetas, cinco al duro que era igual al peso.

65

INESTABILIDAD

José C. Valadés advertía en su biografía de Comonfort: "Aunque las guerras son siempre brutales, tienen excepciones cuando los días que las preceden son también brutales". A lo largo del año 1861 el gobierno encabezado por Benito Juárez sobrevivía penosamente a los miles de embates que le caían encima de todos los espacios y recovecos de la escena nacional. Y el no menos poderoso de ellos venía desde el pasado en un país sin recursos económicos, donde los mejores proyectos no tenían vía de realización, extenuado por las guerras y los golpes de Estado. A esto se unía la reciente pérdida de varios de sus más importantes cuadros, porque tras la Guerra de Reforma habían muerto asesinados por las guerrillas conservadoras Melchor Ocampo, Santos Degollado y Leandro Valle, y en ese año morirían de enfermedad Gutiérrez Zamora, gobernador del bastión liberal de Veracruz, y Miguel Lerdo de Tejada, clave junto a su hermano en la formulación de las Leyes de Reforma. Tiene razón Martín Reyes cuando registra "la sensación de indefensión que tiene la República ante las bajas".

Juárez cuenta además con un gobierno inestable: a pesar de que ha ganado la última elección contra González Ortega, sólo tiene cinco votos de mayoría en el Congreso para confirmar su victoria. La reacción derrotada en la Guerra de Reforma mantiene guerrillas en muchas partes de México, una de ellas con fuerzas importantes: la de Leonardo Márquez. La lucha se ha endurecido, todo pequeño enfrentamiento que termine con la captura de un oficial conservador o liberal termina con su fusilamiento. Karl Marx, un joven alemán, reportero político de temas internacionales, escribía: "El partido liberal dirigido por Juárez lleva la ventaja en casi todos los puntos del país [...]. La última esperanza del partido católico era la intervención española".

Y en Europa, no sólo en España, sino en Inglaterra y Francia, conspiraban contra la República: restos del aparato diplomático de los ex presidentes golpistas y conservadores Zuloaga y Miramón, exilados monárquicos como Gutiérrez de Estrada e Hidalgo, embajadores ex santanistas como Juan Nepomuceno Almonte en París, Miguel Miramón en La Habana, último reducto del desaparecido imperio colonial español.

Al inicio de abril Guillermo Prieto había renunciado al Ministerio de Hacienda ante la imposibilidad de enfrentar la crisis. Francisco de Paula Gochicoa sucedió a Prieto durante un mes y luego lo siguió José María Mata, que duraría tan sólo otro mes. Con un déficit de 15 millones y medio, Manuel Payno sacaba las cuentas: "Las entradas de las aduanas estaban empeñadas en su mayor parte a los acreedores extranjeros, en su menor a los agiotistas; la renta interior era nula, de ella disponían los Estados; el gobierno vivía con las entradas del Distrito Federal. Del producto de las aduanas marítimas [...] sólo podía disponer del 9%, pues estaba afecto al pago de la deuda de Londres el 25%, a la española el 8%, a la particular de los franceses el 11%; invirtiéndose además el 31% en gastos de administración y el 16% en guarniciones militares".

El 17 de julio del 61 la Presidencia de la República emitió un decreto mediante el cual suspendía por dos años el pago de todas las deudas públicas, en particular las contraídas con las naciones extranjeras. Se trataba de lo que se habría de llamar una moratoria. "Desde la fecha de esta ley el Gobierno de la Unión percibirá todo el producto líquido de las rentas federales, deduciéndose tan sólo los gastos de administración de las oficinas recaudadoras, y quedando suspensos por el término de dos años todos los pagos, incluso el de las asignaciones destinadas para la deuda contraída en Londres y para las convenciones extranjeras".

El paso era grave y creó disidencias dentro del propio gobierno. Manuel María de Zamacona, ministro de Relaciones, se negaba a estampar su firma en el decreto e incluso intentó renunciar, pero Juárez lo convenció de que se mantuviera en el cargo.

Ocho días más tarde, el 25 de julio, los embajadores de Francia, Dubois de Saligny, e Inglaterra, Charles Wyke, rompieron a nombre de sus gobiernos relaciones con el gobierno mexicano. Aunque ambos permanecieron en el Distrito Federal, encargaron la atención de sus ciudadanos a Wagner, embajador de Prusia.

José María Iglesias, años después, haría una tímida defensa de la medida: "Pudiéramos defender la ley de 17 de julio [...] alegando que el derecho a la propia conservación es superior a todos los demás, que primero es vivir que pagar, y que aun para pagar era conveniente una suspensión que llevaba por objeto formar un sistema de hacienda, que permitiera atender todos los gastos públicos. Prescindimos empero de esa defensa: confesamos que fue un paso desacertado el que se dio sin ponerse de acuerdo con nuestros acreedores". ¿Lo era? ¿Habría servido notificar previamente a los gobiernos español, inglés y francés? Los siguientes acontecimientos demostrarían la inutilidad de esa medida. Mucho más generoso resulta el capitán Niox (que un par de años después formaría parte de un ejército invasor): "En derecho, el gabinete de México no podía ciertamente liberarse a sí mismo de las obligaciones contraídas, pero de hecho era el único partido que tenía que tomar, a menos de abandonar el poder a otros, que se hubieran encontrado en la misma situación sin salida".

Luego de haberse presentado ante el ministro de Relaciones de Napoleón III, Antoine Edouard de Thouvenel, el enviado de Juárez como embajador, Juan Antonio de la Fuente, le escribe al Presidente el 4 de septiembre: "Las disposiciones adoptadas por los gobiernos de Francia y de Inglaterra, en consecuencia de la ley expedida el 17 de julio, son abiertamente hostiles para nosotros. [...] Se verificó ese día la conferencia, que sólo duró unos instantes. Yo comencé por decir que había recibido de mi gobierno especial encargo y recomendación para dar al de SM las más amplias explicaciones de lo que a los súbditos franceses tocaba sobre la nueva ley, en cuya virtud se mandaban suspender los pagos de la deuda nacional. M. de Thouvenel me interrumpió diciéndome que en lo personal no tenía motivo de disgusto conmigo; pero no podía oír esas explicaciones:

"—No recibiremos ningunas —añadió, entregándose a la mayor exaltación—, hemos aprobado enteramente la conducta de M. de Saligny, hemos dado nuestras órdenes, de acuerdo con Inglaterra, para que una escuadra compuesta de buques de ambas naciones exija al gobierno mexicano la debida satisfacción: y vuestro gobierno sabrá por nuestro ministro y nuestro almirante cuáles son las demandas de Francia...

"—Después de las palabras que usted me ha dirigido, no debo instarle un momento para que me escuche, ni hay motivo para continuar esta conversación".

Y por si esto fuera poco, el 7 de septiembre del 61 Benito Juárez enfrenta una crisis parlamentaria. Lo que faltaba. Cincuenta y un diputados promueven un voto de censura acusándolo de debilidad, de no llevar a fondo la Reforma y de apatía ante la ofensiva militar de la guerrilla conservadora; piden su renuncia y por lo tanto que ceda el poder a González Ortega, ministro de la Suprema Corte, que ha asumido el cargo recientemente y que está fortalecido por sus triunfos militares.

Los acosadores del Presidente, se preguntaría Francisco Zarco: "¿Son más reformadores, más progresistas, más innovadores que el Ejecutivo? Entre estos signatarios hay una amalgama de baja alquimia que no duraría un día. Sentimos ver entre las firmas las de jóvenes progresistas independientes". Zarco se refería así a una extraña alianza entre los liberales moderados y una parte de los jóvenes radicales acaudillada por Ignacio Manuel Altamirano y Vicente Riva Palacio. Mucho años más tarde José Iturriaga arremetería contra ellos en un artículo contra la izquierda radical liberal acusándolos de ultras, "beatería partidista" y "enfermos de prisa histórica".

La reacción es muy rápida. Al día siguiente 54 diputados apoyan al Presidente. Los 51 opositores envían cartas a los gobernadores para pedir que se sumen a la petición de renuncia del Presidente, sin tener eco; sucede todo lo contrario: la mayoría apoya a Juárez.

Y además, como diría Hilarión Frías: "La intervención era inevitable".

NOTAS

1) Paco Ignacio Taibo II: *La lejanía del tesoro*. José C. Valadés: *El presidente Ignacio Comonfort: estudio biográfico. Los hombres prominentes de México*. José María Mata: "Memoria de Hacienda, 1861". José R. Castillo: *Juárez, la intervención y el imperio*. Manuel Payno: *Cuentas, gastos, acreedores y otros asuntos del tiempo de la intervención francesa y del imperio de 1861 a 1867*. José María Iglesias: *Revistas históricas sobre la intervención francesa en México*. Agustín Rivera: *Anales mexicanos. La Reforma y el Segundo Imperio*. Hilarión Díaz: *Juárez glorificado y la intervención y el imperio ante la verdad histórica*. Gustave Niox: *Expedition du Mexique, 1861-1867; récit politique et militaire*. José Iturriaga: "La izquierda utópica frente a Juárez". Francisco Zarco:

"La petición de los 51", *El Siglo XIX*, 19 de septiembre de 1861, en *Obras completas*, tomo IX. La polémica puede seguirse en el tomo V de Benito Juárez: *Documentos, discursos y correspondencia*. Ralph Roeder: *Juárez y su México*. José Ramón Malo: *Diario de sucesos notables, 1854-1864*.

2) En una versión muy moderada e injusta, Miquel y Verges en *El general Prim en España y en México* dice que Juárez precipitó la intervención extranjera por su radicalismo.

66

LOS CONSPIRADORES

Si bien es difícil fechar el inicio de la conspiración, no lo es tanto dar los nombres de los tres principales actores: Juan Nepomuceno Almonte, Pepe Hidalgo y José María Gutiérrez de Estrado, así como dos comparsas: Francisco de Paula Arranoiz y el obispo Labastida. Son personajes de una comedia maligna, instalada en la traición, bordeando permanentemente el ridículo, abyectos y serviles, de esos que México produce cíclicamente con frecuencia.

Algunos autores aseguran que al inicio de su dictadura, en julio del 53, y bajo consejo de Lucas Alamán, Santa Anna supuestamente comisionó en secreto a un enviado para que buscara en las cortes europeas algún príncipe que pudiera y quisiera gobernar México. La historia, siguiendo la trayectoria del dictador, resulta poco creíble. ¿Para qué querría compartir el poder de este país, que consideraba el jardín trasero de su propiedad? El caso es que ese supuesto enviado, para eso, o para estrechar con las monarquías europeas algún tipo de lazos, es un monárquico convencido... José María Gutiérrez de Estrada, abogado yucateco, que ha estado viviendo en Europa en varias ocasiones como embajador y es un imperialista convicto y confeso, fue autor en 1840 de una carta en la que proponía la monarquía en México, lo que produjo persecuciones, huidas con todo y disfraz y exilio.

Guillermo Prieto lo trataba con poco respeto: "Gutiérrez Estrada era más oscuro todavía, su importancia la debía a la dote de su mujer; todos saben que Santa Anna lo expulsó del ministerio una vez porque no supo redactar una nota". Un óleo de Federico Madrazo lo muestra señorial, complaciente, sereno, con una interesante calvicie protegida por el pelo que le crece hacia los lados, no parece muy mexicano. ¿Lo es? El hecho es que la Revolución de Ayutla dejó al conspirador sin empleo.

En esos años Gutiérrez de Estrada conocerá a José Hidalgo Esnaurrízar, un nativo del Distrito Federal de 55 años, hijo de un hacendado y coronel realista español en tiempo de la revolución de Independencia. Guillermo Prieto lo recuerda porque "fue el primero que cultivó en la gran Tenochtitlán el copete y la patilla derrotando vergonzosamente a la coleta". Un *dandy* de barrio que presume que el cargo diplomático que lo llevó a recorrer Europa lo había obtenido combatiendo contra los gringos en el Convento de Churubusco en 1847; pero Salado cuenta que a los 25 años se sumó al batallón de los Bravos para combatir la invasión gringa y que "llevaba mozo para que le cargara el fusil". Su primer nombramiento fue el de secretario en la legación mexicana en Londres. A los dos meses fue enviado a la embajada mexicana en Roma. Presentó credenciales al papa Pío IX, cuya corte se encontraba entonces refugiada en la fortaleza napolitana de Gaeta en plena revolución garibaldina. Una foto de la época lo muestra elegante, con barba cerrada que rodea un rostro infantil con poco pelo. En el invierno de 1848 fue recibido en audiencia por el Papa. Viniendo de una familia muy católica, por frívolo que fuera, se siente distinguido por Pío IX y comienza a cultivar una amistad que durará muchos años. No tiene exceso de trabajo, perfecciona su italiano, aprende francés y toma lecciones de filosofía, mientras se relaciona con la nobleza italiana. Pepe Hidalgo, en 1854, es enviado por el gobierno mexicano como primer secretario de la embajada en Washington. Más tarde le dan como destino España con el mismo cargo; ahí trabaja con el embajador Almonte. En Madrid se siente en casa siendo, como dice Zamacois: "Un relicario viviente del virreinato español y del Imperio de Iturbide". Conoce a la viuda de Montijo, madre de Eugenia, la futura esposa de Napoleón III. Guillermo Prieto es cruel y quién sabe si exacto cuando recuerda: "Hidalgo era un ignorantísimo escribiente de la renta del tabaco, que fue a Europa para estudiar como pintor, sin pensar jamás que con los colores de su paleta daría realce a la ancianidad erótica de la suegra de Napoleón III". Francisco Zarco es todavía más agrio con el personaje: Pepe Hidalgo "debería ser encerrado en el pabellón de los incurables".

Gutiérrez de Estrada y Pepe Hidalgo se harán amigos íntimos, ambos cultivan la amistad del Papa, ambos son reaccionarios a ultranza y monárquicos. Gutiérrez de Estrada es muy rico; Hidalgo, sólo hábil. Gutiérrez de Estrada contará: "Desde mi juventud me propuse no tocar ni una carta de juego, ni decir malas palabras, ni embriagarme, y he llegado a la edad que tengo sin haber quebrantado estos propósitos, como si el juramento que hice sobre mi cabeza lo hubiese hecho sobre el Evangelio". Ángel Pola continuará: "Fue amigo de Monseñor Antonelli y, durante 26 años, de su santidad Pío IX [...]. Ha sido el único mexicano que sin antesala visitaba al cardenal Antonelli y pasaba sin previa cita a presentar sus humildes respetos a su santidad, quien no le permitía besarle los pies, sino la mano, mandándole sentar a su presencia".

El 31 de agosto del 57, recién aprobada la Constitución en México, el ex diplomático mexicano José Manuel Hidalgo, llamado Pepe por sus amigos, se reúne en Biarritz con la emperatriz francesa Eugenia de Montijo, de cuya madre era amigo, y conversan banalmente y casi al paso sobre la posibilidad de que se produzca una intervención militar francesa en México.

En agosto del 58, Zuloaga (presidente golpista), en plena Guerra de Reforma, inicia tratos con los franceses a través de su embajador en México, Jean Alexis de Gabriac, pidiéndole "un nuevo préstamo que financiaría la presencia de un ejército francés de 10 mil hombres con un general francés designado por Napoleón". Suena y es bastante delirante. El fallido operador de esta insólita petición será Juan Nepomuceno Almonte, que ha sido embajador en Inglaterra y firmante del tratado que lleva su nombre con los españoles. Nacido en 1803 en Michoacán, hijo natural de Morelos y de Brígida Almonte, acompaña de niño al dirigente de la guerra de Independencia; se educa en Estados Unidos; excelente su dominio del inglés; ayudante y cómplice de Santa Anna en el desastre de Texas. Tres veces ministro de la Guerra en los años 40. Por ser hijo de quien es pareciera que siente que hay escondido en su futuro el derecho a ser presidente. Justo Sierra lo retrata: "No era un hombre de religión, era un hombre de resentimiento y ambición". Ha conspirado, traicionado, abandonado caudillos. Se ha "empapado de lodo", diría Guillermo Prieto. Ahora se descubre en Europa, diplomático, cercano al oropel de las grandes monarquías; junto a él trabaja en la embajada de Madrid el oscuro Pepe Hidalgo.

El hecho es que en el 58 está en Francia "el *chevalier d'Hidalgo*", como él firma; vivía en "la chifladura de la nobleza", "grandísimo gorrón". "Gasta en vestirse y pagar cuarto, pero en comida ni un céntimo. Los lunes se refocila en las recepciones de las Tullerías; los martes come en casa de la condesa de Mouchy; los miércoles con la duquesa de Malakoff; los jueves los dedica a la duquesa de Cadora; los viernes ocurre a las fiestas de la duquesa Waleska; los sábados visita al almirante Bruat, y los domingos los pasa en compañía de la duquesa de Montijo".

En el otoño del 58, la emperatriz Eugenia invita al Palacio de Compiègne a Hidalgo. ¿Qué está haciendo en Francia el intrascendente secretario de la embajada mexicana en España? Según el propio Pepe, interrogado por Napoleón III, tienen una larga conversación "en el alféizar de una ventana". Se habla de establecer una monarquía en México. Napoleón le dice que tiene que actuar de común acuerdo con los ingleses. "Se necesita un ejército, millones y además un príncipe". Uno de los dos menciona a un Orleans. Napoleón no afirma ni niega, pero la idea parece gustarle.

Emile Ollivier escribirá en *L'Empire libéral*: "El éxito era radicalmente imposible, lo que es imposible en política no es grande, es simplemente estúpido. Los emigrados engañaban y se engañaban. El gobierno republicano no era la representación de una minoría opresiva, representaba la mayoría del país". Ellos no lo han de ver así.

En paralelo José María Gutiérrez de Estrada, comisionado por Miramón y Zuloaga (eso dirá más tarde), aconsejados por los conservadores, viaja por Europa para proponer el establecimiento de una monarquía en México.

El 17 enero de 1859 José Manuel Hidalgo publica *Algunas indicaciones acerca de la intervención europea en México,* señalando a la intervención europea como salvación del país: "No presento solamente nuestro propio bien, sino el de la misma Europa […]. La primera nación que yo desearía ver a la cabeza de la intervención en México es la Francia. […] Mi admiración a Su Majestad el emperador Luis Napoleón". Muy en la lógica de que el liberalismo se dejará llevar por el expansionismo norteamericano y que hay que mirar hacia las cabezas coronadas de Europa.

En enero del 61, con el triunfo de los liberales en la Guerra de Reforma, Francisco Zarco cesó a Almonte como embajador en Madrid (enero 28), desconociendo todos los convenios firmados en nombre del gobierno golpista de Zuloaga y Miramón. Cesó de paso a José Manuel Hidalgo. Un día después el ministro de la Guerra, González Ortega, le informó a Almonte que había perdido su grado de general y había sido dado de baja en el ejército mexicano.

A partir de ese momento el grupo de conspiradores radicados en Europa comenzó a actuar a nombre de una inexistente nación aprovechando sus contactos previos. Irineo Paz cuenta: "Una infinidad de cartas se cruzaban entre París, Londres, Viena, Madrid, Bruselas, México y (posteriormente) el Castillo de Miramar: los comisionados iban y venían de una ciudad a otra; los curiosos y los que se interesaban con oficiosidad en el asunto de la monarquía tomaban cartas en el juego más o menos abiertamente, y menos por la prensa que apenas solía levantar muy poco a poco el velo que cubría aquel misterio". Hacia la primera mitad de septiembre del 61 Pepe Hidalgo, Almonte y Gutiérrez de Estrada, estimulados por la moratoria que Juárez ha impuesto sobre la deuda extranjera y sus posibles consecuencias, reinician el complot monárquico.

Pepe Hidalgo cuenta: "No nos era posible olvidar la iniciativa de la monarquía que en 1840 había tomado el señor Gutiérrez de Estrada, ni nuestra amistad y buenas relaciones, así es que le instruimos desde Biarritz de todo lo que acontecía, para obrar de acuerdo con él. El señor Gutiérrez se hallaba casualmente en París y próximo a volver a Roma, donde se había establecido. Ya se colegirá cuál sería su sorpresa y su alegría al saber por nuestras cartas que la cuestión de la intervención europea y de la monarquía, que él había solicitado con laudable constancia, pero con escasa fortuna, se encontraba resuelta de un golpe, gracias al rompimiento con Juárez de las tres grandes potencias marítimas de la Europa. El señor Gutiérrez suspendió su viaje a Roma".

Durante el otoño de 1861 José Manuel Hidalgo se encontraba acomodado plácidamente dentro de la alta sociedad de la capital francesa. Para entonces habían pasado poco más de 13 años desde que abandonó México. Escribe: "Lo más natural, lo más cuerdo, lo más acertado, era volver la vista atrás [...]. El nombre del archiduque Maximiliano se presentaba natural- mente en esta coyuntura, atento a que había adquirido cierta popularidad en Europa por sus ideas de progreso y por sus tendencias durante el tiempo que gobernó la Lombardía y la Venecia. Todo lo que de Su Alteza Imperial y Real se sabía nos llevaba a creerlo el más a propósito para la regeneración de un país trastornado por 40 años de una sangrienta anarquía".

Ha sonado por primera vez el nombre de Maximiliano de Habsburgo. Desplazado por su hermano de la línea de sucesión del imperio austriaco, desconfiado por su padre por sus veleidades liberales, condenado a ser rey de la nada en el Castillo de Miramar, en las cercanías de Trieste.

Maximiliano, nacido en Viena el 6 de junio del 32, era el segundo hijo del archiduque Francisco Carlos y era un trotamundos; como jefe de la es- cuadra austriaca, recorrió medio planeta. Estuvo en Granada (1851), Lisboa (1852), donde se enamoró de la princesa María Amalia (hija de Pedro I de Brasil), que murió un año después de tuberculosis. Fue a Constantinopla y Egipto y a bordo de la *Novara* fue a Ancona y siguió a Roma a visitar al Papa. Hablaba alemán y magiar, francés, italiano, inglés y algo de polaco y checo; lo habían hecho estudiar historia (sobre todo la de su familia y su reino), filosofía y derecho canónico, pero lo que le gustaba era la poesía y la pintura. ¿Un aristócrata culto?

En el 56 estuvo en París hablando con Napoleón III (su padre lo había enviado para explicar por qué los austriacos no intervenían en Crimea); luego viajó a Bruselas, donde conoció a Carlota. Cuando se casó con Maximiliano de Habsburgo, ella tenía 17 años, y Maximiliano, 25. A él le faltaba disciplina y le sobraba dispersión, en medio de su buena voluntad. A Carlota, en plena adolescencia, le sobraban cachetes y mandíbula para ser bella, pero sin duda tenía estilo, presencia; generaba una estampa llena de potencia. Ambos eran miembros de una realeza que creía que el destino les reservaba una enorme cuota de poder. Pierre de La Gorce lo cuenta mejor que el autor de este li- bro: "Maximiliano y Carlota se asemejan en sus rasgos comunes. El desdén de la vida vulgar, la aspiración hacia las cumbres, el amor del bien público, el noble tormento de la juventud desempleada. Todo por lo demás era en ellos contraste. En Maximiliano dominaban las veleidades más bien que las voluntades, una imaginación móvil y viajera que se nutría de proyectos bri- llantes y voluntariosos dejándolos evaporarse en fantasías mucho de bondad con un poco de debilidad, una cultura espiritual que en todos los países hubiera parecido bastante basta y que era asombrosa para un archiduque, pero de perspectivas obscuras que no lograban clarificarse. Diametralmente era la princesa [...] voluntariosa, lo será siempre y algunas veces con altivos caprichos que herían con un rasgo profundo lo que el príncipe se contenta con tocar superficialmente [...] aparte algunos intervalos de buen humor, una notable generosidad".

Hoy ambos están en Miramar, jubilados de la derrotada experiencia en la que Maximiliano fue virrey del reino Lombardo-Véneto, a la espera de tiempos mejores, o al menos diferentes.

José Manuel Hidalgo, Pepe, vuelve a la escena: "Y no fue culpa mía, si al poco tiempo después, en septiembre del 61, encontrándome en Biarritz con los emperadores recibí cartas de México en que se me decía la ruptura de relaciones con los representantes de Francia e Inglaterra [excluye España] con el gobierno de Juárez". Sin duda, le hablan de la moratoria del pago de la deuda externa que Juárez ha decretado el 17 de julio.

Y entonces se aproxima a la emperatriz Eugenia: "Majestad [le dijo al oído], acabo de recibir noticias". Según esta versión, la emperatriz dejó su costura y se dirigió al gabinete de Napoleón. Hidalgo argumenta: Inglaterra apoya, México responderá a las potencias intervencionistas, la guerra en Estados Unidos paraliza a los norteamericanos, es posible instaurar una monarquía con un príncipe europeo a la cabeza.

¿No suena absurda esta versión? Pareciera que son los conspiradores mexicanos, que tienen acceso a ministros, monarcas, incluso al cuarto de costura de la emperatriz francesa, los que le explican a Napoleón cómo debe ser la intervención y cuáles son sus posibles salidas. Esta interpretación mexicano-céntrica, adoptada por la mayoría de los historiadores locales que han cubierto el proceso, no se sostiene. ¿No sería al revés? ¿No es Napoleón el que los usa para fabricar en su cabeza una posible aventura mexicana y embarcar a un príncipe europeo en ella, por ejemplo a un tal Maximiliano?

NOTAS

1) Miguel Galindo y Galindo: *La gran década nacional o Relación histórica de la Guerra de Reforma, intervención extranjera y gobiernos del archiduche Maximiliano, 1857-1867*. José C. Valadés: "José María Gutiérrez de Estrada". Émile Ollivier: *L'Empire libéral*. Egon Caesar Conte Corti: *Maximiliano y Carlota*. José Manuel Hidalgo: *Apuntes para escribir la historia de los proyectos de monarquía en México, desde el reinado de Carlos III hasta la instalación del emperador Maximiliano y Algunas indicaciones acerca de la intervención europea en México*. Francisco Zarco en *El Siglo XIX*, 11 de agosto de 1868. Silvestre Villegas Revueltas: *La Reforma y el Segundo Imperio, 1853-1867*. Ángel Pola: *Los reportajes históricos*. Víctor Villavicencio Navarro: *Un mexicano en París: José Manuel Hidalgo y la intervención francesa en México* y "José Manuel Hidalgo y Esnaurrizar, un monarquista semiolvidado" en *El imperio napoleónico y la monarquía en México*. Jasper Ridley: *Maximiliano y Juárez*. Héléne de Reinach Foussemagne: *Carlota de Bélgica, emperatriz de México*, prólogo de Pierre de la Gorce. Torcuato Luca de Tena: "Semblanza de un monárquico mexicano". Christian Schefer: *Los orígenes de*

la intervención francesa en México, 1858-1862. Ernesto de la Torre Villar: *La visión de México y los mexicanos en los intervencionistas.* Agustín Rivera: *Anales mexicanos. La Reforma y el Segundo Imperio.* Guillermo Prieto: *Memorias de mis tiempos.* Niceto de Zamacois: *Historia de México.* Victoriano Salado Álvarez: *Las ranas pidiendo rey.* Ireneo Paz: *Maximiliano.* Justo Sierra: *Juárez, su obra y su tiempo.*

2) Con el ánimo de no profundizar ni mínimamente, una brevísima nota sobre Napoleón III y Eugenia. Napoleón III, hijo de Luis, hermano de Napoleón I (aunque recientes estudios pongan en duda la relación). Militarmente se forma en Suiza como artillero. Hilarión Frías, que no lo quiere en absoluto, dice que fue "soporte de un burdel en Londres, y coime encerrado en Nueva York por fraudes". Tras un golpe militar fallido, de varios que intentaría, pasó en la cárcel de 1840 al 46, donde escribe sobre economía y es autor de una biografía de Julio César. Llega a la presidencia de Francia, electo tras las revoluciones del 48. Restablece el imperio con un golpe militar en el 52. Un imperio marcado en el interior por reformas y en el exterior por el más crudo imperialismo. Víctor Hugo lo describe: "Una cara pálida, sus huesudos y demacrados ángulos remarcados por el pesado brillo de lámparas veladas, una nariz grande y larga, bigote bajo una frente estrecha, un mechón de pelo rizado bajo una estrecha frente, ojos pequeños y aburridos, y con un carácter tímido e inquieto, no se parecía al emperador, este hombre era el ciudadano Charles-Louis-Napoleón Bonaparte". Napoleón hablando de su entrono de confianza decía: "La emperatriz es legítima, mi primo es republicano, Morny es orleanista, yo soy un socialista; el único bonapartista es Persigny, y está loco". No es mala la descripción de Carlos Pereyra: "¿Qué fue Napoleón III? Fue un teorizante de política, un revolucionario utopista, un sistemático que hizo uso del poder como de cualquier otro medio destructor. El jefe del segundo imperio fue un conspirador que no dejaba ver sus manejos cautelosos ni a sus ministros y amigos, hasta que los hacía públicos por la prensa". María Eugenia Ignacia Augustina de Palafox-Portocarrero de Guzmán y Kirkpatrick, hija de un noble español nació en Granada en 1826. Estudió en Francia a partir de 1835 en el Convento del Sagrado Corazón y luego en el *Gymnase Normale, Civile et Orthosomatique.* El 12 de abril de 1849, en una recepción en el Palacio del Elíseo, vio al presidente de la república Napoleón III, con el que habría de casarse cuatro años más tarde. Eugenia fue activa militante en la política del Segundo Imperio. Ferviente católica, defensora del Papa, se opuso a la política de su marido en lo tocante a Italia. Apoyó decididamente la aventura mexicana. (Carlos Pereyra: *Juárez discutido como conspirador y estadista.* Hilarión Díaz: *Juárez glorificado y la intervención y el imperio ante la verdad histórica.* Jean Meyer: *Yo, el francés. Crónicas de la intervención francesa en México, 1862-1867.* Jasper Ridley: *Napoleon III and Eugenie.* Fenton Bresler: *Napoleon III. A Life.* John Bierman: *Napoleon III and His Carnival Empire).*

3) Con Catón no sólo discrepo profundamente en las interpretaciones históricas, también con sus gustos. Mira que decir que Eugenia de Montijo, la emperatriz de los franceses era la mujer más bella de Europa, le ronca; a Eugenia, de rostro alargado, un tanto caballuno y mirada lánguida, le sobraba nariz. O chulear hasta el absurdo a

Leonor Rivas de Torres Adalid que le pondría los cuernos a su marido con un conde austro maximilianista, y que tenía cara de boba.

67

DOBLADO

En 1847 tenías 28 años, te faltaban dos, Manuel Doblado, y fuiste electo gobernador constitucional de tu estado natal, pero no tomaste posesión del cargo por no cumplir el requisito de la edad mínima, que era de 30 años.

Manuel Vicente Ramón Doblado: serás una de las más complejas personalidades de la época, respetado por muchos, querido por pocos, admirado por numerosos, desconfiado por todos.

Naciste en 1818 en San Pedro Piedra Gorda, Guanajuato. Abogado de oficio y poseedor de los lugares comunes de retorcida mentalidad que se les atribuye a los doctores en derecho. En el mismo 1847 llegaste a ser diputado en un Congreso marcado por la presencia de las fuerzas norteamericanas en la capital del país y que reunido en Querétaro discutía los términos en los que se firmaría la paz con el gobierno estadounidense. Tu postura fue de abierta oposición a la idea de aceptar el acuerdo de paz que cercenaba al país. Sin embargo, el hecho se concretó. Firmados los Tratados de Guadalupe Hidalgo, te uniste a la guerrilla del cura español Celedonio Domeco de Jarauta, que terminó fusilado por el gobierno. Sobreviviste a la quema, quién sabe cómo, y volviste al trabajo de abogado.

La Revolución de Ayutla contra Santa Anna te devolvió a la escena pública. Liberal, moderado o radical, no importa demasiado, te llevó a levantarte en armas. Decías: "Hagamos pues el último esfuerzo, unámonos como hijos de una sola familia y desaparecerán esos gobernadores". Pero mantuviste distancia respecto al sector rojo de la revuelta y levantaste tu propio programa. De alguna manera fuiste responsable de la caída de Juan Álvarez. Fiel a Comonfort, instalado en tu feudo de Guanajuato, lo apoyaste hasta el autogolpe del 57 y el golpe dentro del golpe de Zuloaga, donde te declaraste en hermandad con la coalición liberal.

Narciso Bassols intenta definirte: "Doblado tenía una fuerte y dominante personalidad, que usaba hábilmente, combinada con una extraordinaria imaginación y una simpatía innata [...]. Su trayectoria política consiste en una larga serie de intentos de *transacción* y de compromiso entre las ideas liberales y conservadoras".

Hilarión Frías dirá: "Doblado era afecto a las intrigas políticas", pero sostuviste al liberalismo durante la Guerra de Reforma, aunque estuvieras en pleito permanente contra el radicalismo de Ramírez, Zarco y Zamacona. Cuando se inicia el año terrible del 61 apareciste como una opción unificadora ante las contradicciones en el liberalismo y la ofensiva de las guerrillas conservadoras.

NOTA

1) Ignacio Ramírez López: *Cronología de Manuel Doblado*. Raúl González Lezama: *Cinco de mayo. Las razones de la victoria*. Una versión muy dobladista en el prólogo de Othon Villela Larralde a *Testimonios de un patriota* de Manuel Doblado. Elsa Aguilar Casas: "Manuel Doblado, el negociador ante los invasores". Narciso Bassols: *Así se quebró Ocampo*. Hilarión Díaz: *Juárez glorificado y la intervención y el imperio ante la verdad histórica*.

68

"CUAL TIGRE NOS ACECHA"

Escrito casi 20 años antes, Ignacio Rodríguez Galván había dejado un poema repleto de premoniciones: "Europa se aprovecha / De nuestra inculta vida / Cual tigre nos acecha / Con la garra tendida / Y nuestra ruina próxima / Ya celebrando está". Su pronóstico era lamentablemente exacto.

El 1º de octubre de 1861 Juárez recibe informaciones sobre cómo se está integrando una flota de guerra española en el puerto de La Habana, presumiblemente para intervenir en México. ¿Qué forma cobraría? Muy pronto la conspiración habría de concretarse. Desde fines de septiembre se encuentran reunidos en Londres representantes de los tres imperios; la prensa europea ventila ampliamente las noticias de que se prepara una gran acción armada, aunque los tres gobiernos desmienten total o parcialmente la noticia. Karl Marx escribe: "La intervención en México de Inglaterra, Francia y España es, en mi opinión, una de las mayores empresas monstruosas que se han reseñado en los anales de la historia internacional".

El 31 de octubre Francia, España e Inglaterra firman un documento conjunto que establece el "envío de fuerzas combinadas de mar y tierra" para "ocupar posiciones militares del litoral mexicano"; aunque establecían de manera bastante cínica que no tenía el convenio por objeto "adquisición de territorio [...] ni ejercer en los negocios interiores de México influencia alguna capaz de menoscabar el derecho que tiene la nación mexicana para escoger y constituir libremente la forma de su gobierno".

Supuestamente se trataba de recabar la deuda mexicana y por tanto enviaban cobradores armados. Se creaba una comisión tripartita que quedaría formada en noviembre por el español Juan Prim, conde de Reus y marqués de los Castillejos; por Inglaterra Charles Wyke y el comodoro Dunlop, y por Francia, Dubois de Saligny y el almirante Jurien de la Gravière, jefe militar de la escuadra francesa. El documento invitaba a que Estados Unidos se sumara al convenio.

El *Times* de Londres decía: "México debe ser salvado de la anarquía", y Marx comentaba que la intervención "producirá el efecto contrario, debilitando al gobierno constitucional, fortaleciendo al partido clerical con la aportación de las bayonetas francesas y españolas". Pedro Pruneda, el historiador liberal aragonés, comentaría: "Consideran como una aberración la democracia, la república como origen perenne de trastornos y anarquía, el respecto a la libertad individual como un absurdo, la libertad de conciencia como un sacrilegio, el sufragio universal como una locura, la igualdad civil como una utopía".

Juárez se pronunció de inmediato ante el pacto tripartito: "México rechazará la fuerza con la fuerza, está dispuesto a satisfacer las reclamaciones fundadas en la justicia y la equidad, pero por ningún motivo aceptará condiciones que ofendan la dignidad de la nación".

Sin embargo, la reorganización militar fue lenta, quizá por las enormes carencias de fondos. Zaragoza, desde el Ministerio de la Guerra, estaba en contra de la leva y a favor de fortalecer las milicias estatales, pero sentía la imperiosa necesidad de centralizar los esfuerzos y había estado intentando crear una escuela de artillería y construir un Estado Mayor permanente. El 11 de noviembre de aquel año de 1861 dio forma al Ejército de Oriente y puso al mando al general José López Uraga. Contaba nominalmente con 9 572 soldados y, otra vez, un número nutrido de jefes, 127, y 725 oficiales. El 23 de noviembre dislocó a las tropas en Veracruz: Jalapa, Soledad y el poblado de Camarón.

Ese mismo día Juárez derogó el decreto del 17 de julio anterior, en cuanto a la suspensión de pagos de las deudas extranjeras. Era tarde para frenar el proceso que se había puesto en marcha. Una segunda medida fue la promulgación de una ley de amnistía (1º de diciembre) para incorporar al ejército a militares conservadores que habían combatido con los cangrejos. La ley excluía a Márquez, el asesino de Tacubaya, al ex presidente Zuloaga, a los asesinos de Melchor Ocampo. Era una decisión muy arriesgada. ¿Sería una medida sabia la de traer a tus filas a los viejos enemigos llamándolos a la defensa nacional? ¿No se estaría poblando el nuevo ejército de la República de futuros chaqueteros y traidores? El riesgo era enorme, pero la jugada en principio le saldría relativamente bien al Presidente.

Aunque pocos respondieron al llamado, eran conocidos; quizá el que más era el poblano y muy católico Miguel Negrete, que había hecho la Guerra de Reforma con los conservadores y combatido como guerrillero con Márquez, y que aceptó haciendo pública su declaración: "Yo tengo Patria antes que partido". Junto a él estaba Tomás O'Horán, el general de origen guatemalteco, veterano de las guerras de Texas y contra los norteamericanos en 1847 que había sido ayudante de campo y secretario particular de Márquez y el general jarocho Miguel María Echeagaray, también veterano de la guerra contra los gringos. Juan Lagarde, el jefe de policía, general retirado, santanista de pro, que había estado preso con el hijo del dictador después de Ayutla, el 2 de diciembre del 61 se acogió a la amnistía. Se acercó también el teniente coronel Manuel González, que durante la Guerra de Reforma había combatido al mando de Cobos en Oaxaca y que buscó reincorporarse enviando mensajes familiares a Porfirio Díaz, quien finalmente consintió entrevistarse con él y, respondiendo a la frase "Piense usted que, como usted, yo también soy mexicano", lo aceptó sin grado. Tomás Mejía rechazó la amnistía, y el general Francisco A. Vélez, aceptándola, se retiró a la vida privada. Se acogió también a ella, sin ser militar, Manuel Payno, que en julio se había enfrentado a un gran jurado del Congreso hostigado por Ignacio Manuel Altamirano, que le recordaba su complicidad en el golpe de Comonfort.

Junto a ellos, frente a la próxima llegada de los invasores, se reintegraron muchos que se habían alejado de la Reforma por timideces políticas, como el cojo José López Uraga; e incluso se vio la posibilidad de recuperar al inconsistente Ignacio Comonfort, cuyas tibiezas y dudas abrieron la puerta al golpe de Estado reaccionario casi cinco años antes. En los siguientes meses las guerrillas conservadoras tratarían de atraerlos de nuevo a su bando original y Almonte, bajo el escudo de los franceses, intentaría captar a varios de ellos, como Negrete y O'Horán, que serían "tocados" por Taboada para que desertaran, sin lograrlo.

Finalmente una buena noticia: el 4 de diciembre el gobierno de Lincoln de Estados Unidos, en plena guerra, respondió a través de William Seward a la invitación de las potencias, diciendo que los agravios que podrían tener contra el gobierno mexicano no ameritaban una guerra y que ellos "no quieren ejercer influencia alguna en detrimento del derecho que tiene el pueblo mexicano para escoger y establecer libremente la forma de su gobierno".

El 4 de diciembre Dubois de Saligny salió de la capital de México para Veracruz con una escolta que le proporcionó Juárez para esperar en el puerto la llegada de la escuadra francesa. ¿Era Saligny un iluminado de la intervención? ¿Existían instrucciones explícitas o secretas de Napoleón de provocar la confrontación militar? ¿Era simplemente un buen intérprete de una voluntad imperial que iba evolucionando siempre con retraso a causa de la distancia? Sea uno o todos, la polémica histórica se mantiene. Y Napoleón III nunca desaprobó las provocaciones constantes de Saligny, la "conducta truculenta, implacable, violenta", como dicen Alfred Jackson Hanna y Kathryn Abbey.

Saligny no sólo ha estado promoviendo la confrontación armada con Francia, irritado hasta la locura por las caricaturas en la prensa que lo muestran como a un borracho; ha estado escribiendo cartas a Cuba para que se acelere la expedición española y ofreciendo información militar sobre las disposiciones artilleras de Ulúa y la situación del ejército mexicano. Su interlocutor era Francisco Serrano, el gobernador hispano al que lo sacude el fantasma de los rumores que corrían por México de una expulsión de los ciudadanos españoles. Serrano, cuenta Minvielle, era un nostálgico del imperio que debía su cargo de gobernador a sus devaneos amorosos con la reina de España.

Bajo presión del Congreso, Juárez decide hacer cambios en el gabinete para ampliar la base de su gobierno sumando a liberales moderados. No es nada fácil el cabildeo. El Presidente, a lo largo de una semana, le ofrece cargos en el gobierno a José María Lafuente, a José María Lacunza o Manuel Dublán, que los rechazan, y luego de negociaciones con Sebastián Lerdo de Tejada (que tras su pasividad durante la Guerra de Reforma se ha vuelto a sumar al liberalismo), convoca a Manuel Doblado, con el que se reúne en la Ciudad de México el 6 y el 10 de diciembre. La inclusión de liberales moderados, que fueron relativamente inactivos durante la pasada guerra, en el gabinete (meditada por Juárez o impuesta por el Congreso, porque de todo se dirá en los diarios), en momentos como los que se está viviendo, parece parte de la conciliación imposible. Doblado lo medita; no es la primera vez que le han ofrecido el puesto y siempre se ha negado. Es un posibilista, a veces blando y siempre caudillo. Le dirá a Juan de Dios Arias: "Supuesto que el ciudadano presidente me deje la formación del gabinete". Pide la Secretaría de Relaciones Exteriores y Gobernación y la posibilidad de actuar en los hechos como primer ministro. Juárez cede sin abandonar la desconfianza ("sólo así salvaríamos la situación"). Le escribe a Sebastián Lerdo que el movimiento de gabinete obedece a la inclusión de figuras del partido moderado; "yo no estaba por el cambio". El 10 de diciembre del 61 Doblado acepta el cargo, que se hará efectivo el 23 de enero del 62. Ralph Roeder comentará que "es el hombre del momento rodeado de rumores, muchos de ellos que él mismo corre". En cambio, el Congreso le ofrece al Presidente facultades omnímodas, lo que equivalía a dejarle las manos libres en todo tipo de negociaciones y tratado con potencias extranjeras. Será ministro de Justicia, Instrucción Pública y Fomento Jesús Terán; el ministro de la Guerra un viejo general, Pedro Hinojosa, y José González Echeverría, ex administrador de las minas de plata de Fresnillo, lo será en Hacienda. Parece ser que Juárez no quería ceder la Secretaría de Guerra, pero Ignacio Zaragoza no está cómodo en ese gabinete y renuncia al menos dos veces, e insiste en que lo dejen sumarse a la situación de preguerra pasando a dirigir la división de San Luis, subordinada al Ejército de Oriente, que en esos momentos dirige el general José López Uraga. Sin duda, no era la mejor elección.

Saliendo el 2 de diciembre de la Ciudad de México, López Uraga el 4 estará en Puebla y partirá hacia Veracruz, a donde llegará el 7 para, junto al gobernador Ignacio de la Llave, organizar el plan de defensa. López Uraga,

nacido en Morelia en 1808, hijo de asturianos, fiel al santanismo durante la
Revolución de Ayutla, en 1854 y 1855 embajador en Alemania, golpista durante el gobierno de Comonfort (en enero del 56 Ghilardi lo derrotó), hará la
Guerra de Reforma dirigiendo el Ejército del Centro con los liberales. Perderá la pierna en la batalla de Guadalajara. Reputado como brillante estratega,
no deja de haber dudas sobre su solidez. Saligny, con su habitual lengua
envenenada, lo caracteriza: "El general Uraga, nombrado comandante en jefe
del Ejército de Oriente, es un hombre como de 50 años, bastante bizarro,
pero ligero, presuntuoso, falso en extremo y embustero como un mexicano".

El convenio de Londres establecía que las flotas y los ejércitos de la intervención habrían de reunirse en La Habana para partir conjuntamente hacia
tierras mexicanas, pero la expedición española había salido previamente, incluso sin esperar al general Prim. Era creencia de las potencias que el gobierno
republicano mexicano se desmoronaría con la pura presencia de la invasión.

¿Pensaban los españoles en la restauración del imperio colonial, con la
punta de lanza cubana, bajo la presión del expulsado Pacheco, que había
influido en el Congreso y en el Gabinete de Madrid para que se mandase la
expedición contra México? ¿Serrano se estaba anticipando a los franceses e
ingleses con una agenda propia?

Un día después del arribo de López Uraga, el 8 de diciembre, el telégrafo
de San Juan de Ulúa "marcó sucesivamente, una, dos, tres, cuatro y hasta
ocho velas al sur". Los barcos pasaron ante Ulúa rumbo a Antón Lizardo,
donde fondearon bajo la lluvia. Los dirige el general Manuel Gasset y el
almirante Rubalcaba. No es cualquier cosa, 5 600 soldados, con 4 mil marinos; seis fragatas de hélice con 249 cañones, siete vapores de ruedas con 64
cañones, cinco fragatas, cuatro transportes de vapor y cinco mercantes. Una
concentración impresionante. Joaquín Francisco Pacheco, ex embajador de
España en México, lo celebrará en un discurso en el Senado de Madrid: "Hoy,
aquí, en este momento solemne, juro a Dios y al mundo, juro por mi salvación y por mi honra, que he cumplido en México; que estoy satisfecho en el
fondo de mi conciencia de haber cumplido como español y como caballero".
Pacheco se sentía vengado.

Sin embargo, durante una semana se producirá un atolladero. El gobierno mexicano expide el 10 de diciembre un decreto en que se prohíbe
bajo pena de muerte toda comunicación con el enemigo y ordena al Ayuntamiento de Veracruz permanecer hasta el momento del desembarco. Juárez le
escribe a Matías Romero: "Existe la voluntad que vence obstáculos, existe el
patriotismo que hace milagros".

López Uraga y De la Llave siguen las instrucciones de Juárez, que ha op-
tado por la no resistencia para ganar tiempo. Desmontan la artillería de Ulúa
y del puerto, los cañones que no pueden ser transportados fuera de Veracruz
se destruyen, arden los archivos junto con una bandera española ante los

fosos de Ulúa. El 11 de diciembre la escuadra española pide colaboración de la fragata inglesa *Ariadna* y el buque francés *Foundre* para que los ayuden a intimar la rendición de Veracruz; sus aliados no intervienen porque no tienen instrucciones de sus gobiernos. Los españoles entregan el 12 un ultimátum. De la Llave les contesta que tiene instrucciones del gobierno de retirarse a un punto cercano y abandonar el puerto. La intimidación se hace a nombre de los tres gobiernos.

El 14 de diciembre de 1861 el ejército mexicano abandona el puerto. El coronel Milán arría la bandera. Sin embargo, aún no se produce el desembarco porque un fuerte temporal azota Veracruz. Será hasta el 17 cuando 1 800 infantes españoles entren al puerto por la playa de Mocambo y tomen Ulúa. En México, donde si no se puede llorar se canta, comienza a corearse: "Ya vienen los gachupines con sus flotas y cañones".

Éxodo de hombres, mujeres y niños que salen de Veracruz, lazos de luto en las puertas de las casas. Hasta el *Times* de Londres tiene que reconocer que "una multitud aterrorizada abandona la ciudad", lejos de la supuesta bienvenido jolgoriosa que tanto se había anunciado. El general Manuel Gasset reportaba: "Hallé la ciudad abandonada por la mitad de sus habitantes". Juan Antonio López de Ceballos (citado por Bulnes) dirá: "El muelle y la plaza estaban llenos de curiosos y me causó no poca sorpresa saber que casi todos eran españoles. Ni una demostración de alegría, ni un grito de entusiasmo nos dio a conocer que estábamos rodeados de compatriotas".

Juan Antonio Mateos contará: "El general La Llave [...] tendió el brazo y señaló al mediodía. El pueblo comenzó en grupos a abandonar la ciudad. Los hogares quedaban abandonados. Los viejos lloraban, hubieran deseado oír los fuegos de las baterías de Ulúa y de los baluartes de tierra".

Benito Juárez publica un manifiesto a la nación el 18 de diciembre: "Los anuncios de la próxima guerra que se preparaba en Europa contra nosotros han comenzado por desgracia a realizarse [...] nuestra dignidad nacional se halla ofendida y en peligro tal vez nuestra independencia".

¿Por qué no se resistió? ¿Militarmente era viable? El comandante español pensaba que, si se hubiera resistido, les habrían causado muchas pérdidas a los españoles. ¿Podía haberse impedido el desembarco? Las fuerzas terrestres mexicanas eran pobres, escasas y no muy bien armadas, pero la artillería de Ulúa y del puerto era seria, como lo había demostrado durante la Guerra de Reforma. Juárez está buscado una conciliación. Al paso de los años Bulnes y Valadés acusarán a Juárez de mal informado, indeciso. Juárez le escribe a Vidaurri (29 de diciembre de 1861) contando que los españoles ocuparon la plaza de Veracruz "sin que mediara ni ultimátum ni explicación [ni declaración de guerra], se habían dictado órdenes para que al arribo de los españoles abandonara Llave la plaza, enviando a Tampico o que se internara en México la artillería [...] no siendo defendible la plaza por falta de marina mexicana".

Guillermo Prieto, que tantas veces ha acudido a este libro para dar el tono justo, escribe: "Ten Iberia caridad / con el que lucha y se afana / que el pan de la libertad / sólo con sangre se gana".

NOTAS

1) Karl Marx: "The Intervention in Mexico", *New York Daily Tribune*, 23 de noviembre de 1861. Los papeles de López Uraga en la Bancroft Library, Universidad de California en Berkeley. Agustín Rivera: *Anales mexicanos. La Reforma y el Segundo Imperio*. Silvestre Villegas Revueltas: *La Reforma y el Segundo Imperio, 1853-1867*. Daniel Moreno: *Los intereses económicos en la intervención francesa*. Ignacio Zaragoza: "Cartas al general Ignacio Mejía". Antonio García Pérez: *Estudio político militar de la Campaña de Méjico, 1861-1867*. Alfred Jackson Hanna y Kathryn Abbey: *Napoleon III and Mexico: American Triumph over Monarchy*. Jorge Minvielle Porte Petit: *Antecedentes de la intervención*. Luis Chávez Orozco: "Introducción al estudio de la historia de la intervención francesa y del imperio de Maximiliano" en Arnaiz y Freg y Bataillón: *La intervención francesa y el imperio de Maximiliano cien años después*. Benito Juárez: *Documentos, discursos y correspondencia* (Juárez a Sebastián Lerdo, 10 de diciembre de 1861. Zaragoza a Mejía 11 diciembre 1861, Juárez a Vidaurri, 29 de diciembre de 1861). Francisco Zarco: "La expedición española", *El Siglo XIX*, 18 de diciembre de 1861 y "La defensa del país", 19 de diciembre de 1861, *Obras completas*, tomo IX. Miquel y Verges: *El general Prim en España y en México*. Manuel Rivera Cambas: *Historia de la intervención europea y norteamericana en México y del imperio de Maximiliano de Habsburgo*, tomo I. Antonio Arriaga: *La patria recobrada: estampas de México y los mexicanos durante la intervención francesa*. Gloria Grajales: "La Alianza Tripartita en el 'Public Record Office' de Londres". Carl H. Bock: *"Prelude to Tragedy: the Negotiation and Breakdown of the Tripartite Convention of London, October 31, 1861"*. Sebastián I. Campos: *Recuerdos históricos de la ciudad de Veracruz y costa de Sotavento, durante las campañas de Tres Años, Guerra de intervención y el Imperio*. José María Iglesias: *Revistas históricas sobre la intervención francesa en México*. Vicente Mendoza: "Algunas canciones y sátiras durante la intervención y el imperio". Ralph Roeder: *Juárez y su México*. José R. Castillo: *Juárez, la intervención y el imperio*. Paco Ignacio Taibo II: *La lejanía del tesoro*. José Ramón Malo: *Diario de sucesos notables, 1854-1864*. Jesús de León Toral: *Historia militar: la intervención francesa en México*. Juan Antonio Mateos: *El sol de mayo, memorias de la intervención, novela histórica*. Benito Juárez: "Efemérides" en *Documentos, discursos y correspondencia*, tomo I.

2) Pedro Pruneda escribió sobre las rodillas una *Historia de la guerra de México, desde 1861 a 1867*, y mientras se producía armó su texto que fecharía en Madrid en agosto del 67, a sólo dos meses del fusilamiento de Maximiliano, y lo publicaría ese mismo año dando nacimiento a los *instant books* mexicanos. Sobre Pruneda: Miguel León-Portilla: "El historiador Pedro Pruneda y su olvidada obra sobre la guerra de intervención".

3) La Escuadra Española la componían los buques de guerra: *Princesa de Asturias, Lealtad, Concepción, Petronila, Berenguela, Blanca, Isabel la Católica, Francisco de*

Asís, Blasco de Garay, Pizarro, Velasco y *Ferrol.* El aviso: *Guadalquivir.* Los trasportes: *Número 3,* urca *Santa María* y urca *Marigalante.* Los vapores de transporte: *Pájaro del Océano, Cubana, Cárdenas, Cuba* y *Maisi.* Las fragatas: *Favorita, Teresa, Paquita, Sunrise* y *Palma.* Más 12 chalanas para desembarco.

4) *La profecía de Guatimoc,* de Ignacio Rodríguez Galván debe de haber sido escrita antes de 1842, cuando muere en La Habana; en ella hay referencias a la pérdida de Texas. Amigo de Fernando Calderón y Guillermo Prieto, quien lo recuerda "taciturno y encogido". Le debo el descubrimiento a Marco Antonio Campos y posteriormente a su libro *Joven la muerte niega el amor joven. Cuentos del siglo XIX* que dedica un capítulo a Rodríguez Galván. Para los interesados en el personaje: Francisco Bobadilla Encinas: "*La profecía de Guatimoc,* de Ignacio Rodríguez Galván, o la legitimización poética del nacionalismo criollo", en Internet. El excelente ensayo de José Emilio Pacheco: "Ignacio Rodríguez Galván, el primer escritor mexicano" en *Letras Libres*: "El olvido de Ignacio Rodríguez Galván se debe a un cúmulo de fatalidades: le tocó iniciar la historia literaria de un país devastado por la guerra, ser contemporáneo, como poeta romántico, de Hugo, Byron y Heine y, como cuentista, de Gógol y Merimée, además de morir joven". José Emilio Pacheco contribuye a remediar esta injusticia histórica: "Vivió sólo 26 años y tuvo nada más siete de producción literaria".

5) José Fuentes Mares delira en *Y México se refugió en el desierto*: "La opinión de Juárez (sobre la convención de Londres) podría ser llamada sólo errónea si no se encontrara adornada por la más exquisita mala fe (Juárez en una carta a Vidaurri pensaba que podía negociarse con Inglaterra y Francia, pero no con España) [...] afloran los rencores más íntimos del presidente, dejando ver hasta qué punto deseaba una guerra con España" (no hay para tanto, la carta que lo sugiere dice: "Vendrá a querer humillarnos con sus fuerzas en cuyo concepto debemos prepararnos para contestar dignamente"). Con tan escasos materiales y con sólo eso elabora la teoría de que Juárez quería la guerra con España. No será el único en desvariar; Carlos Pereyra en su *Juárez discutido como conspirador y estadista* con un facilismo digno de mejor causa anota: "¿Por qué pasa la política de Juárez a través de tantas modalidades y fue imponente el 12 de enero, traidora e inepta hasta mayo, digna pero inactiva a julio, resueltamente práctica en noviembre, y en diciembre ingeniosa y salvadora? Por el abandono de su autoridad en manos de los ministros: Juárez no quería gobernar, no quería ser funcionario responsable y activo. Lo único que le importaba era presidir. ¿Pero por qué tantos ministerios, cinco en un año?". Los que han seguido esta historia verán que el presidente no varió en exceso sus posiciones y la debilidad que el estado de guerra civil persistente y las disidencias entre los liberales rojos lo han forzado a muchas de las medidas tomadas. ¿Por qué Pereyra piensa que la suma de los liberales moderados al gobierno es "ingeniosa y salvadora"? Los hechos posteriores demostrarán que no hubo tal, que simplemente fue forzosa.

6) Matías Romero (embajador de México en Washington) tradujo en 1862 el texto de Marx "El embrollo mexicano", donde este critica la intervención imperialista en México, habla de la labor progresista del gobierno de Juárez e incluso predice el

ajusticiamiento del emperador. Marx preveía que Napoleón III se iba a dar de frente en México: "En México se romperá la crisma, si no es que antes lo cuelgan". (Gastón García Cantú, *El socialismo en México, siglo XIX*).

69

LA PERMANENTE CONSPIRACIÓN EUROPEA

Mientras tanto, en Europa, separada de los acontecimientos por millares de kilómetros y donde las cartas de México suelen llegar con suerte con un mes y medio de retraso, Gutiérrez de Estrada, que se hallaba en París y poco antes de volver a Roma, recibe cartas que le escribieron de Biarritz Hidalgo y Almonte, en las que le hablaban del rompimiento de Francia, Inglaterra y España con México, y de la expedición armada que se preparaba, y le dicen que ha llegado el momento de la monarquía. Le sugieren se entreviste con Maximiliano en Miramar. El abogado decide usar un intermediario que tenga más presencia que él. Utilizando a Mullinen, encargado interino de la embajada de Austria en París, llegará hasta el conde de Rechberg, ministro de Negocios Extranjeros de Austria. Rechberg se ofrece como voluntario para ir a Miramar, transmitir la noticia de que le ofrecen la corona de México a Maximiliano. A fines de septiembre, en algunas versiones, el 10 de octubre, en otras, Rechberg recibe la respuesta de Max, que consiste en cuatro condiciones para poder aceptar la corona: que fuera elegido por un plebiscito mexicano; que Napoleón le ofreciera apoyo militar; que su hermano Francisco José, emperador de Austria, aprobase el proyecto, al igual que el padre de Carlota, rey de Bélgica.

Maximiliano y Carlota han caído en la trampa mexicana, en la medida que otras puertas se les han cerrado, México es la posibilidad de gobernar.

Con los españoles metidos de lleno en la intervención y sus tropas en Veracruz, el 25 de diciembre del 61 Almonte en Madrid conferencia con O'Donnell y Calderón Collantes sobre el establecimiento de la monarquía en México y la candidatura de Maximiliano; los dos ministros de Isabel II aprobaron el proyecto, o al menos no pusieron abiertas objeciones. Almonte, al ver que Miguel Miramón (al que entiende como un competidor para su propuesta) tenía simpatías en Madrid en el gobierno O'Donell, regresa a París a conferenciar con Napoleón III.

Otro inevitable jugador debería entrar en el tablero: el clero mexicano y el Papa. A principios de noviembre de 1861 el archiduque hizo llegar al papa Pío IX una carta pidiéndole su opinión sobre si debería aceptar el trono de México.

El Papa, a su vez, consultó al obispo de Puebla, Pelagio Antonio de Labastida, que se encontraba en Roma tras su exilio en La Habana y Nueva York, y que elaboró un memorando titulado *Cuestiones en torno a si la monarquía debe restablecerse en México*: "La nación mexicana está dispuesta para recibir a la monarquía [...] por los desengaños: porque desde el tiempo trascurrido desde que se hizo independiente, ha sido gobernada por todas las otras formas políticas, caminando siempre de mal en peor, hasta llegar a esta crisis mortal de la que no puede salir sin el establecimiento de una monarquía europea". En el texto se mostraba partidario de una monarquía no constitucional y absoluta. ¿Estaba previamente involucrado Pelagio en la conspiración? Maru García Ugarte parece pensarlo cuando dice: "Su misión fue realizada con la precisión de un relojero". Con este material en la mano, el Papa dio el visto bueno a las aspiraciones de Maximiliano y así le escribió el 29 de noviembre de 1861.

En la medianoche de la navidad de 1861 Gutiérrez de Estrada estaba en Miramar: "Estos príncipes nada dejan que desear [...] son para nosotros un precioso don del cielo". Fascinado, según Arrangoiz, "Gutiérrez de Estrada encontró a los archiduques enteramente decididos a ir a México, muy dedicados a la historia de aquel país". Estaban leyendo la muy conservadora versión de Lucas Alamán y estudiaban español con fray Tomás Gómez, un monje franciscano español que Maximiliano había nombrado capellán de Carlota. De su interés por el tema mexicano habla el que sólo hacía dos meses que habían recibido las primeras proposiciones y ya estaban estudiando el idioma. Por cierto que Maximiliano no avanzaba tanto como Carlota, que tenía excelente oído para los idiomas.

El 20 de enero de 1862 el obispo Labastida llegó a Miramar y al día siguiente lo hizo Almonte. Venían a seguir animando la definición pro Maximiliano y eran portadores de noticias contradictorias. Labastida había conversado en Roma con el embajador austriaco Rechberg, que le transmitió la falta de apoyo del gobierno austriaco. Almonte había escuchado a Miguel Miramón asegurar que en México no existía ningún partido monárquico y en cambio tenía el apoyo, por lo que pudiera valer y sumando todas las desconfianzas de los conspiradores, de Antonio López de Santa Anna, que le había escrito a Max asegurando que "no un partido sino la inmensa mayoría de la nación anhelaba la restauración del imperio de Moctezuma". Y en otra carta a Gutiérrez de Estrada le aseguraba que "el candidato de que usted me habla, su alteza imperial el archiduque Fernando Maximiliano es inmejorable, por consiguiente me apresuro a dar mi aprobación".

NOTA

1) Miguel Galindo y Galindo: *La gran década nacional o Relación histórica de la Guerra de Reforma, intervención extranjera y gobiernos del archiduche Maximiliano, 1857-1867.*

José C. Valadés: *Maximiliano y Carlota en México: historia del segundo imperio* y "José María Gutiérrez de Estrada". Francisco de Paula Arrangoiz: *México desde 1808 hasta 1867*. Émile Ollivier: *L'Empire libéral*. Egon Caesar Conte Corti: *Maximiliano y Carlota*. José Manuel Hidalgo: *Apuntes para escribir la historia de los proyectos de monarquía en México, desde el reinado de Carlos III hasta la instalación del emperador Maximiliano*. José Manuel Olimón: "La iglesia mexicana entre Ayutla, París y Roma". Francisco Zarco en *El Siglo XIX*, 11 de agosto de 1868. Silvestre Villegas Revueltas: *La Reforma y el Segundo Imperio, 1853-1867*. Ángel Pola: *Los reportajes históricos*. Víctor Villavicencio Navarro: *Un mexicano en París: José Manuel Hidalgo y la intervención francesa en México* y "José Manuel Hidalgo y Esnaurrizar, un monarquista semiolvidado" en *El imperio napoleónico y la monarquía en México*. Patricia Galeana: "Las relaciones iglesia-estado durante el Segundo Imperio". José Manuel Hidalgo: *Algunas indicaciones acerca de la intervención europea en México*. Jasper Ridley: *Maximiliano y Juárez*. Héléne de Reinach Foussemagne: *Carlota de Bélgica, emperatriz de México*, prólogo de Pierre de la Gorce. Konrad Ratz: *Correspondencia inédita entre Maximiliano y Carlota, Tras las huellas de un desconocido: nuevos datos y aspectos de Maximiliano de Habsburgo* y *Querétaro: fin del segundo imperio mexicano*. Guillermo Prieto: "El partido intervencionista juzgado por Bazaine". Torcuato Luca de Tena: "Semblanza de un monárquico mexicano". Christian Schefer: *Los orígenes de la intervención francesa en México, 1858-1862*. María Eugenia García Ugarte: "Pelagio Antonio de Labastida durante la Reforma". Ernesto de la Torre Villar: *La visión de México y los mexicanos en los intervencionistas*. Agustín Rivera: *Anales mexicanos. La Reforma y el Segundo Imperio*. Guillermo Prieto: *Memorias de mis tiempos*. Niceto de Zamacois: *Historia de México*. Victoriano Salado Álvarez: *Las ranas pidiendo rey*. Ireneo Paz: *Maximiliano*. Justo Sierra: *Juárez, su obra y su tiempo*.

70

LA INVASIÓN QUE NO INVADE

Francisco Zarco escribe el 6 enero de 1862: "No podemos hacer la guerra, ni alcanzar la paz, sino a costa de inmensos sacrificios [...] rodear al gobierno para que defienda la independencia y la honra de la república".

El correo bloquea la correspondencia con Veracruz. López Uraga manda a fusilar a un gachupín que llevaba borregos a los invasores y luego a tres carniceros por romper el asedio económico. Las primeras víctimas de la guerra.

Los conspiradores monárquicos han estado tratando de atraerse a las guerrillas de los mochos. El padre Francisco J. Miranda le escribe a Márquez y a Zuloaga informándoles del arribo del inicio de la expedición tripartita: "Al procurar sus intereses, buscan, si bien se miran, los nuestros [...]. Si usted, como no puedo dudarlo, está resuelto a cooperar al fin en que los gobiernos aliados y nosotros estamos de acuerdo, sírvase usted decírmelo". Márquez, desde Ixmiquilpan, contesta el 18 de diciembre de 1861 con argumentos bastante confusos: "Usted conoce nuestra extensión territorial y sabe bien lo acostumbrados que están nuestros paisanos a la guerra de guerrillas, que sería interminable. Por lo mismo, creo, señor, que si verdaderamente se desea la felicidad de nuestro país, es indispensable tratar este negocio con un tacto y una delicadeza extremadas".

Nadar sin mojar la ropa. Dos días más tarde el pequeño ejército de Márquez, que incluía a Mejía, Zires y Zuloaga, y que contaba con 3 700 hombres, se enfrentó sin éxito en Real de Monte a Santiago Tapia, la brigada de San Luis y los oaxaqueños de Porfirio Díaz, en un combate que duró seis horas.

Ese mismo día salen de la Ciudad de México 3 mil hombres mandados personalmente por Zaragoza para sumarse al Ejército de Oriente; son aclamados por la multitud. Al llegar a Puebla tienen que detenerse por falta de 8 mil pesos para comer, que finalmente se consiguen con un préstamo de los comerciantes.

El 25 de diciembre el general José López Uraga, jefe del Ejército de Oriente, se entrevista con Saligny; le pide que si avanzan lo hagan primero los franceses, porque, antes de rendir su espada a un español, se suicidaría. En un acto de absurda debilidad, casi rayando en la traición, le confiesa a Saligny que sólo tiene 1 200 hombres mal armados y medio desnudos, y que pasaría un mes o seis semanas para recibir los refuerzos. Esta conversación se filtra y se vuelve pública. El gobierno tarda en reaccionar y no sería sino hasta los primeros días de enero cuando López Uraga sea destituido; al inicio de febrero Ignacio Zaragoza toma el mando del Ejército de Oriente. ¿Por qué esta demora? Posiblemente porque la esposa de Zaragoza muere el 13 de enero en la Ciudad de México. López Uraga es enviado como embajador a Estados Unidos.

El 23 de diciembre Prim está en La Habana para preparar la expedición. Entre el 6 y el 7 de enero de 1862 llega el resto de la flota española y la francesa. Sólo la movilización de las tres escuadras implicaba un gasto superior a la totalidad de la deuda. A los movimientos militares siguen los movimientos diplomáticos... El 26 de diciembre sir Charles Wyke, el embajador británico, pidió su pasaporte y viajó del Distrito Federal a Veracruz a pesar de los intentos de Doblado de frenarlo. No hay manera de aminorar su insolente racismo. Poco antes había discutido con Zamacona y dicho: "La población de México está tan degradada como para hacerla peligrosa no sólo para sí mismos, sino a cualquiera que entre en contacto con ellos".

Todo se sucede a una velocidad que en el mundo de las carretas de mulas y los vapores parece inusitado. El 7 de enero de 1862 llega la flota aliada a Veracruz. Las fuerzas inglesas, mandadas por el contralmirante Dunlop, se componían de dos barcos de guerra, cuatro fragatas, embarcaciones menores y 900 soldados de infantería de marina. Los franceses eran 3 mil hombres mandados por el contralmirante Jurien de la Gravière. Los españoles ahora eran 6 mil, comandados por el general Prim.

La alianza imperial decide ocupar la villa de Tejería, a 12 kilómetros de Veracruz, junto al ferrocarril en construcción. El 11 de enero parte una columna de españoles, franceses y una simbólica compañía de infantes de marina ingleses, siguiendo la línea férrea y con raciones para cinco días. El terrible calor los obliga a detenerse a dos horas de marcha. En Tejería, un destacamento mexicano se prepara para la defensa pero recibe órdenes de no intervenir.

Juárez publica un manifiesto para conciliar. Por razones militares necesita ganar tiempo y tratar de fragmentar la alianza. Respuesta de Prim conciliando también: "Las tres naciones que venimos representando y cuyo primer interés parece ser la satisfacción de los agravios [...] no lo hacemos en son de guerra". Las palabras se contradicen con los hechos: ¿qué hacían entonces tres escuadras y casi 10 mil infantes armados en posesión de Veracruz? Llegan 4 mil franceses más. El puerto está saturado.

Las enfermedades están haciendo presa de los invasores. Los españoles sufren 500 bajas por las fiebres tercianas. Los aliados informan al gobierno que, dada la insalubridad de la zona, procederían a internarse en el país para ocupar posiciones en tierras templadas. Doblado respondió que eso era una provocación y que el gobierno se opondría a dicho avance, pero dejó una puerta abierta al preguntar cuáles eran las proposiciones y reclamos que las potencias pretendían hacer, posibilitando que los aliados enviaran una comisión a la Ciudad de México para arreglar un encuentro entre ambas partes. Jurien obtuvo, del general López Uraga, aún activo, el permiso para ocupar San Juan de la Loma, a 13 kilómetros de Tejería.

El 9 de enero el Ministerio de Guerra francés había ordenado una segunda expedición a México (¿para reequilibrar la presencia española?) a cargo del general de brigada conde de Lorencez. Napoleón III piensa que sus aliados hispanos se están adelantando con oportunismo y destina a México un refuerzo de 4 500 hombres. No es la única medida: desinformado por los monárquicos, que le habían predicho que la llegada de las flotas produciría un alzamiento nacional a favor y recibiendo las primeras noticias del frío recibimiento en Veracruz, ordena aumentar la presión para de inmediato resolver el problema de la deuda. Las apariencias no engañan, aunque sí ofrecen cortinas de humo: los franceses están construyendo la plataforma para la invasión.

Saligny, el 12 de enero, reclama la entrega inmediata de 12 millones de pesos, sin presentar créditos ni pruebas de ellos, ni su lista, ni siquiera fundamentos verbales. Esta suma debía dejar saldadas las reclamaciones hasta el 31 de julio de 1861, debiendo el gobierno mexicano disponerse a pagar lo que se le exigiese con posterioridad; el pago de 15 millones de pesos por los bonos Jecker; la entrega de los puertos de Veracruz y Tampico y los que designase Francia para que fuesen administrados por empleados franceses, quedando los productos a favor de los reclamantes. El ministro de Francia tendría siempre el derecho de asistir a todas las averiguaciones de la justicia criminal del país que trataran sobre sus súbditos. Se exigía además la continuación del pago de la vieja convención francesa.

En una primera reunión, ingleses y españoles se quedaron sorprendidos por las demandas de Saligny. Prim le escribió al ministro español Calderón Collantes diciendo que, si se hacía solidario de las reclamaciones francesas, se corría el riesgo de que México no celebrara ningún acuerdo con España. A su vez, *sir* Charles Wyke, el ministro de Inglaterra, escribía a su gobierno repitiendo un argumento de Mathew: "Diez y nueve en cada 20 de los extranjeros residentes en este infortunado país tienen una reclamación contra el gobierno, de una clase o de la otra; muchas de ellas están realmente fundadas en justicia; mientras que otras han sido forjadas y fabricadas como buenas especulaciones".

El 17 de enero Zaragoza le reportaba a Juárez: "Hace muy pocos días que hubo entre los tres jefes principales de la expedición un disgusto tan grande que estuvieron a punto de romper entre sí, tratando el general Prim de reembarcarse con sus fuerzas". Los pleitos se debían a la prepotencia y frivolidad con las que Saligny cambiaba las demandas francesas. Wyke lo definiría como un intrigante "que se dejaba arrastrar por sus pasiones y también por sus intereses pecuniarios y por aspiraciones que pudieron llamarse mórbidas".

El 20 de enero una comisión de la tripartita llegó a la Ciudad de México para entregar los tres pliegos diferenciados. Seis oficiales, la mayoría de marina, dos por nación, serían recibidos con gran jolgorio por los conservadores de la capital. En la ciudad fueron invitados a varios banquetes por el representante de Prusia y por el tío de la esposa de Prim. Zaragoza organiza que sigan la misma ruta de ida y vuelta para que no adquieran mayor información sobre las fuerzas mexicanas desplegadas. De veras se les trataba bien a esa caterva de piratas. Responden con un documento en el que, entre otras cosas, se dice: "Habiendo venido a México para llenar una misión civilizadora, han concebido la esperanza [...] de llenar dicha misión sin derramar una gota de sangre".

Días antes Juárez publicaba un decreto según el cual se establecía la pena de muerte para la deserción del ejército y a los extranjeros que sin declaración de guerra violasen el territorio y a todos los mexicanos que les secundasen.

Las instrucciones de los ejércitos parecen vistas al paso de los años de una vaguedad inmensa, repletas de dobleces y contradicciones, de agendas que podían modificarse al calor de los hechos. Coincidían en el cobro de las deudas (sin haber analizado sus diferentes demandas, con la desconfianza de los ingleses respecto a las reclamaciones francesas de los bonos Jecker), creían que el gobierno de Juárez se desmoronaría ante su presencia. Las instrucciones españolas y francesas eran proseguir hasta la Ciudad de México, en el caso español, si no había solución en lo económico; en el francés, la hubiera o no, y vaya usted a saber lo que pretendían los ingleses, que más bien tenían la mirada puesta en las costas norteamericanas y la Guerra de Secesión.

Si Prim era un liberal lleno de prestigio que representaba contradictoriamente a un gobierno que aún soñaba con el perdido poder colonial en América, Saligny era un feroz intervencionista acompañado de un despistado e imperial almirante La Gravière y *sir* Charles Lennox Wyke (Bulnes: "Mr. Wyke era honorable, pero tonto") y el comodoro Dunlop, un par de burócratas armados, cobradores de impuestos en nombre de la hegemonía imperial británica.

Años más tarde Bulnes y Luis Chávez Orozco producen una síntesis de las segundas intenciones francesas: colocar en el trono a Maximiliano y dejarlo después que mantuviese el imperio con sus propias fuerzas. Obtener de él concesiones comerciales, ferrocarrileras, bancarias, entre ellas el acceso a las supuestas minas de oro de Sonora y la posibilidad de que Francia se pudiera apoderar de ellas. Aprovechar "la oportunidad que brindaba" la Guerra de Secesión en Estados Unidos para crear un Estado tapón a la intervención norteamericana en la América española. Napoleón se lo diría a Forey meses más tarde (3 de julio de 1862): "Si allí se constituye un gobierno estable por las armas franceses, habremos opuesto infranqueable dique a la expansión de Estados Unidos". Obtener de México una producción de algodón para la industria francesa, dada la carestía provocada por la guerra norteamericana. Salida para los productos industriales franceses. El cobro de la fantástica "deuda francesa", en particular de los bonos Jecker.

Prim, mientras tanto, siguiendo el ejemplo francés y apremiado por las enfermedades (el 1° de febrero tuvo que enviar a La Habana 800 hombres), hizo que sus tropas avanzaran hacia Santa Fe, entre San Juan y Veracruz. Los ingleses no usaron el permiso y siguieron en la costa. El 10 de febrero Zaragoza, ya como general del Ejército de Oriente, les pasó a los invasores una comunicación demarcando una línea (Medellín-Tejería-San Juan) a partir de la cual sería considerado su movimiento "declaración expresa de guerra". Y le escribía al general Ignacio Mejía desde La Soledad: "Necesitamos tener mucha vigilancia, para que no se internen reaccionarios de los que hay en Veracruz, pues se le ha escapado decir a Prim que trae 5 mil fusiles para repartirlos entre los disidentes". El 13 de febrero los aliados consideraron ofensiva la nota de Zaragoza y pidieron explicaciones al gobierno.

Poco después llega dando media vuelta al mundo la carta del ministro de la legación mexicana en París, Juan Antonio de la Fuente, al gobierno: "Dese por seguro que el príncipe Maximiliano acepta la corona de México".

NOTA

1) Ireneo Paz: *Maximiliano*. Francisco Zarco en *El Siglo XIX*, 6 de enero de 1862, *Obras completas*, tomo XI. José Ramón Malo: *Diario de sucesos notables, 1854-1864*. Antonio

García Pérez: *Estudio político militar de la Campaña de Méjico, 1861-1867*. Francisco Bulnes: *El verdadero Juárez y la verdad sobre la intervención y el imperio*. Luis Chávez Orozco: *El sitio de Puebla, 1863*. Saligny: Ultimátum, 12 de enero de 1862. Ignacio Zaragoza: "Cartas al general Ignacio Mejía". Juan Antonio de la Fuente: *Discursos, documentos y notas diplomáticas*. Una minuciosa descripción del papel de Prim en las negociaciones en *El general Prim en España y en México* de Miquel y Vergés, y en *Don Juan Prim y su labor diplomática en México* de Genaro Estrada, publicada por la SRE en 1928.

71

LA SOLEDAD

" A y de la libertad, si arrojada del viejo continente, no pudiera refugiarse en las playas hospitalarias de la joven América", escribiría el español Pedro Pruneda, uno de los futuros cronistas de la guerra. Pero las playas hospitalarias de Veracruz estaban en manos de tres ejércitos imperialistas.

El 14 de febrero Manuel Doblado, con instrucciones precisas de Juárez de intentar romper el acuerdo de las tres potencias y ganar tiempo, salió en diligencia de la Ciudad de México. El punto de encuentro se ha cambiado de una ranchería llamada La Purga a una aldea llamada La Soledad, a poco más de 20 kilómetros de Veracruz. Kératry, que más tarde estaría estacionado allí, describe el lugar: "Un pueblo miserable, formado por algunas casas encaladas y pintadas al temple en rojo o azul, cubiertas de paja y semidestruidas. A la derecha, en la orilla escarpada del Jamapa, se alzaba una pequeña iglesia hecha de madera, blanqueada con cal. Un poco más adelante, la posada, sucia y en ruinas como cualquier posada mexicana, se adornaba con el nombre de Casa de las Diligencias, para poder atraer a los viajeros que diariamente llegaban desde Veracruz [...]. En la plaza del mercado, tan desierto como el pueblo, se veían aún plantados en tierra los restos de las sombrillas de palma que servían de resguardo, cuando el calor era más intenso, a los indígenas que ofrecían el producto de sus cultivos". Los comisionados se reunieron en una casa ruinosa al lado de la iglesia. Zaragoza monta su cuartel general en los alrededores.

Desavenencias entre los aliados. Dubois está envenenando las relaciones con el representante mexicano y desautorizando a Prim, porque dice que el puro hecho de que las conferencias se realicen significa reconocer al gobierno de Juárez. Los ingleses están atrapados en el medio. Hacia las diez de la mañana del día 18 de febrero se inicia la reunión. Doblado solicitaba de los franceses un desmentido de los proyectos monárquicos que se les atribuían y a los españoles que dejaran clara su falta de intenciones de restaurar la dominación hispana en México.

Al día siguiente se firma un tratado que sería conocido como los Preliminares de La Soledad, firmado por los cuatro representantes. El documento se iniciaba de manera elegante diciendo que el gobierno mexicano "no necesita del auxilio que tan benévolamente han ofrecido al pueblo mexicano, pues tiene en sí mismo los elementos de fuerza y opinión para conservarse contra cualquier revuelta intestina". Proseguía afirmando la "independencia, soberanía e integridad de la república"; proponía una nueva reunión en Orizaba y cedía que, mientras durasen las negociaciones, "las fuerzas de las potencias aliadas ocuparan las poblaciones de Córdoba, Orizaba y Tehuacán" (para evitar los estragos de la fiebre amarilla), pero en caso de ruptura de las conversaciones volverían a sus posiciones originales y los hospitales que controlaban los invasores quedarían bajo vigilancia del ejército mexicano. Por último se decía que, cuando las fuerzas aliadas salieran hacia los tres puntos designados, "se enarbolara el pabellón mexicano en la ciudad de Veracruz y en el castillo de San Juan de Ulúa" (lo que sucedió cinco días después).

Doblado no pudo recobrar el control de la aduana del puerto de Veracruz, que era muy importante para las finanzas del gobierno. Le escribió a Juárez: "En general informaré a usted que no pude sacar más, a pesar de que no ahorré razonamiento ni arbitrio oratorio de cuantos estaban a mi alcance y, si bien hay modificaciones sustanciales respecto de los artículos propuestos por el señor ministro de Justicia, hay también algunas concesiones adquiridas por nuestra parte que no estaban comprendidas en aquellas [...]. Mi opinión como ministro en el gabinete es que los preliminares deben admitirse como lo mejor que puede obtenerse en las presentes circunstancias". De pasada aprovechó para mantener una larga conversación de seis horas con Prim, al que consideraba el más accesible de los comisionados.

El 22 de febrero los últimos franceses salieron de Veracruz hacia Tehuacán, a unos cien kilómetros del puerto y 80 de Puebla. Con grandes dificultades para conseguir mulas de carga y transportes (sólo ocho arrieros mexicanos aceptaron trabajar bajo el mando francés), avanzaron 3 200 hombres dirigidos por el almirante Jurien. Patrullas de caballería aparecían de vez en cuando a la vista de los franceses, pero se desvanecían como fantasmas siguiendo fielmente los acuerdos de La Soledad. Los ingleses no salieron del puerto; Prim y los españoles anunciaron que lo harían más tarde.

Si esto era el prólogo de una invasión, estaba organizada por un atajo de ineptos. No había abastecimientos, carretas, mulas, víveres; no se habían previsto las enfermedades. Nadie había sospechado la hostilidad del clima. En el camino los franceses tuvieron algunos muertos por asfixia. ¿De verdad creían que el gobierno de Juárez caería con su sola presencia?

El 5 de marzo las tropas francesas entraban en Córdoba y el 7 llegaron a Orizaba. Los españoles los seguirían el 9. El 10 de marzo la columna francesa proseguía su camino y acampaba al pie de las cumbres, en Acultzingo, y finalmente el 21 de marzo el "suspirado convoy" aparecía en Tehuacán.

"Los españoles, de sus 6 mil hombres, no tenían ya más que 4 mil en posibilidad de combatir; los franceses tenían de 400 a 500 enfermos que, minados por la fiebre, se arrastraban en lugar de marchar; los convoyes se atascaban, las mulas, echadas con todo y carga, se negaban caminar, y en cuatro días la columna no avanzó más que ocho leguas. Pero todos resucitaron al llegar a Córdova, Orizaba y Tehuacán: los soldados recobraron su aspecto marcial, su buen humor y su entusiasmo". Wagner, ministro de Prusia en México, le escribía a Saligny el 4 de abril de 1862: "Si vuestro ejército no se remonta más allá de Córdoba y Orizaba, será diezmado por el vómito y las fiebres perniciosas, a consecuencia de los fuertes temporales. Las primeras lluvias os acarrearán seguramente todo eso, y cuando la infección se haya propagado a todo el ejército, entonces será tarde y quizá no podréis poneros en marcha. Fácilmente perderéis de esta manera mil o 3 mil hombres en pocos días. Creo no debéis pedir por segunda vez a los mexicanos la autorización necesaria para ocupar, por razones de humanidad, campamentos saludables. Todas las cuestiones y las conveniencias políticas desaparecen ante el peligro de sacrificar 6 mil franceses a las epidemias de un clima mortífero".

En Veracruz se había quedado una guarnición de cien hombres por cada nación, a los que las enfermedades diezmaron al poco tiempo; el 29 de febrero habían muerto 29 y 159 estaban enfermos.

Los ingleses tenían cada vez más dudas respecto a la expedición. Lord Rusell le enviaba un mensaje a sir Charles Wyke el 25 de febrero: si es necesario, "por razones militares o políticas, acampar fuera de Veracruz o bien avanzar hacia Jalapa [hay que solicitarlo] en términos tales, que les inspiren el respeto, y no de una manera que exciten a la resistencia". Saligny declaró que cada nación era libre para exigir daños y perjuicios.

En vistas a la siguiente reunión en Orizaba, Juárez apremiaba a Doblado diciéndole que no podían admitirse interventores extranjeros en las aduanas. Y Zaragoza trataba de distribuir sus tres divisiones. La primera en la línea de Jalapa, dirigida por Ignacio de la Llave; la segunda en La Soledad, a cargo de Francisco Lamadrid; la tercera con el cuartelmaestre Ignacio Mejía (el oaxaqueño de 48 años, compadre de Juárez, hombre de las milicias, activo desde la guerra contra los gringos, Ayutla y Reforma y que acaba de triunfar contra los conservadores en Real de Monte) en la línea de Potrero-Camarón, que contaba con la brigada oaxaqueña de Porfirio Díaz.

Pero un acontecimiento no esperado cambió la situación drásticamente. El 1º de marzo (el 3, según Malo) llegó a Veracruz en el famoso *Paquete* (un paquebote) inglés un grupo de mexicanos encabezados por Juan Nepomuceno Almonte, el general Haro y Tamariz y el padre Miranda. Guillermo Prieto diría: "Al volver Almonte a México, a nadie conocía, su cerebro era un panteón de sus antepasados, lleno de ídolos cesantes y de momias. Almonte era el peor favor que Morelos le hizo a la patria. Arribista de todos los arribos, patriota de cartón, miembro de todos los partidos que le permitieran escalar el poder. Se le recordaba con las imágenes del principio de los años 40, como un hombre talentoso, que hablaba bien el francés y el inglés. Frío generalmente, no faltaba nunca al papel que parecía haberse impuesto. Almonte, desnudo, hubiera pasado por una broma perfecta y acabada: el cuello erguido, los músculos robustos, los pómulos salientes, los ojos negros con una mirada triste. Ahora se había vuelto su propia caricatura".

Y el 6 marzo, mientras los ingleses se retiran de Veracruz y se dirigen hacia las Bermudas dejando sólo 150 hombres, llega con casi 4 500 soldados franceses más Charles Ferdinand Latrille, conde de Lorencez. Nacido en 1814, hombre de la academia de Saint Cyr, donde había ingresado con el apoyo familiar, coronel en Argelia, 20 años en activo, participante en la Guerra de Crimea, donde se vuelve general de brigada, y en la batalla de Solferino contra los austriacos en la guerra napoleónica de Italia. "Arrogante, apuesto, de estatura regular, frente amplia y largo bigote".

Junto con Almonte y Lorencez llegan los rumores en los barcos de que los franceses le han ofrecido el imperio a Maximiliano. Y en los futuros interrogatorios a soldados franceses se repetía la frase de que "venían a poner fin a la anarquía en la que vivía la república".

El gobierno mexicano envió una serie de protestas. Doblado escribió: "Las fuerzas francesas dieron abrigo en Veracruz a mexicanos declarados enemigos del actual orden de cosas establecido en la república [...]. Fuerzas francesas custodiaron en su tránsito de Veracruz a Córdoba a los traidores Juan N. Almonte, Francisco Miranda y otros [...]. El gobierno mexicano tenía en su poder cartas dirigidas por el traidor Almonte en que excitaba a jefes y oficiales del ejército mexicano a que promovieran asonadas llamándolos al poder, y desconociendo al mismo gobierno constitucional a quien los comisarios franceses al aprobar los Preliminares de La Soledad habían reconocido los títulos bastantes para constituir una autoridad legítima".

NOTAS

1) Guillermo Prieto: "El relevo de Monsieur Saligny" y "El partido intervencionista juzgado por Bazaine". José Ramón Malo: *Diario de sucesos notables, 1854-1864*. Juan Antonio Mateos: *El sol de mayo, memorias de la intervención, novela histórica*. Manuel Rivera Cambas: *Historia de la intervención europea y norteamericana en México y del imperio de Maximiliano de Habsburgo*. Juan de Dios Peza: *Epopeyas de mi patria: Benito Juárez*. Agustín Rivera: *Anales mexicanos. La Reforma y el Segundo Imperio*. Victoriano Salado Álvarez en *Las ranas pidiendo rey* tiene una versión novelada de las conversaciones. Antonio García Pérez: *Estudio político militar de la Campaña de Méjico, 1861-1867*. Elsa Aguilar Casas:

"Manuel Doblado, el negociador ante los invasores". Silvestre Villegas Revueltas: "El papel desempeñado por Prim y Manuel Doblado en los preliminares que antecedieron a la intervención francesa". Manuel Doblado: *Testimonios de un patriota*. Una minuciosa descripción del papel de Prim en las negociaciones en *El general Prim en España y en México* de Miquel y Vergés y en *Don Juan Prim y su labor diplomática en México* de Genaro Estrada. Verónica González Laporte: *El hijo de la sombra*. Gustave Niox: *Expedition du Mexique, 1861-1867; récit politique et militaire*. Juárez a Doblado, 24 de febrero de 1862. Paco Ignacio Taibo II: *La lejanía del tesoro*. Rodolfo Arroyo: *Ignacio Zaragoza, defensor de la libertad y la justicia*. Émile de Kératry: *La contraguerrilla francesa en México, 1864*.

2) Nunca se ponen de acuerdo. Meses después Francisco Zarco sacará la cuenta de cuánto les costará a los franceses la primera parte de intervención y la valuará en 18 millones de pesos, para cobrar una deuda de tres. (Paco Ignacio Taibo II: *Los libres no reconocen rivales*). Según Gustave Niox el gasto de la campaña fue de 383 millones de francos, poco más de 76 millones de pesos.

3) "El paquete inglés", en esos momentos la vía más rápida de comunicación entre Europa y América. Southampton a Santo Tomás (15 días 18 horas), tres de reposo, a La Habana (cuatro días 18 horas), uno de descanso, a Veracruz tres días 18 horas: 28 días en total. (Juan Nepomuceno Almonte: *Guía de forasteros y guía de conocimientos útiles*).

72

EL DESTERRADO PRESIDENTE

No hay nada más incómodo en la narración histórica que tener que apelar al "mientras aquello sucedía"; sin embargo, si queremos seguir a ciertos personajes que no han estado en el centro de la trama, pero que rondan la periferia de la historia esperando su momento de colarse en ella, no queda otro remedio.

Un año antes de la invasión, el 24 de diciembre del 60, los jinetes de Aureliano Rivera, vanguardia del ejército liberal, habían entrado al Distrito Federal con la consigna de "impedir desmanes". La Guerra de Reforma había terminado. Miguel Miramón vaga cual alma en pena por una ciudad que ya no le pertenece; discute con un compañero: "No podía bajar de la Presidencia para hacer de guerrillero". Lo acompaña el abogado Isidro Díaz (ex ministro de Justicia). Se dice que será ayudado por el embajador de Francia, Dubois de Saligny, pero también se cuenta que desde esa misma noche el casi embajador español Pacheco los tendrá ocultos en su casa.

Sale en la diligencia de incógnito, luego a caballo, a pie, finalmente a caballo. El 10 de enero del 61, en Jico, se salva de una partida liberal sin esperar a su amigo y compañero, dejándolo seguir su suerte. Isidro será detenido.

Pasa por Jalapa, Tejería, se oculta en el consulado de Francia en Veracruz. Hacia el 25 de enero y disfrazándose de marino francés, se refugia en el buque *Mercure*. El capitán del buque inglés *Valorous* se entera y pide oficialmente al capitán del *Mercure* que entregue al ex presidente Miguel a las autoridades de Veracruz, para que sea procesado por el robo de los bienes de la legación británica en la calle Capuchinas. El capitán del *Mercure* contestó que no lo podía entregar por prohibírselo el derecho de gentes, y permite que Miramón se trasborde al barco español *Velasco* junto al nuncio, el embajador Pacheco y Barrio, el embajador de Guatemala. Saldrán de Veracruz rumbo a La Habana el 30 de enero.

El 9 de febrero llega a La Habana. Los ingleses, persistentes, lo siguen reclamando, pero el gobernador Serrano dice que él no es "carcelero de la pérfida Albión" y deja zanjado el asunto. Allí se le reúnen Concha y sus hijos. La familia parte rumbo a Nueva York, donde permanecen un mes.

El 26 de abril del año 61 llegaron a El Havre, luego a París. "Un brillo el reinado de Napoleón", dirá Concha, la misma que en sus *Memorias* añadirá que Miguel tomaba con moderación vino de Burdeos, que era el único que le gustaba. No está claro si en esta etapa del viaje fue recibido por Napoleón III, aunque parece ser que se entrevistó con su medio hermano, el duque de Morny, y que en esas conversaciones intentó atraerlo para un proyecto en el que Francia se haría con los estados de Sonora y Baja California.

No debe haber quedado muy contento en este primer contacto Miramón, que en principio buscaba apoyos a su causa y no ponerse al servicio del imperio francés. Dos meses más tarde la familia fue a Roma, donde el 27 de junio el papa Pío IX los recibió en audiencia privada, los señaló como hijos predilectos y condecoró a Miramón por su congruencia y defensa de la Iglesia católica.

Durante dos meses los Miramón viajan por Nápoles, Padova, Venecia, Génova, Turín, Lyon. De nuevo a París. Rentan un piso en la *rue Montaigne*. ¿De dónde sacan el dinero para mantener este tren de vida? Miguel Galindo y Galindo dirá que Miramón "llegó cargado de dinero robado"; el obispo Pelagio Antonio de Labastida y Dávalos, en una carta probablemente dirigida al padre Miranda (10 de agosto de 1861), comentará: "En estos días llegó el joven Miramón a derramar el dinero a manos llenas". Años después, los policías de Maximiliano darán una explicación: "Al marchar sobre Veracruz, donde Juárez había situado su gobierno, impuso algunos préstamos forzosos, reunió los fondos que había en las cajas públicas, y con el pretexto de atender a las necesidades de su ejército, dirigió este dinero hacia la tierra caliente, y después, en lugar de enviarlo al campo frente a Veracruz, lo hizo embarcar en Alvarado por su propia cuenta. Tal es el origen de su fortuna". Sin embargo, esta explicación no corresponde con el momento, de tal manera que debe de haber sido en el último año de su presidencia cuando acumuló esta fortuna.

Según Corti: "La emperatriz odia a Miramón y me ha comunicado que el emperador no lo ha recibido". El invierno corre. Se entrevista de nuevo con Morny, que le ofrece la posibilidad de llegar a México con el ejército francés. Según Concha, Miguel señala: "Me han tomado por un bellaco".

Dejan de invitarlos a las recepciones.

Almonte, que en esos momentos está conspirando con los franceses para el establecimiento de una monarquía en México, se reúne con Miramón, su antiguo jefe de filas, y le dice que Napoleón III finalmente quiere conocerlo. No saldrá nada en claro de la conversación. Según Concha, Napoleón le informó a Miramón, hablando de México, que "es una pena que un país tan hermoso viva en constante anarquía. Por eso, y para extenderle una mano amiga, se han aliado las principales potencias europeas".

Porque lo conocen mal, los conspiradores monárquicos piensan que Miramón se ha subido a su carruaje dorado. Según Gutiérrez de Estrada, Miramón le dio su palabra de caballero de que trabajaría por el establecimiento de una monarquía. Pepe Hidalgo, en sus *Notas secretas,* escribe: "He tenido el gusto de cerciorarme que Miramón piensa y desea en esta materia lo mismo que nos".

Ya se produjo el pacto de Londres, la intervención está en marcha. Inicios de noviembre del 61. Los Miramón dejan París para ir a Madrid, viajan con sus hijos, dos criadas francesas, la nodriza de Conchita y la niñera de Miguelín. A la llegada de los Miramón a Madrid los recibe su amigo Pacheco, que en esos momentos es ministro de Estado. *La Correspondencia* de Madrid (12 de noviembre de 1861) publicará que Miguel Miramón había tenido una conferencia muy larga con la reina Isabel y que iría a México en la expedición como general español. Si es así, la cosa no se concreta porque no recibe mando de ninguna tropa ni se le informa con precisión lo que está pasando a partir de la Convención de Londres.

La familia sigue haciendo turismo. Primero Sevilla, luego Cádiz.

En diciembre del 61 Miguel se va a La Habana. "Mi deber me obliga a estar cerca de los acontecimientos". Concha se queda en Sevilla con los niños. Se reúne, claro, con el eterno *conspiracha,* el padre Miranda. Concha dice en sus *Memorias:* "Mi esposo, llegando a La Habana, se unió con el p. Miranda, con don Antonio Haro, el Coronel Rodríguez y otros conservadores desterrados que [estaban] en Cuba". En esos momentos ya está la escuadra española en Veracruz. ¿No le habían ofrecido en Madrid ser general de los intervencionistas?

Prim llega a La Habana el 23 de diciembre de 1861. Miramón y Miranda rápidamente lo van a visitar y le suplican que una vez que desembarque en México no trate con el presidente Juárez, sino con Zuloaga y Márquez, a lo que les contesta que trataría con el gobierno de hecho y no con las guerrillas.

Preocupados, informaron a los conspiradores mexicanos de París y de Madrid que nada estaba muy claro, que todos llevaban su propia agenda, aunque tuvieran en común la voluntad de derrocar a la república.

Para mantenerse en la primera línea de los acontecimientos, Miramón y el cura Mirada salen de La Habana hacia Veracruz poco después que la flota tripartita y llegan el 27 de enero para que, claro está, los británicos, que tienen una memoria más poderosa que los elefantes, por órdenes del comisionado Charles Wyke, lo vuelvan a detener al desembarcar y lo conduzcan a un barco de guerra británico. Un poeta anónimo se burla: "Cayó Miramón de brazos / Y a Londres volvió la proa / Que el robo de Capuchinas / Por allá no se perdona".

Miguel Miramón explicará años más tarde que su intento de volver al país "sólo tenía por objeto el poder ver de cerca la conducta de los interventores extranjeros, con cuyos proyectos no estaba de acuerdo desde entonces, y los que más bien trataba de contrariar, aunque no le era posible, porque el gobierno de México lo había excluido nominalmente de la amnistía que concedió a todos los demás que le habían hecho la guerra; y que la protección que le concedió el general Prim, y por su influencia el representante de Francia, fue un servicio amistoso al mismo tiempo que el deber que tenía dicho general de oponerse al abuso que pretendían cometer los ingleses".

Prim tiene problemas con sus aliados. El 28 de enero de 1862 le escribe al ministro Calderón y Collantes: "He debido emplear toda mi influencia para que el incidente Miramón no fuese la causa de una ruptura completa entre franceses e ingleses". Con el apoyo del almirante francés Jurien, logra que el comodoro Dunlop se limite a deportarlo de regreso a La Habana bajo la promesa de que el propio Prim se opondrá a su regreso a México.

De La Habana, humillado, Miramón viajará a Nueva York para esperar noticias sobre los acontecimientos que se desarrollaban en México (y probablemente pensando entrar al país desde Estados Unidos), pero retornó a La Habana para seguir viendo de lejos una guerra, en la que él, caballero de todas las batallas, estaba urgido de intervenir. ¿En qué bando? Esa no parecía ser la cuestión esencial ni la pregunta pertinente. Fundamentalmente en el suyo, el del incómodo ex presidente conservador Miguel Miramón.

NOTA

1) Luis Pérez Verdía: *Compendio de la historia de México: desde sus primeros tiempos hasta la caída del segundo Imperio.* Agustín Rivera: *Anales mexicanos. La Reforma y el Segundo Imperio.* Silvestre Villegas Revueltas: *La Reforma y el Segundo Imperio, 1853-1867.* Carlos Sánchez-Navarro: *Miramón, el caudillo conservador.* Víctor Darán: *El general Miguel Miramón; apuntes históricos.* Román Araujo: *El general Miguel Miramón, rectificaciones y adiciones a la obra del Sr. D. Víctor Darán.* José Fuentes Mares: *Miramón, el hombre.* Concepción Lombardo de Miramón: *Memorias.* Andrés Garrido del Toral: *Maximiliano en Querétaro.* Francisco Bulnes: *Juárez y las revoluciones de Ayutla y de*

Reforma. Miguel Galindo y Galindo: *La gran década nacional o Relación histórica de la Guerra de Reforma, intervención extranjera y gobiernos del archiduche Maximiliano, 1857-1867,* vol. 2. Genaro García y Carlos Pereyra: *Correspondencia secreta de los principales intervencionistas mexicanos.* Antonio García Pérez: *Estudio político militar de la Campaña de Méjico, 1861-1867.* Rafael Zayas Enríquez: *Benito Juárez, su vida / su obra.* Francisco de Paula Arrangoiz: *México desde 1808 hasta 1867.* Manuel Santibáñez: *Reseña histórica del cuerpo del Ejército de Oriente. Los traidores pintados por sí mismos. Libro secreto de Maximiliano en que aparece la idea que tenía de sus servidores. La Chinaca* no. 50.

73

EL EJÉRCITO LIBERAL

En marzo de 1862 la primera brigada del Ejército de Oriente republicano, mandada por Espinosa, de unos 1 500 hombres, se encontraba de guarnición en San Andrés Chalchicomula, en el camino a Puebla. En el edificio de la Colecturía (un gran y viejo almacén de piedra) y en los alrededores, al aire libre, estaban alojados y acampados casi todos los soldados, junto con vendedoras de comida que seguían a la brigada.

Por una brutal imprevisión, se había concentrado allí municiones, obuses de artillería y pólvora (46 toneladas), y en la noche del 6 de marzo se produjo una enorme explosión que voló el edificio y cubrió de llamas y despojos humanos toda la zona próxima.

Las casas cercanas estaban cubiertas de sangre y, de acuerdo con los testigos, se escuchaban sólo gritos y sollozos. Los sobrevivientes vagaban en medio de cadáveres destrozados e incendios. En el informe de Ignacio Mejía al presidente Juárez decía que se encontraba frente a "un espectáculo horroroso que me desgarró el corazón [...]. Pasan de mil hombres los que hemos perdido". Exactamente 1 042 soldados y 400 mujeres habían muerto y quedaban heridos otros 200 soldados y 500 vecinos, algunos de los cuales morirían en los siguientes días. No había quedado una vidriera en todo el pueblo.

¿Sabotaje? ¿Un terrible accidente? Los rumores atribuían el atentado al general reaccionario Manuel Robles Pezuela, que se supone incursionaba por la zona. La posterior investigación dictaminaría que, en palabras del general Zaragoza, la explosión se debió a "la relajación de la disciplina militar". Porfirio Díaz lo atribuye en particular a "una chispa de una de las fogatas de las mujeres que hacían la comida para los soldados". Milagrosamente se había salvado una gran parte de los oficiales porque se encontraban pasando lista fuera del edificio.

Doctores de las fuerzas invasoras francesa y española llegaron para apoyar a los médicos mexicanos, desbordados por el tamaño de la tragedia.

Porfirio Díaz, en sus *Memorias,* registrará el daño enorme que el desastre le causaría al Ejército de Oriente: dos batallones de Oaxaca (el estado de la República que más hombres aportaba a la causa liberal) de la columna a su mando, el primero y el segundo, tras el desastre de San Andrés, sólo reunirían en las posteriores acciones un centenar de hombres entre ambos.

La catástrofe afectó gravemente la ya de por sí terrible situación militar de la República. Si la invasión había de extenderse y buscar el dominio de todo el territorio nacional, como parecía obvio que tarde o temprano así sería, la República tenía un grave problema, uno más a sumarse a los miles conocidos: el estado de su ejército.

No hay duda de que las virtudes de un ejército popular nacido de la Revolución de Ayutla y la Guerra de Reforma eran grandes. Estaba integrado por voluntarios, con exceso de oficiales respecto al número de tropa (lo cual al final era una virtud porque lo consolidaba políticamente), pero pesaban también los defectos. El federalisme de la nación (justa respuesta al terrible centralismo santanista) había fragmentado al ejército liberal en dos docenas de ejércitos regionales sometidos al financiamiento de los gobernadores y cuyos mandos tenían fidelidades profundas hacia la región y los caudillos locales, planteando constantes problemas de coordinación y rivalidades de mandos, estableciendo continuamente prioridades regionales defensivas sobre las nacionales. Por otro lado, a diferencia de lo que los historiadores tradicionales han establecido, sólo la mitad de sus combatientes eran veteranos (en el caso del Ejército de Oriente, que dirigiría Zaragoza, el 50% eran novatos), y buena parte del resto, bisoños reclutados en el último año para cubrir la sangría que la Guerra de Reforma y las bajas causadas por la guerrilla conservadora habían producido. Romero, un año después de lo que aquí se está contando, reconocería que la mitad del ejército no tenía ningún tipo de entrenamiento. Y Toral analizaría lo mejor con que contaba el ejército mexicano, la División de Oriente, y pensaba que su entrenamiento militar era muy deficiente.

Después de la Guerra de Reforma, muchas voces en el liberalismo se alzaron contra un ejército profesional; de alguna manera era la sana reacción contra el militarismo, contra los golpes de Estado de los conservadores, contra la triple alianza santanista (espadones, clero, agiotistas), contra la inutilidad militar del viejo ejército mostrada en Texas y en la guerra contra los gringos; contra un ejército en el que los oficiales gastaban más en sus uniformes que en la comida de la tropa. La consigna era clara: pueblo armado, milicias voluntarias, Guardia Nacional organizada por estados. Pero a esto habría que darle unidad, entrenamiento, mando, modernización técnica. El Estado Mayor general había desaparecido en 1860, la artillería y la fusilería eran obsoletas, no existían cuerpos de zapadores, la caballería solía estar armada sólo con lanzas y varios batallones de infantería contaban con el machete como su mejor arma. González Ortega, el vencedor de Calpulalpan, no encontró una solución conciliadora, y reconociendo que "el ejército mexicano [...] permanente ha sido la rémora de todo adelanto social para nuestra patria", trató de sustituirlo con el ejército de voluntarios de la Reforma. Zaragoza, secretario de la guerra durante un breve espacio de tiempo, tampoco fue capaz de modernizarlo y entrenarlo, fundamentalmente a causa de los grandes problemas económicos. Juárez, en los últimos años, mantuvo su reserva ante los nuevos mandos y cambió cinco veces de ministro de la Guerra; su conflicto personal con González Ortega, al que le había ganado en las últimas elecciones presidenciales, no facilitaba en demasía las cosas.

Tres cuerpos de ejército tenía México al romperse las negociaciones en La Soledad: los de González Ortega, Zaragoza e Ignacio Mejía, más la división en formación que se estaba integrando en el Distrito Federal y el Estado de México con Berriozábal al mando. Parte de las tropas liberales estaban enfangadas en Nayarit y Jalisco enfrentando a Lozada. Se estaba intentando integrar una brigada en Sinaloa y otra en Guerrero, y reorganizar las milicias de Guanajuato. Pero la prioridad número uno era fortalecer al Ejército de Oriente. El 10 de enero José María Arteaga, gobernador de Querétaro, abanderó la brigada del estado: dos escuadrones y un batallón de lanceros, 1 600 hombres; renunció a su cargo de gobernador y llegó a Puebla casi al mismo tiempo que los oaxaqueños. Zaragoza pudo entonces apenas si organizar tres divisiones (no llegaban a 7 mil hombres), dirigidas por Ignacio de la Llave, Ignacio Mejía y Francisco Lamadrid.

El ambiente en el Distrito Federal era bueno. El Nigromante se había alistado en el Batallón de Milicias Hidalgo del Distrito Federal, que custodiaba la capital, y en las escuelas los alumnos renunciaron a sus premios anuales para enviar el dinero al Ejército de Oriente. Eran migajas porque, como decía Francisco Zarco: "Sólo en México subsiste compacto y firme un ejército que sólo recibe víveres", y habría que añadir a la frase del periodista y ex ministro de Relaciones Exteriores, que sólo recibe víveres... a veces.

NOTA

1) Mark Moreno: *World at War: Mexican Identities, Insurgents, and The French Occupation, 1862-1867*. Paco Ignacio Taibo II: *Los libres no reconocen rivales*. Manuel Santibáñez: *Reseña histórica del cuerpo del Ejército de Oriente*, vol. 1. Jesús de León Toral: *Historia militar: la intervención francesa en México*. Porfirio Díaz: *Memorias*. John M. Hart: *Miguel Negrete, la epopeya de un revolucionario*. José María Iglesias: *Revistas históricas sobre la intervención francesa en México*.

74

LA PRIMERA SANGRE

Zaragoza le escribe al presidente Juárez: "Con la intensidad de un limosnero desde el 8 de marzo [de 1862] estoy predicando al gobierno la mala fe de los franceses, la necesidad de que nos preparáramos con tiempo, y el urgente envío de fuerzas respetables; pero quizá por imposibilidad no se me ha atendido y hoy me encuentro a la vista del enemigo extranjero con un puñado de valientes dignos de mejor suerte; todos desnudos, muertos de hambre y que no será remoto sucumban; aunque fío mucho en su bravura y entusiasmo. En este momento estoy recorriendo el campamento. Ya está el enemigo al frente".

El recién nombrado general en jefe del Ejército de Oriente tuvo que hacer milagros. Zaragoza era un joven oficial que no cumplía los 33 años y que pensaba que las guerras las hacían hombres y no anónimos ejércitos. Al tomar el mando del conglomerado de brigadas que era el Ejército de Oriente, estaba obsesionado por los zapatos y los alimentos para sus tropas. El ejército no tenía un peso en la caja ("no cuento con un solo centavo para las atenciones precisas del soldado"), ni siquiera para pagar el correo; no tenía ropa de abrigo ni había botas; estaba mermado por las deserciones, hostigado por la contraguerrilla de los cangrejos mexicanos y sin posibilidad de reorganizar la caballería. Uno puede seguir toda esta terrible historia en la correspondencia con su amigo el general Ignacio Mejía, que le cubría las espaldas en Tehuacán y que le servía como cuartelmaestre, y en la correspondencia con el presidente Juárez.

Había establecido en La Soledad el cuartel general. Ocupó el camino de Orizaba y encargó al general De la Llave la defensa del de Jalapa, apoyándose en las posiciones de Puente Nacional y Corral Falso, en las que se habían montado bastantes cañones procedentes del fuerte de San Juan de Ulúa.

El 20 de marzo de 1862 el general Antonio Taboada se salvó a uña de caballo en Tuxtepec, sin esperar a su amigo y compañero el general Robles Pezuela, dejándolo que corriera su suerte. Zaragoza capturó en Tecamachalco y ordenó fusilar a Robles, ex ministro católico y reaccionario y que estaba intentando "tocar" a Miguel Negrete. "Mi conciencia se encuentra tranquila". Nada de un engorroso proceso, justicia expedita a los traidores, aplicándole la ley del 15 de enero 1861, que se había promulgado a raíz de los asesinatos de Ocampo, Santos Degollado y Leandro Valle. Poco después habría un pronunciamiento de Taboada en Orizaba apoyando a Almonte.

En la tercera semana de marzo Zaragoza tiene que pagar el correo con 800 pesos que le prestó un oficial. La necesidad de salir de la angustiosa tregua, mientras los franceses se hacen cada vez más fuertes, es enorme. El general

Berriozábal le escribe: "A ver si al fin nos rompemos lo cuernos con esos malditos franceses". Ya no se aguantan más conciliaciones, por más que estén llenas de sensatez.

Almonte se mueve el 9 de marzo de Córdoba al campamento francés de Jurien en Orizaba. Se establece con una escolta de zuavos en la hacienda de Potrero. Escándalo en México. El traidor de traidores ha vuelto al país. El gobierno pide su entrega. Bulnes comentará: "No se ha apreciado en toda su infamia la introducción de Almonte y socios [...] al amparo de las tropas francesas". Porque, y esto comienza a ser conocido por todos, Almonte no actúa por cuenta propia: trae la representación de un príncipe austriaco, Maximiliano. Wyke y Prim están sumamente molestos: sus aliados, al proteger a Almonte, están violando el reconocimiento de la soberanía mexicana firmado en La Soledad.

Almonte, al pasar por Orizaba, le cuenta al general conservador José María Cobos que "estaba resuelto a cumplir con los compromisos que contrajese en Europa, a donde no podría volver si sus planes se frustraban".

—Pero esto no sucederá —agregó Almonte—, porque aquí no vengo atenido a las fuerzas del país, que de poco me servirán, por eso traigo bayonetas francesas

Cobos piensa que "en Veracruz, cuando llegó Almonte, no faltó quién le dijera que la República no estaba preparada para la monarquía y que intentarlo de luego a luego sería exponerse a una conflagración general".

—No —dijo Almonte—, están muy desmoralizados [los juaristas] y su valor del todo debilitado; ellos irán por donde los lleve un cabo y cuatro soldados franceses [...] y yo me creo en aptitud de llevar a ejecución las órdenes que recibí de mi soberano el príncipe Maximiliano, rey de México.

Según Niox, "el general Almonte se detuvo, pues, en Córdoba el 23 de marzo [de 1862]; el comandante del batallón de cazadores se vio obligado a tomar medidas de seguridad para substraerlo de las violencias de los liberales que querían, habían dicho, aprehenderlo aun en medio de las bayonetas francesas". Allí lanza su primer manifiesto. "Al encontrarme bajo la protección de las armas francesas no se me permitía hablar y he debido esperar la oportunidad para verificarlo". Se autonombra jefe de la rebelión antijuarista, investido de plenos poderes, con libertad para tratar con las potencias, cuyas fuerzas ocuparán México, y reclama la capacidad para convocar un Congreso nacional que decidiese la forma de gobierno. El manifiesto no tiene mayor impacto, pero sigue exacerbando los caldeados ánimos.

El 5 de abril comienzan a llegar a Orizaba, de regreso de Tehuacán, las tropas francesas; allí hay hospitalizados 600 soldados franceses enfermos. Saligny aclaró la acción en un mensaje, diciendo que sólo se trataba de abandonar Tehuacán por lo insalubre del agua, pero que de ninguna manera significaba aquel paso un rompimiento. Mateos comenta: "Siempre le ha parecido a su excelencia el ministro de Francia insalubre el agua, no opina lo mismo respecto al coñac".

En un momento dado Dubois de Saligny conversó con los representantes ingleses y les dijo que jamás había firmado los Preliminares de La Soledad, dejando estupefactos a los británicos, quienes acudieron al comandante español para ver qué opinaba; este recibió la misma respuesta del comisionado francés. Saligny está tratando de forzar la ruptura con el gobierno mexicano y arrastrar a sus aliados. Y no está actuando por su cuenta... había recibido instrucciones de Napoleón III, confirmadas con la llegada de Lorencez: "Abandonar a sus colegas, operar aisladamente y contribuir por sus propios esfuerzos al deseo de la Francia".

Hilarión Frías añade, en beneficio de la fama siniestra del personaje, que Saligny en Veracruz favorecía el contrabando y en Orizaba después de comer andaba siempre borracho. Sara Yorke cuenta que los judas que se quemaron durante la Semana Santa en la Ciudad de México (fines de marzo e inicio de abril) eran imágenes de Saligny y Napoleón III, y la quema se produjo en medio de mentadas de madre.

El 9 de abril se celebra una reunión en Orizaba de los representantes de las tres potencias. Los franceses han reocupado la ciudad so pretexto de los enfermos hospitalizados. Prim y Charles Wyke dijeron a sus aliados que el avance de Almonte con una escolta hacia el interior, así como la retirada de las tropas francesas al otro lado del Chiquihuite, constituían una violación del convenio y que no procederían de acuerdo con Francia si esta nación persistía en una política agresiva.

Saligny dio una extraña explicación sobre la presencia de Almonte y por qué los franceses lo protegían: "Creyendo a su salida de Europa que la guerra había comenzado, se presentaba con intención de aproximar los diferentes partidos políticos; por consiguiente, protegiendo el almirante al general Almonte, que se había establecido en terreno neutral, creía cumplir perfectamente lo estipulado en el convenio". Añadió que Almonte venía "invitado por Francia" y que obviamente no lo repatriarían.

Saligny, instalado en el absoluto cinismo, declaró que la política de concesiones y la benévola actitud de los aliados no servían sino para dar alientos al gobierno de Juárez, cuyos atropellos y audacia crecían día con día; las reclamaciones aún no habían sido atendidas, el gobierno mexicano aparecía cada vez más altanero y sus aliados estaban más divididos que nunca en sus opiniones. Y terminaría sentando: "La bandera de la Francia ha sido plantada en territorio mexicano; esa bandera no retrocederá. ¡Que los hombres de prestigio la acojan amistosamente! ¡Que los insensatos osen combatirla!".

Al terminar la reunión, el general Prim declara que no han podido ponerse de acuerdo en la interpretación de la Convención de Londres y que esta "no implica imponerle a los mexicanos un gobierno", e inmediatamente le

escribe a Zaragoza para informar de la ruptura y próxima retirada de los suyos, así como de los ingleses ("Por consiguiente, el comandante de las fuerzas
españolas va a tomar inmediatamente las medidas necesarias para reembarcar
sus tropas"). Los franceses hablarán de "la retirada inexplicable del ejército
español". Los británicos también han decidido retirarse. El *Times* de Londres
anuncia: "A Francia no podemos sino desearle éxito en esa empresa".

El 12 de abril Zaragoza le escribe a Mejía que "están rotas las hostilidades
con los franceses" y que "ha comenzado ya la retirada de los españoles"; ordena que "ninguna brigada se mueva de las posiciones que he establecido".
Manuel Doblado declara que México no disolverá las hostilidades y manda
una circular a los gobernadores anunciando la ruptura. Llama a movilizar
las milicias hacia Veracruz. Ante la carencia de dinero se declara que "la caja
del ejército son las fortunas de los particulares". Juárez emite un edicto du-
rísimo: desde el instante en que se abran las hostilidades, los mexicanos que
se queden en territorio dominado por los franceses serán castigados como
traidores, todas las poblaciones en posesión de los franceses se declaran en
estado de sitio, los hombres de 21 a 60 años se movilizan. Se autoriza a los
gobernadores a formar guerrillas en la retaguardia y "sufrirán la última pena
como traidores todos los que proporcionen víveres, noticias, armas, o que de
cualquier otro modo auxilien al enemigo extranjero".

Manuel Doblado le escribe a Saligny: "La violación de los Preliminares
de La Soledad, consumada por los señores comisarios franceses a la sombra de un pretexto casi pueril, es injustificable examinada a la luz del derecho internacional [...]. El gobierno mexicano ha estado, y está todavía,
dispuesto a agotar los medios conciliatorios para llegar a un acomodamien-
to pacífico [...]. No agredirá el primero pero [...] repelerá la fuerza con
la fuerza y sostendrá la guerra hasta sucumbir". No es un texto animado,
honorable sí, pero no optimista: "¿hasta sucumbir?".

Zaragoza le escribe a Juárez el 13 de abril y le comenta que las tropas
que le llegaron del coronel Gómez están "casi a pie y en cueros", y mal armadas. Un día más tarde, en Chalchicomula, le habla al Ejército de Oriente,
en uno de sus inusuales discursos públicos y uno de los más brillantes. Es
el prólogo de la confrontación: "Los libres no reconocen rivales, y ejemplos
mil llenan las páginas de la historia de pueblos que han vencido siempre a
los que intentaron dominarlos". Los franceses, por boca de Jurien y Saligny,
responden con un manifiesto que es la quintaesencia de la doblez: "Mexicanos. Ningún hombre esclarecido podrá creer que el gobierno nacido del
sufragio de una de las naciones más liberales de Europa haya tenido por un
momento la intención de restaurar en un pueblo extranjero antiguos abusos
e instituciones que no son ya del siglo".

Como si fuera una voz que reitera una y otra vez el mismo mensaje, el
14 de abril Zaragoza le escribe a Juárez: se rompió el tratado con los france-

ses. El Ejército de Oriente está reducido a 7 mil hombres, "agravados hasta cierto punto por el hambre". Ese mismo día Zaragoza le escribe a Mejía: "La brigada de Díaz no se puede mover porque no tiene raciones ni medios". Los franceses se repliegan hacia Córdoba.

El 15 de abril en la Ciudad de México se instala el Congreso con 102 diputados bajo la presidencia de Sebastián Lerdo de Tejada. Este, a diferencia de su hermano Miguel, no fue muy activo durante la Guerra de Reforma, permaneciendo en la rectoría de la universidad. Tras los asesinatos de Tacubaya escapa del Distrito Federal y se reúne con González Ortega en Zacatecas. Vuelve a la acción social tras el triunfo liberal. Su fuerza política viene de su presencia en el Congreso. Ese mismo día Vicente Riva Palacio, con el dinero que ha ganado como autor teatral, recibe permiso del gobierno para levantar una guerrilla.

El 18 de abril los enfermos franceses cambiaron de hospital en Orizaba; varios iban armados. Zaragoza le escribe al general francés que se hace responsable de su custodia, "por un sentimiento de humanidad", pero que no es pretexto para que no se cumplan los acuerdos y que debe salir de allí la escolta que los custodia. El general mexicano piensa que quizá se trate de una maniobra para dejar atrás una fuerza armada que apoyara un pronunciamiento de los traidores. Lorencez lo calumnia diciendo que se pretende tomar prisioneros a los enfermos.

Ese fue el pretexto para la ruptura final. Lorencez se apresuró a expedir una proclama que habría de circular por todo el mundo: "A pesar de los asesinatos cometidos en nuestros camaradas y el estímulo que da el gobierno mexicano para esos atentados por medio de sus proclamas, quería yo permanecer fiel hasta el último momento al cumplimiento de las obligaciones contraídas por los plenipotenciarios de las tres potencias aliadas; pero acabo de recibir una carta del general mexicano Zaragoza, según la cual está indignamente amenazada la seguridad de nuestros enfermos que habíamos dejado en Orizaba bajo la salvaguardia de las convenciones. Ya no hay que dudar más en presencia de semejantes hechos; marchemos sobre Orizaba en auxilio de 400 de nuestros camaradas amenazados de un cobarde atentado; marchemos en su auxilio, gritando: ¡Viva el Emperador!".

El mismo 19 de abril Lorencez declara la guerra (nunca habrá una declaración formal) "no a la nación mexicana sino a un gobierno inocuo que ha cometido contra los residentes franceses ultrajes inconcebibles". La fiesta del doble lenguaje. El pretexto será absolutamente ridículo: los "secuestrados" enfermos del hospital y el asesinato en las cercanías de uno de los campamentos de tres soldados franceses, de los que las malas lenguas dirán que los mataron malvivientes cuando andaban de putañeros.

Sin duda, Juárez, con la ayuda de Doblado, ha logrado un éxito al deshacer la triple alianza, a costa de muestras de debilidad que causan fracturas en el frente interno y concesiones económicas irracionales, que afortunadamente nunca se concretan. Pero los límites de la diplomacia ante la intención evidente de los franceses de ir a la guerra son claros. Desde la izquierda Ignacio Ramírez no lo valora así: "No sé si el tratado de La Soledad fue la labor de nuestra diplomacia o el resultado catastrófico de intereses extranjeros, pero declaro que el caso es que permitió a los franceses penetrar al corazón del país".

Los franceses avanzan. El gobierno mexicano responde: "No puede ni debe hacer otra cosa que rechazar la fuerza con la fuerza". Prim, ese mismo año, pronunciará un discurso en el Senado español: "Yo no dudo que entrarán [los franceses] algún día en la capital de México, les costará mucha sangre, fatigas y tesoros, pero entrarán; su amor propio militar quedará satisfecho pero no crearán nada sólido, nada estable, nada digno del gran pueblo que representan. No podrán crear una monarquía porque no encontrarán hombres de opiniones monárquicas; ni podrán siquiera constituir un gobierno de capricho, un gobierno de antojo, porque los mexicanos lo rechazarán [...]. Los franceses en México no tendrán más terreno que el que pise su autoridad ni aun llenarán el espacio en que resuenen sus clarines; ocuparán la capital de México y otro pueblo y otras ciudades, uno, dos, tres años, el tiempo que quieran, pero por mucho que dure la ocupación yo aseguro que no lograrán que los mexicanos quieran al príncipe Maximiliano por rey de México".

El 19 de abril, a las tres de la tarde, Lorencez salía de Córdoba hacia Orizaba. A unos siete kilómetros la vanguardia contempla una patrulla mexicana, compuesta de entre 40 y 60 hombres; son los exploradores del regimiento de caballería de Félix Díaz (el Chato) que iba a escoltando a Milans del Bosch, Prim y su esposa rumbo a Veracruz. Díaz no sabía que los tratados de La Soledad habían sido rotos.

¿Quién disparó el primer tiro? Parece que los franceses. Reforzada la vanguardia francesa, una tropa mucho más numerosa, al mando del capitán Mioche, por órdenes de Lorencez, se dirigió rápidamente sobre la escolta, que precipitadamente y sin oponer la menor resistencia emprendió vertiginosa carrera; perseguidos por los franceses, fueron los mexicanos alcanzados y batidos en las pendientes de la barranca de Metlac. Prim detuvo con bandera blanca el encontronazo, alegando ante los franceses que ese grupo era el encargado de guiarlo.

Los franceses no tuvieron bajas; los mexicanos, cinco muertos y 12 prisioneros. La columna francesa prosiguió su marcha sin más problemas, acampando a la caída de la tarde en Fortín, con 22 mexicanos prisioneros. La primera sangre de la guerra había corrido.

NOTA

1) Ignacio Zaragoza: "Cartas al general Ignacio Mejía" y *Cartas y documentos*. Benito Juárez: *Documentos, discursos y correspondencia*. Juan Antonio Mateos: *El sol de mayo,*

memorias de la intervención, novela histórica. Antonio García Pérez: *Estudio político militar de la Campaña de Méjico, 1861-1867.* Christian Schefer: *Los orígenes de la intervención francesa en México, 1858-1862.* Adolphe de Belleyme: *La France et le Mexique.* Ireneo Paz: *Maximiliano.* Hilarión Díaz: *Juárez glorificado y la intervención y el imperio ante la verdad histórica.* José María Cobos, Manifiesto del 22 de abril de 1862, citado por Francisco Bulnes. Sara Yorke Stevenson: *Maximiliano en México: recuerdos de una mujer sobre la intervención francesa.* David R. Maciel: *Ignacio Ramírez, ideólogo del liberalismo social en México.* Pedro Ángel Palou: *5 de mayo de 1862.* Adolfo Rogaciano Carrillo y Sebastián Lerdo de Tejada: *Memorias de Sebastián Lerdo de Tejada.* Frank A. Knapp: *Sebastián Lerdo de Tejada. El Monitor Republicano,* 12 de abril de 1862.

75

EL PERIÓDICO CHINACO

Como siempre, el nombre tiene vueltas y acepciones. Vicente Quirarte dice que proviene del náhuatl: *tzinacatl,* andrajoso. Otras versiones hacen crecer el término de una voz náhuatl que significa "nalga desnuda". Parece ser que el vocablo se usaba para denominar algunas guerrillas en la etapa de la Independencia. El caso es que el lema que eligieron para el periódico que habría de nacer el 16 de abril de 1862 (tres días antes de los primeros disparos) era: "Somos de a tiro chinaza / escribimos en chinaco / y a todo el que afloje tlaco [una moneda] / le daremos toma y daca".

La Chinaca nació huérfana de madre, abundante de padres, pobre y endeudada, vandálica en el adjetivo, sangrienta en la broma y engalanada de blusa roja. Estaba pensada, o más bien, iba saliendo día a día como un diario de cuatro páginas, sin florituras ni pretensiones de doctos alcances, que llegara al pueblo llano y lo enardeciera. *La Chinaca* se vendía en la librería de José María Aguilar y se leía a voz en cuello en las esquinas. En el cintillo bajo el grabado se decía claramente: "Escrito única y exclusivamente para el pueblo". En suma, para los que poco o ningún hábito tenían de leer, donde sólo uno de cada diez mexicanos sabía cómo hacerlo. En un país sin apenas librerías, sin bibliotecas, la prensa, sin embargo, juega un papel importante. Era un periódico destinado a los que usualmente ejercían el papel como envoltura (noble uso como el que más) y a los que querían hacer alcanzar "los dudosos placeres de nuestra salvaje cultura". Los habituales del periódico bajo el brazo interesaban menos.

Era una respuesta optimista al pesimismo tan común de la izquierda ilustrada de la época; Carlos Casarín, el fundador de *La Orquesta,* decía: "Cuatro millones de indígenas miserables ni siquiera saben leer; de los otros

4 millones de mexicanos, tres se componen de personas sin ambición, sin reflexión, que se contentan con vegetar en la rutina, y el último millón de militares, empleados, comerciantes y hacendados que tampoco se interesa por la
política, poco conforme con sus intereses, que se publica en los periódicos".

El diario tenía vocación unitaria; tras el inicio de la guerra sólo había un
enemigo y los traidores que se aliaban a él: "Como pueden varios tábanos / tras
La Chinaca zumbar / Y a la chinaca le ocupa / Sólo patria y libertad / Avisamos
en voz alta que no hemos de contestar / que pleito sólo emprendemos / con
los de allende el mar / y que no queremos chismes / con los de la vecindad".

Por eso abundaría en noticias de combates, y más aún en versos satíricos,
apócrifos, canciones, burlas y sainetes, cartas jocosas y mucha chunga del
imperial y sus nativos aliados.

El grupo de redactores que se reunía para confeccionarla era singular.
Aunque dirigido colectivamente, podía decirse que su principal animador era
Guillermo Prieto, quizá el poeta más conocido en México en esos momentos.
Desharrapado y caótico, era capaz de imponer no sólo orden a su vida, sino
de tratar de imponérsela a un periódico. Sería elegido en el 62 al Congreso
como diputado propietario por Guanajuato y suplente por San Luis Potosí y
el Distrito Federal. Poco más se puede decir sobre Ignacio Ramírez que no se
haya dicho ya. En aquellos días contaba con 45 años. El decano del grupo era
el abogado José María Iglesias, quien durante años fungió como jefe de redacción de El Siglo XIX y que ahora aportaba su sabiduría periodística.

La singularidad había de darla Pancho Schiafino (el testigo de la muerte
de Ocampo), quien incluso durante algunos números se hizo cargo de la responsabilidad editorial. Schiafino nada sabía a fondo pero todo lo comprendía,
lo embellecía y le comunicaba cierto sello de buen tono muy simpático. Había
sido soldado durante la guerra contra los yanquis. Los chismosos decían que
este hijo de un oscuro barbero combatió como capitán de caballería con igual
valor contra los invasores que contra la santidad del matrimonio... ajeno.

En cierta ocasión fue sorprendido por un ranchero en excursión noctur-
na y le gritó:

—¿Quién es usted?

—Soy sonámbulo.

—¡Qué sonambo ni qué sonambo! Usted es chafino.

Siendo uno de los colaboradores en la redacción de la historia de la
guerra del 47, vivía en un hotel gracias al tiempo que le dedicaba a los amores con su patrona, y siempre con menos dinero del que necesitaba para la
supervivencia. Fue jefe de la Guardia Nacional en el 55 y editó un folleto
dirigido a las milicias.

Otro miembro del grupo era el jovencísimo Alfredo Chavero, de 22 años,
nacido en la Ciudad de México. Aunque no colaboraba regularmente, La
Chinaca contaba con el ocasional artículo y el total estímulo del guerrerense

Ignacio Manuel Altamirano, que tenía entonces poco menos de 30 años y era otra de las figuras parlamentarias del grupo de los puros, que decía de sí mismo: "Yo no estoy alegre nunca". Indio puro de Tixtla, estado de Guerrero, tardíamente educado en el castellano, que no siendo su lengua materna no habló sino hasta los 14 años, Altamirano logró en los años 50, a base de privaciones y malcomidas, hacerse de una educación, y se ilustró en la biblioteca de Toluca, donde trabajaba. A su fama de feroz jacobino no dejaban de influir sin duda una mirada furibunda que a ratos parecía extraviada y daba miedo, y sus pelos parados que se negaban a dejarse amansar por el peine y revueltos volvían a erizarse sobre la cabeza como penacho de pájaro.

Rodeado de una generación de liberales barbados y mostachos enhiestos, el rostro lampiño y de labios gruesos de Altamirano desentonaba, no así su feroz oratoria y afilada pluma, que a veces pecaba de atrabiliaria e injusta, pues sus pasiones y manías desbordaban por todos los poros, y una vez que señalaba a cualquiera como enemigo de la patria o suyo personal, lo perseguía con la saña de la pluma y el impreso, si hiciere falta hasta el otro lado del mundo.

Constante como el que más lo era un cubano de 36 años, Pedro Santacilia, hombre de frente despejada y barba muy poblada, selvática, o por ser cubana: manigüera; ojos hundidos en las angustias del exilio. Se había relacionado con el liberalismo mexicano durante la Revolución de Ayutla, por haber conocido al presidente Juárez en Nueva Orleans y haberle ayudado en tratos comerciales, pues era socio de la Casa Goicuría. En el 60 se trasladó a México. Estaba enamorado de Manuela, la hija de Juárez, con la que se casó en aquellos meses, convirtiéndose en yerno, secretario y bastón indispensable del Presidente.

Por último, el diario podía contar también con Vicente Riva Palacio, que entre las comisiones de guerra pasaba fugaz por la Ciudad de México.

La obsesión periodística de Santacilia era el expulsado ministro plenipotenciario de España, Joaquín Francisco Pacheco, figura patética por haber tejido el principio de la telaraña que culminó en la Intervención francesa. Pacheco, abogado oriundo de Córdoba, regordete, con barba de candado, pelo escaso que cubría con una infame peluca y cara de tendero a pesar del espadín, había arribado a nuestra patria vía Veracruz a bordo del *Berenguela* en mayo del 60 y desde su llegada comenzó a buscarle las cosquillas a la República. En su primera misiva oficial se negó a darle a Juárez el tratamiento de presidente, interfirió en los asuntos de la guerra civil, elevó incontables protestas por súbditos hispanos muertos en acciones incontroladas por el gobierno, se alió a los mochos, ofreció ayuda a Miramón para que se fugara del país. En fin, un perfecto intervencionista, tiralevitas, pedante y engolado.

Pacheco había logrado entrar al Parnaso de la infamia mexicana con un par de frases sobre nuestra patria incluidas en un artículo publicado en la prensa madrileña en que se atrevía a decir: "País maldito, perdonado por nosotros, Dios no le ha perdonado todavía". "Nosotros", claro está, eran los gachupines en cuyo nombre hablaba. Frases que calentaban la sangre hasta a los más ecuánimes. En respuesta a esa sarta de barbaridades e injurias contra un país entero, Santacilia había escrito el folleto *Observaciones al discurso de D. Joaquín F. Pacheco*, en que pintaba al mocho embajador de colores chillones y lo usaba como pañuelo para sonarse. Santa lo recordaba frecuentemente en las páginas de *La Chinaca* con frases como las siguientes: "El diplomático viajero que trasladaba al papel, con el carácter de informes oficiales, los desahogos de los tenderos asturianos de la capital, de los nobles quebrados, y de gente de escaleras abajo que le servían en sus expediciones a la don Juan Tenorio sexagenario".

Si los justificados caprichos de Santacilia caían acerados sobre Pacheco, los fierros plumíferos de Vicente Riva Palacio fustigaban sin perdón a Juan Nepomuceno Almonte, el títere de los intervencionistas, y a Dubois de Saligny, el engreído ministro plenipotenciario francés. Manuel Doblado había anulado la Ley de Libertad de Prensa y desde *La Chinaca* fue bombardeado, en particular por Ramírez.

Trajines teatrales, tumultuosos debates parlamentarios, cuitas de familia por el poco rato que dedicaban los redactores a la vida conyugal; reuniones de patriotas incandescentes, rumores que consumían las conversaciones… Por todas partes la electricidad del relámpago en el aire de la ciudad de los palacios y las caballerizas.

Pero los acontecimientos habrían de desbordar el tiempo de las discusiones.

NOTA:

1) *La Chinaca*, edición facsimilar. *Publicaciones periódicas mexicanas del siglo XIX*. Paco Ignacio Taibo II: *La lejanía del tesoro*. Patricia Galeana en *La Jornada*, 5 de mayo de 2012. Ignacio Manuel Altamirano: "Itinerarios en la costa y en campaña" en *Obras completas*, tomo XX. Centro de Investigación Científica Jorge L. Tamayo: *Pedro Santacilia, el hombre y su obra*.

ÍNDICE

TOMO 1